Islamism and Islam

Islamism and Islam by Bassam Tibi
Copyright © 2013 by Bassam Tibi
Korean translation rights © 2013 by Jiwa Sarang
Korean translation rights are arranged with Yale University Press through Amo Agency Korea.

이 책의 한국어판 저작권은 아모 에이전시를 통해 저작권자와 독점 계약한 知와 사랑에 있습니다. 신저작권법에 의해 한국 내에서 보호를 받는 저작물이므로 무단 전재와 무단 복제를 금합니다.

이슬람주의와 이슬람교

초판인쇄 2013. 1. 2. | 초판발행 2013. 1. 7.
지은이 바삼 티비 | 옮긴이 유지훈
펴낸이 김광우 | 편집 최정미 | 디자인 이화연 | 영업 권순민, 이은경, 허진선 | 펴낸곳 知와 사랑
서울시 영등포구 당산동 3가 558-3 더파크365빌딩 908호
전화 (02)335-2964 | 팩시밀리 (02)335-2965 | 이메일 jiwa908@chol.com
등록번호 제10-1708호 | 등록일 1999. 6. 15.
ISBN 978-89-89007-70-8 (93300)

값 34,000원
www.jiwasarang.co.kr

이 도서의 국립중앙도서관 출판시도서목록(CIP)은 e-CIP홈페이지(http://www.nl.go.kr/ecip)와 국가자료공동목록시스템(http://www.nl.go.kr/kolisnet)에서 이용하실 수 있습니다.
(CIP제어번호 : CIP2012005572)

이슬람주의와 이슬람교

이슬람세계에 대한 오해와 이해

바삼 티비 지음 | 유지훈 옮김

知와 사랑

일러두기

- 전문용어에 대한 설명은 주를 추가하여 이해를 돕고자 했습니다. 저자의 주는 미주(아라비아 숫자)로, 편집자 주는 각주(이슬람 숫자)로 처리하였습니다. 이슬람 숫자는 다음과 같습니다.

1	2	3	4	5	6	7	8	9	10	11	...
١	٢	٣	٤	٥	٦	٧	٨	٩	١٠	١١	...

- 본문 중에서 저자에 의한 추가 설명은 ( )로, 역자에 의한 추가 설명은 [ ]로 구분하였습니다.

이슬람주의와 이슬람교 이슬람세계에 대한 오해와 이해

차례

011 머리말
021 감사의 글

1장 이슬람주의는 왜 이슬람교가 아닌가

031 이슬람주의와 꾸며낸 전통
035 이슬람주의와 관련된 쟁점들
039 이념의 전쟁
042 제도적 이슬람주의자와 지하디스트
043 이슬람주의와 이슬람교 차이에 대한 반박
048 정치질서: 이슬람국가와 세계 재편
052 이슬람식 세계질서를 위협하는 "유대인 모략"
055 민주주의와 민주화
058 전통 지하드와 현대 지하드의 테러리즘
060 이슬람교의 샤리아화
061 이슬람주의자들의 세계관을 어떻게 실현시킬 것인가?
063 전체주의로서의 이슬람주의
065 언론이 이슬람주의에 끼친 영향

2장 이슬람주의와 정치질서

- 073 이슬람주의는 이슬람국가의 정치 이데올로기
- 074 새로운 반란
- 078 신정질서를 추구하는 이슬람주의
- 083 지구촌의 이슬람주의 이데올로기
- 090 베스트팔렌 질서 vs 정치적 이슬람교의 국제주의
- 095 집단기억으로서의 전쟁
- 097 "이슬람주의의 쇠퇴"는 그릇된 개념이다

3장 이슬람주의와 반유대주의

- 103 반유대주의, 유대인혐오증, 불만 표출
- 106 제2의 반유대주의
- 112 반유대주의의 이슬람화
- 114 사이드 쿠틉과 유대인의 갈등
- 122 "포위된 이슬람교" 이미지
- 130 쿠틉에서 하마스까지
- 136 유럽의 무슬림은 "제2의 유대인"인가?
- 147 예외적 사례: 이슬람주의와 "나치 팔레스타인"
- 151 이슬람주의식 반유대주의의 주축

4장
이슬람주의와 민주주의

160 이슬람주의의 세 권위자와 서방세계의 세 가지 혼란
164 제도적 이슬람주의의 두 가지 사례:
　　 AKP와 무슬림 형제단
172 이슬람주의자들이 민주정치를 이용하다
178 민주적인 샤리아의 모순
184 다원 민주정치의 환상
190 우리가 논하려는 것이 무엇인가?
193 제도적 이슬람주의와 민주주의
197 아랍의 봄, 민주주의, 이슬람주의

5장
이슬람주의와 폭력: 신세계 무질서

213 지하드와 지하드운동의 이해
216 칼의 종교
219 고전 지하드
222 전통 지하드에서 지하드운동까지
224 서방세계와 신프롤레타리아
228 팍스 이슬라미카
230 서방세계에 맞선 반란과 신세계 무질서
234 지하디스트의 폭력성
240 연구 결과

6장 이슬람주의와 율법: 전통을 꾸며낸 샤리아화

246 이슬람세계에서의 샤리아 정치
249 세속화와 신정질서를 위한 탐구
252 이슬람세계의 샤리아와 샤리아 헌법 채택론
257 샤리아화와 법의 보편성
261 국가의 샤리아화가 아니면 샤리아가 존재할 수 있을까?
264 샤리아와 법률학
265 샤리아와 자유

7장 이슬람주의, 순결, 진정성

273 이슬람주의자의 "진정성"의 의미
279 이슬람교의 합리주의는 진정한 것인가?
284 이슬람주의의 순결과 비무슬림 이방인 배척
289 이슬람교 합리주의의 인본주의를 상기시키다
294 헛된 도그마

8장 이슬람주의와 전체주의

303 이슬람주의의 매력
312 한나 아렌트의 이슬람주의 연구
322 전체주의적 이슬람주의의 뿌리
325 이슬람주의는 제2의 전체주의
328 이슬람국가와 문명의 충돌론

9장 이슬람주의의 대안 민간 이슬람교

335 왜 이슬람교가 아닌 이슬람주의인가?
338 3대 기본 특징
340 이슬람주의, 유럽, 그 밖의 세계
342 이슬람주의는 반이슬람교인가?
346 온건파 이슬람주의자란 누구인가?
349 근대성, 이슬람교, 계몽주의
351 정치, 그리고 종교의 모호성

355 에필로그
357 미주
429 참고문헌
461 이슬람 용어 정리
467 인명 설명
476 찾아보기

머리말

 이 책이 전하고자 하는 첫 번째 메시지는 이슬람교 신앙과, 정치적 목적을 위해 이슬람교의 종교성을 도입한 이슬람주의의 종교화된 정치가 다르다는 것이다. 물론 저명한 이슬람주의자를 비롯한 많은 사람들은 이를 부정할 것이다. 이슬람주의자들은 이슬람주의가 명실상부한 이슬람교라고 확신하고 있으나 이슬람주의는 이슬람교를 정치적으로 해석한 데서 비롯되었다. 즉 이슬람주의는 이슬람교라는 종교적 신앙이 아니라 정치적 영역 내에서 종교를 이데올로기의 수단으로 활용하는 데 토대를 두고 있다는 말이다. 따라서 이슬람주의와 이슬람교는 서로 다른 것이므로 이 점을 혼동해서는 안 될 것이다. 이 책에서 그 차이를 해명하는 데 중점을 두었다.
 이슬람교 연구 분야에서 이슬람주의와 이슬람교의 차이는 대개 무시되거나 일축되어버리기 일쑤다. 그러나 이 차이점은 무슬림이 비무슬림과 함께 평화롭게 공존하려면 반드시 규명되어야 할 만큼 대단히 중요하며, 그 이유를 분명하게 차차 알게 될 것이다. 이슬람교의 종교적 신앙은 평화를 방해하거나 비무슬림을 위협하는 걸림돌이 아니나, 이슬람주의가 무슬림과 비무슬림 간의 사회적 갈등을 초래한다. 예컨대, 이슬람주의자들은 "유대인과 십자군"을 원수로 낙인찍는가 하면 비무슬림, 예를 들면, 카슈미르와 말레이시아의 힌두교인과 중국 및 동남아시아의 승려와 유생, 수단에서 아프리카의 정령을 숭배하는 주민들을 공격의 대상으로 삼았다. 이슬람주의자들은 비무슬림을 불신자kuffar(쿠파르)로 규정하여 "이슬람교의 원수"로 취급하는데, 진보주의 무슬림 역시 예외는 아니다. 또한 이슬람주의자들은 무슬림과 비무슬림의 양극화 현상을 부추길 뿐만 아니라 이슬람 공동체의 내분을 불러일으키기도 했으며, "이슬람교의 원수"를 상대로 성전聖戰jihad(지하드)을 선포하며 진보주의 무슬림조차도 세계의 무슬림 공동체 umma(움마)에서 그들을 파문할 기회를 노리고 있다. 이슬람주의자들은 자기 방어의 일환으로 "이슬람혐오증Islamophobia"을 꾸며내 혹평가의 명예를 실추시켜 왔지만, 나는 이 책에서 이슬람교의 신앙을 존중하고 이슬람주의를 냉철하게 비판하려고 한다. 편견에 맞서 이슬람교를 옹호하는 것과 이슬람주의를 비판하는 것은 모순되지 않는다.

　이슬람주의는 위기를 겪고 있는 오늘날의 이슬람문명에 필요하지 않다. 대신, 우리는 세속적인 관점에서 민간·진보주의 이슬람교에 동조해야 하는데, 그러려면 나와 같은 비이슬람주의 무슬림이 다원주의를 지지하고 세계를 구성하는 다양한 문화와 종교 안에서 이슬람교가 차지해야 할 입지를 찾아야만 할 것이다. 『포린 어페어스Foreign Affairs』지의 견해와는 달리, 진보주의 무슬림인 우리는 "나부랭이"가 아니다. 무시해도 괜찮다는 인상을 줄 정도로 우리를 대수롭지 않게 여기는 태도는 사실무근인 데다 전략적으로도 큰 잘못이다. 행여 그랬다가는 서방세계와 가장 가까운 종교와는 무관한 비이슬람주의자들인 세속 무슬림과 어색한 관계가 될 테니 말이다.

　다양성은 매우 귀중한 것이다. 다양성이란 이름하에 이슬람주의 사고방식이 수용될 수 있을까? 다원주의적 민주정치 제도에 성실히 참여할 요량으로 폭력에서 손을 떼겠다는 이슬람주의자들의 말을 믿을 수 있을까? 그럴 수 없을 거라고 생각된다. 진보주의 무슬림과 중립적인 서양인이라면 다원주의 사회에 필요한 문화의 교류를 이룩할 수 있다. 이 책에서 밝힌 대로 이슬람주의를 찬동하는 사람들은 폭력에 가담하든, 가담하지 않든 세속주의와 그들의 정치적 종교 사이에서 갈등을 불러일으킬 테니, 21세기의 민주적 평화를 찾는 파트너가 될 수 없다. 이슬람주의자나 이슬람주의 집단의 일부 특성을 판단해서 그렇게 말하는 것이 아니라는 점을 서둘러 밝혀두고자 한다. 내가 밝히고자 하는 것은 이슬람주의의 이데올로기에 관한 것이다.

이 책이 전하고자 하는 두 번째 메시지는 한나 아렌트의 입장에서 이슬람주의가 전체주의적 이데올로기를 표방한다는 점이다. 전체주의적 외관은 반유대주의와 관계가 매우 깊다. 반유대주의는 아렌트가 『전체주의의 기원*The Origins of Totalitarianism*』의 첫 장에서 지적했듯이 "유대인을 증오할 뿐만 아니라" 대량살상을 부추기는 이데올로기이기도 하다. 유대인을 사회에서 격리된 곳으로 추방하는 것과 유대교 교인의 생존권을 부정하는 것은 매우 다른 이야기인 만큼 그 역시 중요하다.

이슬람주의자들은 통합된 무슬림 공동체를 거론하나, 실제로는 깊은 참호를 파며 위험하고도 강렬한 열정을 일깨우고 있다. 나는 독일에서 (신나치당neo-Nazis은 물론) 지하디스트들¹의 공격에 가까스로 목숨을 건진 적이 있어 이 같은 열정을 잘 알고 있다. 특히 시리아의 수도 다마스쿠스에서 아슈라프ashraf 가문(무슬림 귀족)의 아들로 자란 독실한 무슬림이기에 이슬람혐오증에는 면역이 되었다고 자부할 수 있다. 이슬람교를 증오하려면 자신과 가족, 신앙 및 혈통을 포기해야 할 것이나, 이를 변호하기 위해 나는 이 책을 집필한 것이다.

---

1   jihadists: 이슬람교의 종교적, 도덕적 법칙을 지키기 위해 투쟁하는 사람들.

나는 이슬람교 연구에 전념해온 정치학자로서, 이른바 이슬람학Islamology이라는 틀 안에서 이슬람교를 연구하고 있다. 어찌 보면, 구소련의 냉전 정신을 문화 간의 연결 사상으로 대체한다는 점에서 이슬람학은 구소련 연구old Sovietology를 닮았다. 그럼에도 나는 질서라는 세속 개념과 종교화된 정치 사이에서 벌어지고 있는, 마크 위르겐스마이어의 "신냉전new cold war"을 간과하지 않았다.

이슬람학은 서방세계를 비롯하여 폭넓게는 세계와 이슬람문명의 관계를 규명한다. 이슬람교의 정책화로 조성된 탈양극정치post-bipolar politics 양상에는 비무슬림과 무슬림이 모두 포함되게 마련이다. 정치색을 띤 연구의 일환으로 이슬람학은 이슬람교 신앙이 아닌 이슬람주의를 연구하는데, 이는 정치적, 종교적 갈등이 분쟁으로 비화되는 경위를 연구하는 원리가 되기 때문이다. 이를 잘 보여주는 사례로 약 100년에 걸쳐 끊임없이 불거지고 있는 무슬림과 유대인의 분쟁을 꼽을 수 있다. 홀로코스트의 생존자이자 사회학의 두 거장인 막스 호르크하이머 및 테오도어 W. 아도르노와 프랑크푸르트에서 연구할 기회가 있긴 했으나, 나 역시 홀로코스트의 의미를 조금이나마 체감하고 있는 무슬림 가운데 하나다. 이 주제는 이슬람주의자들 사이에서 심심찮게 회자되는 것이므로 — 오늘날 그들은 유럽에서 이와 흡사한 고통을 감내하고 있다 — 홀로코스트의 끔찍한 만행도 그렇겠지만, 그 이면에 숨겨진 이데올로기도 간파하는 것이 중요하다. 나는 이 이데올로기가 이슬람주의자들을 억압하고 있는 사상보다는 이슬람주의 자체와 공통점이 더 많다는 걸 보여주려고 한다.

혹자는 이 같은 분석에 강력히 반대하며 나를 동양주의와 이슬람혐오증 환자로 몰아세울 것이 분명하다. 이슬람주의를 전체주의적 이데올로기로 규정하면 숱한 논쟁을 불러일으키겠지만 욕설과 진지한 비판을 혼동해서는 안 될 것이다. 그간 밝혀진 바에 따르면, 다른 분야와 마찬가지로 학술계에서도 맹목적인 대립이 이성적 논쟁을 차단하는 경우가 비일비재하다. 이처럼 민감한 사안은, 특히 열띤 논쟁을 거친 정치적 문제와 관련될 경우, 이를 학술적으로 어떻게 서술하느냐에 따라 학자들 사이에서 갈등의 불씨가 될 것이다. 학계는 내 원고를 검토하는 과정에서도 이 같은 분열을 일으켰기 때문이다.

이 책의 원고는 2009년 예일 대학에서 탈고한 뒤, 두 차례에 걸쳐서 전문가 여덟 명이 검토하고 네 차례의 편집과정을 거쳐 최종 통과되었다. 예일 대학 출판부 편집위원회의 검토가 종료되자 이번에는 검토자 세 명을 새로 영입하여 두 차례의 검토를 다시 마쳤다. 3, 4차에서 원고를 수정할 때에는 노고가 따르기는 했으나, 검토자들이 이 책의 완성도와 논증법을 업그레이드하는 데 기여했으므로 어찌 보면 결과적으로 더 잘된 일이라고 해야 옳을 것이다. 바라건대, 그렇게 추가된 정보에 힘입어, 논쟁이 끊이지 않는 연구 분야에서 공격에 과감히 맞설 수 있는 백신을 이 책이 충분히 공급해주면 좋겠다. 아니, 좀 더 욕심을 내자면 이 책이 생산적이면서도 계몽적인 토론의 장을 유도한다면 더 바랄 것이 없다.

이 책을 출간하기까지 부딪친 숱한 골칫거리들(11차례의 검토 역시 그랬다)은 나와 출판사보다는, 거론하려는 주제 탓에 감내한 것이라 확신한다. 주제가 민감한지라 탄탄한 증거로 논리를 입증하기 위해 최선을 다했다. 물론 이슬람주의와 이슬람교가 다른 개념이라는, 이 책의 주요 사상을 이슬람주의자나 일부 학자들이 동의하지 않을 테지만 말이다. 중동연구협회the Middle East Studies Association 회의에서 이 문제를 둘러싼 논쟁을 반영한 소론을 『이슬람주의: 정치적 이슬람교를 둘러싼 쟁점*Islamism: Contested Perspectives on Political Islam*』에서 발견할 수 있다.

9·11테러의 여파로 이슬람주의와 이슬람교라는 주제가 심심찮게 회자되어, 21세기의 첫 10년을 조성한 점에 대해선 이견이 없을 것이다. 팽팽한 긴장이 전 세계에 감돌게 된 것은 서방세계(특히 미국)의 정책이 크게 일조한 결과였다. 2008년 이후 행정부가 교체되는 동안 이슬람세계와 서방세계의 대립이 점차 확산된 데다 앞으로도 이를 종식시키지 못할 공산이 커 보인다. 아랍어로 된 글을 읽고 사이드 쿠틉의 저작에 친숙한 사람들은 이슬람주의자들이 이 같은 대립을 일으킨 책임을 감당해야 한다는 점을 잘 알고 있다. 이슬람세계와 서방세계 사이의 상상의 전쟁 개념을 미국과 유럽의 우익 정당이 열광적으로 받아들였더라도 그것 또한 이슬람주의자들이 독자적으로 꾸며낸 것이다. 따라서 오바마 행정부가 "이슬람주의"와 "지하드운동"이란 용어를 폐기한다면 이는 중대한 일이 될 것이다.

여기서 제기해봄직한 새로운 의문이 있다. 이슬람세계와 서방세계의 대립을 처음 주장한 쿠틉이 그렇게 중요한 인물일까? 워싱턴 DC 심포지엄에서 내가 시사한 바와 같이 "대수롭지 않은 인물"을 지나치게 신뢰한 건 아닐까? 하지만 쿠틉을 대수롭지 않은 인물로 보는 이슬람주의자는 없다. 쿠틉은 이슬람주의의 정신적 지주로, 그가 저서에서 확립한 이원적 세계관이 이슬람주의 사상교육의 일환으로 젊은 세대에게 전수되었다. 한나 아렌트는 전체주의 조직의 사상교육이 매우 중요하다는 점을 설득력 있게 보여주었다.

그런데 이해하기 힘든 점은 오늘날 이슬람주의자들이 서방세계의 좌파와 우파 모두에서 지지층을 골고루 두고 있는 것이다. 왜 그렇게 되었을까? 몇몇 좌익세력은 쿠틉이 주창한 반서양주의를 반자본주의로 재해석하여 그것이 세계화를 배격하는 동맹인 것인 양 오해한 탓에 이슬람주의를 지지한 반면, 일부 보수주의자들은 이슬람주의와 이슬람교를 싸잡아 비난해왔다. 그런데 특히 월스트리트를 쥐락펴락하는 주체로 알려진 "유대인"이 거론될라치면 반유대주의와 반서양주의 사상에 젖은, 유럽의 극좌파와 극우파까지도 이슬람주의자들과 손을 잡는다는 점에 우리는 혀를 내두르게 된다. 1968년 학생 시위대에 참여하고, 한때 베를린의 마르크스주의 저널 『논쟁*Das Argument*』지의 편집위원으로 활약했던 나는 좌파의 이 같은 태도가 특히 마음에 들지 않았다. 때로는 계몽정신이 박살나거나 적어도 심각하게 약화된 것이 아닌가 싶기도 했다. 신조가 원칙의 자리를 차지한 셈이다. 오늘날 좌익세력은 가치관이나 이상이 공감대를 형성해서가 아니라 단지 미국을 배격한다는 이유로 이슬람주의를 지지하고 있다.

이슬람문명과 서양문명의 갈등을 "문명의 충돌"과 혼동해서는 안 된다. 이는 갈등이 서방세계의 막강한 세력이 감당할 만한 분쟁으로 축소될 수가 없기 때문이며, 문명뿐 아니라 가치관의 갈등이기도 하기 때문이다.

이 책에서의 나의 목표는 이와 같은 상충하는 가치관을 조명하는 가운데 이슬람주의와 이슬람교의 차이에 대한 토론의 장을 마련하는 것이다. 토론이 결실을 맺으려면 편견을 부추기는 일부 금기들을 깨뜨려야 한다. 연구 결과가 서양 기관에 토대를 둔 점을 이유로 내가 서양식 세계관에 오염되었다는 의혹이 있을지 모르므로 이 책에 수록된 지식이 대부분 이슬람 세계에서 입수한 것임을 밝혀둔다. 나는 40여 년에 걸쳐 중동과 남아시아, 동남아시아 및 서아프리카에서 이슬람교와 이슬람문명을 연구해왔다. 저술활동을 주로 서방세계에서 했다는 점은 인정하지만, 자유로운 연구가 보장되는 기관이 이슬람세계에는 턱없이 부족하니 도리가 없었다.

이 책을 예일 대학에서 집필했으나 내가 40여 년을 지내온 연구기관은 독일에 있다. 무슬림의 신분으로 현지에서 종교를 연구하는 건 힘겹고도 불쾌한 일이다. 일요일에 독일 대도시에 있는 교회를 가보라. 노인이 수

두툼하거나 텅 비어 있다. 서유럽에서도 마찬가지다. 젊은 유럽인들은 종교를 잃었을 뿐 아니라, 문화적 가치관에 허무적 상대주의가 들어찬 탓에 신성한 종교가 정치에 영향을 미치는 것을 이해하지 못한다. 유럽의 사회학자들도 정치적 모양새를 갖춘 종교가 정치와 사회에 영향을 미치는 경위는 고사하고, 종교의 의미조차 모르고 있다. 2010년 여름, 워싱턴 DC에서 탈고를 앞둔 나는, 미국에서 이슬람교를 연구하는 젊은 정치학자들이 유럽 학자들보다 지식수준이 좀 낮다는 걸 알게 되었다.

특히 사회과학 분야에서 정치적 이슬람교를 비판적으로 보는 시각에 대하여 학계가 저항하는 일이 유럽에만 국한되는 건 아니다. 이슬람 연구 분야에서 정치학과 사회학의 입지는 그리 탄탄한 편이 못 된다. 종교학과 역사 및 인류학을 연구하는 학자들도 종종 이슬람교의 정치에 관해 글을 쓰지만 이슬람교와 다양한 현지 문화에 관한 지식수준이 정치학 권위자들의 자격에는 미치지 못한다. 이는 해당 분야의 간행물들을 보면 잘 알 수 있다. 연륜이 밴 정치학자들 — 푸아드 아자미, 존 워터베리, 레오나드 바인더 및 마이클 허드슨 등 — 과 같이 신념을 가진 소수 학자들만이 전문가적인 기준과 이슬람교의 지식을 융합하지만, 그 외에 그 정도의 지식수준을 갖춘 젊은 학자는 딱히 머리에 떠오르지 않는다.

이슬람교의 세속적인 정치화 이후 정치의 종교화가 중동뿐 아니라 이슬람문명 전역에서 벌어지고 있는 이 시기에 학자는 매우 부족한 실정이다. 이슬람주의는 여러 문화를 잠식하고 있는, 범세계적인 종교적 원리주의 현상의 한 단면에 불과하다. 우리는 정치가 종교화된 글로벌 시대에 살고 있다. 이 같은 현상은 미국 예술과학협회의 마틴 마티가 조직한 원리주의 프로젝트에서 연구할 주제로 확정되어 다섯 권의 단행본으로 출간된 바 있다. 이 책도 이를 참고했으나, 모호하여 자칫 오해를 불러일으킬 수 있는

"급진파 이슬람교"와 "이슬람교 부흥주의" 대신에 정치적 이슬람교, 이슬람주의, 종교적 원리주의라는 신개념을 제안함으로써 새로운 분야를 개척했다. 나는 개념을 분명히 밝히기 위해 이슬람주의의 주요 특징 여섯 가지, 즉 세계적 정치질서의 깊은 반동적 비전, 대량살상적 반유대주의 도입, 민주정치와의 대립, 폭력의 사용, 법률의 이슬람법shari'a(샤리아)화, 그리고 순결에 집착한 나머지 거의 꾸며낸 이슬람 전통에서 진정성을 찾으려는 행태를 분석하고 나서, 한나 아렌트의 사상을 반영하여 이슬람주의는 전체주의적 이데올로기로 이해해야 한다는 점을 역설했다.

물론 서양인들도 이슬람주의를 그런 식으로 간주한다는 말이 아니다. 정치적 구색을 갖춘 신성한 종교가 회복된다는 말을 이해할 수 있는 사람은 별로 없을 것 같다. 이는 학술적인 문제이기도 하다. 서방세계에는 이슬람문명에 대응할 만한 정책이 필요하지만, 이를 위해서 이슬람주의자들의 사상뿐 아니라 이슬람주의와 이슬람교가 다르다는 복잡다단한 현실을 이해할 필요가 있다. 오늘날 "아랍의 봄"을 감안해볼 때, 이슬람주의의 본질을 파악하는 일이 그 어느 때보다 시급한 문제가 되고 있다. 권위주의 정권(튀니지와 이집트 및 리비아)의 붕괴는 민주화는커녕, 샤리아국가로 이어지는 이슬람주의의 집권을 예고하고 있다. 나는 이처럼 복잡한 쟁점을 좀 더 원대한 맥락에서 조명하고 싶다.

감사의 글

2009년 퇴직과 동시에 학계를 떠나겠다고 마음먹은 후 ─ 그간 간행되지 않은 연구 논문과는 별도로 ─ 『이슬람주의와 이슬람교』를 최후의 저작으로 삼기로 했다. 40여 년에 걸쳐 독일어로 28권, 영어로 8권을 집필했는데, 마다하기 어려운 기회가 찾아오지 않는다면 이것으로 학자의 삶을 마감하고 평범한 서민으로 돌아가려고 한다. 『이슬람주의와 이슬람교』는 정치적 이슬람교, 즉 이슬람주의를 분석한 세 번째 연구서로 미국에서 초판이 발행되었다. 처녀작과 두 번째 저작은 『원리주의의 과제 The Challenge of Fundamentalisme』(1998년, 2002년 개정)와 『정치적 이슬람과 세계정치, 그리고 유럽 Political Islam, World Politics, and Europe』(2008년)이었다. 이 두 권은 내가 15년 동안 이슬람주의를 연구하고 분석해온 과정을 반영한 것들이다. 이 책이 나의 경력에서 차지하는 위치를 감안할 때, 이 감사의 글은 이 책뿐만 아니라 이슬람교 연구와 관련된 나의 학자의 삶까지도 담고 있다.

우선, 비판론을 반증할 수 있는 탄탄한 논증을 위해 글을 곱씹어보고 수정·보완토록 자극을 가해준 여덟 명으로 구성된 편집위원회와 추가로 선정된 세 명의 검토자들에게 감사한 마음을 전한다. 일부 검토는 효능이 강력한 약처럼 기분을 띄워주기도 했으나, 오해의 소지가 없도록 신중히 써야 하는 동기를 심어주기도 했다.

이슬람교 연구와 이 책에 대한 비화를 털어놓으려면 이야기가 좀 길어질 것이다. 기원은 1960년대 말로 거슬러 올라간다. 나는 6일전쟁[1]에서 참패한 이후 새로운 아랍·무슬림 개화를 위해 더 나은 미래를 꿈꾸던 아랍 지식인 중 하나였다. (푸아드 아자미가 1981년에 쓴 『궁지에 몰린 아랍The Arab Predicament』을 읽으면 이에 대해 알 수 있다.) 당시 아랍 지식인 대부분은 종교와 무관했으며 정치적 이슬람교에도 별 관심이 없었다. 그러나 아랍의 좌익세력이던 우리는 민중의 지지를 끌어내지 못해 이슬람주의자들이 우리 대신 여론을 주도하는 꼴을 그저 지켜볼 수밖에 없었다. 제1차 국제이슬람철학학회(1979년 11월 19~22일, 카이로에 있는 아인 샴스 대학에서 열림)에서 논문「이슬람교와 세속화Islam and Secularization」를 발표한 뒤, 마침내 나는 이슬람주의와 처음 대면하게 되었고, 그 후 나의 사상을 이슬람답지 못하다고 이단으로 규정한 이슬람주의자들로부터 협박을 받아 왔다. 숱한 반대를 무릅쓰고 그 논문이 1980년 3월, 아니스 사이그의 도움을 받아 베이루트에 본사를 둔 저널 『콰다야 아라비야Qadaya Arabiyya』지에 아랍어로 게재되었고, 카이로에서는 무라드 와바 교수 덕택에 영어로 출판되었다. 요즘 같으면 학회나 아랍어 출판은 상상도 할 수 없는 일이다. 아랍어를 구사하는 지역에서 이슬람주의에 대한 비방을 기꺼이 감수하려는 언론사가 없기 때문이다. 푸아드 아자미와 무라드 와바, 사디크 J. 알아즘 및 사이드 에딘 이브라힘 등 당시 논문을 후원해준 아랍·무슬림 지식인들에게 진심으로 감사를 표한다. 일일이 호명하기는 어려우나, 베이루트(『디라사트 아라비아Dirasat Arabiyya』지와 『마와키프Mawaqif』지)와 튀니지(『슈온 아라비아Shuon Arabiyya』지) 및 카이로(『알탈리아al-Tali'a』지)에서 나의 논문을 아랍어로 발표해준 편집자들도 더러 있었다. 1970년대에 나는 유럽에서

---

[1] The Six Day War: 중동전쟁으로 1967년 5월~6월에 벌어진 아랍국가들과 이스라엘 간의 전쟁. 이스라엘의 전격 기습 작전과 완벽한 승리로 끝났다.

도피생활을 했다. 당시 나는 종교와는 무관한 논쟁, 특히 민족주의와 개발을 소개한 책을 집필했다. 이슬람교를 조명한 첫 작품은 혹자가 말하는 이슬람 부흥을 둘러싼 현상을 밝힌 것인데, 개인적으로는 — 내가 이 책의 제목으로 붙인 것과 같이 — 근대 이슬람교의 위기가 더 타당하다고 본다. 이를 위해 나는 카이로에서 연구하고, 수단의 수도 하르툼과 튀니지의 수도 튀니스, 모로코의 수도 라바트 및 세네갈의 수도 다카르와 카메룬의 수도 야운데에서 교편을 잡기도 했다. 특히 카이로에서는, 사이드 야신, 압둘무님 사이드, 오사마 가잘리하릅, 그리고 오랜 친구 사아드 에딘 이브라힘의 도움을 받으며 알아람 정치전략연구센터에서 주로 활동했다. 얼마 후 이브라힘은 투옥되었다가 마침내 고국에서 추방되고 말았다. 하르툼에서는 아프리카·아시아연구협회에 재직하며 고인이 된 무함마드 오마르 바시르와 함께 연구했고, 튀니스에서는 경제·사회연구센터에서 많은 동료들과 함께 연구하며 논문을 발행하기도 했다. 터키 앙카라에서도 교편을 잡은 적이 있다. 1980~90년대에 들어서는 모로코와 알제리 및 튀니스 대학에서 강의하다가 멕시코만 연안 국가들로 거취를 옮기기도 했다. 행여 수감될까 두려워 카다피가 지배하던 리비아와 와하비[2]가 지배하는 사우디아라비아, 사담 후세인이 지배하던 이라크 및 고향 시리아에는 갈 엄두가 나지 않았다. 바스정권이 나를 사회에서 매장시켜 범법자로 몰아세웠기 때문이다. 아버지와, 그의 뒤를 이어 세상을 떠난 어머니의 장례식에 참석차 다마스쿠스에 가려 했을 때에도 정보에 밝은 보안 직원들이 위험하다고 나를 만류했

---

[2] Wahabi: 이슬람 수니파 종교지도자 무함마드 아브드 알와하브의 정신을 따르는 것을 말하며, 와하브를 따르는 원리주의자를 와하비Wahabi, 그 가르침을 와하비즘Wahabism이라 한다. 와하비운동은 18세기 중엽에 일어났으며, 이 운동은 종교적·정치적·사회적 운동이라는 점에서 현대 이슬람교 원리주의 운동의 기원이 된다.

다.

　1995년 이후 중동 밖을 여행할 때 나는 나의 이슬람교 연구가 풍성해지고 있다는 사실을 알게 되었다. 이를테면, 남아시아와 동남아시아, 특히 인도네시아에서 많은 귀감을 얻었다. 일찍이 1980년대 세네갈에서 교편을 잡았을 때 나는 (아프리카계 이슬람교 모델에서 힌트를 얻어) 유럽계 이슬람교의 개념을 전개했으며, 카메룬에서 교편을 잡았을 때에도 서아프리카는 내게 매우 중요한 지역이었다. 2003년 나를 객원교수로 초빙해준 인도네시아 자카르타의 히다야톨라 이슬람 주립대학의 총장 아이주마르디 아즈라에게 감사의 뜻을 전하고 싶다. 2009년 7월에는 자카르타로 돌아와 진보주의 무슬림 동료들과 함께 진보적인 이슬람교의 가망성(논제)에 관한 토론회에 합류했다. 싱가포르 국립대학과 야운데에 소재한 카메룬 국제관계협회에서도 교직생활을 했는데—너무 많아 지면에 일일이 게재할 수는 없지만—현지에서 용기를 주고 도전정신을 심어준 벗과 동료 및 학자들에게 감사를 표한다.

　사실, 이슬람세계에서 입수한 모든 지식을 서방세계에서 집대성하고 체계를 잡았다. 모교인 독일 괴팅엔 대학을 필두로 연구를 지원해준 서양 기관들을 열거하면 다음과 같다. 우선, 1982~2000년까지 몇몇 단체에 소속되어 연구해온 하버드 대학을 들 수 있다. 미국 예술과학 아카데미(마틴 마티 및 스콧 애플비 의장에게 감사드린다)의 원리주의 프로젝트와 매사추세츠 주 메드퍼드에 소재한 터프츠 대학 소속 플레처 스쿨[3]의 문화연구 프로젝트(로런스 해리슨 의장이 이끈)에 참여할 수 있었던 것도 연구에 큰 보탬이 되었다.

---

[3]　Fletcher School: 미국 최초의 국제법 및 외교학 전문대학원.

나를 6년 동안 초빙해준 코넬 대학에도 고마움을 전하며, 2008년과 2010년, 두 차례에 걸쳐 수석 객원학자로 연구할 기회를 허락해준 워싱턴 DC의 미국 홀로코스트 추모박물관의 선진홀로코스트 연구센터에도 감사의 뜻을 전하고 싶다.

이와 더불어서 물심양면으로 나의 연구를 후원해준 지인도 몇 명 소개할까 한다. 선진홀로코스트 연구센터의 폴 샤피로, 수잔 브라운플레밍, 해리엇 샤피로, 위르겐 마테우스, 로버트 윌리엄스와 그 밖의 동료들에게 감사를 표한다. 예일 대학의 반유대주의 학제 간의 연구계획에서는 책임자 찰스 스몰과 그의 보조원 로렌 클라크가 후원해주었다. 또한 암스테르담에서 처음 인사를 나눈 존 도나티치 예일 대학 출판부 책임자를 비롯하여, 책이 출간되기까지 노고를 아끼지 않은 나의 벗이자 편집주간인 윌리엄 프루트에게도 감사의 마음을 전한다. 약 40년간 일반서적 및 학술서적 저술가로 활동했지만, 프루트만큼 열정과 관심을 가지고 이 책에 심혈을 기울인 편집자는 여태 본 적이 없었다. 그는 윤문뿐 아니라 논거를 강화하는 데도 크게 기여했다. 2011년 몇 개월 동안 호흡을 맞춘 댄 히튼은 윌리엄 프루트에 비해(2008-12) 인연이 길지는 않았으나, 프루트에 못지않게 많은 정성을 보태주었다.

동료 전문가들의 검토는 곤욕이긴 했으나, (특히) 이 원고에 호의적이지 않은 독자들의 서평이 도움이 되었다. 먼저 서평들 가운데 하나에서 힌트를 얻어 샤리아에 관한 챕터를 추가해 이 책의 완성도를 크게 끌어올렸다. 장황한 주석을 검토한 두 전문가의 조언도 큰 도움이 될 듯싶어 그들의 조언을 거의 따르기로 했다. 한 검토자는 애당초 나의 논거에 동의하지 않았음에도 불구하고 예일 대학 출판부에 원고의 출간을 강력히 추천했다! 학술연구의 자유와 저자의 연륜을 존중하고 이 책을 통해 정말 필요한 토론의 장을 기대하는 심정으로 그랬던 것이다. 그가 가장 인상에 남는다.

2009년 은퇴하기 전까지 약 10년 동안 나는 괴팅엔 대학에서 소스텐 하셰와 엘리자베스 뤼프트 전임 조교와 함께 연구했다. 그들과 나의 사랑하는 아내 울라는 『민족성과 민족주의에 관한 연구Studies in Ethnicity and Nationalism』에 게재된 기획논문 「두려움의 민족성?Ethnicity of Fear?」에서 내가 분석한 독일과 그 문화에 대해 어설픈 일반화를 피할 수 있도록 지도해주었다. 기대에 어긋나지 않는 엘리자베스의 조언이 이 책의 완성도에 중요한 역할을 했다. 그녀는 코넬 대학과 워싱턴 대학 및 예일 대학에서 손으로 직접 써서 팩스로 보낸 초고를 타이핑했고, 소스텐 하셰는 독일에서의 재직기간이 끝난 후에도 꾸준히 나를 도왔다. 2010년 초고를 완성하는 동안 선진 홀로코스트 연구센터에 비치된 팩스가 대서양을 건너 우리를 연결해주었다. 특히 괴팅엔 대학의 동료 교수 프란츠 발터 박사에게 — 이슬람교를 연구하진 않았으나 비교 "정당" 분야에서 훌륭한 석학으로 꼽힌다 — 감사를 표한다. 나의 연구를 지원하고 관심을 가진 프란츠 박사는 2009~12년까지 소스텐 하셰 조교의 임금을 지급하기 위해 민주주의 연구센터에서 자금을 조달하기도 했다. 소스텐의 연구 보조와 컴퓨터 작업이 없었다면 최종본이 완성될 수 없었을 것이다. 이 책에 열정을 쏟은 그에게 깊은 감사의 마음을 전하고 싶다.

지난 30년 동안 이슬람주의와 이슬람교에 대한 연구를 지원해준 전문가로는 SAIS의 푸아드 아자미를 (재차) 위시하여, 1991년에 출간된 입문서로 이 책의 주제를 풀이해놓은 『정치적 이슬람교Political Islam: Religion and Politics in the Arab World』의 저자 나지 아유비와, 프린스턴 대학에서 연구를 도운 멘토이자 친구인 버나드 루이스, 무신 마디, 로이 모타헤데, 새뮤얼 헌팅턴 및 1982년에서 2000년까지 하버드 대학에서 함께 연구한 허버트 켈먼을 꼽을 수 있다. 플레처 스쿨의 로런스 해리슨과 원리주의 프로젝트의 스콧 애플비와 마틴 마티에게도 감사를 표한다. 그들과 더불어서 샤람 아크바르자데, 네자르 알사야드, 슐로모 아비네리, 제프리 베일, 제이노 바란, 러셀 버먼, 다비드 그린우드, 제프리 허프, 찰스 힐, 롤런드 수, 에프라임 인바르, 마크 위르겐스마이어, 자말 카프다르, 알리 카라오스모노글루, 피터 카첸슈타인, 존 켈세이, 페티 만수리, 피터 뉴만, 에릭 패터슨, Y. 라지사르, 앤서니 리드, 에마드 E.샤힌 및 케말 실라이도 나의 연구에 자극제가 되었다.

이슬람주의 지도자들과 주류 이슬람 영도자, 서양 학자 및 일부 언론 등이 이슬람주의와 이슬람교를 두고 사상과 언론의 한계선을 강요하던 때였음에도 불구하고 이와 같은 연구서를 출판시장에 내놓을 담력을 발휘한 예일 대학 출판부에도 감사의 뜻을 전하고 싶다. 학술연구의 자유, 특히 정치적 쟁점이 극히 제한된 시리아 출신인지라 내가 누릴 수 있었던 자유에 감사를 표하고, 미국과 유럽에서 이를 활성화하고자 하는 비전을 품은 여러분에게 존경을 표한다. 그러나 오늘날 서방세계에서는 독재 때문이 아니라, 인종·민족·종교·성차별 등의 편견을 지양한다는 미명하에 자유가 위기에 처해 있다. 원고를 집필하는 내내 이러한 점을 걱정했다. 이 책은, 아직 현실화되지 않은 포스트이슬람주의의 실현을 앞당기기 위해 이슬람주의를 진지하게 연구한 결정체다.

서문에서 나는 "이슬람교 연구에 전념해온 정치학자로서 이 책을 집필했다"고 밝히면서 이슬람교 관련연구를 하찮게 보는 입장에 불만을 표시했는데, 그래서인지 이슬람주의와 이슬람교의 해석에 대한 나의 권위를 인정한 세 편집자에게 고마움을 느낀다. 우선, 8권으로 구성된 『정치학 국제백과사전International Encyclopedia of Political Science』(2011)을 편찬한 B. 바디에, D. 베르크슐로세르, L. 몰리노에게 감사를 표한다. 그들은 나를 "권위자"로 선택하여 국제정치학협회의 비호하에 방대한 이슬람 항목을 부탁했고, 결국 다섯 번째 사전(pp. 1348~53)에 이 항목을 게재했다. 『글로벌연구백과*Encyclopedia of Global Studies*』 편찬에 참여할 기회를 준 마크 위르겐스마이어와 헬무트 안하이어에게도 고마움을 전하고 싶다. 이전에는 내가 작성한 "원리주의" 항목을 마크 베버 교수가 『정치이론백과*Encyclopedia of Political Theory*』(2권, pp.536~40)에 실었는데, 여기서 나는 이슬람주의를 세계에 만연하는 종교적 원리주의 현상 중 이슬람주의적인 것으로 규정했다. 그들은 내게 위안을 주었으며, 이성과 존중이 살아 있는 공동체의 일원이 곧 학자라는 점에 동감해주었다. 나의 사상을 두고는 논란의 여지가 있겠지만, 모쪼록 동료들이 몸소 보여준 마음으로 학계가 이 책의 가치를 인정해주기를 바란다.

1장

이슬람주의는 왜
이슬람교가 아닌가

 이슬람주의와 이슬람교는 어떻게 다른가? 이슬람주의는 신앙이 아닌, 정치질서에 중점을 두면서도 단순한 정치가 아니라 종교화한 정치¹라는 점에서 이슬람교가 아니다. 이 책에서 나는 이슬람주의를 세계에 만연하고 있는 종교적 원리주의의 유력한 사례로 다룰 것이다.²

"종교화한 정치"는 이 책의 논지를 이해하는 데 필히 알아두어야 할 개념이다. 이슬람주의에서 종교화한 정치란 국민의 주권이 아닌, 알라의 뜻에서 비롯된 정치질서를 장려하는 의미를 포함하고 있다. 반면, 이슬람교에는 그런 의미가 없다. 이슬람교는 신앙과 종교 및 윤리적 기틀로서 정치적 가치를 내포하긴 하지만 정부의 구체적인 질서를 전제하지는 않는다. 이슬람주의는 이슬람교를 명확하게 해석하는 과정에서 태동한 것으로, 종교적 가르침이 뚜렷한 정치적 이데올로기를 일컫기도 한다.

따라서 이슬람주의는 자주 회자되는 이슬람교의 부흥도 아니다. 부흥은커녕 전통과는 다른 선입견을 부추겼다고 보아야 옳을 것이다. 이슬람주의는 이슬람교의 역사와 전성기를 회복해야 한다고 주장하나, 애당초 "회복"을 시도하려는 국가에서는 에릭 홉스봄의 말마따나 꾸며낸 전통에 불과하다. 상상 속의 신정국가인 알라 신의 통치hakimiyyat Allah(하키미야트 알라)라는 이슬람교의 유토피아는 역사상 존재한 적이 없기 때문이다.

이슬람주의와 꾸며낸 전통

이슬람주의가 전통을 꾸며낸 경위와 까닭을 이해하려면 이슬람교 조직의 아젠다부터 살펴보아야 하는데, 여기에는 종교적 정통성을 비롯하여, 소동을 일으키려는 정치적 아젠다 이상의 의미가 내포되어 있다. 그래서 "급진파 이슬람교"가 적잖은 오해를 불러일으키고 있는 것이다. 또한 폭력을 지양하고 목표를 평화적으로 실현하려는 이슬람주의도 "온건파 이슬람교"라고 하나 그 역시 마찬가지다. 사실, 이슬람주의라면 모두가 세계를 재건하겠다는 의지를 품고 있다. 이슬람주의에서는 제도적인 이슬람주의와 지하드운동이 뚜렷이 대별되나 수단만 다를 뿐 둘 다 목적은 같다. "급진주의"이기는 하나 "지하드 타크피리 부대jihadi-takfiri pockets"로 경시하는 이슬람주의의 정치적 아젠다도 전혀 다르지 않다. ("타크피리"란 신앙이 없는 무슬림을 비난하고 자신들과 견해를 달리하는 무슬림을 불신앙kufr[쿠프르]으로 낙인찍는 지하드 단체를 일컫는다.) 엄밀히 말하면 "부대pockets"는 이슬람교 운동의 필수요소다.

이슬람주의는 대니얼 벨이 신성한 종교의 귀환[3]이라고 특징 지은 글로벌 시대에 존재하고 있다. 이는 종교에 의지하는 것으로 두 가지 조건을 동시에 감내해야 한다. 하나는 규범적인 것으로 종교와는 무관한 근대화이고, 다른 하나는 구조적인 것으로 실패한 근대화다. 종교적 부흥이 겉으로는 그럴싸해 보일지는 몰라도 "종교의 르네상스"라고는 말할 수 없다. 대신 정치적 구색을 갖출 수 있어 이슬람 사회의 정치는 이상적인 무슬림 공동체(움마)의 미명 아래 종교화된다.[4] 그렇게 형성된 정치질서를 "샤리아shari'a[이슬람법]국가"라 한다. 그러므로 이슬람주의는 종교din(딘)가 국가dawla(다울라)와 함께 샤리아에 기반을 둔 정치질서 안에서 결합된 이데올로기로 볼 수 있다. 이는 종교화된 정치적 아젠다로 영적인 것과는 무관하며, 이슬람주의가 전체적인 세계의 재건을 도모하듯, 세계는 물론 이슬람문명 국가에도 국한되지 않는다.

테오도어 W. 아도르노와 막스 호르크하이머는 걸작인 공저 『계몽의 변증법』5에서 비교 사례를 기술했다. 두 사람은 파시즘이 계몽주의에서 파생되었다고 주장하거나 각 사상을 규명하진 않았으나(혹자는 그렇게 주장했지만 이는 틀린 내용이다) 그 둘이 관계된 위기라는 맥락은 짚어두었다. 나도 이슬람주의와 이슬람교의 관계가 이와 비슷하다고 생각한다. 즉 이슬람주의는 세계화의 시류에서 식민지로부터 독립 후 개발이 중단된 데 대한 문화적·정치적 대응책으로, 정치색을 띠긴 하나 종교적인 면은 그대로 간직하고 있다. 앞서 전체주의를 표방했던 공산주의, 파시즘과는 달리, 신전체주의는 세속적인 것이 아니라 종교적 이데올로기다. 그렇다면 이슬람주의와 이슬람교의 관계를 배제하지 않는 가운데 이슬람교와 구별되는 이슬람주의를 어떻게 이해할 수 있을까? 이 둘에 대한 혼동을 어떻게 피할 수 있을까? 시국이 어려울 때 유럽에서 『계몽의 변증법』이 공산주의와 파시즘 통치의 도화선이 되었다. 유럽에서 이데올로기가 계몽주의와 대립했듯이 이슬람주의 또한 이슬람교의 휴머니즘을 부정한다. 연속과 단절, 전통과 혁신이 공존하는 셈이다. 신중한 학자가 전체주의운동을 기화로 전 유럽과 계몽주의를 싸잡아 비판하지 않는 것처럼 이슬람주의와 이슬람교를 두고도 동일한 통찰력을 펴고 싶다. 나는 이 책에서 이슬람교가 태동한 이슬람문명의 위기에 전 세계 역사·사회학 사상을 적용하려고 노력했다.

그러므로 이슬람주의와 이슬람교를 별도로 짚어보되 공통인수를 배제하지는 않았다. 따라서 독자는 이슬람주의와 이슬람교 모두에서 통일성 가운데서 다양성을 직면하게 될 것이다. 믿음과 원칙은 무슬림의 공통점이긴 하나 다양한 전통으로 표출될 것이다.

이슬람교의 다섯 기둥al-arkan al-khamsah(알아르칸 알함사)을 철저히 지키는 사람을 가리켜서 무슬림이라고 한다. 이를테면 첫 번째 믿음의 기둥인 샤하다shahadah(알라 신께 순복하고 예언자 무함마드에게 충성하겠다는 서약)를 선언하고, 두 번째 믿음의 기둥인 일일기도salat(살라트)를 드리며, 세 번째 믿음의 기둥인 라마단 성월의 금식, 네 번째 믿음의 기둥인 가난한 사람에게 구호물자zakat(자카트) 지급, 다섯 번째 믿음의 기둥인 형편이 넉넉하여 메카를 순례hadj(하즈)함으로써 진정한 순례자, 즉 남성hajji(하지)과 여성hajja(하자)이 되는 것이다. 그렇다면 이슬람주의가 다섯 기둥과 관련 전통을 부활시켰는가? 이슬람주의의 주된 신조는 단연 샤리아(이슬람법)에 의거한 정교일치(딘와다울라)인데, 이는 신앙이라기보다는 신앙이라는 미명하에 정치체제의 구색을 맞춘 것이다.

이는 역사적으로 타당한 문맥에 근거한 것이 아니다. 앞서 나는 이슬람주의가 부흥의 전조가 아닌, 꾸며낸 전통이라고 주장했다. 에릭 홉스봄[6]의 꾸며낸 전통을 차용하는 까닭은 그것이 역사와 이슬람주의의 관계를 가장 정확하게 규정한 말이기 때문이다. 이슬람주의자가 지향하는 샤리아국가는 칼리프(왕조)가 통치한다기보다는 — 해방당(히즙 우트타리르)[1]은 칼리프가 통치한다고 말하지만 — 근대에서 뿌리를 찾아야 하는 완전히 새로운 개념이다. 정치질서에 근간을 둔 샤리아도 마찬가지로 근대에 창출된 개념이다.

그뿐 아니라 신이슬람 질서(니잠 이슬라미)의 민중으로 정의하는 움마도 꾸며낸 또 다른 전통에 불과하다. 움마란 이슬람교의 다섯 기둥을 준행하는 데 토대를 둔 신앙 공동체를 일컫는데, 역사가 요제프 판 에스[7]는 초

---

1 Hizb ut-Tahrir: 수니파 범이슬람주의 조직체로 중앙아시아에서 가장 대중적이며 가장 과격한 이슬람 집단.

기 이슬람 역사를 집대성하면서 이슬람교의 움마는 컨템퍼러리 이슬람주의에서 기인하는 의미와는 전혀 관련이 없음을 밝혔다. 판 에스에 따르면, 7세기 무함마드가 타계한 후, 메카와 메디나²의 무슬림은 부족의 지도자 sheyhk(쉐이크)가 아닌 이슬람교 지도자 Imam(이맘) 뒤에서는 기도하지 않았다고 한다. 초기 이슬람교 역사가인 W. 몽고메리 와트는 『메디나의 무함마드 Muhammed at Medina』에서 전통적인 움마를 가리켜서 기도를 중심에 둔 "부족들의 연맹"을 통해 다양한 부족들을 연합한 "주족主族"으로 규정했다. 움마는 정치적인 실체가 아니라 오히려 그 반대였으며, 종교적 통일을 위한 정치적 경계를 초월한 수단이었다.

한편, 이슬람주의의 움마는 명백히 정치적인 실체로, 베네딕트 앤더슨의 말마따나 "상상 속의 공동체"였으나, 본질적으로 한계가 없는 주권이라 하니 이상한 구석이 있다. 앤더슨은 상상 속의 공동체에 대한 개념을 발전시키면서 — 그가 밝힌 바대로 "민족답다는 것이 현대의 정치 풍토에서 가장 보편적으로 정당한 가치관"인 까닭을 해명하기 위해 — 민족주의를 고찰하려고 노력했다.[8] 그러나 이슬람주의와 관계가 깊은 "민족성"은 아무리 생각해봐도 애매할 뿐이다. 민족국가를 근대 사회의 원리적 정치조직이라 치부할 뿐 아니라 근대화에 깔린 개념을 상당수 거부하고 있기 때문이다. 앤더슨이 서술한 바에 따르면, 정치조직을 근대 국가로 생각한다는 전제하에 국민은 다음 세 가지 사상, 즉 첫째, 언어는 현실과 독특한 관계를 맺고, 둘째, 국가의 수장은 신과 인간 사이를 중재하며, 셋째, 역사적 시간은 우주적 시간에 맞먹는다는 점을 극복해야 하지만, 이슬람주의자들은 세 가지

---

² Medina: 사우디아라비아 서부의 도시로 무함마드의 묘가 있다.

사상 모두에서 실패했다. 때문에 그들은 명실상부한 급진파에 불과할 뿐, 깊은 수준에서 특정 사상에 반대하는 명분으로 정치적 폭력을 일삼는다는 피상적인 개념과는 거리가 멀다. 물론 서방세계의 학자와 정책입안자들이 이슬람주의자들의 급진주의를 이런 식으로 이해할 거라고 확신할 수 없다.

정치질서를 두고, 이슬람주의의 이상세계와 기본적인 근대 개념 사이에서 조성된 긴장은 갈등으로 이어지게 마련이다. 이슬람주의는 반대파의 이데올로기를 흥하게 했으나, 이슬람주의자들이 정권을 잡은 후에는 공약을 지키는 데에도 실패했을 뿐만 아니라 전체주의자들로 전락하여 반대파를 억압했다. 정교가 분리된 세속 민주국가 터키에서도 이슬람주의를 표방하는 정의개발당AKP: Adalet ve Kalkınma Partisi 집권당은 언론의 자유를 저해하고 언론인들을 재판 절차 없이 강제 투옥시키고 있다. 2010년 11월, 유럽연합EU은 연례보고서에서 터키 정부가 언론을 탄압하고 있다고 비난했다.

이슬람주의와 관련된 쟁점들

무슬림과 서방세계가 이슬람주의의 사상과 관습 중 "급진적 이슬람교"를 추종하는 소수를 "전투적"인 작태로 치부하거나, "이슬람답지 못하다"는 단순한 이유로 그들을 파문하는 건 잘못이다. 급진적 이슬람교라는 건 존재하지 않는다. 아미시[3]가 급진적이 아니듯, 종교적 관습을 두고 자타가 공

---

3   Amish: 네덜란드의 종교개혁자 메노 시몬스Menno Simons에 의해 생겨난 재세례파 중 최대 교파인 메노나이트교회Mennonite에 속하는 사람들로 주로 미국의 펜실베이니아 주, 오하이오 주, 인디애나 주 등에 집단적으로 거주하며 새로운 문명을 완강히 거부하고 있다.

인하는 가장 보수적인 무슬림 또한 급진적이 아니다. 다만 정치를 종교로 승화시킨 초국가조직의 전체주의적 이슬람주의가 있을 뿐이다. 그러나 이슬람주의자들이 이슬람교를 운운하는 건 별 의미가 없다. 그들이 자신들을 신실한 신도로 생각하고 그에 걸맞은 종교생활을 하고 있으니 말이다.

이슬람주의자들을 소외된 소수민족이자 "급진적 무슬림"으로 낮잡아 부르는 사람이나, 이슬람화 정책을 "또 하나의 근대화"로 부풀리는 사람이나 틀린 것은 매한가지다. 이슬람주의가 번성하자 제삼자는 실용적 차원에서 그에 대응해야 했다. 그들은 이슬람주의를 포섭할 수 있으리라 보고, 정권을 잡아 통치권을 내세우면 이슬람주의자들이 고분고분 따를 것이라 생각했다. 극단주의자들의 조직이 그러하듯, 이슬람주의자들도 제풀에 사그라지거나 현실에 적응하게 될 것으로 판단한 것이다. 그러나 두 가지 예측은 근본적인 사실과는 다르므로 포스트이슬람주의의 조짐은 여태 보이지 않으며, 이슬람주의는 사상적 상징성을 최대한 활용하며 번성하고 있다.

꾸며낸 전통은 그것의 모태가 되는 전통을 거론하지 않으면 제대로 이해될 수 없다. 서방세계가 특히 그렇다. 이슬람주의와 그 전통의 관계를 여섯 가지 기본 주제로 규정할 수 있다.

- 이슬람주의를 신이슬람 질서(니잠 이슬라미)로 해석
- "유대식 세계질서"를 표방함으로써 이슬람주의의 목표에 정면으로 대립하는 유대인이 바로 이슬람교를 위협하는 숙적
- 민주화와 민주국가에 자리 잡은 제도적 이슬람주의의 위상
- 전통 지하드가 테러리스트 지하드로 변질
- 샤리아의 부활
- 이슬람주의자들의 세속화와 반세속화의 견해를 결정하는 순결과 정통성

이슬람주의와 이슬람교의 기본적인 차이를 이해하는 데 도움이 되는 여섯 가지 주제를 각 장에서 언급하고, 8장에 가서는 이슬람주의자들의 운동을 또 하나의 전체주의로 가닥 잡기 위해 한나 아렌트의 연구를 참고할 것이다. 나는 아렌트의 접근법을 적용하는 것이 아니라 그녀가 발전시킨 분석적 연장들을 활용할 것이다.

서양의 독자라면 앞서 언급한 여섯 가지 주제에 어째서 성gender과 이슬람주의가 포함되지 않는지에 대해 궁금해할 것이다. 오늘날 무슬림세계에서 여성문제가 중요한 화두로 꼽힌다는 점은 부인할 수 없는 사실이나, 이슬람교 문헌을 약 30년간 살펴보니 그 점을 두고는 언급한 바가 거의 없었다. 문헌 기자들이 여성문제에는 그다지 흥미를 느끼지 못했던 것 같다. 일찍이 사이드 쿠틉은 잡혼제라는 이유로 서양문명을 질타해왔다. 1948~50년까지 뉴욕에 거주한 쿠틉의 사적을 보면, 그는 여성해방을 서방세계의 가치관이 퇴보하는 조짐으로 간주했으며, 유수프 알카라다위는 단연 남성이 무슬림 공동체(움마)의 지도자이며 여성이 무슬림 공동체를 이끈다면 그야말로 최악의 시나리오가 될 것임을 분명히 밝혔다. 대개 이슬람주의자들은 여성보다 우월한 남성이 공동체를 이끌 의무가 있다는 이슬람교 전통에 젖어 있다. 이슬람세계에서 가부장제의 양상은 매우 다양하며 중동의 경우 가장 엄격하다. 반면, 무슬림이 장악한 서아프리카와 동남아시아에서는 무슬림 여성이 아랍국가들에 비해 더 많은 권리를 행사하며, 비아랍 무슬림 국가인 터키(AKP당이 집권하기 전), 인도네시아와 파키스탄 및 방글라데시에서는 여성 정치인들이 국가 수반으로 선출되기도 했다. 가장 유명한 페미니스트로 두 아랍 여성을 꼽을 수 있는데, 모로코의 파트마 메르니시와 이집트의 나왈 알사다위 두 사람은 전통 무슬림과 근대 이슬람주의의 가부장제를 규탄하며 성차별에 도전해왔다. 하지만 여성의 권리를 엄격하게 규제하는 이슬람주의자들은 이상적인 무슬림 공동체에서 차지하는 여성의 위상에 대해서는 별로 고려하지 않고 있다.

아렌트가 분석한 전체주의와 파시즘, 공산주의, 동시대 이슬람주의에는 분명한 차이가 있다. 전체주의, 파시즘, 그리고 공산주의의 초기 사상들은 종교와 무관했지만, 이슬람주의는 그렇지 않았다. 따라서 정치질서가 이슬람주의 사상의 선두에 자리를 잡긴 했더라도 이를 빌미로 이슬람주의자들이 무슬림 공동체에서 추방되는 함정에 빠지는 일은 없어야 한다. 그러므로 의견이 다르다는 이유로 이슬람 공동체에서 무슬림을 제명해버리는 지하드 단체에 속한 이슬람주의자들은 결코 용납될 수 없는 것이다.

"이슬람주의"는 본래의 사상을 이데올로기로 전환할 때 "주의ism"를 붙인다는 보편적인 관행을 반영한다. 예컨대, 카를 마르크스의 이름에 "주의"를 덧대면 유럽 휴머니스트 마르크스의 사상을, 본래의 것과 늘 일치하는 사상이 아닌 이데올로기로 전환하려는 노력이 엿보인다는 말이다. 마르크스주의는 레닌주의자들이 전체주의적 공산주의로 발전시킨 것으로 마르크스의 원래 의제와는 사뭇 다른 이데올로기였다. 이와 마찬가지로, 이슬람교의 정치화란, 이슬람교 신앙과는 일치하지 않는 정치적 목소리를 내는 데 종교가 이용되는 과정을 일컫는다. 정치적 종교는 세속적 목적을 추구하는 수단이 되었다. 나는 이슬람주의와 이슬람교가 다르다고 재차 강조하면서도 이슬람주의가 종교를 정치적으로 해석한 것이란 점을 보탰다. 즉 이슬람주의가 종교의 테두리에서 벗어나지 않는다는 것이다. 나의 주장을 이해하지 못하면 이슬람주의가 이슬람교를 제도적으로 남용한 결과로 오해할 수도 있을 것이다. 30년간 이슬람주의를 연구하면서 전 세계의 이슬람주의자들과 이야기를 나누다 보니 그들이 자신들을 진정한 신도로 확신하고 있다는 사실을 알게 되었다.

정치화는 이슬람교를 이슬람주의의 정치적 종교로 변모시킨 수단으로, 위기에 시달리는 사회에 불거진 주요 화두다. 예컨대, 이슬람교가 보편성을 주장하는 데 이슬람주의가 어떤 영향을 미쳤는지 생각해보라. 보편주의의 정치화는 국제주의적 공산주의의 이데올로기를 빼닮은 행동주의적 국제주의의 정치적 이데올로기를 낳았다. 두 이데올로기는 세계의 혁명을 지향한다. 서방세계의 사상을 대부분 배격하는(모든 사상을 배격하기도 하는) 이슬람주의자들이 혁명사상을 공산주의에서 차용한 건 당연한 일이다.

이념의 전쟁

학자가 이슬람주의와 이슬람교의 차이를 진지하게 다룬다는 건 위험한 발상이다. 기존의 금기를 따르지 않는 자들은 "동양주의"라며 비난받아 왔다. 동양주의란, 아시아 문명을 상대로 패권을 장악하기 위해 "동양"이라는 이상적인 문화공간을 만들어냈다는 이유로 서방세계를 비난한 에드워드 사이드에 의해 대중화된 용어다. 하지만 동양주의는 지성에 국한되지 않고 물리적 위협으로 이어질 논쟁이 될 수도 있다. 이슬람주의는 토론 모임이 아니므로, 학자가 불신앙kufr(쿠프르)으로 몰리면 목숨을 내놓으라는 협박도 감내해야 하니 말이다.

이슬람주의자를 이단자나 이교자로 정죄하거나 학자를 동양주의자로 비난하는 데에는 사상과 언론을 제한하려는 의도가 깔려 있다. 소위 말하는 이념의 전쟁[9]에 휘말린 혹자는 이를 민주주의와 이슬람주의자들의 지하드운동의 전쟁으로 해석하기도 하는데, 어찌 보면 그들은 이슬람주의자들이 지어낸 "이념의 전쟁", 즉 하릅 알아프카르harb al-afkar를 되뇌면서도 이를 의식하지는 못하는 것 같다. 사실 이 개념은 신앙iman(이만)과 불신앙 간의 전쟁이 이념의 전쟁으로 비화되었다는 점을 주요 책자에 쓴 사이드 쿠틉이 원류다. 불신앙(쿠프르)은 이슬람교도라는 인상을 주지 않는 것이라면 무엇이든 배격해야 한다는 이유로 낙인찍혔다. 그러나 쿠틉에 따르면, 불신앙과의 투쟁에는 세계의 전쟁 성격이 담겨 있다고 한다.

> 신앙인과 그들의 적과의 전투는 본질상 종교적 교리를 둘러싼 싸움일 뿐이다. … 정치적이거나 경제적인 갈등이라기보다는 이념의 전쟁으로 보는 것이 정확하며, 결국에는 진정한 신앙이든 불신앙이든 어느 한쪽이 득세하게 될 것이다.[10]

이 전쟁은 이슬람주의자의 성전(지하드)을 "이슬람세계의 평화를 위한… 이슬람세계의 혁명으로 규정한다. 이슬람교 교리에 근간을 둔 질서를 성취하려면 지하드가 불가피하므로 폭력을 배제한 평화란 존재할 수 없다."[11]

    이는 현재 이슬람주의자들이 벌이고 있는 이념의 전쟁에 모티프가 된 발언이다. 그에 따르면, 이슬람주의와 이슬람교의 차이 따위는 없으며 오로지 하나의 이슬람교가 있을 뿐이다. 이에 동감하는 사람은 "진정한 신도"가 되고, 그렇지 않은 사람은 무슬림도 예외 없이 이슬람교의 원수가 될 것이다. 이를 믿지 않는 자는 이단shurk(슈르크)이나 불신앙으로, 이를 비판하는 비무슬림은 이슬람혐오증 환자Islamophobes로 낙인찍히게 마련이다. 그러나 그들을 배격하는 까닭이 종교적 광기에 국한되는 건 아니다. 차별이야말로 이슬람주의가 부각되는 데 일조하므로 이슬람주의자들이 벌이는 이념의 전쟁의 적절한 표적이 되는 것이다.
    이슬람주의자를 이슬람교의 대변인으로 세우면 한 가지 좋은 점이 있다. 무슬림 통치자로부터 "이슬람교의 원수"라는 죄목으로 처형당하거나 질타받을 일이 없기 때문이다.

이슬람주의자에게 이슬람주의와 이슬람교의 차이를 부정할 만한 이성적 동기가 있다면 서방세계의 동맹국들은 이를 어떻게 해명할 수 있을까? 이슬람교도들이 유럽 전역으로 흩어지면서 ― 미국에도 더러 분포해 있다 ― 이슬람주의의 기만전술이 기꺼이 받아들여지는 것이 일반화되었다. 수니파 이슬람주의자들은 이념의 전쟁의 일환으로 "신앙심 없는 자들"을 호도한다는 기만ham(이함) 전술을 정당화했다. 그런 와중에 이슬람주의를 해방신학이자 과격한 반세계화운동으로(일부 이슬람주의자들도 이런 용어를 사용한다) 간주하는 유럽인 가운데서 은연중에 동맹이 나타나게 되었다. 그들은 온건파 이슬람주의자라면 중동 외교정책의 파트너로 손색이 없을 것이라고 여긴 미국의 실용주의 분석가와 반목했는데, 실용주의의 충격적인 단면을 보여주는 사례로 미국이 이집트의 무슬림 형제단과 손을 잡아야 한다[12]고 주장한 『포린 어페어스』지의 정책기사를 꼽을 수 있다. 사실상의 오류와 더불어(이를테면, 이데올로기와 조직의 정책을 오해), 무슬림 형제단과의 협력을 지지하는 주장은 조직에 무지하다는 방증이었다. 이는 "온건파 이슬람교"의 개념으로 뒷받침되었다. 무슬림 형제단은 폭력으로든, 비폭력으로든 정치적 이슬람교에서 으뜸가는 기둥 가운데 하나였다. 신이슬람 질서를 표방하는 조직의 이데올로기는 전체주의적인 정치적 아젠다를 철저히 반영했다. 물론 진보 및 민간 이슬람교도 있으나 "민주적 이슬람주의"는 그와 대립되는 개념이다.

제도적 이슬람주의자와 지하디스트

제도적 이슬람주의자와 극단주의자들을 일컫는 지하디스트의 차이는 공개 토론장에서 "온건파"와 "급진파" 이슬람주의자의 차이로 간주되나 앞서 언급했듯이, 이는 자칫 오해를 불러일으킬 수 있다.[13] 많은 "온건파" 이슬람주의자들은 선거와 정치에 참여하고, 전부는 아니고 일부만이 테러를 단념한다. 그렇다고 해서 기존의 정치질서를 재편한다는 이슬람주의의 아젠다를 포기한 건 아니다. 그러므로 "온건파"의 정의가 제도적 이슬람주의자와 지하디스트를 규정하는 데 매우 중요하다.

　서방세계는 비정규전에서 얼마만큼 폭력에 집착하느냐에 따라서 "급진파" 지하디스트를 결정해왔다. 따라서 "온건파"와 "급진파"의 차이는 단지 수단과 관련이 있다 해서 두 파벌의 공통적인 세계관을 외면해왔다. 더욱이 이슬람주의가 전 세계 네트워크를 조성한 범국가 조직이므로 이슬람주의자들을, 9·11테러 이후 에드워드 사이드가 붙여준 대로, "미치광이 패거리"로 치부해서는 안 될 것이다. 그들이 정말 "미치광이 패거리"라면 사법당국에 넘겨 법의 심판을 받게 해야 마땅할 것이다. 사실, 유력한 조직을 갖춘 이슬람주의는 폭력 및 이념의 전쟁을 동시에 벌이고 있다. 유감스럽지만, 조지 W. 부시 행정부의 실책과 그릇된 관행이 지하드 이슬람주의를 둘러싼 현실적 논쟁에 심각한 타격을 주었다는 점을 꼭 지적하고 싶다. 따라서 새로운 비정규전을 둘러싼 사실은 간과되고 있는 실정이다. 많은 사람들은 이 같은 전쟁이 존재한다고 믿는 이들이 신보수파일 것이라고 추측하는데, 그런 억측이 이슬람주의에 내재된 지하드사상을 일축하는 근거로 쓰이고 있다는 건 통탄할 일이다. 그러나 오바마 정부는 지하디스트를 일개의 범죄자로 규정하여, 전쟁의 이데올로기적 차원을 완전히 외면하고 있다.

이슬람주의의 제도 및 지하디스트 파벌은 범국가적 조직의 양면을 보여준다. 이슬람세계의 많은 국가들에서 이 조직은 민주주의를 남용하든, 지하드를 내세워 테러를 자행하든 권력을 쟁취해왔다.

제도적 이슬람주의자와 지하디스트를 각각 "개혁가"와 "혁명가"로 보는 것 또한 말이 되지 않는다.[14] 지하디스트 및 제도적 이슬람주의자의 차이는 구별해야 한다. 폭력은 이슬람주의 사상에서 매우 지엽적인 문제에 불과하다. 그러므로 이슬람주의에 폭력을 결부시키고, 평화를 지향하는 이슬람주의자를 "온건파"로 규정하여 서방세계가 이를 포섭할 수 있다고 보는, 서방세계의 두 가지 고정관념은 크게 잘못된 것이다.

이슬람주의와 이슬람교 차이에 대한 반박

이제 이 책을 읽는 내내 심기가 불편해진 독자의 입장을 살펴볼 때가 된 것 같다. 이슬람주의와 이슬람교의 차이를 밝히려는 나의 노력에 반대할 만한 그룹은 크게 세 그룹이다.

첫 번째 그룹은 이슬람교의 대변자를 자처하는 이슬람주의자들로, 그들은 불변하는 단 하나의 이슬람교만이 존재할 뿐이라고 주장한다. 유일신을 표방하는 이슬람교의 사상은 이슬람주의자의 정치적 활동을 정당화하는 근거로 제시되고 있으나, 종교와 문화를 떠나, 이슬람주의 사고방식을 벗어난 이슬람교란 존재하지 않는다.

두 번째 그룹은 이슬람주의자들과 대립하며, 이슬람교를 악으로 간주하는가 하면 이슬람교에 내재하는 다양성을 전면 부정한다. 이를 고집하는 자들은 이슬람주의는 존재하지 않고 다만 "이슬람교에 대한 위협"만 있을 뿐이라고 주장한다.

　이에 대응하여 혹자는 이런 주장을 바꿔, 이슬람주의와 이슬람교의 차이를 일축하는 것은 기꺼이 받아들이나 이슬람주의자들의 위협은 외국인을 혐오하는 근거 없는 믿음에서 비롯된 것이라고 역설한다. 세 번째 그룹은 이슬람주의와 이슬람교의 양극단 사이에서 사회적 차별을 피해 종교·민족 집단의 심기를 건드리지 않으려고 한다. 세 그룹의 공통점은 미묘한 차이는 접어두고 긍정적으로든, 부정적으로든 이슬람교를 유일신의 종교로 간주하는 것이다.

　첫 번째 그룹인 이슬람주의자들은 자신들을 드러내는 것을 바라지 않는다. 유일한 정통 이슬람교라는 꾸며낸 전통은 신이슬람 질서를 둘러싼 그들의 견해에 반대하는 논리를 일축하는 근거로 활용된 정치적 조직을 일컫는다. 분명 다수의 — 실은 대다수의 — 이슬람주의자들은 단일 정통 이슬람교를 신봉하며 자신들을 진정한 추종자로 자부하나, 신실하면서도 순진한 구석이 있기는 하다. 나는, 시아파의 위장taqiyya(타키야)[15] 개념을 차용하여 기만(이함)을 수용한 몇몇 수니파 지도자와 안면이 있는데, 그들은 "정통 이슬람교"의 대변인을 자처하며 입장이 다른 논객들에게는 이슬람혐오증을 들먹여 명예를 실추시키곤 했다.

　몇몇 이슬람주의자들은 자신들을 "제2의 유대인"과 동일시하거나 무슬림을 상대로 "제2의 홀로코스트"가 벌어지고 있다며 피해의식을 조장했다. 이슬람주의자들 대부분이 유대인을 혐오하는데도 그런다니 정말 아이러니하다. 이슬람혐오증을 들먹이는 비방전은, 진보주의 무슬림을 비롯하여 이슬람주의 선전에 대립하는 모든 사람을 공격하는 데 일익을 담당해왔다. 이슬람주의 추종자들은 대개 정직해서 그런 짓은 하지 않지만 그러는 리더들이 상당히 많다. 즉 이념의 전쟁을 두고는 수단과 방법을 가리지 않는다는 이야기다. 일부 이슬람주의자들이 근대 아랍어로 굳어진 이슬람주의al-Islamiyya(알이슬라미야)라는 단어를 사용한다는 사실을 주목할 필요가 있다. 대개 이슬람주의와 이슬람교의 경계를 흐릴 목적으로 이슬람교의 부흥 sahwa Islamiyya(사화 이슬라미야)[16]을 선호한다. 이는 전통적인 무언가가 회복되고, 이슬람교를 정치적으로 이용하는 것이 근대의 개념이 아니라는 인상을 주지만, 앞서 밝혔듯이 이슬람주의는 전통의 부흥과는 아무런 관계가 없다.

두세 번째 집단은 이슬람주의와 이슬람교를 융합한 서방세계에서 찾을 수 있는데, 특히 세 번째 그룹은 차별적 뉘앙스를 삼가기 위해, 자의든 타의든, 이슬람주의자들을 완곡하게 그려 그들을 돕는 꼴이 되었다. 결국 이슬람주의는 레이몬드 베이커가 쓴 책의 제목 『두려움을 모르는 이슬람교』(2003)처럼 "두려움을 모르는 이슬람교"[17]가 되었다. 이슬람주의와 이슬람교의 차이가 전혀 없다고 역설한 존 에스포지토의 작품에도 그 같은 사상이 배어 있다. 에스포지토의 작품을 면밀히 살펴보면 이슬람교는 종교가 아니라[18] 이슬람주의라는 이데올로기가 주된 화제라는 점을 알 수 있을 것이다. 이슬람교가 민주정치와 양립할 수 있다는 그의 결론은 이슬람주의를 민주적인 조직으로 볼 수 있다는 뉘앙스를 심어주었다. 4장에서 언급하겠지만, 이 같은 견해는 매우 잘못된 발상이다. 그런 사고방식을 가진 사람은 이슬람주의와 이슬람교의 차이를 부정할 뿐만 아니라 이슬람주의 자체의 차별화를 오해하고 있기 때문이다. 제도적 이슬람주의자와 지하디스트 둘 다 샤리아에 근거를 둔 이슬람의 질서에 헌신한다. 지하디스트들이 폭력을 행사한다고 해서 제도적 이슬람주의자들의 열성이 식는 것도 아닌데, 사회적 차별을 부정하는 사람들은 이 같은 현실을 외면하고 있다. 이 그룹 내에는 "온건파 이슬람교"와 "급진파 이슬람교"의 차이를 구별하고, 이슬람주의자들의 위협에 대한 이야기는 듣지 않으려는 사람들도 있다. 또한 에스포시토는 『이슬람교의 위협: 허와 실을 밝힌다*The Islamic Threat: Myth or Reality?*』에서 구분을 흐리는 행태를 비난함으로써 자신의 입장을 분명히 했다. 물론 "이슬람주의"가 아니라 "이슬람교"의 위협을 거론한 탓에 에스포시토가 경계를 흐린 장본인이 되고 말았다.

또 다른 사례로는 이슬람주의의 쇠퇴(책의 부제였는데, 2000년에 출간된 후, 안타깝게도 9·11 테러로 모순점이 드러났다)를 예견한 프랑스 작가 질 케펠을 꼽을 수 있다. "이슬람주의가 쇠퇴한다"는 그의 예측은 빗나가고 말았다. 저명한 프랑스의 이슬람학자 올리비에 로이도 우리가 "포스트이슬람주의"— 포스트공산주의에 상응한다는 인상을 주기 위해 그렇게 지었다 — 시대에 진입하고 있다며 연신 목소리를 높였으나 그 역시 사실무근이었다. "이슬람주의의 쇠퇴"와 "포스트이슬람주의"라는 발상은 현실을 오해한 데서 비롯된 것이다. 사실, 이슬람주의는 번성하고 있다. 위기와 규범 및 구조의 제약에 의해 확산된 것이다. 이 같은 버팀목이 제자리를 지켜준다면 이슬람주의는 이슬람세계와 서방세계 전역에서 주요 세력으로 부상하며, 포스트이슬람주의가 도래할 조짐은 보이지 않을 것이다.

앞서 언급한 첫 번째 및 세 번째 그룹이 이슬람주의를 두고 변증적인 입장을 취한다면 두 번째 그룹은 이슬람주의와 이슬람교의 구별뿐 아니라 이슬람교라면 무엇이든(누구든) 거부한다고 볼 수 있다. 9·11 테러 이후 서방세계는 이슬람교를 "급진파 이슬람교"와 문명의 위협으로 치부해왔다. 이슬람주의자들이 이슬람혐오증을 지어냈다는 이유로 비난을 받을지언정 그것이 이슬람교를 둘러싼 편견을 없애지는 못할 것이다. 유럽과 아메리카에서 이슬람교 때리기가 유행하고 있으니 말이다.

예를 들면, 리 해리스Lee Harries가 쓴 책으로, 지적이지만 쉽게 읽을 수 있는 『이성의 자살: 서양을 위협하는 급진파 이슬람교*The Suicide of Reason: Radi-*

cal Islam's Threat to the west』(2008)를 꼽을 수 있다. 해리스는[19] (윌리엄 맥닐처럼) 단일 문명을 거론하는 가운데 유럽과 식민지를 벗어난 문명의 역사를 부정한 서양인들 가운데 하나다. 해리스는 비서양인을 "역사가 없는 민족"[20]이라고 꼬집었다.

해리스는 계몽주의를 높이 평가했으나, 정작 그 원인이 된, 9세기에서 12세기까지 약 300년에 걸친 이슬람교의 지성의 역사에는 문외한인 듯하다.[21] 다양한 이슬람식 합리주의가 번영한 탓에 나는 이를 이슬람식 계몽주의 시대라 부른다. 알파라비와 아베로에스 등, 합리주의를 표방하는 중세 무슬림은 계몽주의의 근간이 되는 고매한 이성을 주창했다.[22] 그런데 스위스 역사가 야코프 부르크하르트에 따르면, 이 전통은 유럽으로 건너가 유럽 르네상스의 태동에 이바지했다고 한다.[23] 그런데도 해리스는 무슬림이 합리주의를 성취하지 못한 데다 그럴 역량도 없었던 듯싶다며 무슬림을 폄하했다. 무슬림에게는 광신주의와 불관용으로 점철된 "급진파 이슬람교"라는 속성이 있어, 9·11 테러를 자행하고 "이성을 말살했다"는 것이다.

해리스는 이슬람교에 관한 전문가가 아닌데도 "이슬람교에 광신적인 불관용 전통이 장악했다"고 확신했다.[24] 이 같은 전통은 "무슬림의 광신주의가 먹혀들었기 때문에" 수 세기간 지속될 수 있었다고 한다.[25] 즉 무슬림은 "용서를 모르는 광신도"(입버릇처럼 되풀이되고 있다)로, 아무도 말릴 수 없다는 것이다. 그는 "용서를 모르는 광신주의가 삶을 근본적으로 바꾸려는 제삼자의 노력을 물거품으로 만들고 있다"고 밝혔다. 무슬림은 원리주의자인 데다 "계몽주의를 위협하는 장본인"이라는 것이 그의 결론이다. 하지만 현실을 왜곡하고 오해한 점을 바탕으로 결론을 다시 내린다면 해리스는 계몽주의와 파시즘과의 관련 경위뿐 아니라, 이슬람주의를 태동케 한 이슬람문명의 위기에 대해서도 무지했던 것이 아닐까 싶다.

또 다른 예로 브루스 바워가 쓴 『굴복: 이슬람교를 구슬리려면 자유 기하라』가 있다.²⁶ 여기서 바워는 "미국의 진보주의 언론과 학술기관이 비무슬림을 위협하는 탓에 그들이 서양식 자유를 침해하려는 이슬람교와 맞서는 데 한계가 있다"고 비난함으로써 (겉표지에 실린 대로) 이슬람주의가 아닌 이슬람교에 대해 경고했다. 바워는 소설가 살만 루시디가 『악마의 시The Satanic Verses』(1988)를 썼다는 이유로 아야톨라 루홀라 호메이니가 그에게 사형을 선고한 사실을 두고 "이슬람교의 영원한 본질 — 자유에 대한 태도 — 을 분명히 드러낸 것"이라고 꼬집었으나, 이슬람주의와 이슬람교는 별개가 아니며 진보주의 이슬람교란 없다고 못 박았다.²⁷

이 그룹에서 이슬람교를 적대시하는 소수의 학자들도 이슬람주의와 이슬람교를 구분하지는 않는다. 지하드와 반유대주의에 대해 많은 정보를 수록한 문집 두 권을 펴낸 앤드류 보스텀이 좋은 예다.²⁸ 해리스와는 달리 보스텀의 작품은 지식이 짧다기보다는 구분을 명확히 하지 않아 오류가 발생하고 말았다. 이를테면, 기존의 유대인혐오증과 근대의 반유대주의, 그리고 전통적인 지하드와 근대의 지하드를 혼동한 것이 문제였다. 이슬람교의 반유대주의와 지하드운동은 차차 논의할 예정이므로 여기서 다루지는 않겠다.

정치질서: 이슬람국가와 세계 재편

가장 중요한 점이라면 모든 이슬람주의자가 세계를 다시 만들겠다는 야망을 공유하는 것이다. 이슬람주의는 폭력 위에 군림하는 것이 아니라 세계질서 위에 있으며, 이데올로기의 중심은 단연 질서nizam(니잠)에 있다. 이슬람주의의 정치질서가 바로 새로운 세계질서인 것이다. 1648년 체결된 베스트팔렌 평화조약˚에 근거한 기존의 세계질서가 종교와 무관하다면, 민중의 주권을 대체할 이슬람의 샤리아에 기초한 국가dawla Islamiyya(다울라 이슬라미야)와 알라 신의 통치(하키미야트 알라)에 기초한 이상적인 세계질서는 종교색이 짙다. 이슬람주의자들에 따르면, 이 같은 질서는 "베스트팔렌식 논리"를 격렬히 배격하고 국제적인 이슬람체제로 부상할 것이다. 과거에는 마셜 G. S. 호지슨이 지어낸 신조어인 "이슬람 지지사상Islamicat"이란 보편적인 이슬람 질서가 이슬람세계를 정치적, 문화적 실체로 통합한 바 있으나, 이를 근대 체제와 혼동해서는 안 된다. 세계질서는 기존의 전통적인 이슬람교 교리에는 존재하지 않는다. 따라서 이슬람주의자들이 이를 통용했다는 건 이슬람 전통에는 알려지지 않은 신조어를 통해 도입하여 세계질서 사상을 둘러싼 이슬람 전통이 꾸며졌다는 방증이다.

정치색을 띤 이슬람교의 기원은 1928년 당시 카이로의 수니파-아랍 이슬람교에서 창설된 무슬림 형제단의 출현으로 거슬러 올라간다. 이는 서방세계의 통념과는 대립되지만 어쨌든 사실이다. 이슬람주의는 1979년 이란에서 벌어진 시아파인 호메이니가 주도한 혁명에서 비롯된 것이 아니다. 수니파 이슬람주의가 호메이니 사상보다 역사가 훨씬 깊으므로, 수니파-아랍 이슬람주의가 무슬림세계로 확산된 경위와, 수니파의 자살폭탄테러와 비슷한 양상으로 시아파가 순교를 택하거나 기만(이함)이라는 형태로 위

˚ Peace of Westphalia: 유럽이 신·구교로 나누어져 30년 동안의 전쟁을 종료한 후 1648년 독일 베스트팔렌 주 오스나브뤼크라는 도시에서 종전협상을 하면서 많은 합의가 이뤄졌으나, 스웨덴은 포메라니아의 서쪽을 합병하고, 독일과 프랑스의 영토분쟁의 씨앗이 된 알자스 지방을 프랑스가 합병하기로 한 조약.

장(타키야)을 채택하는 데 시아파가 행사한 영향력에 중점을 두도록 하겠다.

제도적 이슬람주의자와 지하디스트의 차이를 감안해 볼 때, 본래의 무슬림 형제단은 단연 지하디스트에 해당되며 모든 수단과 방법을 동원하여 테러를 자행했다. 조직을 창설한 하산 알반나는 『지하드 선집Risalat al-Jihad』에서 다음과 같이 강조했다.

> 원수를 상대로 투쟁하는 성전이… 가장 위대한 자아의 정신적 투쟁self-Jihad(자아지하드)에 비해 열등하다고 오해하는 무슬림이 더러 있는데, 이는 성전의 본질인 물리적 투쟁qital(키탈)의 중요성을 간과한 착각이다. … 투쟁은 순위로 따지자면 이슬람교에 충성을 맹세(샤하다)한 종사자들에 버금가는 것이며, 성전은 알라 신께로 향한 여정 가운데 죽고 죽이는 것을 의미한다. … 형제여, 알라 신께서는 죽음의 기술과, 존엄하게 죽는 비결을 터득한 무슬림 공동체를 금생과 내세에서 만족시키실 것이다. … 죽음은 피할 수가 없으며 언젠가는 맞닥뜨려야 하니 이를 새겨듣길 바란다.[29]

본문은 "이슬람교의 부흥"을 반영했다기보다는 기존의 성전이 성전주의jihadism로 전환되었다는 점을 기술했다고 보아야 한다. 알라 신을 향한 여정 가운데 죽음을 조장하려는 자살테러에 종교적 타당성을 부여한 것이다. 알반나는 1979년 이후 자리 잡은 시아파에서 순교를 채택하리라는 것을 예견했을 것이다. 정치적 희생의 일환으로 죽음을 찬미하는 것은 이슬람교의 생명윤리보다는 조르주 소렐이 쓴 『폭력에 대한 성찰Reflections sur la violence』(1908)의 입장을 반영한 것 같다. 무슬림이 이슬람교를 전파할 요량으로 — 테러가 아닌 — 정규전에서 성전을 감행할 때만 해도 알반나처럼 죽음을 찬양하지는 않았다.

오늘날 무슬림 형제단은 테러리즘으로 점철된 과거를 청산하고 민주주의를 수용한 제도적 이슬람교 조직으로 변모해야 한다고 주장하지만, 알반나의 전통과 인연을 완전히 끊은 건 아니었다. 그럼에도 『포린 어페어스』지의 기자들 중 일부가 이러한 온건한 태도를 액면 그대로 받아들였다.[30] 설령 순수한 면이 있다손 치더라도 무슬림 형제단의 개혁은 수단이 다를 뿐이었다. 정치질서의 일환으로 샤리아에 근간을 둔 이슬람주의의 근본적인 특징인 이슬람국가를 건설하려는 비전을 포기하지 않았으니 말이다.

서방세계는 "이슬람국가"를 "칼리프의 복원"과 혼동하는 경우가 비일비재하며, 이슬람주의자들의 운동인 해방당(히즙 우트타리르)만을 지지하고 있다. 무슬림 형제단은 히즙 우트타리르를 거론한 적이 없다. 그들은 오로지 샤리아에 근간을 둔 근대식 이슬람국가를 뜻하는 신이슬람 질서(니잠 이슬라미)에 관심이 있을 뿐이다. 이슬람주의자들은 샤리아국가라는 전통을 꾸며내어 니잠 이슬라미라는 명칭을 붙였다.

제도적 이슬람주의 지지세력은 선거제도는 인정하나 민주적 다원주의라든가 시민의 가치관에 대한 정치철학을 회피했다. 그러므로 민주주의를 일구려는 의지가 그들에게 있기는 했던 것인지 의구심이 든다. 제도적 이슬람주의의 일례로는 2002년 이후에 집권한 터키의 여당 AKP를 꼽을 수 있다.[31] AKP의 지도부를 구성하는 인텔리 정치인들은 당의 아젠다를 일반인에게 공개하면 대법원이 조직을 금지하리라는 것을 알고 있었음에도 "점진적 이슬람화" 정책을 실시하고 있으며, 이를 위한 원대한 계획에 사법부가 약화되는 동시에 재편될 수 있는 개헌이 포함된다. 6장에서 언급한 바와 같이 터키의 사법부는 현재 종교색을 띠지는 않지만 사법부 또한 변화할 것이다. 아랍·중동에서 여러 이슬람주의 조직들이 정부의 비즈니스에 이미 발을 담그고 있다. 예컨대, 하마스[32]는 가자지구를 장악했고 요르단 강

서안지구인 웨스트뱅크에까지 진출할 채비를 끝냈다. 하마스는 2008~09년에 치른 분쟁으로 세력이 약화되었으나 정치적으로는 건재하므로 분쟁이 이를 와해시킬 것 같지는 않아 보인다. 2010년 5월 AKP가 뒤를 봐준 소함대 사건이 하마스의 정치적 승리로 끝이 났다. 레바논에서는 헤즈볼라[33]가 정부와 의회에서 발언권을 행사했다. 한편, 미국의 개입으로 사담 후세인 정권에서 해방된 이후 이라크의 시아파 당들[34]은 대부분 이슬람주의의 가르침을 따르고 있다. 이집트에서는 무슬림 형제단이 세력을 떨칠 것이다. 그들은 아랍의 봄 이후 활기를 되찾으며 이슬람주의를 민주주의로 포장하고 있다. 그렇다면 질 케펠이 주장한 "이슬람주의의 종말"은 언제 온단 말인가?

이슬람식 세계질서를 위협하는 "유대인 모략"

이슬람주의의 두 번째 특징은 세계질서를 두고 경쟁을 벌인다는 것이다. 사이드 쿠틉의 『유대인과의 전투 Our Battle against the Jews』는 이슬람주의자들로 하여금 유대인의 모략에 집착하도록 만들었다. 쿠틉의 문헌에서 비롯되어 이슬람교에 밴 반유대사상은 한때 범아랍 민족주의가 수용했던 유대인 혐오증과 종교색을 띤 기존의 것과는 다르다. 이슬람교의 반유대주의는 세계를 지배하려는 유대인의 야심이 묻어나도록 날조된 『시온주의 의정서 The Protocols of the Elders of Zion』에서 비롯된 사상이다. 오늘날에는 그것이 반미주의와 융합되어 유대인이 뉴욕과 워싱턴에서 세상을 장악하리라는 믿음을 낳았다. 따라서 이슬람주의가 그리는 이슬람세계의 질서는 "세계의 유대인"을 위협하고 그들로부터 위협받기도 하는 것처럼 비쳐졌다.

그러므로 이슬람주의 세계관에는 이스라엘과의 분쟁이나 여느 갈등보다 "유대인을 대항해야 하는" 당위성이 중심을 이뤄야 마땅할 것이다. 3장에서 논의하겠지만, 이슬람주의자들은 유대인을 "세계의 원수"로 규정하는데, 그 기원을 이슬람교와 유대교의 세계질서를 둘러싼 경쟁의식에서 찾을 수 있을 것이다. 무슬림 형제단이 1928년에 창설될 당시만 해도 이스라엘이라는 국가는 존재하지도 않은 데다 그와 관련된 분쟁도 벌어지지 않았다. 그럼에도 불구하고 무슬림 형제단은 이슬람교에 대항한 "유대인의 모략"과 스스로 투쟁을 벌이고 있다고 간주했다. 따라서 이슬람주의식 유대인혐오증이 이스라엘·팔레스타인 분쟁에서 비롯되었으니 그것이 일단락되면 곧 사그라질 것이라는 견해는 어불성설에 불과하다. 무슬림 형제단의 역사를 감안해볼 때, 정치색을 띤 이슬람교는 중동 분쟁과 관계없이 유대인을 문제 삼아 왔다. 그럼에도 영국령 팔레스타인에서는 팔레스타인·민족주의와 이슬람·보편주의식 반유대사상이 융합되었다.

이슬람주의자가 남긴 역사 문헌에 따르면, 이슬람교와 유대교의 "세계적 대전"은 622년 메디나 정치조직체Medina polity가 창설되었을 때부터 개시된 셈이다. 쿠틉은 무함마드가 메디나에 초대 "이슬람교 국가"를 건설했을 때 "유대인들"이 이를 반대했다고 주장한다. 오늘날 이슬람교가 포위되었다는 인식이 있는데, 이슬람주의자들은 이를 약 1400년간이나 지속된 전쟁에서 불거진 "모략"의 탓으로 돌리고 있다. 그들의 주된 관심사는 유대인과 팔레스타인인이 아니라 쿠틉과 그의 추종자들이 규정한 "악"을 처단하는 데 있다. 그것이 반유대주의의 본질이며, 여기에는 공포증 이상의 의미가 담겨 있다. 이슬람주의가 대량학살 이데올로기로 발전한 것도 그 때문이다. 독일 사학자 클라우스 미카엘 말만과 마틴 퀴페르스는 『나치 팔레스타인』[35]에서 "팔레스타인에 정착한 유대인을 대상으로" 벌일 홀로코스트에서 이 같은 이데올로기를 실시할 독일군과 공조 계획을 밝혔다.

무슬림 휴머니즘에 대한 나의 열정과 소신으로 역설하건대, 살육을 자행하는 이데올로기는 이슬람교와 거리가 멀다. 게다가 "세계의 유대인"의 궁극적인 목표가 세계질서를 창출해내는 것이라는 이슬람주의자들의 주장에는 문제가 있다. 이 같은 오류로 유대인은 애당초 숙적인 데다 그들과의 평화는 불가능하다는 편견이 조장된 것이다. 이슬람주의가 아닌 이슬람교마저 반유대주의를 표방한다면 어느 누구도 유대인과 무슬림의 평화를 촉구할 수는 없을 것이다.

근대의 반유대사상은 1905년 초, 프랑스의 지배를 받던 아랍 기독교인들이 중동에 퍼뜨린 것인데, 그 이후에는 종교와 무관한 아랍·무슬림 민족주의자들에게까지 확산되었다. 유럽의 반유대주의는 전통 이슬람 문화나 종교와는 관계가 없었다. 하지만 서방세계의 작가 및 전문가들이 전통적인 유대공포증과 근대의 반유대주의를 혼동했으며, 그것도 모자라 (가말 압델 나세르 등의 중심인물들이 수용한) 범아랍 민족주의와 이슬람주의를 혼용하기도 했다. 결국 그들은 양대 반유대사상이 종교와 무관한 것과 종교색을 띤 것으로 대별된다는 점을 이해하지 못했다. 전자는 유럽에서 유입되어 얼핏 명맥을 이어가는 듯했던 반면, 이슬람화가 된 반유대사상은 신빙성이 있다는 점을 들며, 이를 종교적 신념으로 규정했다. 또한 작가들은 기존의 유대공포증과 근대식 반유대주의를 구별해야 한다는 한나 아렌트의 권고를 외면하기도 했다. 유대공포증은 양심에, 반유대주의는 대량학살 이데올로기에 기반을 둔 것이다.

민주주의와 민주화

이슬람주의와 이슬람교의 차이를 이해하는 데 요구되는 세 번째 주제는 민주주의에 대한 각각의 태도다. 아프가니스탄 및 이라크 전쟁을 기화로 이슬람세계를 민주화하려는, 미국 선교 당국의 노력 탓에 이슬람주의는 민주주의에 대해 매우 회의적인 입장을 취해왔다. 사담 후세인 정권이 붕괴된 후, 미국은 민주주의를 장려한다는 미명하에 사담의 숙적이자 유력한 이슬람주의 야당과 손을 잡아야 했다. 따라서 제도적 이슬람주의자와 지하디스트의 차이는 미국의 대외정책과 관계가 깊었다. 오바마 정부는 이를 "온건파 무슬림"과 익명의 "테러리스트"의 차이로 규정해 전자와의 비즈니스를 정당화했고 고위 관료에 온건파 무슬림을 대거 앉혔다. 알다시피, 부시 행정부 당시 지하디스트는 "테러와의 전쟁"에서 적으로 규정되었으나, 오바마 정부는 무슬림과의 화친정책을 비롯하여, 그들을 "급진파"와 구별하기 위해서 이슬람주의와 지하디스트에 대한 언급을 피했다.

부시와 오바마 행정부는 정책은 각기 달랐으나 검증되지 않은 가설에서 출발했다는 점에서는 같았다. 제도적 이슬람주의자와 지하디스트는 권력을 쟁취하는 수단이 다를 뿐, 비전과 세계관을 비롯하여 샤리아에 기초한 국가를 건설한다는 궁극적인 목표와 관련된 정부 현안을 두고는 견해가 일치했다. 그렇다면 마음에 품고 있는 질서와 민주주의가 얼마나 양립할 수 있을까? 그 답변을 2장과 4장에서 분명히 제시해두었으므로 지금은 이슬람주의와 이슬람교의 차이와, 이슬람교와 민주주의의 양립 가능성 두 가지만 짚어볼까 한다. 이슬람교가 정치적 윤리의 원천으로서 종교개혁 과정에서 민주주의와 조화를 이룰 수 있다는 데는 이견이 없을 것이다. 그러나 이슬람주의자들은 이슬람세계에서 잘 조직된 야당을 구성하고 있다. 가자지구와 이라크에서와 같이, 선거가 치러지면 대개는 이슬람주의자들이 정권을 쥐게 마련이다. 예컨대, 가자지구에서 2006년에 치러진 선거에서 이슬람주의자들이 압승했고, 이듬해 6월에도 결과가 같았다. 그 후 하마스를 탈당한 이들은 재판을 거치지 않은 채 옥고를 치르고 있으며, 설령 차기 선거가 실시된들 그것이 공명정대하리라는 보장이 없는 실정이다.

제도적 이슬람주의자들은 근대화 자체도 그렇지만 민주주의도 둘로 쪼개어, 선거정책 등의 근대식 수단과 절차는 수용하나 문화적 근대화라는 가치관은 배격한다. 선거 메커니즘의 일환으로 투표함을 받아들이는 건 민주주의를 수단적인 절차로 믿는다는 방증인데, 정작 민주적 다원주의나 권력분립 등, 민주주의의 주요 사상에는 공감할 줄 모른다. 또한 정치철학과 민주주의의 시민 문화는 서방세계의 전유물로 보고 이슬람교와는 동떨어진 것으로 치부해버린다. 이런데도 민주화가 성공할 수 있을까?

겉으로 보이는 절차를 차치하고도 이슬람주의자들이 민주적 절차에 집착하는 데는 의문이 든다. 당사자가 폭력을 버리고 민주주의라는 핵심 가치관과 절차에 동의해야 한다는 전제가 따르기 때문이다. 제도적 이슬람주의자와 지하디스트의 차이는 전자가 폭력을 포기하고 민간체제의 규율을 엄격히 준수할 때에만 성립된다. 하지만 지금은 소위 "온건파"라는 이슬람주의 조직도 강경한 민병대를 거느린 채 투표게임을 즐기고 있으니 그 차이는 별 의미가 없을 만큼 흐릿해진 실정이다. 팔레스타인의 하마스와 레바논의 헤즈볼라, 이라크 이슬람 최고평의회SIIC: Supreme Islamic Iraqi Council 및 마흐디운동°은 모두 국회에서 정당노릇을 하고 있으나 민병대를 포기

° Mahdi Movement: 무함마드 아마드Muhammad Ahmad(1844~1885)가 스스로를 마흐디(구세주)로 선언하고, 오스만 투르크 제국과 서구 지배로부터 벗어나 수단의 진정한 독립과 자유, 이슬람으로의 회기를 주장한 이슬람 저항운동으로, 1881년부터 1899년까지 지속되었다.

하지는 않았다.36 즉 투표를 실시하고 원로를 국회로 보내면서도 한편으로는 해체할 조짐이 보이지 않는 민병조직을 이용하여 폭력을 부추기고 있다. 어찌 투표함과 총알의 결합이 민주주의와 손을 잡을 수 있단 말인가?

내가 알기로는 민병대를 갖추지 않은 이슬람주의 조직은 터키의 AKP뿐이다. 하지만 ― 2008년 7월, 터키 헌법재판소에서 ― 검찰은 AKP가 자국을 "점진적으로 이슬람국가"로 만들고 있다는 혐의를 주장했다. 마침내, 법정은 당에 유죄를 판결했으나 국가의 혼란을 피하기 위해 해체를 명령하지는 않았다. 그러자 2010년 들어 AKP는 헌법재판소와 사법당국을 당리에 유리하게 재편하기 위해 헌법 개정초안을 작성했다.37 즉 종교색을 띠지 않는 터키를 이슬람화하려는 당의 움직임이 좀 더 분명해진 것이다. 그런데 AKP의 이슬람주의38는 다양한 측면에서 예외적인 사례라서 일반화할 수는 없으나, 이슬람교 조직체도 정치에 참여해야 민주화가 가능하다는 주장의 주요 근거가 되므로 논의할 가치가 있다. 민주주의는 투표함이나 투표소도 중요하지만 무엇보다도, 민주적인 정치 문화라는 가치가 우선 확립되어야만 한다. 터키가 심심찮게 언론의 자유를 억압하고 사법절차를 무시한 채 정적을 구속하고 있다는 것 외에도, AKP가 민주정치에 헌신한다는 주장을 믿을 수 없는 근거는 아주 많다. 그것이 바로 제도적 이슬람주의의 전형적인 양상이다. 지금은 이슬람주의 정당이 종교와 무관한 공화국에 적응한다기보다는 그 반대라야 옳을 것이다. AKP가 집권한 이후 한때 이슬람세계에서 종교와는 무관한 민주정치의 모범이 되었던 케말리스트˹ 공화

˹ Kemalist: 케말리즘은 터키의 국회에서 아타튀르크(터키의 아버지) 칭호를 증정한 무스타파 케말 아타튀르크Mustafa Kemal Atatürk(1891~38, 1928~33년 대통령 재임)의 정치철학으로 세속주의라고도 한다.

국이 종교적 정체성을 찾고 서양 문화를 탈피하고 있으니 말이다. 아울러 AKP가 집권한 터키가 이란과 하마스 및 헤즈볼라와 가까워지고 있으니 서방세계와는 점차 멀어지고 있는 건 분명한 사실이다.[39]

전통 지하드와 현대 지하드의 테러리즘

성전을 거론하지 않고는 이슬람주의를 말할 수 없다. 이슬람주의는 테러리즘과 별개의 개념이므로 나는 이슬람주의와 이슬람교를 폭력과 결부시키지 않았다. 그럼에도 현대전에서 폭력을 일삼는 지하드에는 테러 이상의 의미가 담겨 있으며 이슬람주의의 주요한 특징을 띤다. 이슬람주의와 이슬람교의 차이는 폭력의 정당화를 거론할 때에 특히 부각되는 개념이다. 이슬람교는 지하드를 "자기수련"이자, 코란에 따르면, 포교의 일환으로 불신자와 벌이는 물리적 투쟁(키탈)의 실천으로 규정한다. 7~17세기 사이에 이슬람문명이 고도로 발전하자 무슬림은 국제적 계몽운동의 일환으로 이슬람교의 확산을 위해 지하드를 감행했다. 저명한 이슬람 역사학자 마셜 G. S. 호지슨은 무슬림이 그때 "국제 정치질서를 형성"했다고 주장한다.[40] 이슬람문명은 서방세계가 득세하자 주춤하고 결국 쇠퇴하고 말았다.

이와 관련된 역사는, 세계를 "베스트팔렌식 논리"가 규정한 국제 시스템에 맞춰 그리는 식으로 2장에서 요약했다.[41] 오늘날 이슬람주의는 문화적 근대화와 서양의 패권주의 간의 경계가 흐릿해진 상황에서 "서방세계에 항거하는 반란" 중 으뜸으로 꼽힌다. 여기서 눈여겨봐야 할 점은 근대의 국제 시스템이 진화하고 국제사회가 확대되면서 쇠락해가는 이슬람문명에 대해 그들이 어떻게 대응하느냐가 될 것이다.[42] 그중 꾸며낸 전통의 이슬람식

"샤리아 논리"⁴³는 계속 이어갈 것이다. 이 같은 맥락을 감안한다면, 문화적 근대화와 반계몽사상⁴⁴에 나타난 전도현상 또한 근대화⁴⁵에서 비롯된 위기에 봉착한 이슬람문명에는 중요한 화두가 될 것이다. 이른바 "유럽중심주의Eurocentrism"라는 베스트팔렌식 국제 시스템을 거부함으로써 이 같은 문제를 해소하려는 이슬람세계 학자들의 노력은 이 문제를 이해하는 데 도움이 된다기보다는 "방어 문화"에 가까울 것이다.⁴⁶ 그렇다면 이슬람식 세계관은 이러한 변화에 어떻게 적응했을까?

수니파 이슬람교에서 가장 유력한 교육기관으로는 1천 년이라는 유구한 세월을 보낸, 카이로에 소재하는 알아즈하르 대학ᵛ을 꼽을 수 있다. 알아즈하르 대학에서 나온 교재는 『휴머니티의 선언Bayan li al-Nas』으로, "무장 지하드"⁴⁷를 포기해야 한다고 권고한다. 쉐이크 알아즈하르가 공포한 판결fatwa(파트와)은 수니파 이슬람교의 종교기관에서 최우선으로 여긴다. 1989년 9월, 쉐이크 자두울 하크는 타계하기 전, 나와의 회동에서 "무장 지하드"를 규탄하며 판결(파트와)을 재차 강조했다. 그렇지만 이슬람세계의 정치 지도자들은 이를 이슬람교의 원수에 굴복하는 작태라고 일축했다.

전통 성전이 현대 성전주의로 진화된 데는 하산 알반나의 공이 컸다. 사이드 쿠틉이 주창한 "이슬람세계의 혁명"은 훗날 "글로벌 성전"의 일환으로 추가된 것으로, 여기서 혁명이란 칼리프 시대가 아니라 이슬람교의 지배siyadat al-Islam(시야다트 알이슬람)를 회복할 것이라는 뜻이었다. 알반나와

ᵛ　al-Azhar University: 국립 종합대학으로 이슬람 학문의 중심이며 수니파 이슬람교의 교육 중심지다. 세계에서 가장 오래된 대학의 하나로, 시아파인 파티마 왕조가 970년에 알아즈하르 사원을 건립한 뒤 선교요원을 양성하기 위해 988년 사원 안에 대학을 개교했다. 그 후 아유브 왕조의 시조 살라딘이 파티마 왕조를 쓰러뜨렸을 때 파괴되었다가 수니파의 학부로 재건되었으며 맘루크 시대에 중수되었다.

쿠틉은 폭력의 정당성뿐 아니라, 이슬람국가의 정규전인 전통 성전이 이슬람의 비국가적 주동세력이 자행하는 테러로 탈바꿈하는 토대를 마련했다. 이 성전주의는 단순한 테러리즘이나 폭동, 그 이상을 예고한 것으로 샤리아에 따라 세계를 재편하는 데 필요한 도구에 불과했다. 그러나 서양에서 속출하는 성전 관련 문헌이나 부시와 오바마 행정부의 대외정책에는 이 같은 맥락이 대체로 누락되어 있다.

이슬람교의 샤리아화

이 장뿐 아니라 전반적으로 에릭 홉스봄의 개념인 "꾸며낸 전통"을 종종 언급할 것이다. 이슬람주의가 전통을 꾸며낸 주요 배경으로 샤리아의 "복귀"를 꼽는다. (이 책을 학술적으로 검토하려는 사람을 비롯하여) 많은 학자들이 샤리아(이슬람법)가 이슬람교의 중심에 항상 있었다는 점을 부정할 것이므로, 이슬람주의자들의 말마따나 샤리아에 근거하여 국가의 법질서를 확립할 요량으로 "전통을 꾸며낸다"는 주장은 어폐가 있을 것이다. 혹자는 이를 현실과는 어울리지 않는 구태의연한 질서를 강요하려는 것이라고 주장할지도 모르나, 내가 샤리아를 꾸며낸 전통이라고 못 박은 건 분명 틀린 발상이다. (6장에서 자세히 언급하겠지만) 나는 이슬람주의자들이 샤리아를 전통적으로 물려받은 것과는 근본적으로 다르게 이해하고 있는 입장이다. 샤리아가 확립된 이슬람교는 전통 이슬람교가 아니라 꾸며낸 전통이다.

  샤리아는 세 가지 뜻이 담긴, 이슬람교에 관한 특정 추론을 반영한다. 첫 번째 의미는 경전과 관계가 깊다. (샤리아는 45장 18절에 한 번 나온다) 예컨대, 코란은 샤리아를 도덕적 품행의 지침으로 규정한다. 두 번째 의미는 8세기경에 태동한, 이슬람의 법 전통으로 발전하게 된 사상으로, 샤리아가 형사법hudud(후두드)과는 동떨어진, 민사법mu'am'alat(무아말라트) 및 제의적 율례ibadat(이바다트)를 위한 법이라는 것이다. 그러나 요제프 샤흐트가 권위를 인정받은 『이슬람법 입문』(1964)에서 주장했듯이, 전통 이슬람교에서는 샤리아와 정치siyasa(시야사) 사이에 분명한 구분선이 있다.[48] 그러나 이를 근대의 정교분리와 혼동해서는 안 되며 — 칼리프도 샤리아를 준행해야 한다 — 샤리아가 정치질서와 일치하지는 않는다는 점도 유념해야 할 것이다. 샤리아는 보편적인 법규범의 형태를 띠지 않으며, 대개 신학자들mutakalimun(무타칼리문)과는 다른 율법사faqihs(파키)의 판결로 이루어져 있다.

샤리아의 세 번째 의미는 이슬람교가 이슬람주의로 정치화되는 과정에서 발전한 것으로, 샤리아를 헌법으로 성문화하여 국법으로 삼아야 한다는 주장이다. 샤리아를 헌법에 수록하여 의회에서 법률의 방향을 잡아주어야 한다는 것이다. 이는 이슬람교의 새로운 사상으로, 그것이 역사적 제도를 회복한다는 주장은 꾸며낸 전통에 불과하다. 그러나 과거의 관행을 들어 영속성을 주장함으로써 특정 가치관과 규범을 가르치려는 노력으로 풀이되어, 쓸데없이 그런 것은 아니었다. 인간의 사상이 아닌, 알라 신의 뜻에서 율법을 끄집어내야 한다는 것이 이슬람주의 신학의 중심이었으니 말이다. 여기까지가 이슬람교의 샤리아 법제화를 둘러싼 배경이다.

이슬람주의자들의 세계관을 어떻게 실현시킬 것인가?

19세기 초와 20세기 중엽 사이, 이슬람세계는 근대화라는 미명하에 서양식으로 변모했으나 이 발전 모델은 대개 실패로 끝났다. 그럼에도 불구하고 근대화와 세속화가 상당히 앞당겨졌다. 반면, 이와 대립되는 순결회복운동은 진정성의 이름으로 실시되었지만 전통의 재건보다는 꾸며낸 전통에 더 가까울 듯싶다. 상실한 진정성을 회복해야 한다는 주장이 근대화에 주입된 것처럼 말이다.

서방세계와 이슬람교는 정복과 문화 차용의 역사를 공유하는데, 이처럼 긍정적인 유산은 이슬람주의자나 서양인 할 것 없이, 문명의 충돌이라는 선전에 집착하는 자를 상대하기 위해서라도 부흥해야 할 것이다. 혹자는 중세 헬레니즘을 근대 서양화와 비교하고 싶을지도 모르겠다. 알다시피, 이슬람문명은 중세의 이슬람이 헬레니즘과 조우했을 때 번영하기 시작했는데, 중세의 헬레니즘과 비교해보면 근대의 서양화는 그보다는 덜 성공한 것 같다. 세계화의 여파에 대항하는 이슬람주의는 문명의 조우와 문화 차용을 서방세계의 패권주의와 혼동하고 있다. 서방세계에 대한 이슬람세계의 반란은 서양화에 대한 문화적 봉기로 풀이할 수도 있으나, 그것이 서양 문화의 대안으로서 이슬람 문화를 보전할 수 있다는 점을 감안할 때, 문화적 근대화를 서양의 패권주의와 혼동하지 않는다면 반란이 꼭 나쁘다고만은 할 수 없다.

그렇다면 "서방세계에 대한 반란"이 서양식이거나 유대식이면 무조건적으로 반대하게 된 경위는 무엇일까? 안와르 알준디를 비롯한 이슬람주의자들은 "서양화 아젠다"를 일컫는 타그립taghrib 배후에 유대인의 모략이 숨어 있다고 주장한다. 때문에 진정성을 둘러싼 투쟁은 반미주의와 반유대주의가 결합한 순결의 아젠다로 규정된 것이다. 반유대주의의 이슬람화 정책은 이슬람주의를 논하는 데 있어 빼놓을 수 없는 중요한 부분이다. 이슬람주의자들의 사고방식에서는 문명 교류의 융성과 문화 차용에 대한 전통을 배격한다. 본질에는 익숙하지 않고 문화적 진정성을 높이 평가하려는 포스트모더니스트라면 이러한 역사를 잘 알지 못할 것이다. 그들은 이슬람주의가 전통 이슬람교와 얼마나 다른지 모르기 때문에 비무슬림 문화에 대해서 늘 열린 마음을 표방해왔다.

전체주의로서의 이슬람주의

이슬람주의와 이슬람교의 차이를 규명하는 이 책의 여정은 이슬람주의를 전체주의로 규정하는 데서 막이 내릴 것이다. 혹자에 따르면, 이슬람주의라는 정치색을 띤 종교는 이슬람문명이 위기를 맞았을 때 재기할 방편을 마련했다고 한다. 어느 사회든 위기를 만나면 민주주의를 선택하든가 전체주의 이데올로기에 취약해지는 등 다양한 진로를 걷게 되는데, 이에 대해 나는 8장에서 이슬람주의가 이슬람세계를 후자로 이끌었다고 역설할 것이다.

이란 이슬람공화국을 제외하면, 아프가니스탄의 축출된 탈리반 정권과 AKP가 집권한 터키, 이라크와 레바논 및 팔레스타인에서 이슬람주의자들이 정치에 참여하는 것이 — 전반적인 정치행동의 일환이나 — 크나큰 비중을 차지할 때도 더러 있었다. 이 책에서 나는 샤리아국가를 확립하려는 이슬람주의자들의 운동에 중점을 두었다. 그들의 이데올로기를 연구하면 이슬람주의가 다원적 민주주의와 양립할 수 있다는 견해를 뒷받침할 수 없으므로 나는 비폭력 이슬람주의를 민주화의 견인차로 승화시켜야 한다는 논객과는 입장이 다르다. 한나 아렌트의 이론을 바탕으로 이슬람주의를 살펴보면 그것이 민주주의의 원동력이라기보다는 최신판 전체주의에 좀 더 가깝다는 점을 알 수 있을 것이다. 따라서 이슬람주의자들이 중동 국가에서 정권을 쥔다는 점 자체가 자국에는 심각한 재앙인 셈이다. 이슬람주의자들은 이슬람교가 해결책al-hall huwa al-Islam(알할 후와 알이슬람)이라는 기치를 내걸지만 단언컨대, 이슬람교는 해결책이 아니며, 그것이 권위주의 정권의 통치와 개발을 둘러싼 위기를 정치적으로 해결해줄 수도 없다. 그들은 당면과제(개발과 경제, 정권의 정당성 및 문화적 소외)는 제대로 지적하나 대책으로는 샤리아국가의 구색을 갖춘, 전체주의적 통치를 주장한다. 하지만 그들이 성전을 감행하든, 선거를 치르든, 집권하게 되면 사회문제를 해결할 입장은 못 될 것이다. 전체주의 국가에서는 — 이란과 마찬가지로 — 기껏해야 정국안정에 만족할 수밖에 없다. 이란조차도 정권을 유지하기 위해 국민을 탄압하고 있다. 별 의미는 없지만 공식적인 선거를 치르는 이란에서도 "이슬람식 민주주의"가 아니라 새로운 전체주의가 권력을 쥐고 있다.

그렇다. 기존의 전체주의 정권은 개발과 민주화의 걸림돌이 되고 있다. 대안이 필요하지만 이슬람주의는 적절치 않다. 현 정권을 종교화된 정치에 근거한 체제로 대체하려는 발상은 폐렴을 독감으로 바꾸려는 것과 같다. 구체적인 사례로 이라크를 꼽을 수 있는데, 이라크 역시 희망이 보이지 않는다. 한때 부시 행정부는 — 중동뿐 아니라 이슬람세계를 통틀어 — 이라크를 민주화의 본보기로 활용할 생각이었다. 하지만 그들은 민주주의라는 미명하에 이슬람주의자들을 권좌에 앉혀서는 안 된다는 것을 일찌감치 깨달았어야 했다! 즉 이라크의 민주화를 위해 부시 정부가 내세운 "중동구상"은 실패작이었다는 이야기다. 내가 주장하려는 이슬람주의 및 이슬람교의 차이는 버락 오바마 정부의 대외정책과 관계가 깊다. 단순한 시사문제를 떠나, 나는 이슬람교가 근대화로 골머리를 앓고 있는 한 끊일 기미가 보이지 않는 이슬람주의를 조명하기 위해 라이벌인 미 행정부를 자주 거론할 것이다.

언론이 이슬람주의에 끼친 영향

그러면 미디어는 이 문제를 어떻게 바라보고 있는지 살펴보면서 이 장을 마칠까 한다. 우선 무슬림이 일부 장악한 보스니아가 이슬람주의자들의 손아귀에 들어간 경위를 보도한 기사부터 거론해야겠다. 보스니아에서 이슬람교가 겪은 운명은 서방세계가 이슬람주의에 어떻게 대응하고 있는지 알 수 있는 본보기가 된다.

    보스니아도 한때는 — 인도네시아의 민간 이슬람교나 세네갈의 아프리카계 이슬람교처럼 — 토속적인 매력이 물씬 풍기는 종교생활을 실천해왔으나, 1992~95년 내전에서 유럽계 이슬람교도 대부분이 목숨을 잃고 말았다. 물론 세르비아인만 인종청소에 가담한 건 아니었다. 보스니아의 유럽계 이슬람교도들은 "십자군"을 대적한다는 신념으로 형제를 구한다던 아랍계 무슬림에게 희생되었다. 유럽 이슬람교를 살라피의 와하비주의[8]로 대체한 아랍계 아프간인 및 와하비 사우디인으로 알려진 성전주의자들도 일부 포함되었다. 오늘날, 초기 이슬람교는 소수 지역에서만 잔존해 있는 반면, 이슬람주의와 와하비주의는 보스니아와 코소보를 장악하고 있다. 1995년 이후, 사우디아라비아는 보스니아에 와하비 이슬람교를 장려하기 위해 5억 유로를 투입했다. 사라예보에서 으뜸가는 사원은 사우디 왕 파드의 이름을 딴 것이며, 전쟁 후 포교의 일환으로 건립된 마드라사[9] 신앙학교와 유치원은 전국에 우후죽순으로 늘고 있는 추세다.

---

[8] Salafist Wahhabism: 와하브파의 교리 또는 관행으로 극단적인 금욕주의를 내세운다.
[9] Madrasa: 이슬람교 고등교육 시설.

그렇다면 서방세계의 언론은 이를 어떻게 보도하고 있을까? 예를 들어, 『인터내셔널 헤럴드 트리뷴』지는 2008년 12월 27~28일자 주말 에디션에서 "이슬람교의 부흥기를 맞은 보스니아"라는 머리기사를 실었다. 이슬람교화 아젠다에서 전통의 창조가 "이슬람교의 부흥"과 상통하는 모양이다. 그렇다면 "부흥은 무엇을 두고 하는 말인가?"라는 질문에 대해 본지 기자는 다음과 같이 기술했다. "전쟁 전까지만 해도 전신을 가린 여성이나 긴 턱수염을 한 남성은 듣도 보도 못했지만, 요즘은 흔히 눈에 띈다." 기자는 그 이유를 "정체성을 건전하게 주장하게 된 무슬림의 부흥"에서 찾았으나, 실은 사우디 와하비주의가 추구하는 이슬람화의 결과라고 해야 옳다. 그럼에도 불구하고 『인터내셔널 헤럴드 트리뷴』지는 이런 점을 축소하고 "이슬람교의 원리주의는 기우에 불과하다"고 밝힌, 보스니아의 친사우디 이슬람교 법전 전문가 mufti(무프티) 무스타파 세리스의 발언을 인용했다. 그리고 그것도 모자라 "보스니아 문화 및 정치의 이슬람화"를 "전쟁 당시 세르비아인과 크로아티아인이 무슬림을 잔인하게 진압했던 사실을 정당화하기 위해 세르비아 민족주의자가 기도한 것"이라고 일축한 "무슬림 지도자와 서양 분석가"의 말도 인용·보도했다. 그리고 난 후 기자는 "미국, 당신네는 무슬림을 죽일 작정인가?"라는 슬로건으로 마침표를 찍었다.

이 기사는 — 그 밖에도 고를 만한 기사는 얼마든지 있지만 — "이념의 전쟁"이 벌어지고 있는 현 실정에서 이슬람주의와 이슬람교를 솔직히 말한다는 것이 얼마나 어려운가를 실감케 한다. 이슬람주의자들은 자신들을 비판하는 논객들을 "이슬람혐오증 환자"로 몰아세우는가 하면 포위된 이슬람교와 무고하게 희생된 무슬림을 들먹이기도 했다. 이는 일부 서양 학자와 여론주도자들이 희생자에 대한 동정심이 발동한 나머지 이런 중상모략에 가담한 결과로, 기독교인의 죄책감에도 영향을 미쳤다. 따라서 와하비주의와 이슬람주의를 지지하면서 보스니아의 유럽계 이슬람교가 말살될 것을 걱정한다면 여러분 역시 세르비아인의 대량살상에 가담한 동맹 취급을 받을 것이다.

그런데도 그런 위험은 감수할 가치가 있다. 기만 여부를 떠나서 이슬람주의자들은 신앙관이 다른 자들과는 말을 섞지 않는 데다, 서방 논객들과 의견이 다른 무슬림들을 각각 "십자군"과 "불신자(쿠파르)"라고 폄하하고 있다. 물론 서방세계에도 이슬람교에 대한 편견이 존재하므로 그들 역시 이를 바로잡기 위해 노력해야 할 것이다. 그러나 "이슬람혐오증"은 이슬람주의의 손아귀에 넘어간 무기가 되어 이성적 담화나, 이슬람교의 편견을 제거하는 데는 별로 도움이 되지 않는다. 따라서 나는 이슬람혐오증을 "이슬람 때리기"로 바꾸고 싶다. 이슬람주의를 비판한다고 해서 이슬람교의 명예가 떨어지는 건 아니다. 예컨대, 이슬람교를 신봉하지 않는 무슬림도 정치색을 띤 이슬람교를 더 잘 이해하거나 격렬히 비판하기도 한다.[49]

이 책은 독자가 이슬람주의를 고찰하여 이슬람주의자들의 전체주의 사상에 적절히 대응하는 데 보탬이 되기 위해 쓴 것이다. 나는 "온건파 이슬람주의자"와 "테러리스트"가 구별된다는 그릇된 가정에 근거한 이슬람주의를 좌절시키고 싶다. 이 같은 오류는 진보·민간 이슬람교 및 이슬람주의의 차이로 바꾸어야 할 것이다. 진보·민간 이슬람교는 "무슬림 사회에서 차지하는 비중이 적지" 않으므로 비중이 적다고 지적한『포린 어페어스』지의 기사는 옳지 않다. 서양 전문가들은 이슬람주의의 기만전술을 의식하고 그들의 발언을 무조건 액면 그대로 받아들여서는 안 될 것이다. 아울러 서방세계는 이슬람주의자들을 상대할 때 안보에 중점을 두되 진보주의 이슬람교와는 대화를 우선시해야 한다.

오바마 정부는 이슬람교와의 전쟁으로 변질되어 버린 "테러와의 전쟁"을 폐지했으니 칭찬을 받아 마땅하다. 이슬람주의자들은 "포위된 이슬람교"라는 인상을 널리 심어주기 위해 테러와의 전쟁을 은근히 바랐다. 그런데 미 행정부는 무슬림의 관심사에 더 관심을 두고 있어 핵심을 잘못 짚고 있다. "온건파 이슬람교"로 가장한 이슬람주의를 달래기 위해 "종교의 자유를 제쳐두는 것"[50]은 "테러와의 전쟁" 못지않게 위험하다. 그런 까닭에 패트릭 프렌치가 『뉴욕 타임스』지에 기고한 사설을 읽으니 좀 안심이 된다. 이슬람세계를 몸소 체험한 프렌치는 오바마 행정부가 "현실로 임박할 이슬람주의의 위협을 감지해야 한다"며 "천년왕국을 신봉하는 이슬람주의자들은 현재 민족국가인 파키스탄을 파괴할 음모를 꾸미고 있으며, 이미 전략에서 승리했다고 믿는다. … 오바마 대통령은 파키스탄과 아프가니스탄에서 온건파의 세력이 기울기를 바라겠지만 파키스탄계 탈레반이 승리를 자축하고 있으므로 그의 뜻대로 되기는 어려울 것이다. … 따라서 그들과 상대하려면 당근을 건네는 것이 상책"이라고 역설했다.[51] 이는 이슬람세계를 통틀어 이슬람주의가 겨냥하고 있는 민족국가라면 모두 적용될 것이다.

    정책입안자들이 이슬람주의의 담화 조건에 굴복하지 않고 그들과 인연을 맺는다면 이슬람세계에 대한 서방세계의 입장은 전도유망하리라 본다. 이슬람교와 서방세계의 교량을 건설하려면 먼저 이슬람주의와 이슬람교의 차이를 인식해야 한다.

    정책입안자와 학자들은 이슬람혐오증을 운운하는 이슬람주의자들에게 협박을 받아온 탓에 학자들은 모호한 입장으로 자신들을 보호했다. 『이슬람주의: 정치적 이슬람교를 둘러싼 쟁점 *Islamism: Contested Perspectives on Political Islam*』(2009)의 공동 저자인 리처드 마틴과 아바스 바르제가르는 그들의 저서가 "이슬람주의에 대한 논쟁을 해결"한다거나 "이슬람주의의 효용"을 둘러싼 논쟁에서 어떤 입장도 취하지는 않는다고 밝혔다. 그럼에도 불구하고 그들은 이슬람주의를 버린 두 저자, 이를테면 이슬람주의와 이슬람교의 차이에 "불쾌하다"는 토를 단 도널드 에머슨과, "이슬람주의라는 용어를 사용하지 말아야 한다"고 역설한 다니엘 바리스코를 설득했다. 『이슬람주의: 정치적 이슬람교를 둘러싼 쟁점』은 폴 버먼이 이슬람주의를 비판적인 시각으로 서술한 책에 나타난 의혹에 대하여 증거를 제시했다. "이슬람주의 조직은… 제삼자가 의당 생각하는 방식에 대한 분석 카테고리를 제 나름대로 끄집어냈다."[52]

2장

이슬람주의와
정치질서

이슬람주의가 이슬람교의 전통을 꾸며내기 위한 첫 단계는 이슬람교를 정교일치din-wa-dawla(딘와다울라)로 이해하는 것이다.¹ 이슬람주의자들은 민주정치가 아니라 기존의 정치질서를 재편하여 이슬람식 샤리아국가를 추구할 목적으로 이슬람교식 해결책al-hall al-Islami(알할 알이슬라미)을 운운한다. 이 같은 사상이 바로 이슬람주의의 특징이자 필수요건이다. 이슬람주의가 명실상부한 이슬람교를 가늠하는 시금석으로서 정교일치²와 샤하다(알라 신께 순복하고 예언자 무함마드에게 충성하겠다는 서약)를 거의 동등한 토대로 삼는다고 해도 과언은 아닐 것이다. 따라서 무슬림이 이슬람주의자인지 확인해보고 싶다면 "이슬람교가 종교입니까, 국가의 질서입니까?"라고 물으라. "국가의 질서"라고 대꾸하면 그를 이슬람주의자로 생각해도 좋다. 미국과 유럽에서 내놓은 정치적 이슬람교 관련 논문을 읽다 보니 분석가들이 대부분 개념을 정확히 파악하지 못하고 있다는 점을 깨달았다. 그들은 이슬람주의를 "급진파 이슬람교"로 축소하는가 하면, 그것이 이슬람국가의 질서를 추구한다는 사실을 간과하기도 했다.³ 이슬람국가에 대한 개념이 폐기되어야만 "포스트이슬람주의"를 거론할 수 있다.

그러므로 이슬람주의 이데올로기의 여섯 가지 기본 특징을 분석하려면 정치질서에서 출발하는 것이 수순일 것이다.

이슬람주의는 이슬람국가의 정치 이데올로기

이슬람주의를 연구하는 데 가장 유익한 정보원으로 이슬람주의자들이 집필한 책들을 꼽을 수 있다. 영국계 파키스탄 운동가인 마지드 나와즈는 해방당(히즙 우트타리르)의 지도부에서 활동하다가 지하운동이 발각되어 이집트에서 4년간 옥고를 치렀다. 그 후 나와즈는 이슬람주의에 항거하기 위해 퀼리엄재단the Quilliam Foundation을 창설했다. 저서에 따르면, 그는 이슬람주의는 신학이 아니라 정치적 이데올로기임을 역설했다. 즉 이슬람주의자들이 "이슬람국가를 수립하려는 야심"을 품고 이슬람교를 정치화했다는 이야기다.[4]

신이슬람 질서(니잠 이슬라미)를 확립하는 것은 점진적 절차 중 첫 단계에 해당된다. 이슬람주의가 세계적인 논쟁거리가 된 까닭은 세계질서를 창출하기 위해 이슬람국가를 확대시킨다는, 비전의 두 번째 부분 때문이다. 이슬람주의의 범세계적 혁명은 지역적인 국가의 정치질서를 재편하고 세계의 재창조를 지향하는 것이다. 기독교와 마찬가지로 이슬람교 역시 고유의 독트린을 공공연히 세계에 유포한다는 보편적인 사명을 띤 종교다. 이슬람주의는 이슬람교의 보편주의를, 주권 민족국가의 세속질서를 이슬람주의 질서로 대체한다는 정치적 국제주의로 바꾼다. 이런 점에서 이슬람주의는 공산주의 독트린과도 비슷하다. 지구촌에 혁명을 불러일으킬 것으로 예상했던, 마르크스주의의 프롤레타리아 대신 이슬람주의식 국제주의는 꾸며낸 무슬림 공동체(움마)를 제시한다. 이슬람주의가 내세우는 무슬림 공동체는 이슬람교의 전통 움마와는 달리 신앙 공동체가 아니라, 국가의 엄격한 샤리아를 찬동하는 정치조직에 가깝다.

이러한 아젠다를 기술하는 데 사용되는 용어를 코란이나 기존의 고전

문헌에서는 찾아볼 수 없다. 이슬람교의 샤리아[5]에 근간을 두었다고는 하나, 좀 더 면밀히 조사해보면 국가와 세계질서를 재창출한다는 이상은 고전 이슬람교의 샤리아 전통에서는 그 유례를 찾아볼 수 없는 꾸며낸 전통[6]에 불과하다는 사실이 드러난다.

종교와는 무관한 주권국가가 베스트팔렌 질서의 핵심이듯, 샤리아국가도 이슬람주의 질서의 초석이 될 것이다. 그러나 두 세계질서는 서로 양립할 수가 없으므로, 이슬람주의의 신세계질서가 다원주의 질서에 수용될 수 있으리라는 발상은 앞뒤가 맞지 않는다. 이슬람주의가 다른 국가 개념과 다원주의 사상을 노골적으로 거부하기 때문이다. 즉 이슬람주의는 오늘날의 민족국가 개념을 전혀 다른 것으로 대체할 목적으로 기존의 세계질서를 위협하고 있다는 것이다. 이는 사실무근의 허풍이 아니다. 이슬람주의자들이 이 목표를 달성할 역량은 부족하나 정국의 혼란을 일으켜 국가의 무질서를 유도할 수는 있을 것이다.[7]

새로운 반란

이슬람주의자들의 반란을 이해하려면 베스트팔렌 질서를 정확히 파악할 필요가 있다. 사학자 찰스 틸리에 따르면, 1648년에 체결된 베스트팔렌 평화조약은 세상을 바꾸었고 모양새를 새롭게 빚어냈다. 이 조약이 달성한 두 가지 업적으로는 국제관계의 근본 단위로서 주권국가를 확립하고, 각 나라에서 종교적 기반을 분리시켰다는 점을 꼽는데, 그 후 세속적 실체로서의 주권국가들은 종교적 차이를 두고서는 전쟁을 벌일 수 없게 되었다. 1975년에 펴낸 『서유럽에서의 민족국가 형성사 The Formation of the National States *in Western Europe*』에서 틸리는 "향후 30년간 유럽인과 그의 후손은 그 같은 국가제도를 세계에 강요했다"면서 "최근의 탈식민지 물결은 세계지도를 그 제도에 맞춰 제작하고 있다"고 덧붙였다.[8] 바꾸어 말하면, 유럽에 기원을 둔 베스트팔렌 모델에 따라 세속 민족국가들이 세계를 거의 장악했다는 말이다. 일부 무슬림 학자들의 주장과는 달리, 이는 국제적 관계론의 유럽 중심의 개념이 아니라 정치적 현실이다.

이슬람주의자들은 이처럼 범세계적인 역사적 현실을 뒤엎는 데 목표를 두고 있다.[9] 따라서 그들이 세속 민족국가를 상대로 벌이는 이슬람교의 내전에서 출발한 반란은 범세계적 내전[10]으로 비화될 것이다. 냉전이 종식될 무렵, 이른 감은 있지만, 프랜시스 후쿠야마가 역설한 "역사의 종말"[11]과는 달리, 이슬람주의자들은 문명의 귀환을 도모했다. "문명"의 귀환이 이슬람주의의 주제이긴 하나, 이슬람주의의 이데올로기에는 무지했던 새뮤얼 헌팅턴의 『문명의 충돌』과는 전혀 관계가 없다. 이슬람주의가 그리는 문명의 충돌은 헌팅턴의 책보다 훨씬 앞서며, 서방세계와 나머지가 아니라 전 세계, 특히 서양을 상대하는 이슬람교에 대한 것이기 때문이다. 그 토대를 사이드 쿠틉의 문헌에서 찾을 수 있다. 최근에는 후계자인 유수프 알카라다위가 이를 약간 바꾸었다.

옥스퍼드 대학이 낳은 학자 헤들리 불은 민족국가의 세속질서를 거부하려는 행태를 "서방세계에 맞선 반란"으로 규정했다. 과거의 식민주의 투쟁과는 달리, 오늘날의 반란은 서방세계의 패권에 대항한 소요일 뿐 아니라 — 무엇보다도 — "서방세계의 가치관에 맞선 반란"이라고 보는 것이 옳을 것이다. 불은 이를 "이슬람교의 원리주의, 즉 종교의 이슬람주의식 정치화에서 입증될 수 있다"[12]고 생각했다. 역사의 귀환과 함께, 세속화와 신성한 종교의 귀환을 도모하기 위해 해결해야 할 과제는 베스트팔렌 질서에 기초한, 기존의 세속적인 세계질서[13]의 기본 토대에 도전하는 것이다.

정치적 모양새를 띤 종교의 귀환이 정치적 윤리에 국한된다면야 문제될 것이 없겠으나, 이슬람주의는 국가와 세계의 신정질서를 아울러 꿈꾸고 있다. 이 같은 이슬람주의의 근본 특징은 근대사의 주요 현상으로 이를 이해하려면 대규모 연구가 필요하다. 이런 총체적인 과업을 두 연구팀이 담당했는데, 그들 중 하나가 전 세계와 다양한 종교 공동체에서 선별한 학자로 구성된 미국 예술과학협회the American Academy of Arts and Sciences였으며, 원리주의 프로젝트란 표제로 정치 및 사회에서 종교가 감당한 역할을 연구한 것이다. 그 연구 결과는 공동저자가 연이어 펴낸 다섯 권의 『원리주의 프로젝트The Fundamentalism Project』에 담겨 있다.[14] 하지만 안타깝게도, 팀의 학술적인 신뢰도와 고도의 분석력이 발휘되었음에도 그들의 연구는 이슬람 학계에서 대부분 무시되었다. 또 다른 연구팀으로, 개발·정치연구에 "문화"를 가미한 문화연구 프로젝트CMRP: Culture Matters Research Project는[15] 나중에 거론하도록 하겠다.

결국, 두 프로젝트 모두 학술 토론의 장을 조성하는 데는 이렇다 할 영향력을 발휘하지 못했다. 현상의 본질이 애매한 탓도 있을 것이다. 예컨대, 혹자는 "원리주의"라는 용어가 이슬람교나 비서양 종교에는 적용될 수 없다고 주장한다. 반면, 어떤 이는 이슬람주의의 과제를 다룬 『이슬람교의 원리주의al-usuliyya al-Islamiyya』의 저자 하산 알하나피의 주장을 인용하여 이를 반박하기도 했다. 알하나피는 현재 정치적 이슬람교의 중도파로 국제적 명성을 누리고 있다. 원리주의를 둘러싼 난제를 밝히고 널리 알린 하나피는 아랍어 문헌을 집필할 때 원리주의를 망설이지 않고 이슬람주의 조직에 적용했으나, 영어로 글을 쓸 때는 그래서는 안 된다고 역설했다.[16]

이슬람세계 및 서방세계의 학자들은 정치적 종교인 이슬람주의의 범상치 않은 본질을 이해해야 한다. 종종 정치적인 종교로 간주되기도 했던 세속적 이데올로기인 파시즘과 공산주의와는 달리, 이슬람주의는 실제적인 종교적 신앙과 순수한 신성 개념에 근간을 둔다. 따라서 종교색이 짙은 이슬람주의자들의 선언은 파시스트들의 그것과는 달리 종교를 수단으로 이용하지는 않는다. 이슬람주의자들과의 비공식 인터뷰가 수백 건도 넘는 원리주의 프로젝트[17]에서 내가 밝혀낸 연구 결과 역시 그들에게 종교는 수단이 아니라는 결론을 뒷받침했다. 이슬람주의자들은 진정한 신도를 자처한다 ─ 그러므로 가장 중요한 의미에서 그들은 진정한 신도인 것이다.

정치적 이슬람교의 연구는 분쟁과 긴장의 연구[18]라 해도 과언이 아니다. 때문에 나는 수년간 "이슬람학"이란 접근법을 구사하여 그것이 기존의 이슬람 연구와 어떻게 다른지 규명해왔다. 이슬람학은 구소련 연구 모델을 모방하여, 세계 분쟁의 원흉인 이슬람주의를 다루었다. 기초적인 논지는 정치적·경제적·사회적 문제가 종교적 구호로 제기되므로 정치의 종교화를 예고하고 있다는 것이다. 이슬람주의자들이 제2의 냉전에 가담했다는 설도 무리는 아니다. 구소련과 같이 그들도 "세계의 재창조"를 주장한 것과 다를 바가 없으니 말이다. 이를 가리키는 "이슬람의 세계 혁명(사이드 쿠툽이 주창)"에 많은 꼬리표가 붙는데, 이를테면 프랑스 학자는 이를 체제유지주의integrisme[혹은 개혁 반대주의]라 하고 다른 이들은 원리주의라 부른다. 이는 모두 샤리아국가를 건설하기 위해 이슬람교를 정치화한다는, 이슬람주의 이데올로기의 기초적인 쟁점을 일컫는다. 이 이데올로기는 비국가 주동세력으로 구성된 다국적 조직이 도입했다. 행여 이 사실을 무시하여 "급진파 이슬람교"나 "온건파 이슬람교"의 쟁점으로 국한한다면, "비폭력 이슬람주의"를 이해하지 못할 뿐 아니라 이슬람주의의 일반 현상도 제대로 파악할 수 없을 것이다. 사실, 제도적 이슬람주의자와 지하디스트의 차이를 밝히는 것이 더 도움이 된다. 제도적 이슬람주의자들은 폭력을 거부하고 민주 정치 게임을 즐기며 기존의 제도 내에서 평화를 누리며 본분을 다하는 듯싶은 반면, 후자는 그들도 테러와 흡사한 것으로 알고 있는 범세계적인 지하드[성전]를 대놓고 선포한다. 그러나 지하드운동은 단순한 테러가 아니라 비정규 비국가 세력이 벌이는 신개념 분쟁으로 보아야 한다. 하마스와 헤즈볼라를 비롯한 지하드 조직은 정당으로 활동하는가 하면, 선출된 의회에서 활약하는 대리자인 지하드 민병대를 거느리며 선거에도 참여하고 있다. 즉 근본적으로는 같은 이데올로기를 지지하지만 두 가지 모드로 활동한다는 점을 간과하지 못하면 이 같은 동시성이 혼동을 초래할 것이다.

신정질서를 추구하는 이슬람주의

이슬람주의는 폭력이 아니라 정치질서를 둘러싼 사상이라는 점을 다시금 주지시키고 싶다. 폭력은 지하드운동의 부수적 측면에 불과하다. 이슬람주의는 종교를 이야기하지만 그 사상은 정치적 지배 주변을 맴돈다. 신정질서의 근간이 바로 이슬람주의의 기본 특징이다.

그렇지만 나는 정치적 이슬람교를 부흥과 결부하는 데는 회의적이다. 이슬람교가 예로부터 정치의 적법성을 결정·주장하는 수단이 되어 왔더라도 이슬람주의는 이 영역에서 새로운 개념이기 때문이다.

이슬람주의가 세상을 재편하려는 정치적 노력의 일환이라면 이를 종교적 각성운동으로 간주하는 건 잘못이다. "신성한 종교의 귀환"— 일반적인 세속화를 지적한 막스 베버의 가설을 반증하기 위해 사회학자 대니얼 벨이 지어낸 개념 — 으로 알려진 범세계적 현상은 대개 정치색을 띠고 있다. 종교의 정치화는 출처가 분명치 않으나 그 기원을 근대화와 맞닥뜨릴 때 빚어진 위기에서 찾아야 할 것이다.[19]

유럽과 이슬람주의의 전체주의가 각각 위기에서 태동했다는 점을 감안하여 그 둘을 대등한 것으로 치부하는 사람이 있을지도 모르겠지만 섣부른 판단은 금물이다. 이슬람주의의 경우, 막강한 서방세계에 비해 개발이 부진했고, 근대화와 진보주의가 이슬람세계에 뿌리를 내리지 못했으며 무엇보다도, 1967년 전쟁에서 이스라엘에 참패한 후 세속 지도자들의 위신이 흔들린 탓에 위기가 찾아온 것이다. 게다가 이슬람주의는 문화적 근대화 개념과 가치관을 강력히 거부하며 기술적인 의미에서 근대화의 자질을 나치주의 및 공산주의와 공유했다. 미국의 사학자 제프리 허프는 나치가 근대 기술은 수용한 반면, 문화적 근대화는 거부한 점을 지적하기 위해 "반동적 모더니즘reactionary modernism"이라는 용어를 지어냈다. 비교 정도는 괜찮지만 이를 벗어나서는 안 된다. 히틀러 집권 당시 독일은 세계적인 선진 산업국가들 가운데 하나였으나 현재 이슬람세계는 (이를테면 문화연구 프로젝트가) "개발도상 문화"에 기초한 사회들로 규정한 국가들로 이뤄져 있다.

이슬람주의의 탈을 쓴 이슬람교의 귀환은 신앙이 아니라 정치적 권리가 가미된 종교의 귀환이라고 하는 것이 옳을 것이다. 이슬람교 신앙은 쇠퇴한 적이 없으나, 1924년 칼리프 제도가 폐지되고 무슬림세계 전역에 세속 민족국가가 부상한 이후로는 정치적 타당성의 수단으로 이용되지 않았다. 정치적 이슬람교는 종교적·세속적 실험에 연이어 실패한 후 대안으로 이슬람교가 해결책이라고 주장했다. 정치적 이슬람교는 근대화를 수용하기는커녕 그 가치관으로부터 자신을 보호했다. 그럼에도 이슬람주의자들은 전통을 고집하지는 않는다. 근대식 가치관과 합리주의적 세계관을 강력히 거부했지만 과학기술의 근대식 수단은 받아들였기 때문이다. 이 같은

양면성이 바로 원리주의의 주요 특징이다.[20]

"신성한 종교의 귀환"은 세 가지 쟁점과 관계가 깊은데, 이를 이슬람교에 적용하면 다음과 같다.

첫째, 이슬람교는 국가질서를 위한 정치적 수단이 아니라, 무슬림의 생활양식과 세계관을 규정하는 문화적·종교적 제도다. 이슬람주의의 정교일치(딘와 다울라) 사상은 이슬람교 자체라기보다는 이슬람주의와 이슬람교의 주요 경계를 표시하는 특징임이 분명해졌다. 세계에 확산된 근대화에 대응하기 위해 창출된 전통은 이슬람세계 전역에 만연한 "근대 이슬람교의 위기"로 태동하게 된 것이다. 독일의 바이마르 공화국이 위기를 맞지 않았다면 국가사회주의도 없었을 것이고, 이슬람세계에 위기가 없었다면 이슬람주의도 존재하지 않았을 것이다.

둘째, 이슬람주의는 다양한 종교적 원리주의로서, "다중적 근대성"을 운운하는 일부 학자들의 주장과는 달리, 근대화의 또 다른 양상이라기보다는, 그것이 대표하는 조직(8장에서 자세히 다룰 것이다)만큼이나 전체주의의 이데올로기에 가깝다. 민주적 시민 사회의 허울을 두른다고 해서 전체주의 조직을 민주적인 것으로 바꿀 수는 없다.

셋째, 샤리아의 맥락에서 성취된 듯싶은, 민주정치의 이슬람주의화는 전체주의 질서를 위장한 것일 뿐이다. 이슬람주의의 신정질서 개념은 국민 주권뿐 아니라 정치적 제삼자의 입지를 인정하는 민주적 다원주의도 거부한다. 이슬람주의자들은 진정한 신자와 불신자라는 이분법적 기준으로 사고한다. 나는 이 책 후반에서 이슬람주의가 "열린 이슬람교"를 일컫는 진보주의와 본질적으로 양립할 수 없다는 점을 역설할 것이다. 민주적 다원주의를 포용할 수 있는 윤리적 기반이 부실하기 때문이다.[21]

정치적 이슬람교를 연구하는 전문가들 사이에서 "종교적 원리주의"라는 용어를 두고 논쟁이 벌어졌으나 나는 이 책에서 원리주의 개념을 분석 도구로 계속 활용할 것이다. 물론 그 용어가 이슬람혐오증을 일컫는다는 주장은 사실무근이다. 원리주의 프로젝트는 이 현상이 전 지역에 출현한 경위를 중립적으로 연구하는 데 토대를 둔다.

원리주의 프로젝트는 종교를 신념이 아니라 사회적 실체로 간주하는 방법론적 접근법을 구사했다. 종교를 사회적 실체로 이해하는 것은 에밀 뒤르켐의 종교·사회학 이론에서 비롯되었다. 종교의 정치화가 사회적 사실이라는 점에서 이는 종교적 원리주의 이데올로기가 창출해낸 것이라 볼 수 있다. 열성파나 정통파, 혹은 극단주의적 신념을 동의어로 쓰지 않고 그렇게 정의한다면 "원리주의"라는 용어가 유용할 뿐 아니라 폭넓게 적용될 수 있을 것이다. 혹자는 원리주의가 기독교에 국한되지 않고, 이슬람교나 유대교와 같이 경전을 둔 종교에서 발견될 수 있다고 재차 강조한다. 모든 유일신 사상에는 종교적 정통성과 종교적 원리주의의 차이가 분명히 존재한다. 종교적 정통성이 순수 전통주의라면, 후자는 구조와 수단으로 이루어져 있을 뿐 아니라 문화적 가치관에 기초를 둔, 범세계적이고도 보편적인 근대화의 맥락에서 비롯된 근대적인 현상이다. 원리주의자들이 모두 그렇듯, 이슬람주의자들도 근대화를 배격하면서도 근대화에 젖어 있다. 즉 그들이 주장하는 이슬람교의 각성al-sahwa al-Islamiyya(알사화 알이슬라미야)은 이슬람식 근대화의 꿈을 일컫는다.

또한 "이슬람교의 각성"은 꾸며낸 전통에 의존하기도 한다. 19~20세기에 이르기까지 무슬림세계에서는 범이슬람주의 운동가 자말 알딘 알아프가니에게서 영감을 얻은 문화의 부흥주의가 존재했다. 부흥주의자인 알아프가니는 이슬람주의자가 아닌 데다, 성스러움에 기초한 정치질서에는 관심도 없었다. 다만 반식민지 운동의 일환으로 "제국주의에 대응"하기 위해 이슬람교를 재건하고 싶어 했을 뿐이다. 오늘날, 하산 알반나의 손자인 타리크 라마단은 알아프가니와 그의 조부22를 잇는 영속성을 주장하면서 이슬람주의의 정치적 종교와 이슬람교의 부흥주의를 혼동하고 말았다. 이슬람주의자인 알반나는 부흥주의자가 아니었다. 결국 둘의 연결고리를 찾으려는 라마단의 노력은 잘못된 것이므로 그릇된 인상을 줄 우려가 있다.

이슬람주의는 종교적 부흥주의가 아니다. 사실, 이슬람주의가 종교에 근간을 둔 정치질서를 추구한다고는 하나 정교일치에서 유추한 것으로 권위를 인정받은 이슬람 경전에는 그에 해당하는 내용이 없다. "국가(다울라)"는 코란이나 무함마드의 언행이 기록된 정경인 하디트hadith 어디에서도 찾을 수가 없다. "신이슬람 질서"와 "이슬람 정부hukuma Islamiyya(후쿠마 이슬라미야)"도 마찬가지다. 이는 이슬람 전통이나 경전에 쓰인 평범한 용어가 아니다. 이슬람주의의 추종자들이 지어낸 용어가 전통의 부흥사상과 조화를 이루기가 어렵다는 데서, 부흥주의자인 알아프가니와 이슬람주의자인 알반나의 주요 경계가 그어진다.

이슬람주의자가 주창하는 "이슬람국가"에 본질을 부여하는 개념이 바로 샤리아의 시행tatbiq al-shari'a(타트비크 알샤리아)인데, 샤리아를 극단적으로 재해석하면 결과가 얼마든지 달라질 수 있다. 이슬람교에서 샤리아에는 다양한 의미가 함축되어 있다.23 샤리아는 코란 본문에 단 한 차례 기록되었으며, 사전적인 의미는 "물가로 이어지는 길a path leading to water"이란 뜻으로 바른 길을 가리킨다. 여기서 "바른 길"이란 의례 및 도덕적으로 바른 행위를 일컫는다. 그러나 이슬람교를 이슬람주의식 샤리아로 다스리자는 것24은 정치적 요구로 귀결되게 마련이다. 이슬람주의자들은 코란에는 없으나 총체적인 법률 개념을 위해 고안된 샤리아 전통을 꾸며냈으니, 이는 종교적 르네상스도, 고전적 샤리아의 부활도 아니다.

지구촌의 이슬람주의 이데올로기

세계 곳곳에서 역동적으로 활동하는 지역적 조직은 잊은 채, 대규모 조직을 세계화의 관점에서만 보려는 태도는 옳지 않다. 사실, 이슬람 전통은 공통분모가 있는, 다양한 지역적 전통이라 해도 과언이 아니다. 이슬람주의는 혁명적 국제주의 운동가의 모습을 띤 기동성 세력의 방어 문화가 표출된 것이다. 현지의 전통 동향과 범세계적 이슬람주의 조직은 서로 소통하고 있다. 종교는 사회적 현실에 내재되어 있긴 하나 이를 반영하면서도 독자적인 의미를 담고 있다. 단순히 "정치적 이슬람교"에 이의를 제기하기 위해 이슬람주의와 이슬람교의 연관성을 부정하려는 사람들이 종종 그렇듯, 이슬람주의의 이데올로기를 "이슬람답지 못하다"고 치부하는 건 타당하지 않다. 사실, 이슬람주의란 이슬람교의 원리주의 이데올로기를 가리킨다.

이슬람주의의 정치적 아젠다는 57개국과 세계에서 다수 및 소수 민족으로 사는 17억 무슬림을 동원한다는 것이다. 대부분의 무슬림은 이슬람주의자들이 아니다. 비이슬람주의 무슬림에게는 이슬람교의 무슬림 공동체에 든다는 것이 "신앙인 공동체"의 일원이라는 이야기와 별반 차이가 없다. 1장에서 나는 이슬람주의의 움마사상의 개념을 설명하기 위해 "상상의 공동체"를 언급했는데, 이슬람주의의 세계관은 전 인류와 구별되는 총체적인 "우리" 개념을 장려하기 위해 움마를 정치에 합류시킨다. 이 정체성 정치가 이슬람주의를 조성하고 현지와 지역적, 세계적 분쟁의 원인이 되고 있다. 이슬람주의가 종교를 정체성의 표식으로 이용하는 것은 단일 이슬람교가 있다는 주장을 연상하게 한다. 이는 이슬람교를 제외한 세계에 매우 중요한 이야기다. 이슬람주의의 정체성 정치는 화합이 아닌 분열을 조장하기 때문이다.

이슬람주의자들이 꾸며낸 전통 중 일부는, 인류를 이슬람교의 세계질서로 유도하는 단일 조직으로 전 무슬림 공동체를 통합하기 위한 노력에서 읽을 수 있다. 이 비전의 원류는 사이드 쿠틉의 저작에서 비롯된다. 1966년에 처형된 쿠틉은 살아생전 자신의 비전이 이데올로기가 되는 것을 보지 못했다. 그러나 오늘날에는 이 비전을 구현하는 데 도입될 수단을 두고 이슬람주의 내에서 논쟁이 일고 있다. 그러나 기성종교와 이슬람 급진주의자들Salafists(살라피스트들)은 지하디스트들을 비난할 때 세계관은 배제한 채, 관행에만 반대했다. 존 켈세이는 최근의 저서에서 다음과 같이 밝혔다.

> 아이만 알자와히리가 주창한 무력적인 비전은 그를 비판한 자들의 비전이기도 하다. … 그들의 주장에 따르면… 수단은… 잘못되었으나… 해결책이 이슬람 지도부를 확립한다는 데 있다는 판단에는 상충하지 않는다. … 무력의 문제는 단순히 전술에 있다기보다는 이슬람 지도부의 개념에 있다.[25]

이슬람교와 마찬가지로, 이슬람주의에도 견해의 일치와 충돌이 있게 마련이다. 따라서 이슬람교의 정치화와 이슬람주의의 이데올로기를 연구할 때에는 "다양성 내에서의 통일"을 거론해도 틀리진 않을 것이다. 그것들의 공통분모는 이슬람 지도부 개념이고, 최근 불거진 이견은 폭력과 관계가 깊다. 이슬람주의를 창시한 하산 알반나는 폭력의 정당성에 이의를 제기한 적이 없다. 그는 고전 지하드를 지하드운동[26]으로 변모시켰으나, 정치적 이슬람교의 정신적 지주인 사이드 쿠틉은 지하드를 이슬람교의 세계질서를 이룩하기 위한, "이슬람의 세계 혁명"으로 처음 해석했다. 혁명의 첫 단계인 "이슬람국가" 개념은 기존의 평화의 집dar al-Islam(다르 알이슬람)이라는 영토에 국한되지 않고, 세속주의에 도전하는 가운데 궁극적으로는 전 세계에까지 확대된다.[27]

이슬람주의자들의 발상에 따르면, 유럽은 이슬람 영토권dar al-shahadah(다르 알샤하다)으로 간주된다. 샤하다란 이슬람교의 신앙고백으로, 알라 신께 순복하고 예언자 무함마드에게 충성하겠다는 서약을 일컬으며, 이슬람교의 다섯 기둥 중 첫 번째에 해당하고, 정치적 논쟁이 아닌 이슬람교의 신앙과 관계가 깊다. 다르 알이슬람을 다르 알샤하다로 수정한 인물이 타리크 라마단이다. 이 개념은 이슬람교의 확장을 가리키며 이슬람주의 프로젝트의 일환[28]으로 유럽을 재편하려는 야심을 담고 있다. 라마단은 이슬람 영토권을 유럽에 적용[29]함으로써 2,300만 무슬림 이민자를 위해 이슬람교의 "반체제 문화"를 제안했다. 이는 무슬림 이민자들을 유럽 시민에 통합시키려는 것이 아니라 여러 나라들에 흩어져 살고 있는 이슬람교도들의 종족화를 염두에 둔 계획이었다.

이슬람주의의 이데올로기는 이슬람교를 핵심에 둠으로써 범세계적 다원주의와 민주적 평화사상과는 상충한다. 그러면 세계를 향한 이슬람주의의 비전에는 어떤 특징이 있는지 살펴보자.

- **정치:** 정교일치(딘와다울라)라는 개념은 이슬람교를 신의 영감을 받은 국가질서를 규정한 정치적 종교로 해석해야 할 것을 요구한다.
- **법:** 이슬람주의가 재창조해낸 샤리아는 이슬람법에 새로운 의미를 부여하며, 코란이 뜻하는 도덕성과 이슬람법의 전통 개념(이혼과 유산 등)을 모두 벗어난다. 이슬람 정치를 샤리아로 다스린다(6장에서 구체적으로 다룰 것이다)는 것

은 신정질서를 추구한다는 전제가 따른다. 제2의 샤리아는 고전적인 것과는 달리, 하나로 통합된 국법을 의미한다.
* **문화:** 모든 무슬림이 단일 무슬림 공동체(움마)를 구성한다는 가정은 베네딕트 앤더슨이 (민족주의 맥락에서) 단일 문화를 공유한다는 "상상 속의 공동체"를 반영한다. 이처럼 꾸며낸 문화는 이슬람의 국제주의 이데올로기의 근간이 된다.
* **무력:** 성전(지하드)의 전통적인 이슬람교의 개념은 샤리아처럼 재해석되어 ― 꾸며낸 전통과도 관계가 깊다 ― 코란과 전통적 의미에서 벗어나고 말았다. 신개념 지하드는 규칙이 통하지 않는 전쟁을 정당화하는 지하드운동(지하디야)에 가깝다. 이 이데올로기의 폭력은 단순한 테러라기보다는 오히려 새로운 비정규전이라고 해야 옳을 것이다.

다시금 언급하지만, 종교가 종교화된 정치의 탈을 쓰고 공공영역에 귀환한 것은 이슬람교에 국한된 일이 아니라 범세계적인 현상이다. 그럼에도 불구하고 정치적 이슬람교의 이데올로기는 여느 종교적 원리주의보다 세계의 정치에 중요하다. 전통적인 보편주의를 종교적 토대 위에 제기된 새로운 국제주의로 옮기는 데 이슬람주의가 다른 원리주의보다 더 공격적이었기 때문이다. 이슬람주의자들은, 9·11테러 사태 이후 에드워드 사이드가 그랬던 것처럼 "발광하는 폭력배"로 치부해서는 안 된다. 이슬람주의는 팔레스타인 안에서 벌어지고 있는 그릇된 서양식 정치에 도전하는 것이 아니라 신세계질서를 추구하는 세력이다. 이는 아랍 및 이슬람세계의 구조적·규범적 위기에 매우 깊이 내재되어 있다. 이슬람주의의 이데올로기와 그 역사적 배경을 분석해보면 독트린 그리고 의미의 맥락에서 종교의 규범적인 기능이, 위기에 대한 특정 반응을 유도하기 위해 사회적 측면(사회적 실체로서의 종교)을 결합한 경위를 이해하는 데 도움이 될 것이다. 그러나 환원주의적 접근법은 이 이데올로기를 이해하는 데 아무런 유익함이 없다. 이슬람주의자를 "정치적 인간"으로 규정하여 세속적 운동가라고 하거나, 이슬람주의가 이슬람교답지 않은 데다 종교를 집권의 구실로 이용한다고 주장하는 것은 ― 영국 내무부장관인 재키 스미스가 2008년에 지하디스트를 "반이슬람교도"라고 규탄한 바와 같이 ― 어폐가 있다. 사회적 맥락에서 이슬람주의를 유추하기란 불가능하다. 사회적 환경에 관심을 두는 것도 중요하지만 그것이 종교화된 정치의 유일한 원인은 아니다. 특히 사회 변화의 원인에 근거해서 정치적 이슬람교를 분석할 경우 오해를 불러일으킬 수 있으며, 사회 변화의 원인이 유도하는 문화와 종교, 이데올로기 및 세계관이 사회적·경제적 변화의 원인으로 축소되어서도 안 된다. 문화 및 종교가 제 나름대로 중요하다고 주장하는 건 요지가 될 수 없으므로, 이슬람주의의 종교 및 이데올로기적 배경을 분석의 핵심에 두어야 마땅하다. 그래도 "문화가 관건"이라는 점은 재차 밝혀두어야겠다. 물론 정치적·사회적 불만이 종교와 문화에 표출된다면 이 또한 그 나름대로 중요한 문제가 될 것이다.

정치적 이슬람교는 1928년에 창립되어 1966년, 이집트 관리의 암살 혐의로 사이드 쿠틉이 처형되기까지만 해도 주변 조직에 불과했다. (팔레스타인의 이슬람주의는 예외적인 사례로 3장에서 논할 것이다) 그러다가 1967년 이집트와 요르단 및 시리아가 이스라엘과의 6일전쟁에서 참패하자 중차대한 순간이 찾아왔다.[30] 즉 패전으로 아랍세계에 정당성의 위기가 닥치고, 세속주의는 쇠퇴한 반면 이슬람주의의 종교화된 정치가 부상하게 된 것이다. 이집트의 나세르를 비롯하여, 시리아와 이라크의 바스당Ba'thist 지도부 등, 세속 민족주의자들은 퇴진할 수밖에 없었다. 동포에게서 신뢰를 잃은 그들은 배신자로 전락했다.

이슬람주의는 초기 본거지인 이집트에서 기동세력으로 두각을 나타냈다.[31] 현지에서 이슬람주의 사상은 패배한 정권의 대안으로 이슬람교식 해결책(알할 알이슬라미)을 제시하며 수니파세계 전역에 확산되었다. 여기서 "해결책"의 뜻은 아랍세계뿐 아니라 이슬람세계에도 적용된다. 앞서 언급했듯이, 세속주의를 반대하는 이슬람주의[32]는 쿠틉의 정신적 후계자인 이집트인 유수프 알카라다위가 주창한 것이다. 오늘날, 그는 세계에 송출되는 텔레비전에 나오는 이슬람교 법전 전문가(무프티)로서 어느 때보다 강력한 영향력을 행사하고 있다. 유수프 알카라다위를 "온건파"로 규정하는 서양인은 자신을 기만하고 있다. 카이로와 베이루트에서 출간된, 알카라다위의 삼부작 『이슬람교식 해결책의 필연성Hatmiyyat al-hall al-Islami』은 영향력 면에서 쿠틉의 『진리를 향한 이정표Signposts Along the Road』에 견줄 만하다.

일부 서양 논객들(올리비에 로이 같은)에 따르면, 이슬람주의자들이 서방세계의 가치관을 거부한 건 이슬람교와는 무관하며 단지 세계화와 관련된 정치적·사회적 문제를 반영하는 것일 뿐이라는데, 이는 세속주의 정권의 쇠퇴를 오해한 것이다. "서방세계에 대한 반란"[33]과 서양식 가치관에 대한 반란이 핵심을 이루었다. 이슬람주의의 이데올로기에서 현지의 세속 정권을 축출하는 건 신세계질서를 이룩하기 위한 첫 단계일 뿐이다. 이슬람교 원리주의자들의 좀 더 원대한 목표는 세속적인 세계질서와 서방세계에 도전하는 것이다. 알카에다의 진술과 행위를 보면 우주적 세계관을 읽을 수 있다. 빈라덴의 근본적인 종교적 원류에는 하산 알반나와 사이드 쿠틉이 있다. 혹자의 주장과는 달리, "민주정치"와 "지하드운동"의 대결구도를 설정해둔 것은 서방세계가 아니다. 즉 정치적 이슬람교는 이념의 전쟁(하롭 알아프카르) — 쿠틉이 언급했듯이 신앙(이만)과 불신앙(쿠프르)이 충돌한 세계전쟁 — 을 스스로 개시[34]했다. 하롭 알아프카르는 테러전술에 의존하지 않는 범세계적인 지하드를 일컫는다.

쿠틉은 『진리를 향한 이정표 Ma'alim fi al-Tariq』에서 이 점을 분명히 밝혔다. 그는 먼저 평화의 집 전역에 걸친 알라 신의 신정질서를 주문했다. 이 신정질서는, 세계에서 우월한 이슬람교의 영향력 아래 세계평화로 이어지는 이슬람 혁명을 일으킨다는 것이다. 이슬람교가 쇠퇴하고 서방세계가 부상한 이후, 세계를 몰락의 길로 인도할 자힐리야jahiliyya(이슬람교 이전의 무지로 불신앙과 동일함)를 극복하기 위하여 "이슬람교의 세계 혁명"의 일환으로 지하드를 감행하는 것은 반드시 해야만 하는 종교적 의무farida(파리다)이다. 이 같은 우월주의 이데올로기는 이슬람주의의 국제주의뿐 아니라 정치질서의 시각에도 담겨 있다.[35]

이슬람세계를 처음 접하는 독자라면 이러한 사상이 이슬람세계에서 얼마나 진지하게 받아들여지는지 궁금해할지도 모르겠다. 무슬림은 쿠틉의 사상이 강력하다는 점을 잘 알기에 그런 의문을 갖지 않을 것이다. 이슬람교 원리주의의 권위자인 록산느 오이벤에 따르면 "쿠틉의 명성은 누구나 인정한 사실인 듯싶으며, … [그의] 영향력은 논란의 여지가 없다."[36] 영향력은 알카에다 같은 지하드 조직에 국한되지 않고 터키의 AKP를 비롯한 제도적 이슬람주의 조직[37]에까지 확대된다. 나는 중동에서 훨씬 멀리 떨어진 (이를테면, 서아프리카와 중앙 및 동남아시아 등) 이슬람세계 전역을 두루 다녀본 후, 현재는 유럽에 살고 있다. 이 모든 곳에서는 쿠틉의 저서를 찾고 싶으면 어느 서점이든 가면 된다 — 십수 권 정도는 구비해둔다. 서점에서 팔릴 만한 책을 주문하려면 단연 쿠틉의 저서가 주류를 이룰 것이다.

요컨대, 이슬람교 원리주의 이데올로기의 이원적 세계관(무슬림과 이단)에는 서방세계의 억압에 맞선 분쟁과 신정질서를 추구하는 세계의 혁명이 수반된다. 이 같은 이원성의 특징은, 이슬람주의 서적에 분명히 드러나 있듯이, 그들이 서방세계에 집착한다는 점에 있다. 쿠틉과 알반나 및 알카라다위의 저서를 보면 이분법적 사상과 마주하게 되는데, 이원적 세계관이 세속적 그리고 종교적 개념의 질서 사이에서 벌어지는 이념의 전쟁을 대변하기 때문에 정치적 이슬람교의 이원성은 국제안보의 문제와도 관계가 깊다.[38] 다양한 종교적 원리주의가 정치사상의 보편성을 주장한다는 점을 감안하면, 그것이 이슬람세계의 민족을 전 인류와의 투쟁에 가담시킨다고 볼 수 있다. 따라서 비이슬람주의 무슬림은 비교문화적 접근방식으로 공통된 가치관을 찾아 문명의 간극을 메움으로써 "문명의 충돌"[39](유명 서적의 제목처럼)을 방지하기 위해 노력하고 있다.

베스트팔렌 질서 VS 정치적 이슬람교의 국제주의

베스트팔렌식 논리에 근거한, 기존의 국제 시스템을 가르쳐온 나는 국제관계 분야의 명예교수로서 주권 민족국가의 세속 제도에 대한 나의 소신을 밝히면서도 그러는 것이 동양주의적 표현인지, 혹시 유럽중심주의적 표현은 아닌지 의문이 든다. 그렇다면 왜 베스트팔렌식 논리가 이슬람주의가 꿈꾸는 세계질서에 더 나을까?

종교화에 맞서 세속적 세계질서를 변호해야 하는 까닭이 무엇일까? 이러한 물음에 답변하려면 역사적 맥락에서 이를 비추어보는 데 신중해야 할 듯싶다. 종교와 세속적 세계관의 경쟁은 오늘날의 논쟁이긴 하나 원류는 역사에 깊이 뿌리 박혀 있다.

이슬람문명은 7~17세기[40]까지 지하드의 정복활동으로 세계의 주요 지역들을 장악했으나 서방세계의 부상으로 이슬람세계의 패권은 종말을 맞이하게 된다. 서양의 "군사혁명"[41]은 이슬람교의 팽창정책을 막고 이를 유럽식으로 대체했다. 서방세계가 개발한 대부분의 근대 과학 및 기술은 현 세계질서가 서양식 기준으로 조성되었다는 점을 말해준다. 아시아와 아프리카 지역은 대개 유럽 열강의 식민지였다가 2차 세계대전 이후에 주권국가로 재부상했다. 그러나 주권이 유명무실한 경우가 비일비재했다. 구식민지는 외형상 민족국가로 발전하여 합법적으로 근대의 국제 시스템에 편승했고, 그로부터 국가기관(민주적으로 이상적인)을 근대화하고 육성하기 위해 "개발"에 돌입하게 되었다. 하지만 그것이 항상 계획대로 된 건 아니었다. 인도를 비롯한 소수의 성공 사례를 제외하고는 개발 위기와 세속 민족국가의 정당성 위기라는 이중고를 감내해야 했다.

이슬람문명은 이 과정을 피하지 못했다. 탈식민지화가 진행될 당시 이슬람세계는 민족국가의 국제 시스템에 편승함으로써 새로운 국제환경에 적응하려 노력했으나, 서방세계의 근대화 모델이 이슬람권에는 통하지 않았다. 오늘날 17억 인구로 이루어진 상상 속의 무슬림 공동체인 평화의 집(다르 알이슬람)은 여러 민족국가들로 쪼개진 구이슬람 제국의 역사적 기억을 상징한다. 실패한 개발에서 비롯된 위기는 정치색을 띤 종교의 귀환으로 이어졌다. 이슬람주의자들은 이 같은 이중고에 대한 해결책을 아젠다로 규정하면서 이슬람교의 영광에 얽힌 기억을 되살리고, 그들이 꿈꾸는 신세계질서는 과거를 회복하는 것임을 천명하며, 이슬람교의 과거를 안내하는 근대사를 읽는다. 일부 전문가들의 생각과는 달리, 그들은 칼리프가 아닌 질서(니잠)를 말한다. 그렇다면 이슬람문명을 저해한 개발을 이슬람주의자들이 되돌리고 싶어 하는 것이 잘못인 까닭이 무엇일까?

아시아와 아프리카에서 전개된 반식민지운동은 유럽과 유럽식 규칙을 거부했으나, 반식민주의를 정당화하기 위해 위르겐 하버마스의 "문화적 근대성"⁴²에 근간을 둔 유럽의 정치적 자유와 인간의 존엄성 사상을 효과적으로 이용했다. 구식민지에서 독립한 국가들은 — 지긋하지 못해서 실패하는 사례가 잦았지만 — 대체로 베스트팔렌 질서의 근본적인 신념인 국민주권과 국민의 통치 및 시장경제의 타당성을 받아들였다. 반면 서방세계에 맞선 이슬람주의자들은 서양의 패권과 가치관을 모두 거부했다. 그들은 문화적 근대성이 서방세계의 패권주의에서 분리될 수 있는 보편성에 일조한다는 주장을 거부한다 — 모든 문명을 동등한 기준으로 보는 범세계적 시민 사회를(적어도 원칙적으로는) 인정한다는 것이다.⁴³

문화적 근대성의 세속적·합리적 원칙은 모든 인류가 수용할 수 있는 것이다. 서방세계의 패권은 비난받아 마땅하나 이를 현 세계질서에 내재된 원칙과 혼동해서는 안 된다. 반면, 정치적 이슬람교가 국제주의로 옮긴 전통적 보편주의는 모든 무슬림이 공감할 수 있는 것이 아니다. 국제주의는 패권주의를 또 다른 패권주의로 대체하는 데 중점을 두기 때문이다. 천성이 열등한 유일신을 믿는 소수집단dhimmi(딤미) 취급을 받는 비무슬림에게 이슬람교의 우월성은 수긍할 수가 없는 것이다.⁴⁴ 근대성과 패권주의의 차이는 한 가지 사례로 설명할 수 있다. 이를테면, 패권을 누리는 미국의 대외정책에서 (어느 정도 정당할지라도) 인권의 사용을 두고는 합리적으로 비난할 수 있으나 그와 동시에 인권의 가치를 거부할 수는 없다. 특정 미국 정책이 권리를 유린하는 것과 권리의 보편성은 별개의 문제라는 것이다. 그러나 이슬람주의의 이데올로기에서 이와 유사한 가치관 및 관행의 차이는 찾아볼 수가 없다. 이슬람교의 우월성 원칙은 이슬람교의 지배를 명백히 보여주는, 이슬람주의자들의 근본 가치관이다.

새뮤얼 헌팅턴과 그가 쓴 『문명의 충돌』에 이견을 내세우는 사람이 많지만, "근대 민주정치는… 민족국가의 민주정치를 가리키며 그것이 출현하게 된 경위는 민족국가의 발전과 관계가 깊다"고 한 것은 옳은 지적이다.[45] 민주정치 국가의 이 같은 양상을 도모하는 것은 민주정치의 보편성을 인정하는 것이지 — 혹자의 말마따나 — "동양주의"를 표출한 것은 아니다. 이슬람주의자들은 바로 이 세계질서 — 베스트팔렌 평화조약으로 거슬러 올라가는 질서 — 를 거부하고 있다. 나는 세계를 베스트팔렌 시스템에 편승시키는 것의 중요성을 다룬 찰스 틸리의 저작(1975)을 앞서 인용했는데, 그로부터 20년 후에 출간된 책에서 틸리는 "유럽의 국가 시스템이 세계로 확산되면서 뭔가가 달라졌다"고 밝혔다.[46]

유럽은 팽창 과정에서 세계를 지배할 수 있는 — 현재 가동 중인 — 국제적 국가 시스템을 창출해냈다. 그러나 유럽 바깥 세계는 유럽과 닮은 데가 없다. 이 근대식 국가 패턴이 대부분의 비서양 국가들에서 구조적으로나 제도적으로 확립되지 못한 점을 이해하려면 세속 민주주의 민족국가에 맞선 이슬람주의의 도전을 알아야만 한다. 이슬람세계의 민족국가는 대부분 사이비주권의 유명무실한 국가인 데다 기껏해야 피상적인 민주국가에 불과하다. 또한 현 세계질서가 서방세계 밖에서는 실체가 결여된 민족국가 패턴에 의존한다는 것도 문제다. 따라서 이슬람국가는 부실한 기반에 의존하는, 허울뿐인 민족국가를 뒤엎는 데 목표를 둔다.[47]

아랍의 국가 시스템은 애당초 고전을 면치 못했다.[48] 서방세계의 모델에 따라 설계된 범아랍주의, 이를테면 이집트와 시리아가 3년간 합병되었던 아랍연합공화국처럼 수명이 짧은 실체로 이어지는 세속 아랍 민족주의 이데올로기로 첫 난관을 겪었다. 문제는 두 가지였는데, 하나는 기존의 영토국가와 범아랍국가의 민족주의 비전이 충돌했고, 다른 하나는 보편적인 이슬람주의와 범이슬람교(이 둘을 동일시하는 경우가 많지만 사실, 그래서는 안 된다)[49]에 관련된 갈등을 꼽는다. 이 국가들 가운데 상당수가 명실상부한 국가의 기초 자격조건인 정치조직과 시민 사회, 시민권 및 국가 정체성에 미치지 못한다. 이러한 약점 탓에 그들은 세계를 재편하려는 이슬람주의자들의 충동에 쉽사리 현혹되었다.50

처음 제기한 질문 — 정치적 이슬람교의 국제주의에 대립되는, 서방세계의 보편사상을 지지해야 하는 까닭 — 을 되짚어보려면 서양식 민족국가의 합법성을 살펴봐야 한다. 유수프 알카라다위51는 『이슬람교식 해결책의 필연성』에서 그 단점을 거론했다. 그는 이슬람주의의 일반적인 이데올로기에 따라 서방세계에서 비롯된 건 무엇이든, 예컨대 민주정치도 외부에서 도입된 해결책hulul mustawrada(훌룰 무스타우라다)이라고 거부하며 순결을 강조했다. 소위 "이슬람주의식 해결책과 외부에서 도입된 해결책"은 이슬람세계의 병폐를 조장했다는 이유로 서방세계를 비난하기 위해 썼던 관용어였다. (에드워드 사이드도 그런 식으로 "동양주의"를 비판했다.) 알카라다위는 전면적인 탈서양화는 세계의 이슬람주의화를 위한 전제조건으로서 이슬람교를 정화할 것이라고 주장한다(알자지라 방송 가운데 선동적인 민중 프로그램에 출연하는 TV 이슬람교 법전 전문가(무프티)가 "진보주의 이슬람교" 명단에 등재되어 있고, 현대 이슬람교의 관련 서적에는 "온건파 무슬림" 사이에 끼어 있다는 것은 놀라운 사실이다).52

알카라다위의 사례는 서양 모델의 타당성을 둘러싼 논쟁이 무에서 벌어지지는 않았다는 점을 일깨워준다. 즉 "서방세계의 해결책"이 필요 없다면 무엇이 이를 대신할 수 있을지 고민해야 한다는 이야기다. 뒤에서 몇 가지 사례를 들어 이슬람주의자들 집단이 집권한 이후의 실적은 어떤지 논의해보려고 한다. 그러나 이데올로기적 진술은 국제적인 민족국가 시스템을 뜯어 고친다는, 여느 이슬람주의식 국제주의보다는 민주적인 평화가 이슬람문명의 미래에 더 유익하다는 점을 분명히 밝혀야 할 것이다. 이슬람주의 아젠다는 본디 무슬림과 인류 전체에 여느 종교적 절대주의보다도 더 나은 대안인 다원주의와 대립된다. 이슬람주의가 장려하는 국제주의는 세속 민족국가에 맞선 새로운 냉전을 초래하여 갈등과 긴장을 불러일으킬 것이다. 따라서 베스트팔렌 질서를 선호하는 것은 — 단점도 있겠지만 — 유럽중심주의의 표현이 아니라 보편적 인본주의에 근거한 정당한 발상이다.

집단기억으로서의 전쟁

존 켈세이는 이슬람세계와 서방세계의 가치관 갈등에 정통한 서양 학자들 가운데 하나로, 이슬람주의의 "이념의 전쟁"을 세계정치로 전환된 집단기억으로서의 전쟁으로 설명한다. 그에 따르면, 집단기억은 현대 이슬람식 향수의 근원, 즉 찬란한 이슬람 역사를 상기시키고 현재의 세계질서를 둘러싼 폭력을 조장하며, 이슬람주의가 천명하는 "역사의 귀환"의 근거가 된다. 특정 기억은 "구조를 갖추었으나" 역사 자체는 그렇지가 않다. 이슬람주의는 실제 역사의 기억을 되살려, 종교에 근거한 신세계질서를 확립한다는 허상을 부추겨왔다.

이슬람주의가 조성한 집단기억은 근대에 서방세계가 부상하기 훨씬 전에 태동한 이슬람의 제국주의 역사를 조명한다. 중세시대에 이슬람문명이 팽창한 것은 일종의 세계화와 관계가 깊은데, 특히 정치질서를 부여한 점에서는 세계에 확산된 "이슬람교 지지사상"과도 무관하지 않을 것이다. 이슬람교 원리주의는 성전의 기억을 되살린다.[53] 이 같은 보편적 이슬람교 지지사상은 아랍 무슬림이 7세기 이후 이슬람문명을 확대하겠다는 기치를 내걸고 성전[54]에 첫발을 내디딘 때부터 형성되었다. 결국 이슬람교는 "국제질서"를 갖춘 "국제문명"으로 변모하게 되었다.[55] 아랍은, 중세시대 때와는 달리, 세계를 이슬람 지지사상의 범세계화에 끌어들이는 데 실패했다. 이슬람 칼리프가 세계질서로는 부상하지 못했으나, 아랍이 쇠퇴한 이후 떠오른 튀르크Turks는, 산업혁명의 여파로 정치력·경제력과 "산업화 전쟁"이 서양에 집중된 17세기까지 이슬람 팽창정책을 지속시켰다.[56] 바로 이것이 이슬람주의가 되살리고 있는 역사인 것이다. 이슬람주의자들은 이슬람 지하드가 쇠락한 원흉으로 기독교와 서방세계 및 "유대인의 모략"을 꼽는다. 사이드 쿠틉은 이슬람 통치 아래 평화와 번영을 이룩할 세계의 혁명을 주문했는데, 여기에는 유대인과의 투쟁[57]도 해당된다. 유대인도 세계를 지배하고 싶어 할 테니 이슬람교와 투쟁을 벌일 것이라고 믿었기 때문이다.[58]

요컨대, 이슬람주의는 단순한 테러리스트 지하드운동도, 이슬람교도 아니다. 물론 유럽의 전체주의가 계몽사상에서 비롯되었듯이, 이슬람주의 또한 이슬람교에 기원을 두고 있긴 하지만 말이다. 문명사의 복귀를 염원하는 이슬람주의의 이상은 이데올로기가 몰고 간, 역사의 박해와 "이방" 문화의 충돌을 대변한다. 이런 점에서 이슬람교는 인도나 중국보다 서방세계에 도전장을 내민다. 이슬람주의자들은 이방인을 "역사가 없는 민족"으로 치부했던 서양인을 경멸하기 위해 집단기억을 조성한다.[59] 서방세계의 오만에 맞선 이슬람주의자들은 인권과 민주정치 사상을 비롯한 서방세계의 긍정적인 업적에도 반감을 표시하고 있다. 반서양주의와 반미주의 및 반유대주의의 골은 심히 깊다. 정치적 종교와 문명화된 집단기억은 정체성 정치의 표식으로 이용될 때 문명 사이를 가로막는 장벽이 될 뿐 아니라, 비무슬림을 타자화하는 이슬람주의식 도구로 전락할 것이다.

"이슬람주의의 쇠퇴"는 그릇된 개념이다

이슬람주의를 테러로 비하하거나 폭력과 결부시킨다면 — 언제든 — "이슬람주의의 쇠퇴"를 운운하게 될 것이다. 하지만 이는 샤리아국가의 창설과 이슬람식 세계질서라는, 이슬람주의자들의 원리주의의 본질을 간과했다는 방증이다. 정치적 이슬람교의 평화와 폭력성 — 쿠틉이 뒷받침한 — 은 목표가 아니라 "이슬람세계의 혁명"을 일으킬 수단이라는 측면에서 다르다. 이 이데올로기가 부상했다는 것은 이슬람문명이 근대성과 다원주의 아래 민주적 평화에 합류할지, 이슬람교식 해결책(알할 알이슬라미)을 지지해야 할지 선택해야 할 갈림길에 있다는 것을 보여준다. 2004년 12월 쓰나미의 여파로 곤경에 처한 무슬림을 위해 서방세계가 보낸 동정 어린 관심으로 몇몇 무슬림은 포위된 이슬람교를 다시 생각하게 되었다. 서양을 원수가 아닌 서로 돕는 동반자로 만났기 때문이다. 당시 나는 싱가포르에서 이처럼 훈훈한 감정을 직접 체험했다. 그러나 아체Aceh 특별구[1]의 이슬람주의자들을 비롯한 다른 이들은 현지에 샤리아질서를 강요하기 위해 쓰나미를 역이용하기도 했다. 또한 이슬람주의가 내세운 이원성 — 이슬람세계와 서방세계 중 택일해야 한다는 흑백논리 — 은 사그라질 기미가 보이지 않으며, 세계정치의 새로운 역할을 종교에 부여하는 반서양식 개발의 일환으로 이슬람주의자들이 염두에 두고 있는 "세속성을 탈피한 사회" 사상은 이슬람세계에서 식을 줄 모른다.

서방세계(특히 유럽)가 대체로 보편주의 기독교에서 탈기독교사상으로,

---

[1] 인도네시아 수마트라섬 북부에 있는 특별자치구역.

세속적 근대성에서 포스트모던 문화의 상대주의로 이행하면서 이슬람교의 보편주의는 세력을 모으는 동시에 크게 변모하고 있다. 이슬람교의 정치화는 비교적 평화적인 이슬람교의 보편주의를 세계의 혁명에 대한 요구로 바꾸어놓았으며, 질 케펠의 『이슬람주의의 종말fin de l'Islamisme』이나 올리비에 로이의 "포스트이슬람주의"에서 내놓은 예측은 모순점이 계속 드러나고 있다. 이슬람주의 운동가는 무슬림 사이에서는 소수이지만, 바로 이들이 여론을 자극하는 강력한 다국적 조직체를 구성한다. 이슬람교 원리주의자들은 유럽 소수집단에서 왕성하게 활동하고 있다. 소수 이슬람주의자들의 세력과 그들의 정체성 정치를 간파한 프랜시스 후쿠야마는 유럽을 "이슬람주의의 전쟁터"로 적절히 빗대었다.[60] 이슬람세계와 서방세계 그리고 유럽의 이슬람교 소수집단으로 구성된 삼자에 이슬람주의가 빠지면 곤란하다.

    이슬람주의 연구는 숱한 걸림돌에 부딪쳤다. 이슬람주의자들은 그들을 비판하는 논객들에게 외국인혐오증이나 이슬람혐오증을 덮어씌우는가 하면, 그들 나름대로의 분석법을 강요하기 위해 선전수단을 적절히 활용하기도 했다. 사실, 이슬람혐오증이나 "동양주의"는 여기서 다룰 문제가 아니다. 그런데 이슬람주의를 다양한 종교적 원리주의로 이해하거나 이슬람주의 사상이 전체주의 이데올로기의 표상이라며 이를 비판하는 서양 학자들은 거의 없다. 홀로코스트에서 생존한 유대인이자 원리주의에 정통한 어네스트 겔너는 이슬람교의 원리주의를 분명히 비판할 용기를 발휘했다. 1994년 5월, 나는 암스테르담에서 겔너와 인류학자 클리포드 기어츠가 정면충돌하는 것을 직접 목격했다. 이슬람 원리주의를 최상위에 둔 겔너는 신절대주의neo-absolutism의 도전에 맞서 계몽사상을 부활시켜야 한다고 주장했다. 그는 『종교와 포스트모더니즘』에서 "종교적 원리주의는… 다수에게 정신적 만족을 주며… 오늘날에는 이슬람교 전통 안에서 설득력과 영향력을 겸비했다"고 밝혔다.[61] 암스테르담에서 그와 기어츠는 계몽사상의 보편성 (이를 "계몽 원리주의"라고 비하하는 잘못된 평도 있다)과 기어츠가 지지한 문화의 상대주의를 두고 열띤 논쟁을 벌였다.[62] "타자의 문화적 특수성"을 존중해야 한다는, 기어츠의 주장에 겔너는 "그럼 히틀러주의도 "독일인의 특수성"이라며 존중하겠느냐"고 되받아쳤다. 그러자 기어츠는 적절치 않은 사례라며 이를 무시했다.[63]

겔너-기어츠 논쟁을 짚어보려면 먼저 "다원주의의 한계"와 문화의 상대주의에 대한 겔너의 비판을 살펴볼 필요가 있다. 이슬람주의는 절대론으로 다원주의, 근대성 중 한 가지의 입장도 수긍하지 않기 때문이다. 이슬람주의는 민주정치를 이룩하려는 의욕이 없는 데다, 민간 이슬람교와도 대립하고 있다. 혹시라도 그것이 득세하는 날에는 이슬람세계와 유럽의 소수집단에 암흑기가 도래했다고 보아도 무방할 것이다. 반대론자와는 달리, 겔너는 문화의 상대주의가 이슬람주의식 신절대주의의 대응책으로는 적절치 않다고 생각했다.

이슬람주의가 꿈꾸는 샤리아국가는 주권국가의 베스트팔렌 시스템에 연합될 수 있는 정치질서가 아니다. 물론 이슬람주의식 신절대주의에 대하여 이 시스템을 지지한다고 해서 이를 유럽중심주의라고 비난할 수는 없을 것이다.[64] 노아 펠드먼[65]을 비롯한 법학자들은 외관상 입헌주의를 인정한다는 이유로 샤리아국가 사상을 긍정적으로 해석하지만 실은 그렇지가 않다. 이슬람주의자들이 집필한 문헌에 정통하고 아랍 문헌을 읽는 전문가라면 그들이 국민 주권이나 주권국가가 채택한 근대 국제 시스템의 근간이 되는 베스트팔렌 질서 가운데, 그 어느 편에도 들지 않는다는 것을 잘 알고 있을 것이다. 이슬람주의의 샤리아국가 이데올로기는 알라 신의 통치(하키미야트 알라) 원리에 중점을 두며, 기존의 베스트팔렌 질서를 대체할 이슬람교식 세계질서의 핵심이 될 것이다. 이와 같은 사실을 감안하고도 이슬람주의를 수용하겠는가? 혹자는 이슬람주의자들도 언젠가는 달라질 것이라고 주장한다. 물론 그들이 이슬람주의식 질서 개념을 버린다면 그것이 긍정적 조짐은 될 것이다— 그러나 그들이 이슬람주의자일 리는 없다.

3장

이슬람주의와
반유대주의

 홀로코스트 이래, 반유대주의는 문화와 문명을 막론하고 인도주의 차원의 주된 관심사가 되었다.¹ 유대인에 대한 증오심과 그와 관련된 살육적인 관행을 버리거나 예방하자는 목소리는 인종말살을 타파하기 위한 노력을 대변하는 동시에, 오늘날의 보편적 가치관으로 인정된 것이다. 3장에서 나는 홀로코스트를 겪은 한나 아렌트의 저작과 그녀가 주장한 전체주의 이론을 살펴보려고 한다. 아렌트는 기존의 유대인혐오증과 반유대주의의 차이를 밝혔다. 전자도 악하지만 후자는 학살을 지지할 만큼 더욱 악하다. 『전체주의의 기원』의 서문에서도 밝혔듯이, "반유대주의는 유대인을 증오하는 데 국한되지 않으며," 그 같은 선입견 외에도 유대인을 근절해야 하는 "악"으로 규정하고 있는 것이 문제라고 그녀는 주장했다. 유대인혐오증과 반유대주의의 차이는 이슬람세계에서 유대인이 차지하는 입지를 연구할 때 적절히 활용할 수 있을 것이다. 이 둘을 구분하기에 앞서, 사학자 버나드 루이스가 내놓은 획기적인 연구 결과와, 반유대주의 사상을 근대 중동정책과 연관 지어 밝힌 제프리 허프의 연구를 집중적으로 짚어보려고 한다.

반유대주의, 유대인혐오증, 불만 표출

"엑소시즘도 통하지 않는 증오"라는 제목의 『뉴욕 타임스』지 서평란을 보면 반유대주의를 다룬 두 권의 책을 두고 기자는 "반유대주의에 대해 더 할 말이 있는가?"[2]라고 묻는다. 그 다음 물음은 좀 더 구체적이다. "무슬림 시위자들의 추악한 증오가… 정치적 불만을 표출한 것이 아니었는가?" 그리고 나서 기자는 근대식 반유대주의의 존재를 부인하기 위해 도입된 주된 개념을 지적했다.

반유대주의자들은 인종차별주의자라기보다는 강력한 유대인의 모략에 당한 피해자들로 여겨진다. 로트스타인의 말마따나 "반유대주의는 증오가 아니라 묵시에서 비롯되었으므로 유대인을 공격하는 것도 실은 방어인 셈이다. 하마스와 헤즈볼라의 문헌과 원칙에도 기록되었듯이, 나치를 비롯하여 이슬람주의의 이데올로기 또한 유대인을 이와 같은 방식으로 취급했다. 나치의 이데올로기는 근대 이슬람교의 극단주의와 여러모로 흡사하다."[3] 이는 반유대주의가 단순한 선입견이 아니라는 점을 보여준다.

문화나 종교 혹은 민족을 악마로 몰아세우는 편견은 역사에도 흔히 나타나며 반유대 감정에 국한된 건 아니다. 선입견은 문화와 사회를 통틀어 어디에서라도 찾아낼 수 있으며, 도가 지나치면 상대를 위협하기도 한다. 한편, 반유대주의는 선입견과는 다르다. 앙심이나 분노에 그치지 않고 후속적인 아젠다를 갖는다는 점에서 그렇다. 이때 피해자는 존재할 권리마저 박탈되는데, 이를 두고 루이스는 『아메리칸 스콜라 American Scholar』에 다음과 같이 기고했다.

굳이 반유대주의를 동기로 삼지 않더라도 이스라엘의 정책이나 대외활동

및 시온주의 사상을 비난하는 건 정당하다. … 굳이 반유대주의를 들먹이지 않더라도 유대인을 박해하고 증오할 수 있다. … 반유대주의는 별개의 문제로 두 가지 특성을 지닌다. … [첫째] 유대인을 타 민족에 적용되는 것과는 다른 기준으로 판단하며… 두 번째 특징은 유대인이 자행한 엄청난 악을 규탄하는 데 있다. 정도를 따질 수 없는 데다 악마를 보는 듯한, 유대인의 죄악을 비난하자는 것이 최근에 반유대주의로 알려지게 되었다.[4]

나치는 홀로코스트에서 보편적인 악마근성을 유대인에게 씌워 대량살상 프로젝트와 인종말살을 정당화했다. 따라서 근대 유럽의 반유대주의는 유대인혐오증과는 비교할 수 없을 정도로 위험한 것이다.

유대인혐오증은 독일이나 유럽 문화의 특징이 아니다. 루이스가 지적했듯이, 이는 이슬람 역사에도 등장한다. 물론 대량살상으로 이어지는 반유대주의는 특히 독일에 국한된 유럽의 병폐로 20세기 이전의 이슬람세계에서는 존재하지 않았다. 그것이 이슬람세계에 처음 등장한 시기는 1930년대 — 종교와는 무관한 — 아랍 민족주의자들이 독일처럼 반유대주의를 선택했을 때부터다. 반유대주의를 이슬람세계에 편입시킨 건 훨씬 더 위험한 사건이었다. 본디 문화와 신앙의 결정체인 이슬람교는 증오 따위에서 벗어나야 마땅한데 반유대주의가 근대 이슬람주의의 근본 특징을 이루고 있으니 말이다. 따라서 이슬람주의와 이슬람교의 차이는 — 포괄적으로 — 이슬람세계와 이스라엘, 유대인 및 서방세계를 아우르는 관계에서도 찾아볼 수 있을 것이다.

앤드류 보스텀은 『이슬람교식 반유대주의의 유산*The Legacy of Islamic Anti-semitism*』에서 이슬람교와 유대교를 서로가 분별하지 못하게 하는 "특정 이슬람교식 반유대주의"[5]가 존재한다고 주장했다. 제목에 "유산"을 넣은 것은 반유대주의가 이슬람교의 전통과 본질로 자리 잡았다는 인상을 준다. 더군다나 겉표지에는, 보스텀이 동의해서 나왔겠지만, "이슬람교의 반유대주의는 이슬람교의 역사만큼이나 오래되었다"고 적혀 있다. 본문에도 "무슬림이 유대인을 증오하는 것이 20세기의 산물이라는 것"은 틀린 주장이라고 했으니 분명 어폐가 있진 않다. 하지만 "이슬람교식 반유대주의"는 한나 아렌트의 논리뿐 아니라 루이스가 『이슬람세계의 유대인Jews of Islam』에서 밝힌 역사적 사실을 무시하는 뉘앙스가 풍긴다. 엄밀히 말하면, 보스텀은 내가 이 장에서 주요 전제로 밝힌 것을 부정하고 있는 셈이다. 기존의 이슬람교식 유대인혐오증을 축소하거나 부인하지 않은 채, 유대인과의 관계를 두고 일반적인 공포증을 무슬림의 속성으로 돌리는 것은 옳지 않다고 생각한다. 사실 "이슬람교식 반유대주의"라는 개념은 없다.

사소한 점까지 시시콜콜 따지려는 것이 아니다. 차이점이 중요하기에 그러는 것이다. 유대인과 무슬림의 유대를 도모해야 할 시기에 이슬람세계의 반유대주의 사상을 내세우는 것은 그 둘 사이에 선을 긋는 꼴과 같다. 유대인과 무슬림이 공감대를 형성할 수 있도록 대화의 물꼬를 트려면 이 장에서 굵직하게 다룰 두 가지 차이점, 즉 첫째는 이슬람주의와 이슬람교, 둘째는 유대인혐오증과 반유대주의의 차이를 분명히 이해해야 한다. 2009년 6월 4일, 오바마 대통령은 카이로에서 반유대주의를 비롯하여 홀로코스트와 이를 부인하는 논리 및 유대인과 팔레스타인인이 각국에서 행사할 권리를 서로 존중해주어야 한다고 천명했다. 그는 서방세계와 이슬람 민족이 겪고 있는 "갈등의 원천" 일곱 가지를 언급했는데 그중 하나가 이스라엘과 팔레스타인의 분쟁이다. 아울러 이슬람 군중 앞에 선 그는 반유대주의로 몸살을 앓고 있는 유대인의 고충을 안타깝게 여긴다고 밝혔다.

제2의 반유대주의

"새로운 반유대주의"는 교황 베네딕트 16세가 2005년 8월, 쾰른 회당 연설에서 이를 언급하면서 널리 알려졌다.[6] 교황이 이슬람주의를 거론하거나 구체적으로 이를 지적하진 않았지만 서유럽에서도 정치적 이슬람교의 요새 중 하나인 쾰른에서 언급했다는 점은 시사하는 바가 크다. 반유대주의에는 변종이 여럿 있는데, 그중 이슬람화된 것이 가장 두드러지게 나타나며 여기에는 다음과 같은 특징이 있다.

1. 유럽인과 기독교인에게서 기원을 찾을 수 있다. 특히 대량살상을 자행한 독일의 나치를 비롯하여 유럽의 반유대주의는 이데올로기로 발전, 두 단계를 거쳐 아랍세계에 전파되었으며 그곳에 뿌리를 내렸다. 기독교 아랍 민족이 이를 처음 받아들였으며, 종교와는 무관한 범아랍 민족주의 사상의 일환으로 반유대주의를 수용한 무슬림이 바통을 이었다.

2. 유럽에 이식된 반유대주의가 이슬람세계에 편승한 건 새로운 현상이다. 이슬람교식 반유대주의가 세속 아랍 민족주의에서 출현했다고 오해하는 경우가 종종 있는데, 이 둘을 혼동하는 건 더 심각한 잘못이다. 이슬람주의와 범아랍 민족주의는 견원지간이긴 하나, 떼려야 뗄 수 없는 관계로 서로 영향을 주고받아 왔다. 정치적 이슬람교는 반유대주의에 종교적인 색채를 가미하여 그것이 서방세계에서 유입된 것이 아닌, 전통 이슬람교의 일부인 양 보이게 했다.

3. 따라서 새로운 반유대주의는 나치나 신나치처럼 구태의연한 유럽의 현상을 단순히 수용한 것이 아니며, 정치적 이슬람교가 받아들인 탓에 문화적인 기초로 더욱 강화되었다. 이슬람주의의 이데올로기는, 진정성을 내세우긴

하나, 꾸며낸 전통에 근간을 둔 것이 대부분인데, 꾸며낸 전통 덕택에 이슬람교식 반유대주의가 문화적으로 익숙한 용어로 회자되기도 한다. 유럽에, 때로는 나치 이데올로기에, 개방적인 세속 아랍 민족주의[7]에 비교해볼 때, 종교화된 이슬람교식 반유대주의는 국지적인 데다 진정성까지 주장하므로 호소력이 더 강하다. 그래서 종교화된 반유대주의가 훨씬 위험한 것이다.

4. 새로운 반유대주의가 각양각색의 반세계화로 위장할 때도 더러 있다. 때문에 이슬람주의가 우파 이데올로기임에도 반유대주의가 유럽 좌파에 먹히는 것이다. 행여 이슬람주의식 반유대주의가 반시온주의로 둔갑하지 않거나, 이스라엘과 유대인이 "악하다"는 이슬람주의자들의 비방과 반미주의[8]가 결합하지 않는다면 유럽 좌파의 비난을 면치 못할 것이다. 이슬람주의의 반미감정은 유대인이 자본주의 세계화의 쌍둥이 본부인 뉴욕과 워싱턴에서 전 세계를 다스릴 것[9]이라는 음모론에 일부 근거를 두며, 반세계화는 정치적 이슬람교가 유럽 좌파의 뭇매질을 막는 방어수단이 된다.

5. 반시온주의는 반유대주의의 대역으로 볼 수 있다(물론 항상 그런 건 아니다. 『아랍과 이스라엘의 투쟁』을 쓴 프랑스 사학자 막심 로댕송은 시온주의를 공정하고 합리적으로 비판한 바 있다.).[10] 서방세계에서는 반시온주의와 반유대주의의 차이를 구별하나 이슬람교식 반유대주의는 그러지 않는다. 이슬람주의의 입장에서 시온주의는 세계를 지배하기 위한, 유대인의 마스터플랜mukhtat yahudi(무흐타드 야후디)의 일환이다. 이슬람주의자들은 유대인과 시온주의자sahyuniyyun(사휴니윤)를 동일시하며 그들이 인류를 위협하고 있다고 간주한다. 그것이 유대인을 제거해야 하는 이유다.

이슬람주의의 이데올로기에 나타나는 두 가지 주제에는 나름의 반유대주의 사상이 담겨 있다. 첫째는 "포위된 이슬람교"라는 이슬람주의 사상이고 둘째는 세계의 정치질서를 둘러싼 경쟁사상이다. 이슬람주의자들은 유대인과 십자군이 꾸민 음모mu'amarah(무아마라)¹¹로 이슬람교가 사면초가인 점을 전파하는가 하면, 유대인이 십자군을 선동했다며 역사적 사실을 왜곡하기도 했다. 사실, 유대인도 무슬림처럼 피해자로 보는 것이 옳은데 말이다. 두 번째 주제는 세계에 정치질서를 다시금 창출한다는, 이슬람주의의 이데올로기와 관계가 깊다. 이슬람주의자들은, 유대교의 신앙을 바탕으로 세계질서를 조성할 기세인 유대인을 상대로 투쟁을 벌이고 있다고 믿는다. 이 두 가지 사상이 결합되자 이슬람교식 반유대주의에 스며든 "보편적이고도 극악무도한 악"이 그려진 것이다.

아랍 민족주의자들이 반유대주의를 도입한 것은 사료에도 적잖이 기록되어 있듯이 유대교와 이슬람교의 친선을 도모했던 유산을 외면한 것이다. 버나드 루이스는 중세 안달루시아(당시 이슬람 지역)에서 생활한 유대인의 문화를 "유대·이슬람의 공생관계"로 규정했다.¹² 이슬람이 장악한 스페인이 쇠퇴하자 안달루시아 유대인들은 무슬림 술탄의 비호 아래 오스만·이슬람 제국 곳곳으로 이주하게 되었다. 유대인과 무슬림은 상호 협력하여 십자군에 맞서 예루살렘을 지켜냈다. 또한 유대인 사학자들은 이슬람교를 발견하고 이를 서양 학술계에서 세계문명¹³으로 승격시키는 데 일조했다. — 유럽인이 이슬람교와 이를 숭상하는 민족이라면 눈살을 찌푸리는데도 말이다. 오늘날 이슬람주의는 이처럼 긍정적인 기록을 비롯하여, 반유대주의가 근대의 산물이라는 사실을 뇌리에서 지워버리려 하고 있다. 이슬람주의 문헌에서는 루이스의 작품과는 달리 이슬람 역사에서 유대인이 차지했던 긍정적 입지는 언급하지 않았다.

19세기 초, 오스만 제국은 근대화에 대한 식견이 넓어지게 되었다. 프랑스 문화와 사상의 영향을 받은 제국 내 아랍 지역들과 아랍 기독교인에게는 아랍세계의 역할이 현재보다 더 중요했다. 그들은 아랍 진보주의와 세속 민족주의를 지지했으나, 아랍 기독교든, 종교가 없는 무슬림이든, 누구도 서방세계를 반대하지 않았다. — 오히려 그 반대라야 옳다. 민족에 대한 열망은 1923년, 이슬람교에 기반을 둔 오스만체제를 해체하고 그 이듬해에는 칼리프 제도를 폐지하는 데 일조했다. 터키공화국은 이스라엘을 인정하고, 이스라엘과 외교관계를 수립한 초대 이슬람국가이자 첫 번째 세속 국가였다. 그러나 AKP가 집권하자 그 같은 친선관계는 점차 수그러들게 되었다. AKP는 2010년 5월 이후 터키·이스라엘 관계를 냉각시키기 위해 소함대 사건[14]을 이용해왔고, 레제프 에르도안 터키 총리 또한 그 사건과 이스라엘을 두고 반유대주의적인 뉘앙스가 밴 성명을 발표한 바 있다.

중동의 새로운 반유대주의는 민족주의자가 진보에서 포퓰리스트로 전환되던 1차 세계대전 이후에 돌연 발생했다. 1916년, 프랑스와 대영제국은 오스만 제국에 대항하여 아랍의 지지를 얻어낼 목적으로 민족주의자들에게 독립을 약속했으나 프랑스와 대영제국 모두 이를 지키지 않았다. 결국 오스만 제국이 패배한 후 프랑스와 영국은 중동의 오스만 영토를 식민지에 편입시키기 위해 사이크스–피코 협정[1]을 기획했고, 프랑스·영국의 모략에 배신감을 느낀 아랍 민족주의자들은 식민통치국으로 돌변한 전 동맹국을 강력히 비난하며 독일과 손을 잡는다. 그들은 아랍이 식민 열강이 아닌 "순수" 유럽 국가를 상대하고 있다는 허상을 비롯한 독일애호사상을 부추기

---

[1] Sykes-Picot plan: 1916년 5월 영국 대표 마크 사이크스와 프랑스 대표 조르주 피코가 터키령인 아라비아 민족 지역의 분할을 결정한 비밀협정. 프랑스는 시리아·레바논을, 영국은 이라크·요르단을 세력범위로 하고, 러시아에게도 터키의 동부지방을 주며, 팔레스타인은 공동관리로 한다는 내용이었다. 그러나 영국은 아랍 민족의 지도자 후세인에게 독립 약속을 한 뒤였으므로, 이중외교·비밀외교라 하여 1917년 밸푸어 선언과 함께 많은 문제를 야기했다.

고 있었던 것이다.¹⁵

　이 같은 변화는 주로 이데올로기와 문화적 성격이 강했으나, 나치와 협력하면서 정치색까지 띠게 되었다. 1차 세계대전이 발발하기 전까지만 해도 대개 친프랑스를 지향하던 아랍 민족주의자들은 1920년대 들어 친독일로 기울어졌고, 제삼제국²이 집권하자 친독일 성향은 반유대주의 선전의 취약성을 조장했다.¹⁶ 독일의 민족 이데올로기는 아랍이 민족 개념을 이해하는 데 영향을 주었다. 아랍 민족주의자들은 예외적인 독일의 영향력 가운데 소수민족의 문화공동체를 수용했다. 일부는 반유대사상이 담긴 『시온주의 의정서 Protocols of the Elders of Zion』를 유포하는가 하면, 프랑스 드레퓌스 사건³의 반유대주의적 사상을 공유하기도 했다.

　아랍 민족주의자들이 프랑스와 영국에 저항하기 위해 나치당에 도움을 청할 때 나치당은 별 관심이 없었다. 루이스에 따르면, 그들은 "영국이 나치당과 동맹할 수 없는 원수라는 점과, … 유대인과 영국에 대항하는 데 아랍 민족주의자들을 이용할 수 있다는 점을 확신했을 때" 비로소 마음을 돌이켰다고 한다.¹⁷ 범아랍 민족주의자들은 나치 독일과 정치적으로 손을 잡았을 때 반유대주의 이데올로기도 받아들였다. 여기까지가 전체주의와 대량살상의 양상을 띤 반유대주의가 이슬람세계에 들어서게 된 경위다. 당시 범아랍 민족주의자들 중에는 1941년 이라크의 쿠데타 주동자인 라시드 알리 카일라니와 팔레스타인 "민족운동의 창시자"로 불리는 예루살렘의

ㄴ　Third Reich: 1933년 1월부터 1945년 5월까지 독일 나치정권의 공식 명칭.
ㄷ　Dreyfus Affair: 1894년 유대인 출신 포병 장교 알프레드 드레퓌스가 군사 기밀 누설죄로 종신형을 받게 한 사건으로, 1906년에 무죄가 입증되어 명예가 회복되었다. 이 사건은 한 개인의 석방문제라는 차원을 넘어 정치적 쟁점으로 확대되면서 제3공화정을 위기에 빠뜨렸다.

무프티 아민 알후사이니도 있었다.[18] 그는 1941년 11월, 히틀러를 만난 뒤로 1945년 4월까지 베를린에 거주했다.

알후사이니는 종교의 권위자 겸 아랍 민족주의자였다. 그래서 이를 혼동한 몇몇 학자들은 그의 신원을 정치적 이슬람교와 결부시켜 왔다. 비록 그가 이슬람교 법전 전문가(무프티)로 활동했지만 사상은 이슬람주의가 아닌 팔레스타인 민족주의에 뿌리를 두었다. 근대 이슬람주의자라면 알후사이니처럼 나치 이데올로기를 수용하거나 정치 지도부에 굴복하진 않았을 것이다. 물론 범아랍식 반유대주의와 이슬람교식 반유대주의의 차이가 절대적인 것은 아니다. 연속성은 단절 뒤에 온다는 점을 인정한다면 알후사이니를 민족주의와 이슬람주의의 과도기적 인물로 볼 수 있을 것이다. 1937년 말, 베를린에서 알후사이니는 이슬람교와 유대인에 대하여 이슬람주의적 관점으로 논쟁을 벌였는데, "이슬람교식 반유대주의"라는 전통을 꾸며낸 장본인 중 하나가 바로 그였다.

범아랍 민족주의[19]는 세속 이데올로기이자 유럽사상의 영향을 받은 것으로 아랍세계에 국한된 건 아니다. 민족주의자들은 세속 아랍 민족으로서 보편적인 무슬림 공동체를 정치적 실체로 간주하려는 사상을 버렸다. 이슬람주의자들의 생각대로, 음모보다는 시류를 포용하기 위해 그런 것이다. 미합중국도 그랬지만, 아랍 민족을 한 국가로 통일하려는, 범아랍 민족의 비전은 민족의 근간에 달려 있다. 범아랍주의에 비아랍 무슬림이 포함되지 않는 까닭은 그들에게는 종교적 성향이 없기 때문이다. 또한 범아랍주의자들과는 달리, (자말 알딘 알아프가니를 비롯한) 초기 범이슬람주의자들은 모든 무슬림을 단일 칼리프 제국으로 통일한다는 이데올로기를 표방했으나, 무슬림 공동체라는 테두리를 벗어나면서까지 칼리프를 확장하지는 않았다. 그런 면에서는 범이슬람주의와 범아랍주의는 닮았다. 2장에서 논했듯이, 이슬람주의 체제인 신이슬람 질서nizam Islami(니잠 이슬라미)는 서방세계가 주장하는 칼리프 체제보다 근대적이면서도 훨씬 범위가 넓다.

제프리 허프가 『아랍세계를 향한 나치 선전Nazi Propaganda for the Arab World』(2009)에서 밝혔듯이, 범아랍 민족주의자들은 나치로부터 반유대주의를 배운 셈이다. 나치 독일은 프랑스를 점령할 당시 반유대주의 사상을 중동에 적극 유포했다고 버나드 루이스에게 직접 들은 적이 있다. 또한 버나드 루이스는 비시 정권⁴이 시리아 등의 프랑스 식민지를 나치에 개방한 탓에 나치 독트린이 아랍세계에 전파된 것이라고 덧붙였다.

반유대주의의 이슬람화

범아랍 민족주의가 전성기를 구가할 당시 이슬람주의는 사회 언저리에 존재했다. 무슬림 형제단 조직은 민족주의식 반유대적 이데올로기는 수용했지만 다른 사상들을 대부분 거부했다. — 실은 그들 나름대로의 반유대주의가 민족주의와 대립했다고 보아야 한다. 이슬람주의 이데올로기에서 민족국가 도입은 이슬람교를 저해하려는 유대인의 모략으로 비쳤다.[20] 이슬람주의자들은 유대인과 시온주의자들이 무슬림 공동체를 약소국가로 갈라놓기 위해 칼리프의 폐지를 선동했다고 주장한다. 따라서 국가 건설은 마스터플랜의 일환으로 유대인이 무슬림 공동체를 약화시키고 이슬람 조직을 파괴하기 위해 이슬람의 비유대인 적과 결탁하여 자행된 것이다. 이 같

ㄹ   Vichy regime: 나치와 밀접한 관련이 있는 나치하의 프랑스 정권.

은 맥락에서, 꾸며낸 총체적인 기억은 이슬람교에 맞선, 상상 속의 십자군과 유대인들 사이에서 글로벌 지하드로 대항해야 하는 동맹을 입증해냈다. 차차 알게 되겠지만, 민족주의와 이슬람주의의 명백한 차이에 대한 예외는 팔레스타인의 사례에서만 찾아볼 수 있다.

이슬람주의자들의 말마따나, 종교와는 무관한 범아랍 민족주의가 "유대인 세계"의 피조물이라면 아랍 민족주의자들은 유대인의 끄나풀 노릇을 하고 있다는 말이 된다. 그들은 유럽의 국수사상을 수용하고 무슬림 공동체를 버렸을 때부터 이슬람교를 제거하기 위한 유대인의 마스터플랜을 이룩하는 데 보탬이 된 것이다.[21] 정치적 이슬람교가 보편적인 무슬림 공동체를 회복하는 것은 국가 건설의 탈선을 노린 전략의 일환으로, 이는 근대 이슬람주의자들의 국제주의의 전형이다. 이슬람주의는 "유대인 세계"의 모략에서 비롯된 정교분리를 되돌리는 데 목표를 두는데, 여기에는 이슬람식 세계질서를 추구하면서 범세계적인 세속화 탈피[22]의 뜻도 내포되어 있다.

따라서 이슬람주의식 반유대주의는 구태의연한 이슬람교의 유대인혐오증과 근대식 범아랍 민족주의적 반유대주의에서 분명히 드러난다. 세계를 지배하고 싶어 하는 "유대인의 마스터플랜"을 저해할 이슬람식 국제주의적 아젠다는 종교화된 이데올로기의 본체인데, 이는 반유대주의 연구에서 완전히 규명되지는 않았다.[23] 예컨대, 로버트 위스트리치는 반유대주의에 정통한 권위자로 이번 연구 또한 그의 덕을 많이 보았으나, "아랍·이슬람 반유대주의"를 거론할 땐 안타깝게도 이슬람화된 반유대주의와 일부 아랍 민족주의자들의 세속 반유대주의 사상을 혼동하고 말았다.[24]

사이드 쿠틉과 유대인의 갈등

사이드 쿠틉에게 이슬람주의의 의미를 묻는 것은 마르크스주의가 마르크스에게 어떤 의미가 있는지 묻는 것과 같다. 서방세계에서 이슬람주의 조직을 지지하는 사람들이 주장하듯, 그는 주변적인 인물이 아니었다. 이슬람주의를 진지하게 연구하고 싶은 사람이라면 쿠틉의 문헌을 외면할 수 없기 때문이다. 십수 권의 소책자로 된 그의 저작은 이슬람세계의 거의 모든 언어로 번역되었다. 동남아시아나 중앙아시아, 유럽 및 중동의 서점에 있다면 그의 저서를 사볼 수 있을 것이다. 지금껏 찍은 부수만 수백만 부가 넘는다. 또한 쿠틉은 이슬람주의의 이데올로기에 유전된 반유대주의의 배후 지도자이기도 하다. 『유대인과의 투쟁 Ma'rakutna ma'a al-Yahud』에서 그는 이슬람화된 반유대주의의 본질적 특징을 모두 열거했으므로 쿠틉의 반유대주의는 연구할 가치가 있다.

쿠틉은 주요 운동가이자 정치적 이슬람교가 융성하면서 환골탈태한 모델로 꼽힌다. 살라마 무사를 비롯하여, 이집트계 기독교 진보주의자들은 대량살상의 요소가 가미된 반유대주의자가 아니었다. 19세기의 레바논계 기독교인인 나집 아주리(1916년 사망) 등은 유럽식 반유대주의를 지지했다. ─ 예컨대, 아주리는 『아랍 민족의 각성 Le Reveil de la nation arabe』(1904)에서 유대인에 대한 증오심을 불러일으켰다. 그러나 아주리는 외부에서 도입되어 더는 추가할 것이 없는 이데올로기를 번역한 데 지나지 않아 대중의 호응을 얻지는 못했다. 인기가 식은 까닭은 아주리가 아랍어가 아닌 프랑스어로 글을 쓴 기독교인이라서가 아니다. 아랍 및 무슬림세계의 현지 문화는 아직 반유대주의에 친숙하지 않아 그의 사상이 너무 난해하게 느껴졌기 때문이다.

범아랍 민족주의자들 중 사티 알후스리는 친독일 노선의 "아버지"로 사이드 쿠틉에 빗댈 만한 인물이다. 기록에 따르면, 그의 추종세력은 이라크의 나치 독일과 손을 잡았으나 알후스리 자신은 반유대주의를 언급하지 않은 것으로 나타났다. 민족주의자들은 나치와 기꺼이 동맹을 맺으려 했는데, ― 분명 비열한 짓이다 ― 그럼에도 반유대주의는 이슬람주의자들과 마찬가지로, 이데올로기의 중심을 차지하지는 않았다는 것이다.

범아랍 민족주의에서 이슬람주의로 전환된 계기는 1967년, 이스라엘이 아랍군을 소탕하여 패전한 세속주의 정권을 축출한 6일전쟁이었다. 수십 년간 변두리 이데올로기였던 이슬람주의는 돌연 힘과 호응을 얻게 되었다. 쿠틉은 세상을 떠나기 전에 이를 보지 못했다. 1966년, 그는 범아랍 민족주의의 영웅이자 이집트 대통령인 가말 압델 나세르에 의해 공개 처형되었으나, 반유대주의의 이슬람화를 위한 근간은 이미 마련된 상태였다.

쿠틉은 『유대인과의 투쟁』에서 무슬림이 유대인과 싸워야 하는 보편화된 전쟁을 거론하며, "물질적 소득도 없는데 기꺼이 자신의 목숨을 희생한다"며 참전한 젊은이들의 공로를 치하했다. 그리고 유대인은 애당초 이슬람교의 주적인 데다 전쟁을 바라기 때문에 무슬림이라면 그들과 싸워야 마땅하다고 강조했다. 유대인은 이슬람교를 파괴하기 위해 사악함을 드러냈다는 이유로 비난받았다는 것이다. 쿠틉은 다음과 같이 설명했다.

> 우리가 영원히 종식되지 않는 전쟁을 치르고 있는 까닭은 유대인이 더도 말고 덜도 말고 이슬람교를 진멸시키는 데에만 혈안이 되어 있기 때문이다. … 이슬람교가 유대인을 정복한 이후, 용서를 모르는 그들은 갖은 모략과 술책을 구사하는가 하면, 이슬람세계를 상대로 비밀리에 대리전을 벌이기도 했다.[25]

이스라엘 밖에서는 유대인이 군대를 조직하지 않았으므로 보편화된 전쟁에 군인은 투입되지 않는다고 그는 기술했다. "유대인은 무기를 들고 전장에 투입되는 것이 아니라, 사악한 근성 및 기만전술과 더불어, 중상모략과 음모와 술책 등을 동원하여 이념의 전쟁을 벌인다"는 것이다.[26] 따라서 민주주의와 글로벌 지하드 간의 "이념의 전쟁"[27]은 서양 논객들이 지어내기도 했지만 이슬람주의자들이 스스로 창출해냈다고도 볼 수 있다.

특히 진정성에 대한 주장이 매우 중요하다. 7장에서 언급하겠지만, 진정성은 이슬람주의의 근본 특징 중 하나다. 쿠틉은 유대인의 "악성"을 뒷받침하기 위해 『시온주의 의정서』를 인용할 때는 이념 전쟁의 근원이 유럽에 있음을 인정했다. 그러나 그는 이 같은 반유대주의를 이슬람 역사에 편입시켜 그것에 이슬람의 모양새를 부여했다. 이를 반유대주의의 이슬람화라 한다. 쿠틉에 따르면, 이념의 전쟁은 622년 이슬람교가 태동할 무렵에 시작되었으며, 메디나에서 현재에 이르기까지의 이슬람 역사에서 사그라질 기미가 보이지 않는다고 한다. 아랍계 기독교인이나 종교색을 띠지 않는 범아랍 민족주의 무슬림과는 달리, 쿠틉은 유럽식 반유대주의 사상을 복사하는 데 그치지 않고 이슬람교식 반유대주의라는 꾸며낸 역사의 기원을 추가하기도 했다.

코란은 신자로 인정되는 경전의 사람, 즉 유대인과 기독교인 ahl-al-kitab(아흘 알키타브)과 불신자(쿠파르)의 차이를 규정했다. 쿠틉은 엘리트 무슬림이므로 그 차이점을 분명히 알고 있었으나 유대인 불신자 al-kuffar al-yahud(알쿠파르 알야후드)라는 카테고리를 추가했다. 이처럼 종교적 독트린에서 벗어난 행동을 정당화하는 주장에 따르면 "유대인은 본디 공동체에 들었으나 처음부터 이러한 권리가 박탈되었다. … 그들은 스스로 믿음을 버렸고 신앙인의 숙적이 되었다"고 한다. 유대인을 둘러싼 적개심은 "메디나에 이슬람국가가 확립될 당시, 단일 무슬림 공동체에 통합되었던 첫날부터 유대인이 무슬림의 심기를 건드렸던 때"로 거슬러 올라간다는데,[28] 쿠틉은 국가(다울라)를 거론하면서 메디나 조직의 근간을 잘못 언급하고 말았다. 당시 이슬람 문헌에 국가(다울라)가 쓰인 적은 없다.

이슬람 역사상 유대인과의 투쟁은 쉴 새 없이 계속되었다. 쿠틉은 이를 다음과 같이 요약했는데, 웅변조는 남아 있으나 정확성은 현저히 떨어진다.

> 메디나에 정착한 초기 이슬람국가를 저해하고, 메카의 명족인 쿠라이시족을 비롯한 부족들을 선동하여 이슬람교의 근간을 흔들려고 했던 장본인이 누구인가? 바로 유대인이다. 내란을 일으키고, 3대 칼리프인 오스만을 시해해 비극을 초래한 세력의 배후에 누가 있는가? 유대인이 있다. 게다가 마지막 칼리프에 대항하여 국가의 분열을 부추기고 소요를 일으켜 샤리아 폐지를 유도한 아타튀르크는 누구인가? 역시 유대인이다. 그들이 오늘날까지 이슬람교와 분쟁을 벌여온 탓에 세계 곳곳에서 이슬람교의 부흥이 가로막혔다.[29]

유대인의 역사도 모자라, 유대인과 이슬람과의 관계까지도 꾸며낸 쿠틉은 반유대주의적 뉘앙스가 강한 유대인의 기본 특성을 언급하기도 했다. 여기서 루이스가 반유대주의의 특징으로 규정한 "보편화된, 사탄의 악성"이 등장한다. 위에 인용한 본문에서는 유대인과는 합의나 화해나 타협이 불가능하다는 견해를 강조하는 반유대주의적 이야기가 꼬리를 물고 이어진다. 쿠틉은 유대인이 악한 계략을 위해 "모든 무기와 수단뿐 아니라, 유대인다운 술책을 동원하리라"[30] 믿었다. 보편화된 전쟁을 일으킨 쪽은 무슬림이 아니라 유대인이라는 것이 그의 주장이다.

그렇다면 유대인이 이슬람교를 "공격"하려는 까닭을 묻고 싶을 것인데, 답변은 매번 "그네들의 성질 탓"이었다. 그는 "유대인"이 "사악하지" 않았던 적이 없었다고 했다. 비록 나치처럼 유대인의 전멸을 주장하지는 않았으나 기록에는 홀로코스트에 대한 입장이 살짝 배어 있다. 쿠틉에 따르면, 유대인은 "동족 선지자들을 학살하고, 톱을 켜서 죽이는 등, 갖은 만행을 저질렀다"고 한다. "선지자들에게도 그런 짓을 했으니 온 인류를 겨냥한 유혈사태 외에 무엇을 기대하겠느냐는 것이다."[31] 그는 이 같은 "악"에서 "인류를 해방시키라"는 주문도 덧붙였다. 이는 단순한 유대인혐오증이라기보다는 그들을 "피에 굶주린 데다, 사악하고 극악무도하며" 인류에게 악을 행하려는 괴물로 규정하여 아주 멸절해야 마땅하다는 잔인한 이데올로기로 보는 것이 옳을 것이다. 이것이 이전의 반유대주의보다 더 위험한 까닭은 종교화된 정치의 표현수단인 이슬람 언어로 반유대주의 사상을 설파했기 때문이다.

종교화된 반유대주의는 이슬람교의 무슬림 공동체를 겨냥한 "유대인으로서의 기독교인" 아젠다에 도전할 전략으로 비화되었다. 기독교인은 "진짜배기 선동자"인 유대인의 대리인으로서 십자군 역할을 도맡았다. 이에 쿠틉은 "이슬람교의 근간을 흔들기 위해 십자군-시온주의 전쟁이 벌어졌다"고 주장했다. 한편, "시온주의자"를 "유대인"으로, "세계의 시온주의"를 "세계의 유대교"로 통용하다 보니 그에게는 세계의 유대인과 세계의 시온주의 개념이 동일했다. 쿠틉은 시온주의를 근대의 현상이 아니라 십자군 시대까지 거슬러 올라가는 것으로 확대했다. "유대인은 애당초 선동자였으며, 이어 십자군이 등장했다."[32] 이슬람주의자들은 이 같은 주장에 내재된 정치적 의미를 대부분 받아들였다. 그의 역사적 견해는 광범위한 방침을 제시했다.

오늘날의 이슬람주의식 반미주의는 미국을 십자군주의로 비난한 쿠틉의 전통을 이어받아 그 명맥을 유지해왔다. 역사를 감안해볼 때, 십자군은 유럽인이었으나 그들을 미국으로 이전시킨 세력은 이슬람주의자들이었다. 살라 A.알할리디가 쓴 이슬람주의 저작 『사이드 쿠틉의 시각으로 본 미국』[33]은 쿠틉의 반유대주의를 미국과 결부시켰다. 알할리디는 유대인이 미국을 장악한 후 세계를 지배한다고 서술했다. 이런 맥락에서 "포위된 이슬람교"는 반미주의와 이슬람화된 반유대주의를 통일시킨 셈이다. 미국은 시온주의자들의 주요 대리자인지라 쿠틉이 벌인 제로섬게임°의 주요 역할을 담당했다. 이 같은 반유대주의 및 반미주의의 커넥션은 이슬람주의의 정치적 사상에 매우 중요한 역할을 했다.

젊은 무슬림만 그 같은 사상에 취약한 건 아니었다. 여기에는 쿠틉의 사상을 해방신학이라고 극찬했던 유럽 좌파의 호기심도 자극했다. 이슬람주의식 반미주의에 공감한 유럽 좌파의 문제는 반유대주의와 반미주의가 얽히고설켜 때로는 서로 융화될 때도 있다는 것이다. 두 이데올로기는 유대인이 로비활동을 통해 미국의 대외정책을 주무를 것이라는 편견에 집착했고, 혹자는 유대인이 뉴욕 월스트리트에 설치해둔 요새에서 미국을 간접적으로 지배할 것이라고 믿기도 했다. 이 같은 선입견은 흑인 오바마가 대통령으로 당선되었을 때에도 달라지지 않았다.

쿠틉이 본, 이슬람주의식 반유대주의와 반서양주의의 관계에는 하마

° zero-sum game: 게임이론에서 이용되는 게임의 유형으로 『게임의 이론과 경제행동』을 집필한 폰 노이만Johann Ludwig von Neumann과 모르겐쉬테른Oskar Morgenstern에 의해 발안되었다. 이 게임은 승리한 플레이어가 획득한 이득과 패한 플레이어가 잃은 손실의 합계가 제로(0)가 된다.

스와 알카에다의 반시온주의 사상이 깔려 있다. 하마스는 유대인을 이슬람교와 대립한 "하나의 실체"로 선언했는데, 이는 팔레스타인과 이스라엘 간의 국지적 분쟁이 종교화되어 다루기가 쉽지 않게 되었다는 점을 시사한다. 이슬람주의자들은 유대인과의 평화가 샤리아와 대립하므로 협상의 여지가 없다고 치부했다. 1998년 창설 당시 알카에다는 "유대인과 십자군에 투쟁하라"는 사명을 천명했다. 유대인과 시온주의자를 구별하는 진술은 거의 없었다. 한편, 기독교인을 십자군이라 불렀는데, 그 또한 유대인과 기독교인을 유일신을 믿는 소수집단(딤미)으로 존중했던 이슬람교의 전통을 무시한 처사였다. 이들은 평등보다는 보호대상이었다. 자기만족에 빠진 무슬림은 이를 톨레랑스라며 너스레를 떤다. 신앙의 등급을 변호할 생각은 없지만 이 같은 계급화가 알카에다의 이데올로기와는 달리, 반유대적인 것이 아니라는 점을 지적하고 싶다. 여기서 한 가지 주목해볼 사실은 버락 오바마가 당선된 후, 오사마 빈라덴의 오른팔인 아이만 알자와히리가 오바마에게 직접 메시지를 전하는 동영상을 알카에다가 공개했다는 것이다. 알자와히리의 주장은 다음과 같다.

> 당신은 무슬림 아버지에게서 태어났지만 무슬림의 원수 중에서도 윗자리를 택하고 유대인의 기도문을 기도로 삼았소. 미국의 수반에까지 오르기 위해 기독교인을 자처했지만 말이오.[34]

오바마는 흔쾌히 무슬림에 화해의 제스처를 보냈으나 알카에다에게도 그러기는 쉽지 않았을 것이다. 2009년 4월, 무슬림 국가를 처음 방문한 그는 터키 국회 앞에서 "미국은 이슬람교를 상대로 전쟁을 벌이고 있지도 않거니와, 앞으로도 전쟁을 벌이지 않을 것"임을 천명했다.[35] 오바마는 당시

앙카라에서나, 2개월 후 카이로에서나 이슬람주의와 이슬람교를 구분하지는 않았으나, 반유대주의를 두고는 반대 입장을 분명히 밝혔다. 그럼에도 그는 이슬람화된 반유대주의는 의식하지 못했다.

알자와히리는 대량살상적인 반유대주의 메시지를 유포할 때 이슬람교의 이름으로 말한다고 역설했는데, 이 메시지가 이슬람교와는 동떨어진 것이라는 점을 이해하려면 이슬람주의와 이슬람교의 차이를 알 필요가 있다.

유럽에서 유입된, 쿠틉의 이슬람화된 반유대주의 사상을 이해하려면 미국의 저명한 역사가인 월터 라커가 주목한 역사적 사실을 감안해야 한다. 그는 "유럽은 예로부터 반유대주의의 뿌리가 강했고 그것이 극명하게 드러나는 대륙이었다"고 밝혔다. 이처럼 유럽의 반유대주의가 이슬람세계에 이식되자, 현재 유럽에 회귀하고 있는 새로운 주제가 도입되었다. 라커에 따르면, "유럽의 반유대주의 사상의 부흥은 성격상 무슬림과 관계가 깊다"고 한다.[36] 이 새로운 반유대주의는 현재 EU 회원국에 산재된 이슬람 소수민족에게 확산되고 있다. 대부분 가난한 무슬림 이민자들은 경제적 성공을 위해 유럽을 찾으며, 현지에서 민족·종교적인 하류계층을 조성하고 나면 민족이나 문화, 언어 및 경제적 장벽으로 주류에서 분리된 사회에 사는 경우가 비일비재하다. 소외된 채 살아가는 이민자들은 자기종족화의 과정을 거치면서 이슬람주의식 반유대주의에 취약해졌다. 일부 사원에서는 쿠틉의 『유대인과의 투쟁』을 낭독한다. 라커는 "이슬람주의식 반유대주의자들은 좌파 성향을 띤, 유럽의 반유대주의자 및 파시스트 반유대주의자와 손을 잡았다. … 이슬람주의의 주된 공로는 모략 이론에서 찾을 수 있다"고 역설했다.[37] 유럽에서 쿠틉의 세계관은 이슬람주의자를 넘어 무슬림 소수민족 외부에까지 "유대인의 모략"에 집착하는 성향을 전파했다. 베를린에 사는 무슬림 이민자들은 독일의 유대인 중앙이사회Deutscher Zentralrat der Juden

가 실제 정부 조직이라는 "사실"에 소수 이교도 집단의 고충을 느낀다고 하소연한다. 그걸 어떻게 알았느냐고 물으면 그들은 어김없이 쿠틉과 『시온주의 의정서』를 꺼내든다.

"포위된 이슬람교" 이미지

만상은 변하게 마련이다. 정치적 이슬람교도 예외는 아니며 반유대주의도 그렇다. 이를 두고 월터 라커는 "얼굴 바꾸기"라고 했는데 적절한 지적이다. 그렇다면 이슬람주의와 이슬람화된 반유대주의에서는 무엇이 바뀌었을까? 변화 가능성을 규명하려면 세 가지 분석영역인 유럽(소수 이교도 집단)과 아랍(중동) 및 이슬람(이슬람문명)을 감안해야 한다. 물론 셋이 서로 조화를 이룬다는 법은 없다.

세계화는 규범과 가치관 및 세계관이 다른 사람들을 한데 모아 놓았다. 이슬람주의는 이 같은 상황을 상상 속의 원수, 즉 모략에 능한 유대인이 이끄는 서방세계라는 문화적 개념으로 바꾸어놓았다. 세속 민주주의와 지하드운동의 갈등을 서술하는 데 "이념의 전쟁(하룹 알아프카르)"[38]이 서방세계에서 사용되기 훨씬 전부터 이슬람주의자들과 이슬람 급진주의자들(살라피스트들)은 "포위된 이슬람교"라는, 세계적인 정치적 상황에서 벌어진 무슬림 공동체의 희생을 두고 이념의 전쟁을 거론했다.[39] 이 전쟁의 기틀을 유대인이 선동했다는 지적 침략ghazu fikri(가주 피크리) 사상에서 찾을 수 있는데, 이는 사우디계 이슬람주의자들인 알리 자리샤와 무함마드 자이바크의 문헌에 잘 나타나 있다. 메디나의 이슬람 대학에서 교편을 잡고 있는 두 현직 교수는, 공저 『이슬람세계에 대한 지적 침략법』에서 종래의 "무장 전쟁" 양상이 이념의 전쟁으로 대체되었다고 주장했다. 이 같은 전쟁은 무슬림 공동체에 더 치명적이라는 것이 두 사람의 지론이다.

이슬람주의식 반유대주의는, 이슬람교를 상대로 모략을 꾸미고 있다고 각인된 "유대인"과 더불어 유대인의 마스터플랜을 뒷받침하기 위해 『시온주의 의정서』에 의존한다. 물론 이 책은 근대의 반유대주의와 "유대인의 모략"에 집착한 주요 문헌인데, 전통적인 이슬람교 문헌에서는 이를 뒷받침할 만한 근거가 없다는 점을 재차 언급하는 것보나는 이슬람주의가 이 같은 음모론에 서방세계를 끌어들인 경위에 주목하는 것이 더 중요할 것이다. 자리샤와 자이바크 교수는 쿠틉의 "추론"을 다음과 같이 전개했다.

> 서방세계는 세속주의 깃발을 흔들고… 새로운 가치관으로 이슬람교의 가치관을 바꾸기 위해 이슬람 사회에 침입했다. … 우리는 세계를 파괴하려는 관련 비밀집단의 마스터플랜에 대응하기 위해 시온주의, 즉 세계의 유대인을 거론해야 한다.[40]

그러니까 두 교수는 유대인이 비겁하고 사악하다는 쿠틉의 주장에 동감했다는 이야기다. 쿠틉에 따르면, 유대인은 "전장에서 칼과 활로 싸우지 않고, 적으로 하여금 의심을 불러일으키거나 지략을 발휘하여 싸운다"고 한다.[41] 이는 교과서에 수록된 것으로, 유대인의 범세계적인 파괴음모를 각인시키려는 반유대주의 사례 중 하나다. 시온주의와 세계의 유대인을 둘러싼 이슬람주의식 사상은 "반시온주의는 반유대주의가 아니다"라는 서방세계의 명제가 모순임을 드러냈다. 이러한 주장을 개진한 자들은 반유대주의를 시온주의의 정치적 반론으로 위장함으로써 이를 합법화하는 데 보탬이 되었다. 자리샤와 자이바크는 이를 좀 더 분명히 규정했다.

시온주의는 아주 불쾌한 악에 불과하다. … 게다가 새로운 것도 아니다. 19
세기에 세계의 유대인이라는 이름으로 부각되었을 뿐이다. 사실, 시온주의
는 유대인의 정신에 두루 퍼진 구태의연한 도그마로, 유대교가 태동한 이후
줄곧 존재했으며 세대를 거쳐 전수되어 왔다.⁴²

이슬람주의자들이 서방세계의 청중을 상대로 이야기할 때 이처럼 솔직한 발언은 듣기가 힘들다. 즉 반시온주의는 이스라엘·팔레스타인 간의 갈등을 둘러싼 불만으로 표출된 것이다.

자리샤와 자이바크에 따르면, 유대인이 꾸민 "속임수 계획"은 "십자군 이래" 줄곧 존재해왔다고 한다. 얼핏 들으면, 사우디 이슬람주의자의 주장을 유대인이 십자군의 배후에 있었다는 말로 혼동할지도 모르겠다. 이를 명쾌히 해두기 위해 십자군 전쟁이 시온주의를 비롯해 팔레스타인을 둘러싼 갈등보다 수십 세기 이전으로 거슬러 올라간다는 점과, 그것이 반유대주의적이었다는 점을 언급해야겠다. 자리샤와 자이바크 교수는 이 같은 역사적 사실에도 아랑곳하지 않고 유대인·십자군 음모를 제멋대로 역설해왔다.

여기서 우리는 전통이 아닌 역사를 날조한 사건에 맞닥뜨리게 된다. 사료는 기독교 유럽과 세속 서방세계의 차이를 뒷받침하고 있다. 서방세계는 르네상스 당시 인본주의와 더불어 출현했다.⁴³ 그러나 이슬람주의자들이 꾸며낸 역사는 이를 외면하고 있다. 자리샤와 자이바크의 견해에 따르면, "정교분리 사상인 세속성은 십자군 전쟁과 두 차례의 세계대전 못지않게 유대인의 공로이기도 하며, 이는 유대인의 문헌에 근거를 둔다"고 한다.⁴⁴ 반면, 역사는 유대인이 무슬림과 대등한 입장에서 예루살렘을 수호하기 위해 십자군과 싸웠으며,⁴⁵ 패배 이후에는 심한 학대를 당했다고 전한다. 회당에 숨어 있다가 기독교인들이 지른 불에 수많은 사람들이 목숨을

잃었다. 그러나 자리샤와 자이바크 교수는 공저에서 "유대인이 십자군을 선동했다"고 피력하며 역사적 사실을 왜곡했다. 그 같은 반유대주의적 사상은 유대인을 악마로 만들기 위해 역사를 날조한 다른 이슬람주의 서적에서도 찾아볼 수 있다. 두 교수의 주장은 논리가 성립하진 않지만 워낙 흔해서 언급해둔다.

유대인이 이슬람교도를 상대로 벌이는 이념의 전쟁의 일환으로 이슬람교와 동양주의al-istishraq(일이스티슈라크)를 도입하여 "사악한 마스터플랜"을 실시한다는 주장이 있다. 구체적인 예로 자이샤와 자이바크는 "시온주의는 무슬림이 세계의 유대인에게 저항할 수 있는 단일 블록체제를 조성하지 못하도록 동양주의에 접근했다. … 동양주의 유대인 학자들은 그 분야에서 매우 적극적으로 활동하고 있다"고 말한다.[46] 그러나 실상은 그렇지 않다. 특히 스페인의 경우, 동양주의자들 가운데 유럽계 유대인들이 이슬람교에 낭만적 감성을 불어넣었다. 저명한 정치철학자인 슐로모 아비네리는 언론에 자주 공개한 것처럼 기독교와 세속주의가 공존하는 유럽에서 유대인이 차별받고 있는데, 실은 유대계 유럽의 학자들이 "이슬람교의 미학"을 주창했기 때문이라고 내게도 알려주었다. 이는 버나드 루이스가 지적했듯이 스페인이 좋은 본보기가 될 것이다. 미국의 역사가 마틴 크레이머의 주장처럼 낭만주의 감성의 중심에 "이슬람교를 발견한 유대인"이 있었다는 것은 스페인에서 번성한 "유대교와 이슬람교의 공생관계"를 인정하는 대목이다. 또한 크레이머는 이슬람교 연구가 서양 학술계에 통합되는 데에도 유대인이 기여했다고 밝혔다.[47]

유감스럽게도 에드워드 사이드의 추종자들이 합류한 이슬람주의자와 살라피스트들은 "이슬람교가 왜곡된" 주요 원인으로 "동양주의"를 꼽았다. 이 같은 비판론은 이슬람주의 서적뿐 아니라 미국에서 출간된 이슬람세계

연구서적에서도 볼 수 있다. "동양주의"를 두고 갑론을박하던, 서방세계의 이슬람 학자들은 그 용어가 아랍어 알이스티슈라크$^{al\text{-}istishraq}$를 영어로 동양주의^{orientalism}로 번역한 것에 불과하다는 점을 모르는 것 같다. 오늘날 동양주의 비판론은 젊은 학자의 경력에 불리하게 작용할 수 있으므로 대개는 진실을 묻어두거나, 불쾌감을 줄 것이라는 생각에 솔직한 의견을 내놓지 못하고 있다. 이 같은 자가검열은 전체주의 정권뿐 아니라, 자칭 "학술의 자유를 지향하는 개방된 사회에서 활동"한다는 학자들도 자행하고 있다.

사이드가 숱한 화제를 불러일으킨 『동양주의^{Orientalism}』를 펴내기 훨씬 전에, 알아즈하르의 부족장인 무함마드 알바히[48]는 "동양주의자"가 이슬람교를 상대로 벌인 이념의 전쟁을 다룬 방대한 책을 출간한 적이 있다. 그 안에는 "동양주의자" 명단이 수록되었는데, 대개는 유대인들의 이름이었다. 사이드가 "동양주의"라는 용어를 바히에게서 차용했다는 증거는 없지만, 동양주의 비평이 그에게서 비롯된 것이 아니라는 점은 분명하다. 그래도 사이드는, 바히와는 달리, 제 나름의 "동양주의"에서 유대인을 간략히 평했으므로 면죄부를 받아 마땅하다.

이번에는 사이드의 긍정적 측면을 적어볼까 한다. 마음이 맞지 않아 나와는 절교를 선언했지만 그의 저작이나 인간성을 비방하고픈 생각은 추호도 없다. 에드워드 사이드는 친이슬람주의자도 반유대주의자도 아닌 깨어 있는 인본주의자로서, 이슬람교를 연구할 당시에는 유럽중심주의에 적잖이 불만을 느꼈다. 그러나 동양주의 비판론은 추종세력의 손에 들어간 곤봉과도 같았다. 요즘 그들은 정치적 이슬람교에 대한 비판을 단속하며 학계의 경찰노릇을 톡톡히 하고 있다.

따라서 자리샤와 자이바크 교수가 다음과 같은 글로 정교분리라는 세속주의 사상을 해체하려 할 때 서방세계에서는 불만이 거의 없었다.

세속화는 유대인의 작품이며… 광신적 십자군주의와 가증한 유대교는 이슬람교의 법률학(피크)과는 동떨어진 세속주의 사상을 내놓았다. … 이를 근거로, 숨은 손은 칼리프 제도를 폐지시켰고, 세속 민족주의가 도입한 정교분리를 추구하는 쪽으로 이끌어졌다.[49]

세속 국가 터키를 창시한 케말 아타튀르크는 칼리프 제도를 폐지한 인물로, 그의 문헌은 "내면의 동양주의"로 알려져 있다.

유대인과 서방세계의 십자군을 엮는 것은 종종 마르크스와 레닌으로 비화되며 이들은 "마스터플랜"이 내장된 유대인으로 밝혀졌다. 자리샤와 자이바크 교수는 좀 더 원초적인 해석을 내놓았다. 즉 마르크스주의를 둘러싼 유대인의 기원은 인정하나, 사실 유대인은 "공산주의를 두고 비유대인을 겁주기 위해" 볼셰비즘을 상대로 벌이는 피상적인 "유대인의 선전용 전쟁"을 통해 훨씬 교묘한 계략에서 관심을 돌리려 했다는 것이다. 이는 "유대인의 모략"이 "얼마나 사악한지"를 보여주기 위한 것인데, 이 모략은 서로 대립되는 자본주의와 공산주의를 창출하고 나서 "유대인이 지배하는 세계 국가"를 건설해 세계를 통치한다는 쪽으로 쏠렸다.[50]

이처럼 돌연 발작한 과대망상을 제쳐두고라도, 유대인의 의혹을 파헤치는 건 별 의미가 없다. 자리샤와 자이바크는 견해가 다른 무슬림을 겨냥해, 『시온주의 의정서』의 핵심 몇 가지를 나름대로 고쳐 말했을 뿐이다. 그들은 좀 더 신중하고 균형에 신경을 썼다는 점을 강조하며 "이슬람 개혁주의자들을 모두 유대인의 모략을 대행한 자"로 싸잡는 대신, 이슬람교와 "유대인이 장악한" 서방세계의 간극을 메우려 했던 리파아 라피 알타타위와 무함마드 압두와 같은, 진보주의 무슬림 사상가들의 문헌을 무지하고도 순진한 발상이라고 비평했다. 또한 그들은 "개혁주의와 합리주의 무슬림"이

자신의 "천진한" 행동을 이해하지 못했다며, 문명의 교량을 잇는 일이 엉뚱한 방향으로 흐를 수도 있음을 밝혔다.

이슬람교와 기독교 및 유대교를 잇는 교량은 이슬람교의 희생 없이는 성립될 수가 없기 때문이다. 하지만 참된 종교는 이슬람교뿐이므로 다른 종교를 그것과 동등하게 취급하는 것 자체가 이슬람교에는 해로운 일이다.[51]

타 종교와의 대화를 거부하는 것은 이슬람주의식 절대우월주의의 이데올로기를 표방하는 이슬람교도들이 우월성을 주장한 탓이고, 프리메이슨리[ㄱ]는 그 우월성을 뒤집기 위해 대화를 시도한 것으로 나타났다. 장소를 가리지 않고 활동하는 "모략에 뛰어난 유대인의 보이지 않는 손"은 누구든 다시금 맞닥뜨리게 될 것이며, 유대인이 프리메이슨리가 가장 두각을 나타낼 "비밀결사대"에 힘입어 세계를 지배할 거라는 것이다. 자리샤와 자이바크 교수에 따르면, 프리메이슨은 "아주 오래된 유대인 조직 중 하나로, 프리메이슨과 유대교의 커넥션을 밝힐 증거는 『시온주의 의정서』만으로 충분하다. … 프리메이슨은 유대교에서 태동했다"고 한다.[52]

그들은 서너 페이지 뒤에서 프리메이슨리를 "유대인 아젠다를 추구하는" 도구로 규정한 반면, 무슬림이 프리메이슨리의 "사악한 계략"을 무너뜨리기 위해 대화를 거부하고 "유대인"과, 그들의 동맹인 "십자군"을 상대로 성전을 감행할 것이라고 서술했다.[53]

[ㄱ] Freemasonry: 중세 유럽의 교회, 성벽 등의 큰 건물에 관계한 석공(메이슨), 건축사, 조각가 등의 결사에서 유래하며, 1717년 런던에서 4개의 지방지부가 연합하여 근대 프리메이슨리가 탄생했다.

모략에 능란하다는 유대인 이미지는 이슬람주의자들 사이에서 회자된 반시온주의 및 반유대주의의 차이를 드러냈다. 정치적 이슬람교를 둘러싼 대화는 이슬람교와 신도를 겨냥한 음모론으로 점철되어 있다. 이슬람문명은 현재 포위된 상태로 간주되며, 역사가 시작된 622년 이후 이슬람교에 타격을 입힌 상상 속의 유대인이 이를 포위했다는 것이다. 그래서 이슬람주의자들은 줄곧 "이슬람교와 세계의 유대인"의 전쟁을 믿게 된 것이다. 결국 이슬람주의식 반유대주의는 중동 분쟁에서 발생하지도 않은 데다, 분쟁이 해결된 후라도 사그라질 것 같지는 않다.

범아랍 민족주의식 반유대주의와는 달리, 이슬람주의식 반유대주의는 진정성을 주장하는데, 이는 분쟁으로 이어지는 갈등을 종교화하는 데 기여했다.[54] 이를테면 팔레스타인 정치, 즉 종교색을 띠지 않는 팔레스타인 해방기구PLO[v]가 가자지구에 소재한 하마스의 도전을 받고 있다는 식의 이슬람교의 색깔을 띠게 된 것[55]과 일맥상통한다.

쿠웨이트에 본거지를 둔 팔레스타인 이슬람 학술회 대표로 쓴 소책자 『유대인과의 화평을 거부하는 이유Why We Reject Peace with the Jews』에서 팔레스타인계 이슬람주의자 무센 안타바위는 "무슬림과 유대인 사이에 평화란 없다"는 쿠틉의 주장을 직접 거론했다. 반유대주의를 반시온주의로 위장한 이란 대통령 마무드와는 달리, 그는 유대인과 시온주의자를 구분하지 않았다. 즉 모든 유대인을 가리켜 끊임없이 "음모를 꾸미며 이슬람교와 세계

---

[v] 팔레스타인 해방기구Palestine Liberation Organization: 팔레스타인 독립국가의 건설을 목표로 1964년에 결성된 비밀저항조직이다. 1964년 1월 카이로에서 개최된 제1회 아랍수뇌회의에서 그 설립이 결의되고 그해 5월 예루살렘에서의 제1회 팔레스타인 민족회의에서 그 설립이 선언되었다.

적인 전쟁을 벌이고 있는 반이슬람 시온주의자의 실체"라고 불렀다. 따라서 "코란과 총기로 유대인과 맞서는 세대가 팔레스타인에 해결책을 제시한다"는 것이 그들의 결론이었다.[56] 이는 인종을 말살하라는 주문과 동떨어진 발언이 아니다.

앞서 살펴본 바와 같이, 쿠틉은 반유대주의의 토대를 마련한 이슬람주의 사상가였다. 그는 문화 및 역사에 근간을 둔 정치적 이데올로기를 종교로 승화하면서, 유럽과 범아랍 민족주의를 크게 벗어난 반유대주의를 내세웠다. 쿠틉이 주변인물이 아니라는 점과 그의 사상이 하마스 헌장에 명시되어 있다는 점은 재차 언급해둘 필요가 있다.

쿠틉에서 하마스까지

이슬람주의식 반유대주의는 불만의 표상이 아니다. 일부 유럽인들이 세계적인 전쟁을 반시온주의라는 정치적인 난동쯤으로 낮추어 부르려는 것은 은근슬쩍 반인류 범죄의 싹을 위장하는 데 보탬이 된다. 유럽인들은 하마스를 해방운동으로 간주함으로써 이슬람주의식 반유대주의를 묵인하고 있다. 이슬람주의식 반유대주의를 연구하여 금기를 깬 마티아스 쿤첼 등 인본주의 학자들은 독일에서도 하마스에 열중했다. 다음은 쿤첼이 하마스 헌장을 두고 서술한 내용이다.

> 어느 모로 보나, 하마스의 신규 문헌은 1968년 PLO 헌장을 무색하게 했다. ⋯ 아마도 하마스 헌장은 동시대의 이슬람주의가 내놓은 주요 문건 중 하나로 간주되며 그 중요성은 팔레스타인 분쟁과는 족히 비교가 되지 않을 것이다.[57]

또한 하마스는 팔레스타인에서 예전에 서로 융합된 민족주의와 이슬람주의를 다시 일으키기도 했다. 헌장을 면밀히 살펴봐야 하는 까닭은 그것이 이슬람주의식 반유대주의를 가동시키기 때문이다.

헌장은 1988년 4월에 공포되었고 조직체는 1987년 12월 14일에 창설되었다.[58] 헌장은 그 의의를 팔레스타인 분쟁과 족히 비교할 수 없다는 쿤첼의 지적을 윤곽으로 잡았다. 예컨대, 2조항 2는 하마스를 가리켜, 수니파 이슬람주의의 기원을 상징하며 국제주의식 이슬람주의 네트워크들 가운데 하나인 무슬림 형제단의 연장선으로 규정했고, 32조항은 하마스의 주적을 이스라엘이 아닌 "세계의 시온주의"라고 밝혔다. 또한 하마스는 세계 시온주의와의 전쟁에서 자칭 창끝ra's hurbah(라스 후르바)이라 하여 "지하드를 감행하는 데 필요한 무슬림 형제단의 무기"를 자처했다.[59]

헌장에 따르면, "시온주의의 마스터플랜"은 경계가 없으니 "오늘은 팔레스타인이고 내일은 그 너머가 될 것"이라고 한다. 헌장은 무슬림이 이스라엘과의 분쟁을 평화적으로 해결하려는 노력을 종교적 근거하에 — 즉, 샤리아라는 미명하에 — 위법으로 간주했다. 여기에는 캠프 데이비드 협정을 비롯한 관련 협정이 포함되는데, 평화협정에 동참하려는 무슬림은 대역죄의 혐의로 정죄를 받게 된다. 헌장과 쿠틉의 소책자를 비교해보면, 두 사상과 선전에서 차용된 점이 상당수 발견된다. 예컨대, 여느 이슬람주의 문헌과 같이, 헌장도 유대인과 시온주의자를 구분하지 않았고 그들을 적으로 싸잡았다. 22조항은 유대인을 악의 원천으로 치부하기도 했다. 다음의 발췌문을 앞서 인용한 쿠틉의 소책자와 비교해보라.

그들은 프랑스 혁명과 공산주의 혁명의 배후세력으로 우뚝 서고… 시온주의의 이익을 추구한다. … 그들은 칼리프 제도를 폐지하게 된 1차 세계대전과도 관계가 깊다. … 밸푸어 선언^을 유도하기 위해… 그러고는 이로써 세계를 지배하기 위해 국제연맹을 창설하고… 이스라엘을 건국하고 국제연맹을 UN과 안보리로 대체하기 위해… 2차 세계대전을 배후에서 책동했다. 그들은 세계를 지배하고 있다. … 배후조종을 일삼는 유대인들의 보이지 않는 손이 개입하지 않은 전쟁이란 단 한 건도 없다.⁶⁰

이것이 예언이 담긴 반유대주의가 아니면 무엇이겠는가?

여기서 의문점이 몇 가지 떠오른다. 하마스의 반유대주의와 『시온주의 의정서』에 등장하는 반유대주의는 어떻게 다르며, 그것이 유대인혐오증 이상의 의미를 지닌 까닭은 무엇인가? 무엇보다도, 하마스의 이슬람교다운 점이 무엇인가?

하마스는 종교 조직체로서 팔레스타인 해방기구와는 구별된다고 조심스레 규정하고 있다. 예컨대, 헌장 15조항은 "팔레스타인 문제를… 종교적 특성을 감안하여 이를 다뤄야 한다"고 명시했으며, 27조항에서는 "세속사상은 종교적인 것과 완전히 대립된다. … 우리는 아랍·이스라엘 분쟁에서 종교적 입지를 비하하지 않으며 팔레스타인의 이슬람 지지사상 Islamiyyat(이슬라미야트)을 주장할 것이다. 이를 세속사상으로 바꿀 뜻은 전혀 없다. 팔레스타인의 이슬람성은 종교의 본질이기도 하다"고 밝혔다. 즉 타협점을 찾아 분쟁을 해결하려는 의도는 전혀 없다는 이야기다. 세속적인 권력이나 도덕적인 주장이 아닌, 신이 이스라엘을 파괴하라고 주문한 탓에 이 같은 정치적 목적은 협상이 불가능한 것이다. 신에게 타협을 종용할 자

^ Balfour Declaration: 1917년 11월 2일 영국 외무장관 A. J. 밸푸어가 유대인이 팔레스타인에서 민족적 고향을 건설하겠다고 한 것을 지지한 선언.

가 누가 있겠는가?

하마스의 헌장은 초항부터 무슬림이 선택된 민족 khair umma(카이르 움마)이라는 자격을 부여한 코란의 구절을 언급하고 나서 무슬림 형제단을 창립한 하산 알반나의 주장으로 이어진다. "이스라엘은 자립했고, 이슬람교가 자립을 멸절하기까지는 그럴 것이다. 전에도 그랬듯이 말이다." 6조항은 하마스의 목표를 "팔레스타인 방방곡곡에 알라의 깃발을 흔드는 것"이라고 규정했다. 그 다음 조항은 논란이 일고 있는 무함마드의 가르침인 하디트를 인용했는데, 이는 부하리가 무함마드에게서 직접 전수받은 것으로 알려졌다. 여기서 하디트는 유대인과의 전쟁이 벌어질 부활의 날을 언급하고 있으며, 유대인이 나무와 바위 뒤에 숨는 것으로 전쟁이 종식된다고 한다. 그때 바위가 "오, 무슬림이여, 알라의 종이여! 유대인이 내 뒤에 숨었으니 와서 그를 죽이라!"고 외칠 것이나, "나무는 숨은 유대인을 배신하지 않을 텐데 이는 그가 유대인이기 때문이다." 하디트는 "유대인의 말살"을 "종교의 의무"로 규정하므로 반유대주의의 종교화에 큰 의미를 둔다. 즉 이스라엘이 말살되어야 한다는 것이다. 그러나 하디트의 진위는 의심스럽기가 짝이 없다. 예언자 무함마드에게서 비롯되었다고는 하나, 사후에 발견된 허위 문서가 한둘이 아니더라도 하마스 헌장에 인용된 구절은 진위를 떠나 의미하는 바가 매우 크다.

이스라엘과의 분쟁을 두고 협상의 여지를 남기지 않기 위해 11조항은 타협이 불가능한, 신성한 종교를 일컫는 팔레스타인의 타협할 수 없는 신성 waqf Islami(와크프 이슬라미)을 선언했다. 헌장은 정복 전쟁 전에 예루살렘이 이슬람의 영토가 아니었다는 점을 인정하면서도 "부활 qiyama(키야마)의 날이 오기까지 정복한 땅은 모두 무슬림의 소유지가 된다"는 샤리아 규정을 언급했다. 그리고 13조항에 이르면 "평화적 해결은 이슬람교에 대한 하마스의 의지와 대립되는 것이다. 팔레스타인을 포기하는 것은 종교 자체를 포기하는 것과 같다. … 성전 외에는 팔레스타인을 둘러싼 갈등을 현실적으로 해결할 방안이 없다. … 그 밖의 대책들은 시간낭비에 불과하다"는 주장이 이어진다.

하마스는 유대인 및 십자군과 무장 전쟁을 일으키고 그들의 지적인 영향력을 중화하기로 결의했다. 다음의 35조항을 살펴보자.

> 우리가 배워야 할 교훈은 서방세계의 십자군이 앞서 시온주의의 침략을 일으켰다는 것이다. … 당시 무슬림이 그들과 맞서 승리했으므로 향후 벌어질 공격도 능히 방어할 수 있을 것이다. … 무슬림은 역사에서 교훈을 얻어 지적 침략(가주 피크리)에 대해서도 자신을 정화해야 한다.

여기서 정화purification는 하마스에 국한된 것이 아니라 이슬람주의의 정치적 사상에도 매우 중요한 개념이다. 이는 유대인과 서양인뿐 아니라, 이를테면, 동남아시아의 비무슬림을 문제 삼는 까닭이기도 하다.

하마스 헌장에서 배울 점이 둘 있다. 하나는 종교화된 전쟁을 수용함으로써 살상을 성례전으로 승화했다는 것이고, 다른 하나는 서방세계의 사상을 "지적 침략"으로 배격하여 21세기의 인본주의 아젠다를 배척했다는 것이다. 21세기의 아젠다 중 근본적인 핵심 중 하나는 극악무도한 홀로코스트가 재발하지 말아야 한다는 것인데, 하마스를 비롯한 이슬람주의자들은 인본주의의 신뢰성과 진정성을 대놓고 짓밟으며 대량살상의 재연을 꿈꾸고 있다.

하마스가 쿠틉의 사상을 좇아 주장하는, 유대인과 무슬림 사이의 "세계적인 원한"은 이슬람교 역사상 아무런 근거가 없다는 점을 재차 강조하고 싶다. 이는 이슬람주의자들이 반유대주의를 합리화하기 위해 날조한 역사를 근거로 들었을 뿐, 실제 역사에 근거를 둔 것은 아니다.

그건 그렇고, 내가 독자에게 일러두고 싶은 점은 만상이 변하는데 이슬람주의라고 별 수 있겠느냐는 것이다. 그렇다면 하마스는 서방세계에 대한 저항을 해방으로 간주해도 될 만큼 변했는가? 유럽 좌파와 진보주의자들은 대개 그렇게 믿는다. 그와 생각이 같은 폴 맥거프 기자는 하마스 리더인 할리드 미샬과 회동하며 헌장의 수정에 대하여 그의 의견을 물었다. 맥거프는 "이스라엘을 무너뜨려야 한다는 내용의 수정안을 두고 [미샬은] "그럴 일이 없다"며 단호한 뜻을 밝혔다"고 술회했다.[61]

서양에서 하마스를 동조하는 자는 대부분 헌장을 읽어본 일도 없거니와 이슬람주의 조직에 대하여 진지하게 고민해본 적도 없다. 혹자는 "하마스를 비난하는 것이 곧 이슬람교의 명예를 훼손하는 것과 같다"며 하마스를 변호하려 들지만, 이는 이슬람주의와 이슬람교의 차이를 외면한 주장이다. 이 같은 혼동이 빚은 안타까운 사실 중 한 가지 예로, 미국 노스캐롤라이나 대학의 사회학 교수 찰스 커즈먼은 『진보주의 이슬람: 사료』에서 이집트 무슬림 형제단의 유수프 알카라다위를 "진보주의" 명단에 올리고 말았다. 사실, 알카라다위는 쿠틉의 사상을 계승한 인물이자, 하마스가 차용된 것은 무엇이든 서양 십자군에서 비롯된 외부에서 도입된 해결책이라며 거절하게 된 원흉이었다. 민주주의 역시 예외는 아니었다. 3부작으로 장안의 화제가 되었던 『이슬람교식 해결책의 필연성』[62]에서 알카라다위는 서방세계의 십자군을 상대로 세계적인 이념의 전쟁을 벌이자고 촉구한 바 있는데, 그는 반유대주의를 제외하고는 서방세계에서 유입된 것들을 모두 이 신조에 적용한 것으로 보인다. 라카는 알자지라의 주간 방송에서 다음과 같이 그의 말을 인용했다. "총칼 없이는 유대인과의 대화가 불가능하다."[63]

이 같은 선전포고가 쿠틉의 『유대인과의 투쟁』을 방불케 하는데도 어찌 알카라다위를 "진보주의 무슬림"이라고 하는지, 가히 기가 찰 노릇이다.

미국 정부는 하마스를 "테러 조직체"로 규정했으나, 터키의 AKP와 유럽의 좌파는 이슬람세계에서 반미주의와 반서양주의가 증가하는 데는 그럴 만한 이유가 있다며 미국을 설득했다. "제3세계주의"에서 좌파는 이슬람주의를 반자본주의 동맹으로 보는데,[64] 이는 정략결혼에 비유할 수 있다. 한편, 이슬람주의의 우파 성향은 반미주의 및 반유대주의[65]를 이슬람주의자들과 공유하는 유럽 좌파의 심기를 건드리지 않은 것 같다. 안드레이 마코비츠는 반미주의와 반유대주의를 부인한 좌파의 주장을 신뢰하지 않는다. 『유쾌하지 않은 국가: 왜 유럽은 미국을 싫어하는가 Uncouth Nation: Why Europe Dislikes America』(2001)에서 그는 유럽의 반유대주의가 "지금껏… 반미주의의 요체였다"[66]고 밝혔다. 이 같은 사상은 유럽의 무슬림 이민 지도자들 사이에서 반시온주의와 반미주의라는 이중 위장전략 아래 유럽의 노장 우파와 신참 좌파의 반유대주의를 통합했다. 그러나 이슬람주의자들이 경솔하게 홀로코스트가 사실이 아니라는 등, 반유대주의를 부인하자 상황은 아주 어색해지고 말았다. 유대인을 배척하는 이슬람주의자가 "제2의 유대인"을 자처하고, 홀로코스트를 허위라고 주장하면서도 이슬람교를 상대로 벌어질 제2의 홀로코스트를 운운하는 것은 이른바 위선의 절정이었다.

유럽의 무슬림은 "제2의 유대인"인가?

유럽에서 소수 이슬람교 집단이 종족화되는 과정[67]은 무슬림 이민자들이 맞닥뜨리는 차별 및 이슬람혐오증과 관계가 있긴 하나 그리 큰 편은 아니다. "유럽의 제2의 유대인"[68]을 자처할 자격이 없는 이슬람주의 지도자들은 무슬림이 유럽 시민으로 통합되기보다는 유럽 안에서 이슬람식 반체제 문화를 조성하기 위해 신앙의 자유를 주장했다. 유럽 이슬람주의자들이 유대인을 증오한다면 왜 홀로코스트를 도용하고 유대인과 동일시하며, 그들이 "제2의 유대인"이란 말에 급작스레 무슬림을 차별하는 유럽인들은 이슬람주의의 관심사를 무슨 까닭으로 포용하는가? 그리고 이슬람주의 및 이슬람교의 차이가 유럽에 산재된 이슬람교에는 어떻게 적용될까? 이에 대한 의문을 푸는 데 마코비츠가 크게 일조했다.

> 이민자들은 자신들을 적대시하는 유럽 국가 전역에서 고약한 외국인공포증을 무엇보다 먼저 일깨우면서 이중적인 반유대주의를 다시 불러일으켰다. 첫째는 이민자를 증오하여 그들을 경멸하는 자들이고, 둘째는 증오의 대상으로서, 공교롭게도 아랍·이스라엘 분쟁으로 ― 크게 부각되지는 않지만 ― 반유대주의가 널리 퍼진 문화 출신자들에게서 말이다.

발칸반도에서 세르비아계 파시스트당이 보스니아 무슬림을 학살할 때 대부분 잠잠했던 유럽 좌파들이 돌연 태도를 바꿔 "미국이 개입하자 발칸 전쟁에서 목소리를 높인" 것은 무도한 작태가 아닐 수 없다.[69] 그들은 반미주의 탓에 미국의 개입을 반대한 것이지, 전쟁이나 살상에 대한 인류적인 명분 때문은 아니었던 듯하다.

3장의 주제는, 반미주의라기보다는 반시온주의[70]와 반미주의가 걸핏하면 위장전술을 구사하는, 이슬람주의가 도모하려는 반유대주의로 보는 것이 옳을 것이다. 영국의 무슬림 민주당원 하니프 쿠레이시는 영국의 사원을 방문한 소회를 스위스 일간지 『노이에 취르허 차이퉁』지에 다음과 같이 기고했다.

> 내가 찾은 사원은 열성적이고도 선동적인 설교자가 장악했다. 열렬한 설교는 끊임없이 이어졌다. 그들은 서방세계와 유대인에 맞서야 하는 당위성을 역설했다. … 사원에서뿐 아니라, 신앙학교를 비롯한 종교기관에서도 그런 일은 비일비재했다.[71]

다문화 영국이 프랑스와 사뭇 다르다는 점도 주목할 필요가 있다. 2005년 7월 지하디스트가 공격을 감행하기 전까지 영국은 유럽의 여느 국가들과는 달리 이슬람주의자들에게 개방적인 태도를 보였다.[72] 일부 다문화주의자들은 영국의 관용적인 태도를 높이 평가했으나 혹자는 이를 유럽과 문화가 분열되는 화근으로 치부했다. 좀 민감할 수도 있으니 문화의 다양성을 소중히 여기고 유럽의 인종차별주의에 있어서는 인내심의 한계를 느낀다는 나의 입장을 서둘러 밝혀야겠다. 내가 주장하고픈 이야기는 런던이라는 개방적인 분위기에서도 자칭 소수 이슬람교 집단의 대변인을 자처하는 사람— 대개는 유대인을 혐오하는 —이 이중언어를 구사할 수 있다는 것이다. 예컨대, 그들의 주장을 들어보면 홀로코스트를 규탄하면서도 그것이 역사적 사실이라는 점은 부인하고, 유럽의 무슬림을 두고는 (벌어진 적도 없다는) 홀로코스트를 당한 유대인만큼 박해를 받고 있다고 역설한다.[73]

유럽의 무슬림 사이에서 반유대주의가 확산된 것은 유럽인이 이슬람주의자들의 선전에 귀를 닫은 만큼이나 관심에서 멀어진 현상인데, 미국도 사정은 마찬가지다. 이를테면, 미국 논객들 가운데 일부는 서구의 무슬림 청년이 극단주의로 치닫는 형국을 과소평가하고 있다. 프랑스의 이슬람 관련 서적 중, 2006년 브루킹스 연구소Brookings Institution에서 펴낸 책을 보면 조나단 로렌스가 "반유대주의 운동이라야 대수롭지 않은 것이 태반이다"[74]라며 반유대주의의 범위를 축소하는 내용이 있다. 책의 서문을 쓴 프랑스 학자 올리비에 로이는 포스트이슬람주의를 표방하며 이슬람주의 조직체를 "길을 잃은 젊은이들로 구성된 타크피리[ㅇ] 부대takfiri pockets"라고 일축했다.

여기서 요지는 부대가 아니라 기원으로 돌아가는 반유대주의라야 옳을 것이다. 유대인은 유럽 사회의 무슬림 이민자들이 통합되지 못한 데서 비롯된 희생양이었다. 독일에서 무슬림 여성을 변호해온 터키 출신의 세이란 아테스 변호사는 소수 무슬림 집단의 반유대주의를 종종 비판했다. 그녀는 다문화주의자들이 편협한 증오심에 사로잡혀 있다고 그들을 비난했다. 그들이 이슬람주의식 반유대주의를 시인하지 않으려 했기 때문이다. 2007년에는 베를린에서 총상을 입었으나, 목숨을 건진 아테스는 베를린의 반유대주의 터키인들을 규탄했다.[75]

2006년 히브리 대학의 비달사순 반유대주의 연구센터Vidal Sassoon Center for the Study of Antisemitism에서 열린 심포지엄에서, 주요 쟁점들 가운데 하나는 이슬람교 원리주의와 서양 다문화주의의 소통이었다. 다문화주의자들은 이슬람교를 비롯한 비유럽 문화를 미화하면서 유럽 내 이민자들의 문화를 험담해서는 안 된다는 금기를 세우게 되었고, 결국 유럽에 산재한 이슬람교도들 사이에서 유대인혐오증은 무도하지만 멸시받던 그들이 박해자를 직접 겨냥한 것이기에 존중받아 마땅하다는 타당성을 얻게 되었다. 이를 두고 제프리 허프는 "이슬람주의자들의 유대인혐오증은 유럽의 신나치주의에서 비롯된 도덕적 반감과는 다른 것"이라고 밝혔다.[76]

ㅇ takfiri: 상대 무슬림을 배교자로 비난하는 무슬림이란 뜻.

지금껏 주장해왔듯이, 반유대주의는 극악무도한 인종차별주의를 일으키고 급기야는 홀로코스트로 이어진 유럽의 폐단을 드러낸다. 독일 국민은 이 같은 범죄를 재연하지 않겠다고 다짐하며 이를 정치 문화의 기초로 삼았다. 그럼에도 불구하고 같은 민족이 이슬람주의식 반유대주의를 묵인하거나, 이를 "멸시받던 자"의 적법한 대응으로 치부하고 있으니 어찌 혼란스럽지 않겠는가? 2007년 3월, 예일 대학에서 반유대주의를 강연하던 나는 시대를 막론하고 유럽보다는 현지에서 더 많은 자유를 누리고 있다는 것을 새삼 느꼈다.

물론 유럽의 무슬림이 사회적으로 소외받았다는 점은 부인할 수 없는 사실이다. 무슬림 이민자들은 자의든, 타의든 차별이 자행되는 유럽에서 빈곤한 하류 민족으로 존속해왔고, 이슬람주의 정체성 정치를 통해 반감을 표출했다. 물론 대체로 정당성을 인정해주긴 했지만 그들이 유대인에게 적개심을 품게 된 건 안타까운 일이다. 이슬람주의를 비판할 생각은 없으나, 그들이 겪어온 고통의 일부는 유럽인에게서 비롯되었다는 점은 꼭 일러두고 싶다. 유럽에서 중산층으로 산다는 무슬림도 문화적 차별공세를 면하지는 못하고 있다. 즉 다문화주의와 문화의 상대주의가 인종차별주의와 공존하는 까닭에 그것에서 자유롭지 못하다는 이야기다. 유럽의 하류층을 구성하는 대다수의 무슬림은 교육의 기회는커녕 다문화주의가 뭔지조차 들어본 적이 없을 테지만, 유럽인이 비서양 문화들을 허용한다는 차별적인 이야기는 들어본 적이 있을 것이다. 예컨대, 독일에서는 무슬림에 대한 차별정책을 개선하기보다는 주로 (독일) 여성의 취업을 보장하는 데 소수집단 우대정책을 적용하고 있다. 유대인은 이 같은 유럽의 관행에 대가를 지급하고 있다. 이슬람주의자들은 이슬람교가 유대인과 십자군에게 둘러싸여 있다는 이른바 "포위된 이슬람교" 선전으로 유대인에게 선동자의 역할을 떠넘겼다.

한편, 다문화주의는 서방세계의 "문명화 선교"와 꼴사나운 유럽중심주의를 폐기할 목적으로 탈식민주의 세계관의 특색을 띠었으나 이처럼 긍정적인 면은 말로만 그치고 말았다. 대신 인본주의 가치관의 보편성을 부정하는 문화의 상대주의 이데올로기가 마련되었다. 새로운 반유대주의도 반시온주의로 위장하면 제삼의 문화로 허용되는 것 같기도 하지만, 마티아스 쿤첼은 이슬람주의식 반유대주의에 대한 자신의 연구를 거론하자 동료 학자에게 "따돌림"을 당했다고 한다. 유럽에서 무슬림의 유대인혐오증은 금기시된 주제였기 때문이다. 유럽의 좌파세력은 이슬람주의자를 반제국주의자로, 그들의 전체주의운동을 반세계화운동으로 간주하므로 이슬람주의의 비판론자는 진압해도 법적으로 아무런 하자가 없다. 따라서 그들은 이슬람주의식 반유대주의보다는 이슬람혐오증을 화두로 삼으려 한다.

비서양(이를테면, 팔레스타인계 이슬람교) 이민자라면 유대인을 혐오하는 가해자라도 면죄부를 받는 것도 바로 그 때문이다. 다양성을 내세운 다문화주의는 문화의 차이를 존중한다. 문화를 기본권으로 인정하려면 제삼자의 문화적 견해도 아무런 제약 없이 허용해야 한다. 허프가 지적한 바와 같이, 반유대주의 사상은 현지 유럽인이 표출했을 때에만 처벌을 받는데, 그것이 다른 문화에서 비롯되었다면 면죄가 성립될 것이다. 반유대주의란 팔레스타인과 세계에 난무하는 시온주의의 만행을 상대로 "박해자가 정당하게 행사하는 폭력"이기 때문이다.

예컨대, 2000년 10월, 독일 에센과 뒤셀도르프에서는 일부 회당들이 괴한의 습격을 받은 적이 있었다. 모두가 이를 신나치당의 소행으로 지적했고, 당시 총리였던 게르하르트 슈뢰더는 품위 있는 국민이라면 새로 부각된 반유대주의에 맞서야 한다며 매우 격앙된 목소리로 역설했다. 그러나 진상조사에 나선 경찰이 범인을 밝혀내자 흥분은 곧 가라앉았다. 신나치당이 아니라 아랍계 무슬림 이민자가 범행을 저질렀기 때문이다! 사건은 즉각 "핍박받는" 팔레스타인을 다문화적으로 이해해보려는 사례로 달라졌다. 회당에서 벌어진 신성모독은 "팔레스타인에서 유대인이 아랍인을 푸대접해온 데 대한 반감을 드러낸 것"이므로, 유대인은 "신나치당"의 입장에서조차도 피해자가 아니라 가해자요, 괴한의 증오심은 혐오스런 반유대주의가 아니라 되레 찬사를 받아야 할 반시온주의가 된 것이다! 물론 유대교 회중 가운데 아랍인을 천대한 사람이 있는지는 알 길이 없다. 사실, 그것까지 밝힐 필요는 없을 것 같다. ― 애당초 일부 유대인을 유대인 전체로 싸잡아 그랬다니 말이다.

사건이 있은 후, 나는 반시온주의와 반유대주의를 주제 삼아 대중과 함께 토론회를 개최해볼까 싶었지만 내가 쓴 기사를 게재할 곳을 찾기가 어려웠다. 당시 나는 정규 칼럼니스트였으나 평소 기고하던 『프랑크푸르터 알게마이네 차이퉁』지와 『슈피겔』지를 비롯하여, 독일 신문은 전부 내 기사를 싣지 않으려 했다. 우여곡절 끝에 『디 벨트』지가 이를 게재했는데 그때는 이미 또 다른 사건이 터진 직후였다. 베를린에서 랍비 로트실트가 아랍계 이슬람주의 공작원에게 구타당해 병원 신세를 지게 된 것이다.[77] 이것이 독일이 원하는 관용인가! 그들은 홀로코스트에서 무엇을 배웠단 말인가! 역사를 통해 배운 교훈이라고는 거의 없다는 것이 1962년부터 2009년까지 현지에서 살아온 나의 생각이다.

회당 습격사건을 재판하던 법정에서 배심원들은 피의자의 범행을 팔레스타인에서 겪고 있는 불의에 대한 "정당한 분노"의 표출로 이해해달라며 선처를 부탁받았다. 피고가 이례적으로 솜방망이 처벌을 받은 것은 국민이 가해자에 호감을 느끼고 있었다는 방증이었다. 만일 그들이 독일인이었다면 형량은 훨씬 더 무거워지고 사회는 용서에 인색했을 것이다.

프랑스에서 유대인을 겨냥한 습격은 예삿일이 되어버렸다. 경시청은 무슬림 젊은이의 공격을 피하려면 유대인 신분을 겉으로 드러내지 않는 것이 최선이라고 종용했다. 스칸디나비아에서도 사정은 마찬가지였고, 스웨덴에서는 아예 반유대주의인 이슬람 라디오 방송을 진행하고 있다. 현지에 거주하는 유럽계 유대인들은 이민을 고려해볼 만큼 굴욕을 당하고 있다며 하소연하지만, 스칸디나비아인들은 "정치적 불만을 정당하게 표출하는 것"이라며 이를 되레 허용하고 있다. 따라서 다문화주의는 아랍계 이슬람교의 유입을 통해 유럽에 반유대주의를 퍼뜨리게 하려는 위장막에 불과했다. 소위 잘못을 뉘우쳤다는 유럽인은 다른 문화를 누릴 권리를 인정하다 못해 아랍계 무슬림의 반유대주의 사상까지 눈감아주고 있다. 또한 이슬람주의식 반유대주의를 비난하는 사람들은 ─ 나처럼 무슬림일지라도, 이슬람혐오증을 비롯하여 ─ 무슬림 이민자들의 심기를 건드려 갈등을 조장했다는 이유로 욕을 먹고 있다.

소수 이교도 집단의 문화를 분석하려면 문화적 정체성의 구조와 꾸며진 배경을 먼저 다뤄야 한다. (이를테면, 유럽에서 불신자로 비쳐질 때 적대적인 환경이라면 더욱 그럴 것이다) 이슬람주의의 여파로, 소수 이슬람 집단의 하층민은 반유대주의 이데올로기를 중심으로 문화적 정체성을 세워나가고 있다. 베를린에서 간행되는『타게스슈피겔*Tagesspiegel*』지에 따르면, 아랍계 무슬림 지역(이를테면, 노이쾰른)에서는 일부 학생들이 유대인 입학금지라는 반유대주의 슬로건을 내세우면서까지 정체성을 강조하고 있다고 한다. 그런데 다문화주의는 현지 주민의 정체성 방침을 "우익 급진주의"라거나 "반이민주의"라 헐뜯으면서도 이 같은 정책을 허용하고 있다. 급진주의 우익 이슬람주의자들도 무임승차권을 받은 셈이다.

유럽 문화의 상대주의가 이슬람주의자들에게 베푼 난잡한 관용정신은 정체성 방침을 어처구니없는 지경에까지 몰고 갔다. 이슬람주의 사상이 소수 이교도 집단의 기관에서 전파되자 — 하니프 쿠레이시가 밝혔던 상황이 런던에 국한된 건 아니었다 — 유럽 전역의 젊은 무슬림이 소싯적부터 급진파로 길러진 것이다. 새로운 반유대주의 사상을 부추길 속셈으로 말이다. 이슬람주의 사상을 전파하기 위해 그들은 시민권을 십분 활용했다. 예컨대, 종교의 자유권을 들먹이면서, 비무슬림의 권리를 배격하고 무슬림을 시민으로 통합하려는 방침을 저해하는 배타적 신분 개념을 신앙학교에서 가르친 것이다. 균형 잡힌 시각을 갖고 있다면 유럽에서 무슬림이 받고 있는 처우를 간과하진 않겠지만, 분명 무슬림을 유럽 사회에 통합시키지 못한 책임은 유럽인뿐 아니라 무슬림에게도 있다. 유럽의 이슬람주의 지도자들은 이슬람교를 유럽형으로 바꾸는 것보다는 유럽을 이슬람교화하자는 데 동조하고 있다.[78]

독일 속담에 공격이 최선의 방어라는 말이 있다. 반유대주의를 확신시킨다는 이유로 이슬람주의자를 비난한다면 그들은 당신을 이슬람혐오증 환자로 몰아세울 것이다. 그러고는 반이슬람주의를 반유대주의와 동일시하며 무슬림을 상대로 하는 제2의 홀로코스트를 운운할 것이다. 이 같은 논리를 적용한다면 증오심에 찬동하는 쪽은 무고한 사람이 되고, 이를 반대하는 쪽은 되레 대량살상을 도모한 꼴이 되고 만다. 바로 타리크 라마단이 이처럼 주객을 전도하여 이중언어[79]를 일삼는다는 비난을 되받아친 인물이다. 그는 『슈피겔』지와의 인터뷰에서 "나는 무슬림 유대인이오"라며 자신의 신분을 강조했다. 알랭 핀키엘크라우트를 비롯한, 프랑스계 유대인과의 마찰을 감안해볼 때 그의 주장은 선전과 다르지 않았다. 라마단은 프랑스의 유대인 지식층의 불신을 샀다. 그들을 반유대주의자들로 취급했기 때문이다. 그러나 옥스퍼드나 미국의 일부 계층에서 그는 유럽에서 이슬람교를 대변하는 인물로 추앙받았다.[80] 그의 이슬람주의 사상에는 유럽적인 면이 없으나, 일부 유럽계 무슬림은 타리크 라마단과 대립된 입장을 분명히 밝히고 있다.[81]

"그릇된 비교"라는 제목으로 『프랑크푸르터 알게마이네 차이퉁』지에 기고한 글에서 나는 무슬림 이민자와 유대인의 동질성을 피력했다. 무슬림 이민자인 나의 경험에 비추어볼 때 오늘날 유럽의 무슬림은 사회적 소외감과 차별을 감내하며 살고 있다. 하지만 우리는 "제2의 유대인"이 아니다. 현재 민주적인 유럽에서 살고 있으며 홀로코스트를 당할 일은 전혀 없다. 이슬람세계를 통틀어, 이슬람주의자들에게 시민권과 자유가 유럽보다 더 보장된 곳은 없다.[82]

반유대주의와 반이슬람주의를 잘못 비교한 경우는 반드시 짚고 넘어가야 한다. 유럽 이슬람주의자들은 유대인을 상대로 제2의 홀로코스트가 벌어질 거라고 심심치 않게 말하는데, 무슬림 인본주의자로서 나는 유대인을 멸시하는 그들이 정치적 목표를 위해 홀로코스트의 쓰라린 시련을 이용할 수 있다는 것이 도무지 이해가 되지 않는다. 무슬림을 부당하게 대우한 적도 있긴 하지만 유럽은 민주주의가 정립된 곳으로, 이슬람세계의 박해를 피해 이민한 이슬람주의자들에게 정치망명을 허용하고 복지기금을 지급해왔다. 무슬림에게는 그들의 국가보다는 유럽이 더 안전하며, 이슬람주의자들이야말로 시민권을 두고 엄격한 법률을 적용하는 유럽의 최대 수혜자다. 무슬림을 겨냥한 홀로코스트가 정말 유럽에서 벌어진다면 왜 유럽에 몰려들고 망명을 신청하겠는가? 통계에 따르면, 1950년부터 2010년까지 서유럽의 무슬림 소수집단은 백만 명에서 2,300만 명으로 증가했다고 한다.

유럽의 무슬림 소수집단을 이용하려는 이슬람주의자들의 움직임을 감안해본다면, 반유대주의는 이슬람교의 유입으로 유럽에 다시 확산되고 있는 셈이다. 그들은 통합을 저해하고, 이슬람혐오증이라는 돌을 던져 비방을 모면해왔다. 2000년 에센에서 벌어진 사건으로 반유대주의의 폐단(사실)은 축소되고 이슬람혐오증은(사실이긴 하나 너무 부각시켰다) 확대되고 말았다. 이슬람주의식 선전에서 두 사상은 동일하다. 거듭 언급하지만, 이슬람주의자들이 장악한 국가를 제외하면, 그들에게 시민권과 자유가 유럽보다 더 보장된 곳은 없다. 다문화주의라는 편견에 사로잡힌 이데올로기 환경은 유럽에서 이념 전쟁의 성역을 찾은 이슬람주의자들에게 득이 되는 침묵을 강요하고 있으니 말이다.

 소수집단을 이룬 이슬람주의자들에게까지 확산된 다문화적인 관용은 유럽계 유대인뿐 아니라, 고국의 이슬람교를 떠나려 했으나 마침내 유럽에서 이를 다시 맞닥뜨리게 된 진보주의 무슬림에게도 마찰을 일으켰다. 유럽의 반유대주의 이데올로기의 요소 중에는 나치당이 자부심을 느꼈던 민중 독트린이 있는데, 본래 이슬람교의 움마사상에는 그와 비슷한 개념이 없다. 무슬림공동체(움마)는 개종하면 모두가 합류할 수 있는 매우 포괄적인 것으로 이해할 수 있다. 나는 11장에서 이슬람주의가 무슬림의 움마를 정화와 배타주의를 지향하는 나치당의 민중과 흡사한 개념으로 바꿔 이슬람교의 전통을 꾸며냈다는 점을 입증했다. 민중 독트린의 주적은 유대인이다. 앞서 "두려움이라는 민족성"을 언급했는데, 이는 무슬림과 유럽인에게서 벌어지고 있는 상호 민족화 과정을 기술하기 위해 지어낸 말이다. 이슬람주의의 제한적인 움마가 가지는 구조화된 민족성은 유럽의 제한적인 민족성을 강화하고 있다. 이는 현지 유대인들이 타격을 받을 테니 우려할 만한 일이다. 이 같은 추세를 눈감아주는 것은 유럽에서 반유대주의를 비호하는 것과 같다. 반유대주의는 인본주의와는 상극을 이룬다. 그러나 이슬람교는 일찍이 "유대교와 이슬람교의 공생"을 비롯한 인본주의 전통[83]을 보전해왔다.

예외적 사례: 이슬람주의와 "나치 팔레스타인"

지금까지 논의한 차이점 — 이를테면, 이슬람주의와 이슬람교, 전통 이슬람교의 유대인혐오증과 유럽에서 비롯된 대량살상형 반유대주의의 차이 — 뿐만 아니라, 종교색을 띠지 않는 범아랍 민족주의자들의 반유대주의와 훗날 이슬람주의가 전개한 종교화된 반유대주의의 차이도 추가해볼까 한다. 역사학자 클라우스 미카엘 말만 및 마틴 퀴페르스와 제프리 허프는 각각 『나치 팔레스타인』[84]과 『아랍세계를 향한 나치 선전』[85]에서 팔레스타인의 예외적인 사례에 주목하라고 역설했다. 이슬람주의는 1928년, 하산 알반나가 무슬림 형제단을 조직하면서 자리를 잡았으나 1967년, 아랍 민족주의자들이 이스라엘과의 전쟁에서 패한 후에 비로소 중동지역에서 번성했다. 그중에서도 팔레스타인이 1순위로 꼽힌다. 이슬람주의 사상은 나치 독일의 영향으로 1930~40년대 당시 정치계에 진입했으며, 바로 여기서 민족주의와 이슬람주의의 융합이 이루어진 것이다. (팔레스타인의 민족주의는 당시 범아랍 민족주의에 속해 있었다) 예루살렘의 이슬람교 법전 전문가(무프티)인 아민 알후세이니의 사상은 알반나에게서 차용한 것이다. 허프는 두 인물이 서로 가까운 사이인 데다, 유대인을 상대로 한 반인륜 범죄와 히틀러에 호감을 느꼈다고 밝혔다.[86]

내가 정의하는 알후세이니는 이슬람주의자가 아니다. 이런 점도 주목해볼 필요가 있다. 그는 성직자 겸 종교 권위자이나 그보다는 팔레스타인 민족주의자에 더 가깝다. 그 또한 히틀러를 존경했고, 팔레스타인을 겨냥했다고 믿는 "유대인의 음모론"을 뒷받침하기 위해 『시온주의 의정서』를 근거로 들기도 했다. 알후세이니는 무슬림 형제단의 지원을 받았다. 허프는 알반나의 친나치 성향의 증거를 문헌에서 찾아내어 그가 "나치와 파시스트 조직을 연구, 이를 본보기로 삼아 특수 훈련을 받은 듬직한 인재를 모아 조직을 창설했다"는 사실을 지적했다. 무슬림 형제단은 이집트뿐 아니라, 이슬람주의자들이 "나블러스와 야파에서… 지부를 연" 팔레스타인에서도 왕성하게 활약했다. 또한 "2차 세계대전의 여파로… 아민 알후세이니와 하산 알반나는 이스라엘의 출현을 나치당이 전시에 했던 예언을 입증하는 증거라고 지적했다. … 무슬림 형제단과 하산 알반나, 사이드 쿠틉은… 매일 베를린 라디오에서 들리는 음모론이 계속 이어질 것을 시사했다"고 그는 덧붙였다.[87]

알후세이니는 전쟁 당시 대부분 베를린에서 히틀러를 보좌했고, 그 후 독일을 빠져나왔다가 전쟁 범죄에 연루된 혐의로 프랑스에서 검거되었다. 그가 석방되도록 아랍 무슬림 압력단체들 가운데 하나인 무슬림 형제단이 도왔다. 다음은 알후세이니가 풀려난 뒤 알반나가 발표한 성명이다.

> 무슬림 형제단은… 무프티(알후세이니)가 아랍국가라면 어디에서든 환영받는다는 걸 밝히고 싶소. … 마침내 사자가 자유를 얻었구려. … 오, 아민! 당신은 위대하고도 단호하며 훌륭한 사람이로소이다. … 히틀러와 무솔리니가 패전해도… 시온주의와 싸운 영웅인… 당신은 조금도 두려워하지 않는구려.[88]

이를 두고 허프는 다음과 같이 기술했다.

하산 알반나의 성명을 주의 깊게 읽어보면 알후세이니도 자신을 비롯하여, 히틀러와 독일이 벌였던 전쟁을 지금도 치르고 있다는 것을 알 수 있다. … 독일과 히틀러의 편에 선다면… 전쟁 당시 알후세이니가 펼친 활약상에 찬사를 보내지 않을 수 없을 것이다.[89]

그런데 더 끔찍한 사실은 팔레스타인에서 유대인을 대상으로 제2의 홀로코스트를 감행하려는 계획이 있었다는 말만과 퀴페르스의 주장이었다. 이에는 나치와 아랍계 무슬림 동맹이 공조했을 공산이 크다. 후세이니가 발칸반도에 무슬림판 무장 친위대[10]를 조직했다는 건 이미 잘 알려진 사실이다. 그러나 두 사학자는 동유럽 나치의 중대급 기동대[11]의 경험을 팔레스타인에서 시도하려는 계획을 발견한 것이다. 동유럽에서는 나치와 손잡은 해외 부대가 독일 나치를 대신하여 유대인들을 살해하기도 했다. 저자는 "동유럽의 나치 특수임무부대[12]의 사례에 따르면, 독일군이 자행한 대량 살상은… 현지 협력부대의 지원을 받았으며 최소한의 지령만으로도 자연스레 진행되었다"고 밝혔다. 바로 그것이 팔레스타인에서 벌어질지 모를 본보기가 된 것이다. 조직이 잘 정비된 "많은 아랍인들은 중동에서 독일의 공범이 될 각오가 되어 있었다. … 라우프가 이끄는 기동대의 주요 임무는 팔레스타인에서… 공모자들의 도움을 받아… 홀로코스트를 재현하는 것

---

10. the Waffen SS: 다양한 우익계 준군사 조직을 가진 자유군단the Freikorps과 제국육군the Reichswehr 출신들로 채워졌다.
11. Einsatzkommando: 대대는 기동대Einsatzkommando와 특공대Sonderkommando로 불리는 중대급 부대로 나누어졌다.
12. Einsatzgruppen: 정식명칭은 아인자츠그루펜 처형부대Einsatzgruppen death squads로 2차 세계대전 기간 동안 제국 중앙보안본부RSHA의 휘하에 있던 준군사적 전투군.

이다." 유대인을 멸절시키려는 모략은— 카를 폰 클라우제비츠의 말마따나— "마찰"이 없었다면 순조롭게 진행되었을 것이다. 이슬람주의자가 가담한 홀로코스트 계획은 엘 알라메인[13]과 동부전선에서 독일이 패배한 후에 저지되었어야 했다. 결국, "1941년, 아랍세계를 둘러싼, 영국의 입장에 맞서 히틀러가 세운 계획은 모두 폐기되어야 마땅했다."[90]

반면, 독일의 주류 학자들은 팔레스타인의 지하디스트 이슬람주의자들— 이를테면, 알후세이니와 공조했던 반시온주의 테러리스트 이즈 알딘 알카삼 등 — 에 공감했다. 말만과 퀴페르스는 "2001년 9·11테러 사태 후에도 그런 테러리스트가 자신의 신앙과 팔레스타인 명분의 증인으로서 서방세계의 학술문헌에 순교자로 등재될 수 있다"는 데 의아해했다. 이 같은 발언은 구드룬 크라머의 저작에 기록된 알카삼의 망언을 인용한 것이다. 하마스가 이스라엘 민간인을 향해 발사할 미사일을 카삼 미사일로 지은 것도 주목해볼 만하다. 두 학자는 주류 학자를 반유대주의라는 이유로 비난하지는 않지만, 다른 문화의 주요 학문을 제한하려는 학자들은 존중이라는 덕목을 내세워 문제를 제기한다. 이는 "사상을 검열하는 작태와 별반 다르지 않기 때문"이다. 그들은 "종교나 경제성장 혹은 성별을 넘어… 인류의 보편적인 가치관을 수용해야 한다고 호소한다. … 인간 조건의 보편성은 누구도 벗어날 수 없는 책임이기 때문이다."[91]

두 저자는 서양의 제삼세계주의에서 "맹목과 심취"를 감지해냈다. 크라머를 비롯한 학자들은 "이를테면… 반시온주의와 반유대주의처럼 편견이 깔린 이데올로기"를 억압된 불만의 표현이라며 변호했다. 말만과 퀴

[13] El Alamein: 이집트 지중해 연안에 있는 도시.

페르스는 "계몽적인 사고와 야만주의로 가는 대안적인 길의 차이가" 사라졌음을 탄식했다. 그러므로 "반인류범죄를 정확히 인식하려면 무슨 수를 써서라도 분별력을 지켜야 한다"는 것이 그들의 결론이다.[92]

이슬람주의식 반유대주의의 주축

이슬람세계 전역에 확산되고 있는, 정치적인 동기를 띠지만 종교로 승화된 반유대주의의 실상은 유럽의 반유대주의가 인류 역사상 가장 끔찍한 범죄로 이어졌다는 점을 일깨워주어야 마땅하다. 따라서 이슬람세계의 반유대주의는 향후의 범죄 예방을 위해 연구해야 할 프로젝트로 간주할 수 있다.

그렇기 때문에 현대의 이슬람주의식 반유대주의가 전통적인 유대인혐오증과 구별되어야 하는 것이다. 이슬람교가 유대인들을 신앙인으로 존중하고 그들을 경전의 사람(아흘 알키타브)으로 추앙함에도 불구하고 유대인을 둘러싼 편견은 이슬람세계에서 오랫동안 존재해왔다.[93] 중세에 유대 민족의 종교생활을 허용한 이슬람교의 전통적 관용은 인정하지만 ― 중세 기독교인들이 유대인들을 학살한 것과 비교해볼 때 이 같은 관용은 찬사를 받아 마땅하지만 ― "관용"의 기준이 만족스럽지 못하다는 사실을 간과해서는 안 될 것이다.[94] 요즘 2류신도이자 보호대상인 소수의 유일신을 믿는 소수집단(딤미) 취급을 받고 싶어 하는 유대인은 하나도 없을 것이다.[95] 현대의 기준으로 볼 때, 이는 명백한 차별이기 때문이다. 따라서 이슬람교의 샤리아를 둔, 팔레스타인 구역에서 딤미의 지위를 인정한다는 조건하에 유대인의 자유를 허용하자는 하마스의 온건파들이 장려하는 의견을 이스라엘 국민이 거부하는 것도 당연하다. 이는 시민 사회의 준거와는 대립되는 제

안이기 때문이다.[96]

　이슬람세계의 질서를 저해하기 위한 모략의 일환으로 유대인의 대리인 역할을 한다며 이슬람주의자들이 세속적인 아랍 및 터키 민족주의자들을 비난할 때 그들은 세속 민족주의자들도 반유대주의에 빠져든다는 사실은 간과하고 만다. 그러나 세속 민족주의자들과는 달리, 이슬람주의자들은 이 같은 이데올로기에 종교를 입힌다. 사이드 쿠틉이 기틀을 잡고, 조직체(하마스 등)의 독트린을 갖춘 채 오늘날까지 명맥을 이어온 이슬람화된 반유대주의는 유대교와 이슬람교 간의 끝없는 증오심이라는 그릇된 전통을 빚어냈다. 이슬람화된 반유대주의의 주축을 다음과 같이 몇 가지 의혹으로 요약할 수 있다.

- 이슬람교를 겨냥한, 유대인의 음모는 622년 이후 계속 전수되어 왔다.
- 유대인은 세계를 지배하고 싶어 하기 때문에 이슬람교의 통치권을 박탈하려고 한다.
- 유대인은 시온주의의 주된 목표인 세계통치를 위해 다양한 "비밀" 결사대 — 이를테면, 프리메이슨 등 — 를 두고 있다.
- 십자군 전쟁 이후, 유대인은 기독교인을 대리자로 이용해왔다.
- 현재 미국은 유대인이 통치하고 있다.

　이 같은 신념 때문에 이슬람주의식 반유대주의가 이슬람주의의 반시온주의 및 반미주의에서 분리될 수 없는 것이다. 이슬람세계에서 유대인혐오증은 반유대주의가 아니라, 반시온주의에 기반을 두었거나 이스라엘 정책에 반대하는 목소리를 일컫는다고 서방세계에서 주장하는 사람들은 이슬람주의자들의 대립된 주장과 씨름해야 할 것이다.[97]

결론은 다음 세 가지로 압축된다.

1. "세계적이고 사탄적인 유대인의 악성"을 둘러싼 믿음은 제2의 홀로코스트를 동조하는 것과 같다. 그렇게 사악한 피조물은 인간이 아니므로 그들을 전멸시키는 것이 논리적으로도 타당하고 꼭 그래야 마땅하다. 이 같은 사고가 얼토당토않다는 것은 대번 알겠지만 이슬람주의가 출현하기 전까지만 해도 그런 사상은 존재하지도 않았다.
2. 사이드 쿠톱과 무슬림 형제단(몇몇 정책입안자들은 "온건파 이슬람주의자"로 간주한다)이 주창한 이슬람교화한 반유대주의는 새롭게 발전하고 있다. 이는 "인종차별적인" 아랍 민족의 반유대주의와는 사뭇 다르다.
3. 이슬람화된, 즉 종교화된 반유대주의는 이슬람교 고유의 무언가가 있다는 진정성을 내세워 이슬람 민족의 관심을 더 끌 수 있으므로 인종차별적인 반유대주의보다 더 위험하다.

그렇다면 서방세계는 어떻게 이슬람세계와 작별을 고하지 않고 반유대주의 병폐와 맞닥뜨릴 수 있단 말인가? 이슬람주의식 반유대주의와 맞서는 최선의 방편은 그것이 이슬람 사상 및 전통과는 거리가 먼 데다 진정성도 인정할 수 없다는 소신을 지키는 것일 것이다. 스페인에서 유대인과 무슬림의 관계가 가깝고, 무슬림인 이븐 루슈드와 유대인 철학자 모세스 마이모니데스가 서로 뜻이 맞는다는 점을 익히 알고 있는 진보주의 무슬림은 이 같은 역사적 사실을 동포에게 밝혀야 한다. 무슬림과 유대인의 역사적 관계는 그리 이상적이진 않지만 (세계적인 전쟁은 말할 것도 없고) 끊임없는 전시상황과는 더더욱 거리가 멀다. 전통의 긍정적인 측면은 이슬람주의 아젠다에 맞서 유대교와 이슬람교가 협력하여 부활시켜야 마땅하며, 반유대주의가 이슬람주의 이데올로기의 중심에 있다는 점을 명심해야 할 것이다. 이슬람주의의 대안으로, 지금은 묻혀버린 이슬람교의 인본주의 전통을 소생시킴으로써 이슬람주의를 배격하는 문화적 공생관계 안에서 마이모니데스와 이븐 루슈드 등 저명한 철학자들을 연합시켜야 할 것이다.

내가 알기로는 유대인혐오증을 법으로 금지한 유일한 아랍·이슬람 국가인 모로코는 이처럼 긍정적 전통을 보전하고 있다. 2009년 7월, 나는 다문화주의와 다원주의에 관한 세계회의Congres Mondial sur Multiculturalisme et Pluralisme에 참석차 모로코의 페즈에 있었는데, 현지 정치인과 학자들이 다원주의와 다양성을 두고 공개적으로 자신의 의견을 교환하는 모습에 기분이 좋았다. "모로코 문화의 유대적 원천"도 인정을 받았다. 모로코 국립 라디오 방송국 기자와의 인터뷰에서, 나는 민간 이슬람 문화에 찬사를 보내면서 이를 다른 아랍·무슬림들의 본보기로 삼아야 할 것을 주장했다. 이런 인터뷰는 이집트와 시리아를 비롯하여 다른 중동 국가들에서는 상상도 할 수 없는 것이다. 그런 국가에서는 반유대주의가 기승을 부리는 탓에 이를 반대했다가는 대역죄로 몰리기 십상이다. 과거 엘리트에 국한되었던, 범아랍 반유대주의와는 달리, 새로운 이슬람주의식 반유대주의 사상은 민중으로 구성된 조직이 이를 대변하고 있다. 이미 뿌리를 내린 데다 국민이 선택할 수 있는 사상으로 격상되었다는 이야기다. 그러나 반유대주의를 법으로 금하는 것을 이슬람혐오증의 표현으로 치부해서는 안 된다. 반유대주의를 둘러싼 법적 조치는 중세 이슬람식 인본주의 속에서 피어난 전통 사고방식인 "유대교 및 이슬람교의 공생"과 일맥상통하기 때문이다.

"2011년, 아랍의 봄이 이슬람교의 인본주의에 의해 벌어졌는가?"라는 물음으로 이 장을 마칠까 한다. 권위주의 정권이 붕괴하고 아랍의 봄이 일어나면서 새로운 자유가 도래했지만 그렇다고 긍정적 감정만 나타난 건 아니다. 2011년 9월 중순경, 카이로의 타리르 광장에서 시위를 벌이던 몇몇 군중은 반유대주의 감정을 물리적인 공격으로 표출하기 위해 이스라엘 대사관을 찾았다. 이는 AKP가 집권한 터키가 이스라엘 대사를 추방한 지 일주일이 지난 뒤의 일이다. 그리고 난 후에는 이슬람주의자인 터키 총리가 유대인에 맞선 무슬림 지도자를 자처하기 위해 카이로를 밟았다. 그는 반유대주의 슬로건을 내세우지는 않았지만 반이스라엘 카드를 이용했다. 독일 『디 벨트』지의 중동 특파원 미샤엘 보그스테데는 "무바라크 정권이 와해된 이후 이집트 국민은 소신을 자유롭게 털어놓고 있다. 그런데 표현의 자유를 뜯어보면 반유대주의와 유대인혐오증이 다수를 차지한다"고 술회했다.[98] 이 장에서 분명히 밝혔듯이, 한나 아렌트의 입장 — 모든 반유대주의는 전체주의라는 — 을 감안해볼 때, 이슬람주의자들의 지위를 격상하기 위한 아랍의 봄 운동은 민주주의는 고사하고 이슬람의 인본주의 정신도 기대하기 어렵다.

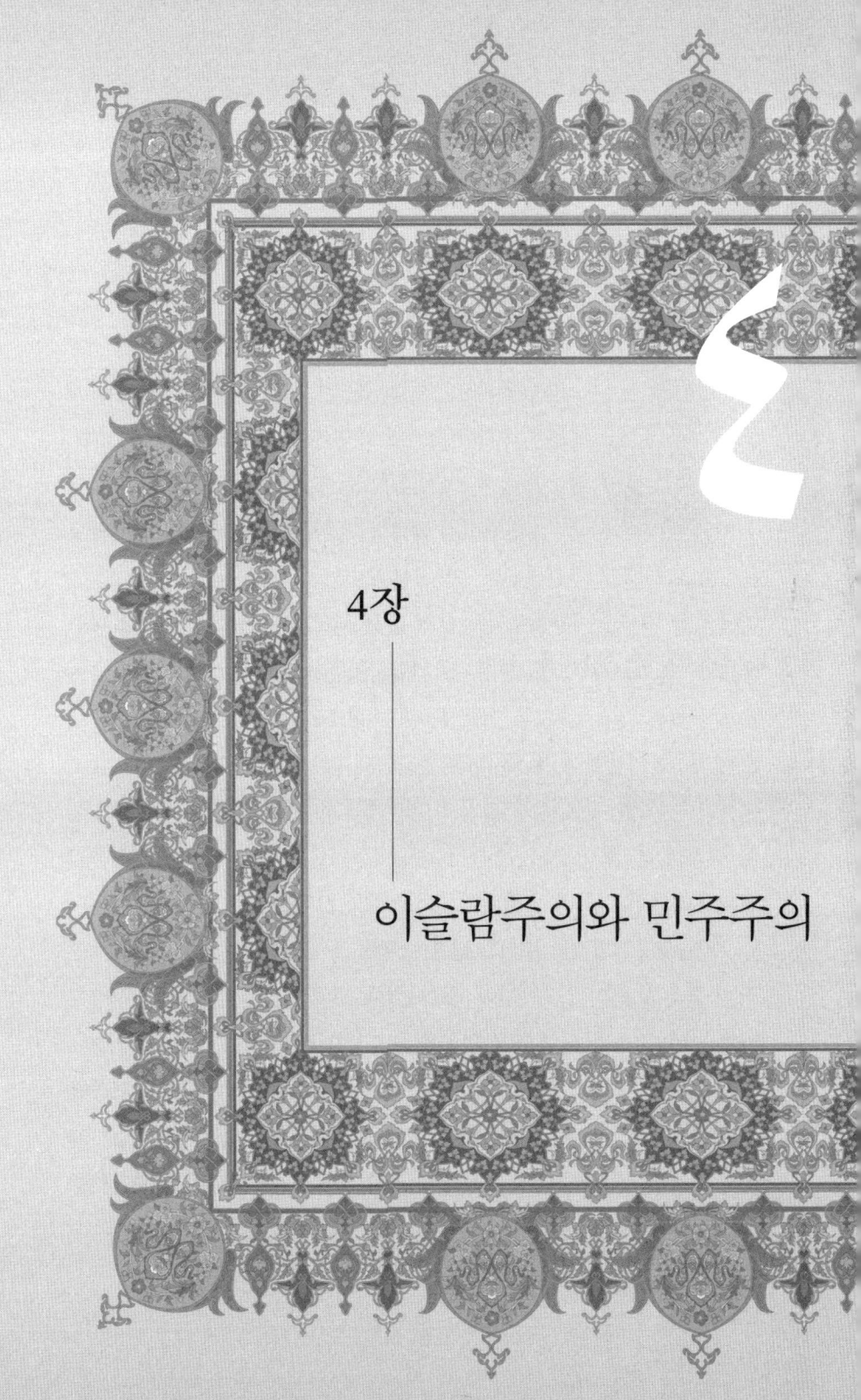

4장

이슬람주의와 민주주의

 이슬람주의가 민주주의와 화합할 수 있을까? 이 물음에 이슬람주의 찬성파와 반대파가 뜨거운 논쟁을 벌였다.[1] 3장에서 이슬람주의식 반유대주의를 분석했지만 희망은 거의 보이지 않았다. 『전체주의의 기원』에서 반유대주의를 포함한 모든 이데올로기가 전체주의라고 주장한 한나 아렌트의 논리에 수긍한다면, 이슬람주의는 분명 전체주의적인 속성이 있으므로 비민주적인 이데올로기로 볼 수 있다.[2] 지금까지는 이슬람주의에 대해 간접적으로 설명했으나 앞으로는 이슬람주의 이데올로기의 창안자와 그들의 후손이 민주주의를 어떻게 생각하는지 그들에게서 직접 들어볼까 한다. 물론 그러기 위해서는 이슬람주의 지도자가 직접 쓴 문헌을 읽는 것이 중요하다. 이러한 문헌을 읽지 않은 학자들은 이슬람주의자가 서방세계의 청중을 의식한 진술과, 그들의 속내를 진솔하게 밝힌 것의 차이를 구분할 수 없다.

이슬람주의와 민주주의의 관계는 열띤 논쟁을 불러일으켰다. 2008년 『민주주의 저널』지에도 논쟁이 게재되었다. 그때 나는 "왜 그들은 민주주의자가 될 수 없는가"라는 제목의 글을 기고한 바 있다.[3] 논객들 가운데 앤드류 마치는 "종교적 신념이 동기가 된" 평화주의적 이슬람주의자는 포용할 수 있다고 주장한 반면, 마크 린치는 민주주의를 도입하려는 이슬람주의자들의 의지를 의심한다면 무슬림의 "신앙과 정체성"[4]에 "엄청난 모욕"을 준

것으로 몰릴 수 있음을 역설했다. 내가 강조한 바와 같이, 이들의 주장은 이슬람주의와 이슬람교의 차이를 간과하고 있다. 논쟁의 핵심은 신앙이 아니라 종교화된 정치에 있었기 때문이다.

또한 제도적 이슬람주의와 지하디스트의 차이도 논쟁의 중심에 있다. 두 집단의 경계가 얼마나 모호한지는 잠시 접어두기로 하자. 지하디스트가 비민주적이라는 점은 쉽게 알 수 있으나, 제도적 이슬람주의는 민주적인 의사결정 절차에 참여하고 이를 지지할 때가 더러 있으니 어느 편인지 분간하기란 좀 어려울 것이다. 나는 민주주의를 지지한다는 이슬람주의자들은 믿지 않지만, 참여하는 정치는 찬성하고 비폭력 이슬람주의자를 범법자로 치부하는 건 반대한다. 떼려야 뗄 수 없는 참여와 위임의 차이는 최근 중동과 북아프리카 전역에서 벌어진 대규모 시위와도 관계가 깊다. 4장 후반에서 이를 좀 더 살펴보기로 하자.

린치는『포린 어페어스』지에서 폴 버먼이 이슬람주의를 조명한 책『지성인들의 비상The Flight of the Intellectuals』을 비평하는 가운데 제도적 이슬람주의와 지하디스트의 연결고리를 "이슬람주의 집단을 한 덩어리로 묶는 것"으로 규정했다. 그는 "민주정치 제도 안에서 제 역할을 할 의지는 있지만 정작 진보적인 자유와 평등 및 관용과는 대립되는 가치관을 장려한다"며 비폭력 이슬람주의자들의 문제점을 지적했다.[5] 그렇다면 민주주의자들은 이 같은 딜레마를 어떻게 풀어야 할까? 서방세계[6]와 아랍 무슬림세계[7]에서 이 주제에 대한 토론회에 참여해온 나는 민주주의가 두 가지 기둥에 기반을 둔다고 역설했다. 첫째는 가치관과 민주주의의 정치 문화이고, 둘째는 선거정치인데, 린치는 분리하고 싶어 할지도 모르지만 누구도 이 둘을 분리해선 안 된다. 그는 이슬람주의식 민주주의 비전을 가리켜 "진보적이라 규정할 수는 없지만 무슬림이… 진보적이자 민주적인 제도에 참여할 수 있는 적절한 지침은 될 것"이라고 주장했다. 때문에 린치는 이슬람주의 지도자 유세프 알카라다위를 "민주정치 참여를 열렬히 지지하는… 비폭력 이슬람주의자들의 우상"이라고 소개한 것이다.[8]

알카라다위가 이슬람주의의 "우상"이라는 점을 두고는 이견이 없으나,[9] 과연 알카라다위나 그의 추종자가 민주정치의 의지력도 겸비할 수 있느냐는 따져봐야 마땅할 것이다.

이슬람주의의 세 권위자와 서방세계의 세 가지 혼란

사이드 쿠틉이 쓴 책으로 가장 영향력 있는 책 『진리를 향한 이정표』로 이야기를 시작할까 한다. 여기서 그는 "병든 서방세계"가 민주정치와 함께 와해되는 까닭을 진단했다. 서양은 "역사가 귀환"하여 세계를 장악할 가상의 이슬람 세력으로 대체되어 무슬림의 영광이 도래할 거라는 것이다. 이 같은 사상은 무슬림 문헌에서 대부분 분명히 명시되어 있다. 쿠틉에 따르면 "서방세계에서… 인류는 분명히 벼랑 끝에 있다. 이미 그렇듯이, 민주정치가 붕괴된 이후… 서양인의 통치는 곧 와해될 전망이다. … 주요 가치관과 대안이 있는 것은 이슬람교뿐이며… 긴장이 극에 달한 시기인 바로 지금 이슬람교와 무슬림 공동체가 세상을 장악하게 될 것"이라고 한다.[10] 이것이 알카라다위도 역설하는 이슬람교식 해결책이다.

이슬람주의의 창시자 중, 쿠틉에 버금가며 역량이 그와 동일한 인물인 인도계 무슬림 아부 알알라 알마우두디는 훨씬 더 강력한 어조로 민주정치를 규탄했다.

무슬림 형제들에게 솔직히 말하건대, 민주정치는… 여러분이 종교와 교리로 포용하고 있는 이슬람교와는 대립되며, 여러분이 믿고, 무슬림이라는 정체성을 규정해준 이슬람교는 이런 가증스런 제도(민주정치)와는 크게 다르다. … 민주정치 제도가 장악한 곳에는 이슬람교가 없고, 이슬람교가 지배하는 동시에 민주정치 제도가 양립하는 곳은 없다.[11]

1966년, 쿠틉이 공개 처형되자, 그로부터 10년 후에 알마우두디가 세상을 떠났다. 쿠틉의 계승자로 널리 알려졌고 현존하는 이슬람주의자들 가운데 가장 영향력을 떨치고 있는 인물로는 유수프 알카라다위를 꼽을 수 있다. 알자지라 방송이 입지를 넓힌 결과, 그는 "세계적인 무프티"로 불리기도 한다. 알카라다위는 1967년 6일전쟁에서 아랍이 참패한 이후 처음 알려지기 시작했으며, 그의 저작은 종교와 무관한 정권을 두고 법적인 권위가 실추되는 데 기여했다. 그의 저서 『이슬람교식 해결책과 도입된 해결책al-Hall al-Islami wa al-hulul al-mustawradah』은 이슬람교의 가치관을 위해 서방세계의 가치관을 배격하는 삼부작 중 첫 번째다. 알카라다위는 판결(파트와)을 모두 공포하는데, 이는 영향력이 상당했다. (파트와란 바른 행위를 위한 가르침과 지침을 포함한 법적 판결을 일컫는다. 살만 루슈디에 사건 이후, 서방세계는 파트와를 사형으로 알고 있으나 이는 사실과 다르다.) 알카라다위는 민주정치를 비롯하여, 차용된 문화를 모두 "외부에서 도입된 해결책"이라며 배격하고 조롱했다. 그의 판결 중 하나를 살펴보면, "진보 민주주의라는 용어는 유럽에 기원을 두었다는 점을 반영한다. … 진보 민주주의 사상은 식민지를 통해 무슬림의 생활에 유입되었다. … 이 사상의 배후에는 종교가 정치 그리고 국가와 분리된다는 사악한 식민지적 개념이 어렴풋이 보인다"고 한다. 그 이면에는 낯설지 않은 악역도 있다. "식민주의를 표방하는 십자군과 전 세계의 유대인은 이슬람교 안에서 혼돈 상태fitna(피트나)를 선동한 장본인이다."[12] 피트나에는 이중적인 의미가 있다. 문자 그대로는 성적인 위험을 뜻하나, 무슬림은 비무슬림이 일으켜 무슬림이 휘말리게 된 격렬한 싸움(피트나 전쟁)을 가리킬 때도 피트나라 한다.

알카라다위에 따르면, 이슬람교는 "차용된 해결책의 대안으로 샤리아를 내놓았다"고 한다. 이슬람식 샤리아국가는 "이슬람세계에서 실패한 진보 민주주의"를 대체해야 하는데, 그 까닭은 민주정치가 "외부에서 유입된 것으로" 이슬람교와는 거리가 멀기 때문이다. 이슬람주의자들이 다 그렇듯, 알카라다위 또한 유럽에서 서양인과 대면할 때에는 그런 주장을 삼간다. 현지에서는 민주정치를 지지한다는 이야기다. 이처럼 한 입으로 두 말을 하니 서방세계가 이슬람주의를 알다가도 모르는 것이다.

정치적 이슬람교에서 명망 있는 세 권위자의 주장을 액면 그대로 받아들인다면, 추후의 논의도 필요 없이 이슬람주의가 민주정치와는 양립할 수 없다는 결론에 이를지도 모른다. 그렇다면 내가 왜 4장을 쓰고 있는 걸까?

증거는 분명하지만 글을 쓰는 것이 쉽지는 않다. 다수의 서양 학자들은 민주정치 — 서방세계가 듣기 좋은 대로 재단된 — 를 두고 이슬람주의자들이 밝힌 엇갈린 주장을 곧이곧대로 믿는 탓에, 결론도 천차만별이다.[13] 이 같은 혼동의 주요 원인은 이슬람주의와 이슬람교의 차이를 간과한 데서 비롯된다. 종교적 윤리 체계이자 신앙의 원천인 이슬람교는 종교개혁의 의지가 결합된다면 얼마든지 민주정치와 양립할 수 있다. 코란에 기록된 "슈라shura"는 아랍어로 "협의"라는 뜻이다. 비록 민주정치란 뜻은 아니지만 오늘날, 근대화된 문화[14]라는 걸림돌을 해결하고, 민주정치를 이슬람교에 도입할 생각이라면 슈라는 민주정치 윤리로 새롭게 해석될 수 있을 것이다.

서방세계가 혼동하게 된 두 번째 요인은 포스트모더니즘이 근대화의 보편성을 배격한 데 있다. 여기서 이슬람주의는 "다른 근대화"의 일종으로, 민주주의와의 관계는 서방세계의 기대와는 다를 것이라는 입장이 대두되었다. 그러나 이는 정치적 이슬람교가 권좌에 오르기 위해 투표함을 사용했다가 목적이 성취되면 즉시 민주정치의 원리를 헌신짝처럼 버리듯, 임시변통에 불과한 것이다. 이슬람주의 조직체가 호소력을 얻고 그 이데올로기가 국민의 선택 사안으로 승격된다면 민주정치의 구색 — 껍데기뿐인 — 을 이용해먹는 작태는 심심치 않게 벌어질 공산이 크다. 오늘날, 중동국가의 민주정치는 독재주의 정권이 아닌 이상 이슬람주의를 배제할 여건이 못된다. 그러나 이슬람주의가 민주주의와 양립할 수 없는 까닭에 민주주의 제도에 참여하는 이슬람주의는 딜레마를 일으키고 있다.[15]

끝으로 이슬람주의자들과 손을 잡고 중동을 민주화하려는 미국 정책 입안자도 혼동의 원인이 된다. 그들은 역사에서 뼈저린 교훈을 얻지 못한 것 같다. 1980년대에 침략한 소련을 상대하던 아프간 이슬람주의 단체 무자히딘[1]을 미국이 지원한 것은 엄청난 실수였다. 그것이 결국에는 탈레반으로 이어졌으니 말이다.[16] 그러나 9·11테러 사태가 터지자 부시 행정부는 "테러와의 전쟁"의 일환으로 탈레반 소탕작전을 펼쳐 지하드 테러를 지원한 혐의가 있는 무슬림을 모두 와해시켰으나 지하드운동을 막지는 못했다. 그런 다음에야 비로소 이라크와 팔레스타인에서 이슬람주의자들을 권좌에 앉히게 된, "민주화 정책"이란 허울 아래 국민을 홀린 광기가 출현하게

---

1   mujahidin: 아랍어로 "성스러운 이슬람 전사"를 뜻하며, 모자헤딘Mojahedin이라고도 한다. 아프가니스탄의 무장 게릴라 조직이며, 이슬람국가의 반정부 단체나 무장 게릴라 조직이 스스로를 지칭하는 말로도 쓰인다. 이란의 이슬람 사회주의 무장 게릴라 조직인 모자헤딘할크 Mojahedin Khalq가 대표적인 경우다.

된 것이다. 조만간 이집트도 같은 전철을 밟게 될 것이다. 이렇게 "정권교체"도 해보았지만 민주정치가 확립되지 못한 까닭은 무엇일까? 서양의 정책입안자들이 이슬람교와 이슬람문명에 대해 무지했다는 점이 가장 큰 이유일 것이다. 오바마 행정부가 색다른 화해정책을 펼치긴 했으나, 그 역시 아랍세계의 민주정치와 민주화를 분명히 이해하지 못했을 뿐 아니라 이슬람주의를 충분히 분석하지 못했다는 방증이다. 이슬람주의자와 서양의 지지자들로 이루어진 이슬람주의 당이 서유럽의 기독교 민주당에 견줄 수 있다고 하나, 이는 틀린 발상이다. 그들과는 달리, 이슬람주의 당은 종교와 관계가 깊은 데다—그래서 세속화의 탈피를 현안으로 상정한다—민주화의 의지는 투표함에서 끝나기 때문이다. 이런 난잡한 세상에서 이슬람주의를 둘러싼 진실을 운운하는 건 헛된 수고에 불과하다.

제도적 이슬람주의의 두 가지 사례: AKP와 무슬림 형제단

현재 민주화 정책은 일부 학자와 정책입안자들이 제도적 이슬람주의에 대한 달라진 분석법을 정당화하기 위해 지어낸, 터무니없는 "온건파 이슬람주의" 개념에 의존한다. "급진파 이슬람교"를 배격한 것이, 테러를 반대하고 민주정치에 아첨하는 이슬람주의자들을 긍정적으로 보는 시각으로 전환되어 온 것이다. "온건파 이슬람주의자"라는 개념은 지하디스트라는 정체를 대놓고 떠벌리지 않는 이슬람주의 지도자가 민주정치를 옹호하는 사람일 것이라는 착각을 불러일으키고 있다. 그런 이슬람주의자라면 사람들이 독재자와 독재정권을 다스릴 만한 적임자로 떠받을 것이다. 예컨대, 이라크에서는 민주정치의 본보기가 되지 못한 시아파 이슬람주의자들이 사담 후세인을 지지하는 수니파 바스당원들B'hists을 대체했다. 여기서 나는 터키의 AKP와 이집트의 무슬림 형제단에 중점을 둘까 한다. 후자는 "두려움을 모르는 이슬람교"[17]를 대변하는 것으로 알려졌다. 호스니 무바라크 정권이 붕괴된 이후 정계를 장악할 테니 말이다. 미국 정책입안자들은 형제단이 이집트를 통치하는 방식이 AKP가 장악한 터키와 닮을 거라고 기대하며 그들에게 찬사를 보낼지도 모른다. 일부 서양인은 AKP가 이상적인 정권이라고 생각한다.

"온건파 이슬람교 공화국"이라며 터키를 옹호하는 미국인들 중에는 랜드연구소the Rand Corporation의 스티븐 라라비도 눈에 띈다. 그는 "AKP가 집권한 터키는 지역에서 매우 중요한 역할을 해왔다. … 당을 법으로 금하는 것은 개혁과 민주주의를 장려하려는 노력을 깎아내릴 수도 있다"고 주장했다.[18] 2008년 7월, 터키 헌법재판소는 AKP가 세속 헌법을 훼손한다고 협박한 탓에 소집을 금한다고 밝혔으나 결국에는 판결을 번복했다. 그럼에도 라라비는 헌법재판소가 AKP를 해체하면 "미국은 주요 우방을 잃을 것"으로 우려했다. 이것이 바로 뉴스 분석의 허울을 쓴 검증되지 않은 가정의 한 가지 사례다. AKP가 집권한 터키의 대외정책은 이 분석이 거짓임을 여지없이 드러낸다. 좀 더 그럴듯한 견해는 터키계 미국인 분석가 제이노 바란에게서 찾을 수 있을 것이다. 그는 민주화라는 미명 아래 탈세속화를 진행하고 있다는 터키의 "점진적 이슬람주의화"를 규명했다. 바란의 『찢긴 국가』를 살펴보자.

> 증거에 따르면, AKP 지도자들은… 이슬람주의를 찬성하는 여론을 조성하기 위해 국가의 제도를 이용하는 것으로 나타났다. … 남녀가 평등하고, 소수의 종교·민족을 존중해야 한다는 덕목이 하향세를 보이는 통계수치는 종

교와 국민의 삶 사이의 경계가 모호해질지도 모른다는 케말주의자들의 우려를 확증하는 것 같기도 하다 — 그러면 세속 민주정치가 약화될 수 있다. 이는 터키 유권자의 의지를 반영하는 국내 정책 및 개혁안을 시행하고 있다는, AKP의 주장과는 대립된다.[19]

이 책이 출간된 이후의 사건은 터키의 이슬람주의화를 우려한 바란의 경고와 일맥상통한다. 2010년 9월 12일, 결국 터키의 세속적 헌법을 개정하게 된 국민투표로 AKP는 특히 사법부와 서방세계가 교육하고 훈련한 군당국에 대하여 공화국의 세속적인 주축을 약화시키겠다는 발의안을 상정했다. 오바마 대통령은 국민투표를 "역동적" 민주정치의 징후라며 격찬했으나 — 『뉴욕 타임스』지를 비롯한 — 언론들은 국민투표를 가리켜 "AKP 이슬람주의자들과 세속적인 엘리트가 벌이는 권력다툼의 최근 라운드"라 생각했다고 밝혔다.[20] 본지는 헌법재판소의 쇄신과 판·검사 최고위원회의 재구성이 "사법부의 독립을 저해하며, 터키의 세속주의 수준을 낮추기 위한 장기적 전략의 일환으로 AKP의 지지세력을 사법부 고위직에 앉히려는" 꼼수라고 말했다.[21] 이 같은 변화는 1923년, 공화국을 창건한 무스타파 케말 아타튀르크의 세속질서를 파괴하기 위한 권력다툼을 반영한다. 탈세속화와 케말주의 공화국의 탈서양화 과정은 나토 회원국이자, 비전투부대를 아프가니스탄에 파병하고 EU 가입을 원하는 국가에서 벌어지고 있다.

AKP가 이란과 하마스 및 헤즈볼라와 가까워지자 그와 서방세계의 인연이 의심을 받게 되었다. 혹자는 AKP를 터키의 "이슬람주의에 기반을 둔 정부"로 인도하는 정당으로 규정하여, 이슬람주의와 이슬람교답다는 것의 차이를 인정하는 『뉴욕 타임스』지의 공로를 높이 평가하나, 『프랑크푸르터 알게마이네 차이퉁』지를 비롯한 유럽 언론들은 자기기만적이다. 이를테면,

AKP를 "이슬람 보수주의"로 간주한 것이다. 그러나 AKP는 "전반적으로 새로운 헌법"을 위한 기초작업의 일환으로 세속적인 제도를 이슬람주의자의 수하에 넘기기 위해 노력하고 있다. 또한 "언론인에 맞서는 검사가 점차 증가하고 있다"는 EU의 진술도 충격을 준다. EU는 "언론의 자유를 침해"한다며 터키를 맹비난했는데,[22] 이 같은 정책에서는 민주주의 사고방식을 도저히 찾아볼 수가 없다.

미국 외교관들은 AKP를 이슬람교의 보수주의가 아닌 이슬람주의 당으로 인식하는 경우가 많다. 2010년 말, 인터넷 조직 위키리크스[2]가 상당수의 미국 국무부 케이블 방송을 집중보도하자, 독일의 『슈피겔』지는 이를 특종으로 다루었다. 터키의 EU가입 여부가 유럽의 주요 화두가 된 후에는 그 쟁점이 AKP를 둘러싼, 외교관들의 견해를 다룬 기사에 포함되었다.[23]

케이블 방송은 터키에 대한 미국 정부의 공식 성명과 언론인의 보도가 모순된다는 흥미로운 결과를 보여주었다. 부시 및 오바마 행정부는 AKP가 민주정치에 의욕이 있다며 AKP가 집권한 터키가 EU에 가입할 수 있도록 지지하겠다고 주장해왔으나, 앙카라 주재 미국 외교관들은 이에 대해 회의적인 반응을 보였다. 『슈피겔』지가 보도한 문건에 따르면, "AKP 정치인들이 EU 가입을 환영하는 까닭은… 터키가 유럽에 이슬람교를 확산시켜야 한다고 믿기 때문"이라고 한다. AKP 당원의 말을 빌리자면 "이슬람교가 장악한 스페인이 회복되기를 바라며, 1683년 빈에서의 패배를 되갚아줄 생각"이라는 것이다.[3] (유럽 발칸반도는 오스만 제국이 5세기간 점령했다. 1683

---

[2] WikiLeaks: 정부나 기업 등의 비윤리적 행위와 관련된 비밀 문서를 폭로하는 웹사이트.
[3] 유럽의 발칸반도는 약 5세기 동안 오스만 제국이 점령했으나, 1683년 오스만 군대는 빈을 장악하고 그곳에 이슬람교를 심을 목적으로 퇴각했다.

년, 오스만 군대는 빈의 이슬람화를 위해 철수했다.) 문건은 이른바 "다부토글루 접근법Davutoglu approach"을 일컫는데, 이는 에르도안 전 총리의 외교정책 시각에 많은 영향을 미친 이슬람주의자 아흐메드 다부토글루 외무장관의 이름을 따서 지어낸 것이다. 문건에는 "오스만이 장악한 발칸반도를 되찾아야 한다"는 다부토글루의 발언도 들어 있었다. 이를 두고 『슈피겔』지의 기자는 "다부토글루의 새로운 오스만 접근법은 미국에는 걱정거리가 된다"고 했는데, "에르도안에 대한 다부토글루의 이슬람주의 영향력이 분명히 드러난" 앙카라의 소식통도 우려의 목소리를 냈다. 『슈피겔』지에 따르면, "이 문건에는 미국 정부가 터키를 두고 발표했던 성명뿐 아니라… 에르도안 총리의 것과도 완전히 대립된 분석 결과가 들어 있다"고 한다. 앙카라주재 미국 대사관은 에르도안이 "이슬람주의 신문사들"을 비롯하여, "자부심이 강하고 완강하며 에르도안에게 충성하는 이슬람주의 보좌관에게서 정보를 입수한다"고 밝혔다. 한편, AKP 대표는 "민주정치는 기차와 같다. 탈 땐 타더라도 종착역에서는 내려야 한다"고 했다.[24] 독자라면 모로코를 제외한 모든 아랍국가 — 중동과 북아프리카 — 가 수세기간 오스만 튀르크의 지배를 받았다는 점을 간과해서는 안 될 것이다. 신오스만주의는 이 전통을 부활시킬 태세다. 이스탄불 특파원 미샤엘 마르텐스는 2011년 8월 26일자 『프랑크푸르터 알게마이네 차이퉁』지에 "전선의 무슬림"이라는 제목으로 — 신오스만에 중점을 두고 — 터키를 중동의 새로운 강대국으로 끌어올리기 위한 AKP의 계획을 보도했다. AKP는 터키 지도부 출마를 지지하기 위해, 아랍의 봄 운동으로 생긴 권력의 공백기를 이용하고 있다. 이 계획은 정치적이기도 하지만 군사력이 동원되기도 했다. 이슬람주의 AKP 정부는 아랍 중동 — 특히 리비아 — 및 보스니아를 제멋대로 비교했다. 예컨대, "무슬림 부대"가 1995년 보스니아에 파병된 평화유지군을 진작 대체했더라면 스레브레니차의 대학살ᵉ은 피할 수 있었을 거라고 한다. 마르텐스는 "터키는 자칭 지역 강대국이며… 이 같은 맥락에서 무슬림 평화부대의 인습적인 수단이 강화될 뿐이다. … 혹자는 이 부대가 UN을 보완한다기보다는 UN 평화유지군에 종속된다고 봐야 옳다고 주장한다"고 보도했다.[25] 신오스만주의는 야당에서 집권당으로의 과도기를 보내는 동안, 부상한 이슬람주의 조직을 지원하기 위해 정치적 이데올로기에서 군 전략으로 발전한 것이다.

2011년 1월, 『뉴욕 타임스/인터네셔널 헤럴드 트리뷴』지 국제판은 "다부토글루 접근법"을 1면에서 상세히 다루었다. 『뉴욕 타임스』지 기자에 따르면, "다부토글루는 터키의 야심찬 대외정책을 조성했고, 에르도안과는 부활한 터키라는 원대한 비전에 공감하며 과거의 오스만 제국의 입지를 채우는 데까지 뜻을 넓히고 있다"고 한다. 이는 평범한 국가의 비전이라기보다는 제국주의적 야심이라야 옳을 것이다. AKP의 신오스만주의는 터키의 민족주의와 이슬람주의식 국제주의가 혼합된 것으로 호기심을 불러일으킨다. 차차 알겠지만, AKP와 무슬림 형제단의 인연은 이 같은 분석을 뒷받침한다.

그렇다면 오바마 대통령이 문명의 교량을 위해 첫 연설 장소로 AKP가 집권한 터키를 선택한 까닭이 궁금해질 것이다. 그는 외교관들의 브리핑을 들었을까? 제도적 이슬람주의가 서방세계의 동반자로서 어울릴지도 감안해봐야 할 것이다. 터키는 나토 회원국으로 EU에도 가입하기 위해 미국의 지지를 호소하고 있다. 그러나 대외정책을 두고는 서방세계와 점점

ᵉ   Massacre in Srebrenica: 1992~95년 보스니아 내전 당시 유엔이 안전지역으로 선포한 피난민 주거지인 스레브레니차를 세르비아군이 침공하여, 약 7,500명의 이슬람교도들을 학살한 사건.

동떨어져만 가고 있다. 혹자는 EU가 터키의 계략 때문에 가입시키기를 꺼린다며 이를 비난하나, 위키리크스 케이블 방송은 AKP의 태도를 실망한 동맹지망국의 정책보다는 "다부토글루식 접근법"을 구사한다는 방증일 수 있다는 가능성을 제기했다.

2011년 초, 민중 봉기에 직면한 호스니 무바라크 이집트 대통령은 오마르 술레이만 부통령에게 권력을 이양했다.[26] 군대는 국가를 효과적으로 통제했고, 국내에서 공정한 선거가 치러지더라도 권력은 다수당을 차지할 가능성이 큰 무슬림 형제단에 돌아갈 것이라는 점은 불 보듯 뻔했다.[27] 하지만 그렇다고 해도 이집트가 그토록 고대했던 민주화는 이루어지지 않을 것이다. 이슬람주의식 통치는 권력을 공유하지 않고, 종교적인 전체주의가 세속 권위주의를 갈아치울 따름이다. 1928년에 당을 창건한 전임자들과는 달리, 오늘날의 무슬림 형제단은 그럴듯한 말로 민주정치를 운운하며 다양한 근대화라는 맥락에서 공생할 의지가 있는 "온건파 이슬람교"를 자처하고 있다. 이것이 단순한 기만(이함) 전술일까, 아니면 새로운 사고방식을 대변하는 것일까? 무슬림 형제단의 어떤 행동을 보고 그들의 이데올로기가 민주정치라는 시민 문화와 양립할 수 있겠다 싶은가? 정보에 정통하다면 터키 이슬람주의자들이 중동의 신오스만 지도부를 주장하면서, 점차 농도가 짙어지는 무슬림 형제단과 AKP의 커넥션을 눈치챘을 것이다. 무슬림 형제단은 미국[28]과 유럽[29]을 비롯하여, 이집트 밖에서도 세력을 키워 명실상부한 다국적 조직으로 부상하고 있다.

최근, 어느 전문가 팀은 이 조직을 연구하여 『무슬림 형제단』이라는 제목으로 단행본을 출간했다.[30] 편집은 배리 루빈이 맡았다. 사례별 연구에서 저자들은 무슬림 형제단이 민주적인 조직체가 아니라는 점을 입증하는 명백한 증거를 제시했다. 데이비드 리치는 영국에서 활동하는 조직을 연구하여 "타리크 라마단은 영국에서 가장 영향력 있는 이슬람주의 대변자 중 하나"[31]라고 주장했다. 라마단은 본토인 스위스에서는 이렇다 할 성공을 거두지 못해 영향력을 행사할 수 있는 곳을 찾아다녔다고 그는 덧붙였다. 프랑스에서는 파리의 그랜드 모스크의 이슬람교 지도자(이맘) 달릴 부바커가 대표하는 강력한 진보주의 진영인 프랑스 이슬람교의 세력으로 현지에서도 성과가 없었다. 우여곡절 끝에 그는 영국을 밟게 되는데, 리치에 따르면 영국에서는 "무슬림 형제단이 진보적인 민주정치와 대립되는 사상을 선전하며, 형제단의 이데올로기는 근본적인 진보 가치관을 거부했다"[32]고 한다. (또 다른 저자인 아나 B. 소에지는 무슬림 형제단을 이끄는 유수프 알카라다위를 이슬람주의 소수집단의 "최고 이데올로기 가이드"[33]라고 불렀고, 폴 버먼은 라마단이 알카라다위를 숭앙한 점에서 그를 "라마단이 추앙한 영웅"이라고 했다.) 라마단의 제도적 이슬람주의는 겉으로는 민주정치를 격찬하고 폭력을 금하겠다고 하나, 유럽에 진출하려는 그의 비전은 무슬림 이민자가 "진심으로 유럽 시민이 되어야 한다"는 의미는 아니다. 라마단이 정말 원하는 것은 버먼이 지적했듯이, "서방 이슬람교의 이름으로 본연의 모습을 갖추기 위해 서방세계와 대립하는 무슬림 문화"였다.[34] 진보주의 무슬림은 이 같은 모험에는 세력을 합류하지 않으려고 하는데, 이는 이슬람주의화 정책과도 매우 흡사하다. 유럽을 이슬람주의로 만드느냐, 이슬람교를 유럽식으로 바꾸느냐의 두 가지 대안이 대립하고 있다면 무슬림 형제단을 유럽에까지 확산시킨 것은 전자에 해당될 것이다.[35]

혹자는 제도적 이슬람주의가 서유럽을 이슬람주의의 망명처로 취급한다고 주장할지도 모른다. 이슬람주의자들은 정작 이슬람세계에서는 취득할 수 없었던 시민권을 유럽에서 누리고 있다. 유럽 국가의 현장조사를 토대로 실시한 최근 연구에서 로렌조 비디노는 무슬림 형제단 조직체가 유럽에서 얻은 권력을 입증하는 명백한 증거를 제시했다. 그는 무슬림 형제단을 "그들의 번영을 허용한 그 자유를 되레 파괴하려는 능란한 사기조직"으로 치부하며, 제도적 이슬람주의를 반박하는 논객들의 말을 인용했다. 비디노는 이에 동감했으나 무슬림 형제단을 불법 조직으로 규정하려는 정책은 반대했다. 한편, 그의 연구 결과는 "새로운 서방 형제단New Western Brothers의 목표가 서방 조직체와의 대화에서 공개된 것과 일치하지 않을 수도 있다는 충분한 증거를 제기했다." 반면, "비폭력 이슬람주의자들은 간과할 수 없는 실체"였다.[36] 그렇다면 민주정치는 이 같은 도전에 어떻게 응수해야 할까? 나는 민주정치를 지지하는 자라면 비폭력 이슬람주의자들의 사회참여 권리를 박탈하진 않는다는 비디노의 의견에는 동의한다. 그러나 참여와 위임의 차이는 이슬람세계에서나 유럽의 소수집단, 혹은 미국에서든, 민주국가가 제도적 이슬람주의에 대처할 방안을 짜낼 것이라면 꼭 감안해야 하는 것이다.

이 같은 식견은 무바라크가 축출된 이후의 이집트와 매우 관계가 깊다. 선거든, 다른 수단으로든 무슬림 형제단이 권력을 쥐게 된다면 이슬람주의 정권이 조성되거나, 인도네시아처럼 민간 이슬람교가 자리를 잡게 될 것이다.[37]

이슬람주의자들이 민주정치를 이용하다

"온건파 이슬람주의"는 제도적 이슬람주의가 친민주정치 조직체라는 가정에 근거한 환상이다. 이슬람주의가 이슬람교의 윤리,[38] 즉 이슬람교를 민주정치와 양립할 수 있도록 유도할 수 있는 것에 뿌리를 둔다면 모순도, 환상도 없을 것이다. 그러나 이슬람주의의 정치 이데올로기는 이슬람교의 윤리나, 다원주의와 권력 분담이라는 민주주의 가치관에 따라 움직이지 않는다. 이슬람주의의 주요 정치적 관심사는 이슬람식 제도, 즉 신이슬람 질서를 확립하는 것이다.

오늘날, 이슬람문명이 특히 중동에서 맞닥뜨린 난제들 가운데 하나는 민주정치 및 인권이 제대로 정립되지 못했다는 점이다. 이집트의 진보주의 무슬림인 사아드 에딘 이브라힘이 지적했듯이, "우리는 집권 독재자와 이를 반대하는 신정주의자 사이에 엉켜 있는 셈이다."[39] 이슬람주의는 중동에 포진한 권위주의 및 전제주의 정권의 필요한 대안이 아니라는 말이다. 예컨대, 이슬람주의자들은 한 가지 골칫거리를 다른 것으로 바꿀 뿐이다. 이브라힘은 이 같은 소신을 밝혔다는 이유로 유죄판결을 받아 모국 교도소에 수감되었다가 지금 망명생활을 하고 있다. 그러나 그의 발언을 보면 제도적 이슬람주의가 민주주의라는 정치 문화와 양립할 수 있다는, 검증되지 않은 가설의 진위를 묻지 않을 수가 없다.

일찍이 제기된 제도적 이슬람주의와 지하드운동의 차이는 "급진파"와 "온건파" 이슬람주의나 이슬람교보다 훨씬 더 유익한 정보를 담은 카테고리를 제시한다는 점이다. 정치 용어인 "급진파" 및 "온건파"는 "이슬람교"와 짝이 되면 존재하지도 않는, 독트린의 차이를 암시한다. 게다가 "이슬람주의"를 "급진주의"라든가 "광신도" 혹은 "극단주의"와 혼용하는 것 또한 잘못이다. "급진파"는 행동이 극단적인 소수를 의미하는데 사실, 이슬람주의는 이슬람세계에서 대중이 가장 많이 선택하는 사상이다. 조직을 갖춘 이슬람주의자들은 머릿수가 소수이지만 부유한 걸프사Gulf로부터 재정 후원을 받는가 하면 임의로 쓸 수 있는 시설도 아주 많다. 제도적 이슬람주의자와 지하디스트는 전술이 다를 뿐, 독트린이나 이슬람주의식 통치라는 근본 목표에는 차이가 없다.[40]

제도적 이슬람주의자들은 지하드운동의 폭력에 가담하지 않고, 대신 민주정치 놀음을 일삼고 선거에 동의하기도 한다. 그들은 샤리아에 기반을 둔 신이슬람 질서를 이룩하기 위해 이슬람주의 조직체의 목표를 여전히 공유하고 있다. 이슬람주의식 세계관에는 보편적인 신 중심주의rabbaniyya(라바니야)에 근거한 이슬람교의 지배(시야다트 알이슬람)도 포함된다. 종교 기반 이슬람주의식 국제주의는 다원주의 민주정치와 권력 분담과는 상극이다.

민주정치가 단순한 투표 절차에 국한된다면 전체주의 조직체가 집권을 위한 수단으로 이용할 때 이를 거부할 이유는 없을 것이다. 민주정치에는 선거 그 이상의 의미가 있기 때문이다. 민주주의의 정치 문화는 시민 다원주의를 비롯하여 사회 및 국가의 권력 분담이 필수요소다. 물론 선거가 없는 민주정치는 존재할 수 없으나, 적절한 정치 문화와 국민의 제도가 자리 잡지 않은 민주정치 또한 확산될 수가 없다. 따라서 다양성 개념이 어느 정도 민주정치에 적용되는 것이다. 민주정치 관행에서 파생된 다양한 변수에도, 민주정치에도 인권과 같이 축소될 수 없는 보편성이 수반된다. 진보적인 아랍인 중 민주정치를 지지하는 사람들은 이 같은 민주정치의 핵심 가치관에 동감한다.[41]

이슬람주의가 이슬람세계에서는 누구도 간과할 수 없는 야권세력이라는 점은 분명한 사실이다. 이슬람주의 조직체들은 기존 독재자의 유력한 반대파일 뿐 아니라 집권할 각오가 된 주역이기도 하다. 여러 지역들에서 이슬람주의자의 집권 여부보다는 권력에 무엇을 덧붙이느냐가 문제일 것이다. 『파이낸셜 타임스』지에 게재된 논평에서 "이슬람주의자들이 정치에 참여하는 것이 과격한 시각을 누그러뜨릴 수 있는 최선의 희망"[42]이라고 밝힌 것은 서방세계의 보편적 식견을 반영한다. 그러나 이슬람주의자의 역할을 확대한다고 해서 참여정치의 합류라는 신규 정책으로 이어질 것 같지는 않다. 예컨대, 하마스는 2006년에 실시된 선거에서 승리하고는 얼마 후, PLO 반대세력을 재판 절차도 거치지 않은 채 투옥시켰다. 그리고 1년 후에는 군사 쿠데타로 승리를 이어갔다.

이슬람주의와 민주정치가 양립할 수 있는지를 판가름하는 시금석은 알라 신의 통치(하키미야트 알라)에 기초한 신이슬람 질서라는 이슬람주의 사상에 달려 있다. 이슬람주의 이데올로기의 쟁점은 인간이 아닌 알라 신만이 세계를 통치할 자격이 있다는 것이다. 그렇다면 종교와는 무관한, 민주정치의 국민 주권이 그와 손을 잡을 수 있을까? 정치를 샤리아로 바꾸려는 의지를 갖는다면 민주정치가 어떻게 발전할 수 있겠는가?

이슬람세계에서는 권위주의 정권과 이슬람주의 야권 및 이슬람주의와 진보 민주정치 사이에서 갈등이 일어난다. 나는 수니파 이슬람교에 중점을 둘 것이다. 이슬람주의와 민주정치를 둘러싼 논쟁이 아랍 수니파 사상가들에 의해 규정되는 경우가 비일비재하기 때문이다. 정치적 이슬람교는 아랍 중동에서 처음 번성하여 외부로 번져나갔다.

레바논의 헤즈볼라와 팔레스타인의 하마스 및 이라크의 이슬람주의 당을 살펴보더라도 이슬람주의자들이 정부에 합류한들 그들이 온건해진다는 보장은 없었다. 위 세 지역에서, 정치적인 이슬람주의 당은 선출된 의회와 정부에서 대표자 역할을 하면서도 반대세력을 위협하기 위해 테러리스트 민병대와 비국가 군대망을 거느리고 있다. 이슬람주의자들이 선거를 통해 집권했다고 해서 온건한 민주주의 당으로 환골탈태한다는 증거는 거의 없다.

이라크의 이슬람주의 다와당Da'wa party(교화당)은 이슬람주의가 지닌 제도적 다양성을 반영한다. 이는 시아파 지하드 조직체 둘과 공조하여 국가를 다스리고 있다. 첫째는 바드르 여단Failaq Badr을 둔 최고이슬람이라크위원회Supreme Islamic Iraqi Council(SIIC, SCIRI가 전신)와, 무크타다 알사드르 및 지하디스트 알마디 부대al-Mahdi army와 연합한 당파가 있다. 이라크에서는 제도적 이슬람주의와 지하디스트의 경계가 모호한 데다, 다수를 차지하는 시아파에 정권을 쥐게 한 "미국이 주도한 해방"은 "외국인의 선물"로 알려졌다.[43] 미국이 수니파 독재정권의 해방을 선사했다고는 하지만, 실은 사담 후세인을 이란에 망명했던 시아파 독재자로 갈아치운 것뿐이었다. 이는 민주정치화로 보기는 어렵다. 알사드르와 경합을 벌인다는 이유로 알마디 부대가 의회 선거에 출마한 후보의 사진을 게시하지 못하게 하는데도 이를 민주정치라고 할 수 있는 사람은 없을 것이다.

팔레스타인의 하마스[44] 조직체는 2006년 선거에서 압승했다. 이를 두고 『파이낸셜 타임스』지의 논평에서 칼 빌트와 안나 팔라치오는 각각 현역 스웨덴 외무장관과 스페인 전 외무장관으로서 이를 민주정치의 결실이라고 극찬했다.

독재적이면서도 종교와는 무관한 파타당Fatah과 가자지구의 팔레스타인 자치정부를 축출해낸 하마스 이슬람주의자들의 태도는 권력 분담의 의지를 입증할 만한 증거는 보여주지 않고 있다. 이 같은 입장은 정착지에서[45] 기존의 이슬람주의와 세속 팔레스타인 간의 갈등을 심화시켰고, 결국 파타당은 가자지구에서 벌어진 사태가 반복되는 것을 두려워하여 요르단 강 서안지구에서 하마스와는 손을 잡지 않기로 했다. 한편, 가자지구에서 하마스는 이스라엘과 팔레스타인 민간인을 상대로 테러를 자행하면서 선거를 실시했다. 그로부터 1년 후, 하마스는 민병대를 동원해 군사 쿠데타를 벌여 가자지구에서 권좌를 차지했다. 미국과 EU는 이를 "테러리스트" 조직체로 규정했고, 자유선거는 하마스를 민주주의를 지향하는 정당으로 바꾸지는 못했다. 하마스는 팔레스타인 자치정부가 창설한 헌법재판소를 제거하고는 반체제인사를 재판 없이 투옥시켰다.

터키의 AKP는 총탄은 없으나 (AKP는 현지 경찰을 통제하지만 사립 민병대는 없다) 2006년 선거 이후 하마스에서 차출한 대표단을 수용하고 2008~09년에 치른 가자 전투에서 이를 지원한 제1대 정부였다. 아랍국가 중, 이란만이 그의 전철을 밟았다. AKP는 터키 헌법에 신앙의 자유와 언론의 자유를 규정하지 않고 있는 데다, 세속 판사와 대학 총장을 당에서 차출한 이슬람주의자로 대체하고 있다.

2008년 당시 헤즈볼라[46]는 레바논 의회에서 128석 중 14석을, 내각에서는 30개 중 11개 직책을 차지했으나 헤즈볼라가 장악한 지구에서 민병대로 활동하는 비정규군을 계속 거느리고 있었다. 2008년 7~8월, 이스라엘 방위군은 민병대를 해체할 수 없었다. 사실, 헤즈볼라는 이스라엘과의 분쟁에서 사기가 충천해졌다.[47] 레바논 공군은 헤즈볼라가 통제하는 군사지역을 비행할 수 없고 육군도 진입이 허용되지 않는다. 이 구역은 국가 내의 또 다른 국가를 구성하고 있는 셈이다. 그렇다면 현재 헤즈볼라는 민주적인 실세일까, 지하드 조직일까?

결론을 어떻게 내려야 할까? 여러분의 입장에 따라 결론은 얼마든지 달라질 수 있을 것이다. 이 모든 당은 (적어도 정권을 쥐기 전까지는) 선거에 참여하지만, 흔히들 알고 있거나, 민주정치다운 의미를 살리기 위해 반드시 알고 있어야 할 민주정치를 실시하는 당은 전혀 없다.

민주정치와 민주화가 이슬람세계의 미래를 비추는 최선의 약속이라는 점은 분명하지만, 이슬람세계의 민주정치의 위기를 감안해볼 때, 이슬람식 민주정치의 모범 사례는 중동 밖에서 볼 수 있을 것이다. 지난 30년간, 나에게는 아랍 중동뿐 아니라 그 밖에서도[48] 이슬람교와 민주정치를 연구한 덕분에 아랍중심주의의 울타리에서 벗어날 기회가 있었다. 서아프리카와 동남아시아에서 연구와 교육을 병행하던 나는 이슬람교와 민주정치가 "유럽에서 만난다"는 주장을 뒤엎는 "민간 이슬람교"와 맞닥뜨리게 되었다.[49] 서방세계에서 이슬람 소수집단은 폐쇄적인 공동체에 자리 잡은 정체성 정치의 전매특허인 변명과 변호 문화에 빠져 있다. 그런데 안타까운 점은 이슬람식 민주정치의 다른 원천은 영향력을 상실하고 있다는 것이다.

예컨대, 인도네시아의 민간 이슬람교는 민주정치에 호감을 갖고 있으나 아랍세계의 사상에 영향력을 행사한 적이 없다. 나는 인도네시아에서도 연구를 했는데, 현지인들에게 그들이 신봉하는 이슬람교가 잘못된 것이라고 가르치는 아랍 선교사들도 (미국에서 박사학위를 취득한 학자도 일부 포함하여) 본 적이 있다. 하지만 중동에서 민간 이슬람교를 설파하는 인도네시아 무슬림은 한 사람도 만나본 적이 없었다. 카이로의 알아즈하르 대학에서는 민간 이슬람교를 저해하는 살라피 이슬람교 Salafi Islam[교리와 관행을 충실히 따르는 이슬람교]를 고국에 전파하기 위해 이를 배우고 있는 인도네시아인도 보았다.

민주적인 샤리아의 모순

아랍이나 이슬람식 민주정치가 따로 있을까? 아마 서방세계의 민주정치 양상은 이슬람세계에서는 적절히 적용되거나 성공하지 못할 공산이 크므로, 민주정치의 뿌리는 보편적이지만 정통 아랍 및 이슬람세계의 특징도 아울러 채택해야 할 것이다. 그렇다면 샤리아가 이슬람세계에서 민주정치의 성패에 중요한 역할을 하진 않을까? 이슬람의 정치질서를 꼭 내부에서 찾아야 할까? 이 문제는 6장에서 면밀히 파헤치기로 하고 지금은 이슬람주의의 샤리아가 전통적인 것이 아니라 꾸며낸 전통이라는 점을 이해하는 것이 중요하다. 이슬람주의 샤리아는 이슬람교식으로 민주정치를 도입한 것이라기보다는 전체주의의 개념에 가깝다.

포스트모더니즘과 문화의 상대주의는 일단 민주정치의 정치 문화는 제쳐두고, 선거에 중점을 두면서 이슬람주의와 샤리아에 기초한 이슬람국가의 이데올로기를 긍정적으로 분석한다. 혹자는 이슬람주의자가 이해하는 민주정치는 다른 데다, 아무런 의미도 없으며 서방세계의 특정 사상을 무슬림 문화에 부여하려는 것이라고 주장할지도 모르겠다. 깨어 있는 무슬림들[50]은 민주정치의 개념을 다르게 이해하고 있으면서도 민주정치와 그 반대급부의 차이가 존재한다고 답변한다. 반대급부로는 이슬람주의의 샤리아국가가 될 것이다.

이 장의 도입부에서 거론했듯이, 이슬람주의를 대변하는 권위자 셋 중 하나로 유수프 알카라다위를 꼽을 수 있다. 그에 따르면, 세속주의와 민주정치 및 문화적 근대화는 권력과 패권주의로 점철된 서방세계의 문명과 맞닥뜨리면서 이슬람세계에 들어섰다고 하나, 결론은 타당하지 않다. "포위된 이슬람교"라는 그의 사상을 감안하면, 어째서 인도는 식민지 시대를 겪었는데도 민주정치 국가와 신흥 강대국으로 부상한 반면, 식민지가 아니었던 아랍 및 무슬림 국가(예를 들면, 예멘과 사우디아라비아 및 아프가니스탄)는 그러지 못했는지 의문을 제기할 것이다. 이슬람주의자들은 이를 명쾌히 해명하지는 못하나, 민주정치를 아랍세계에 도입하면 실패할 것이 뻔하다고 주장한다. 세속화와 마찬가지로, 민주정치 역시 이슬람세계에서는 이방의 문화이기 때문이라는 것이다. 이 같은 주장은 이슬람교가 규범적인 원칙에서 이슬람교는 세계문명 가운데 외부 영향력에 특히 영향을 받지 않는다는 사회학적인 사실에 이르는, 외부의 사상을 더욱더 거부하게 했다. 이 또한 다른 이슬람주의 사상처럼 꾸며낸 역사에 좌우될 것이다.

사실, 민주화 문제는 최근에 떠오른 쟁점이 아니다. 문화 차용의 긍정적 측면을 감안하여 민주정치를 채택하자는 것이 종종 논의의 대상이 되곤 했는데, 이슬람문명은 유럽이 이를 재발견하기 훨씬 전에 헬레니즘을 흡수했을 뿐 아니라, 그 유산을 이슬람 혈통에 심어 이를 서방세계로 전수하는 중개 역할을 감당했다. 문명사학자 레슬리 립슨은 "아리스토텔레스는 옆문으로 유럽에 다시 기어들어갔다. 그가 귀환한 까닭은 그리스 철학자들을 잘 아는 아랍인들 덕분"이라고 밝혔다.[51] 이슬람교의 전통 유산에는 이 같은 문화 차용 기록이 상당히 많다. 헬레니즘 철학은 법률학(피크)과 상반되는, 전통 이슬람교의 합리주의(팔사파)에서 매우 중요한 역할을 맡게 되었다. (7장에서 구체적으로 다룰 것이다)

중동에서 적용할 수 있는 민주정치를 도입하는 것은 초기 이슬람 진보주의의 관심사였다.[52] 19세기, 유럽으로 건너간 아랍 무슬림 진보주의자들은 프랑스 민주정치에서 귀감을 얻었다. 첫 사례로는 프랑스에 살면서, 이슬람법과 대립되지 않는다면 서방세계의 문화를 차용해도 된다고 주장한 개혁자 리파아 알타타위를 꼽을 수 있다.[53] 이에 동조한 아랍 무슬림은 진보적이면서도 종교에는 관심이 없었다. 그들은 민주정치와 샤리아가 양립할 수 없다는 점을 확신한 탓에 샤리아를 전면 폐지했다.

이슬람세계에 민족국가[54]가 형성되었던 20세기 중엽, 탈식민화에 이어 민주정치를 구현하려는 노력이 대두되었다. 이집트와 시리아 및 이라크의 아랍 무슬림 엘리트는 의회 민주정치 제도를 구성함으로써 근대화라는 난제에 봉착했다. 식민지 시대에도 이를 접해본 적은 있다. 이 같은 민주주의 전통이 잔재해 있는 곳은 민주정치가 이슬람주의 당인 헤즈볼라의 위협을 받고 있는 레바논뿐이다. 다른 국가의 민주정치는 기틀이 뿌리를 내리지도 못한 데다, 이집트의 나세르와 시리아 및 이라크의 바스당과 같은 민족주의 군사정권에 자리를 내주고 말았다. 범아랍 민족주의자들은 대중의 감성에 호소했으나, 아랍 국민들에게 낯설다는 이유로 민주정치는 포기했다. 군부의 대중 영합주의적인 통치[55]는 다당제를 채택하는 민주정치의 부패를 척결할 수 있는 대안으로 떠올랐다. 세속적인 범아랍 포퓰리즘 민족주의 이데올로기는 국민의 통합을 강조하면서도, 아랍국가의 분열을 조장한다는 이유로 다원주의와 다당제는 배격한다. 민주정치를 대놓고 거부하지 않는 쪽은 통합에 기반을 둔 특정 아랍 민주정치를 지지하나, 이는 아랍의 진정성이라는 미명하에 내세우는 기만에 불과하다.

민주정치가 실패한 원인은 서양인들의 음모가 아니라 미개발의 결과로 봐야 한다는 것도 주목해야 한다. 개발에는 경제적인 문제뿐 아니라 제도 및 문화적인 개발도 포함되어야 한다. "개발도상 문화"[56]는 이슬람세계에 민주정치를 확립하는 데 매우 중요한 개념이다. 무슬림 진보주의자들은 민주주의 문화와 개인의 인권을 정립하지 못했다. 알카라다위는 실패한 민주정치의 책임을 외부 열강에 전가하여 아랍국가를 피해자로 설정하고, 민주정치를 폐기처분하기 위해 이를 지적했다.

세속 민족주의자들은 (이를테면 이라크와 팔레스타인에서) 민주화라는 허울 아래 샤리아를 부활시키려는 이슬람주의자들로 대체되고 있다. 앞서 밝힌 바와 같이, 1967년의 6일전쟁에서 세속 민족주의 정권이 당한 굴욕은 아랍세계 전체에 자신감의 위기로 이어졌고, 결국에는 환멸감에 빠진 아랍 지식층이 주창한 "계몽"의 물꼬가 트이게 되었다.[57] 그들은 전례가 없던 자아비판까지 했다. 그러나 이 같은 노력은 오래가지 않았다. 알카라다위가 이슬람교식 해결책으로 규정한 것은 지식층이 뿌린 계몽의 씨앗에 독을 주입하는 선동적인 이데올로기가 되었다. 오늘날 정치적 이슬람교는 아랍세계

중 실세가 아닌 곳에서도 으뜸가는 정치세력으로 꼽힌다.

2003년 이라크를 침공한 미국은 잔존해 있던 가장 유력한 민족주의 정권을 제거해버렸다. 그러자 이슬람주의 조직들은 민주화 실험의 일환으로 권력을 위해 제도적 방편을 채택하기 시작했다. 이라크에서는 정권교체가 민주화와 동의어는 아니었다. 민주정치는 보편적이긴 하나 현지의 형편과 문화적 특수성을 간과해서는 안 된다. 그런데 이슬람주의자들은 민주정치의 보편적 가치관을 배격하며 진정성의 일환으로 특수성을 합법화했다. 순결의 문화적 토대라는 진정성(알아살라)은 진보적인 실험을 폐기하는 구실이 된다. 그러고 나면 그들은 민주정치의 이름으로 샤리아를 재도입해야 한다고 주장할 것이다. 이는 민주정치와 개인의 인권과는 전혀 어울리지 않는 국가질서인, 이슬람의 샤리아에 기초한 국가(다울라 이슬라미야)[58]를 확립하는 데 보탬이 되기 위한 수순이다.

신규 이라크 헌법에는 샤리아가 언급되진 않았지만, (『월스트리트 저널』지의 기사를 바꾸어 말하자면) "이슬람교의 고정된 원칙에 대립되는 법은 없으며… 이슬람법(샤리아)의 전문가로 구성되어 법의 위헌 여부를 결정할 권한을 가진 대법원이 설립될 것"이라는 법조항이 포함되어 있다.[59] 이와 흡사한 조항은 이라크와 마찬가지로 미국의 조언으로 기록된 아프간 헌법에도 명시되어 있다. 이 헌법에는 권리와 자유를 보장한다는 내용이 많지만, 그것이 이슬람법에 대립된다면 어떤 조항을 채택해야 할지 법정에서 판결하게 될 것이다. 이는 민주정치를 활성화시키는 것이 아니라 국가를 샤리아로 다스리기 위한 모델로, 이라크와 아프가니스탄을 비롯하여 많은 이슬람 국가들, 무엇보다도 무슬림 형제단이 집권한 이집트를 위협하리라 추정된다. 1967년의 전쟁 이후, "아랍이 곤경에 빠지자" 정치적 이슬람교가 부상하게 된 요인들 가운데 하나는 서방세계에서 도입된 것에 반대한다는 뜻이었다. 종교와는 무관한 민주정치는 외부에서 "도입된 것"들 가운데 1순위를 차지하나, ― 터키의 AKP를 비롯한 ― 모든 이슬람주의 당은 민주정치를 권력에 접근하기 위한 수단으로 이용하고 있다. 제이노 바란이 밝혔듯이, "민주정치 선거는… 권력에 이르는 가장 쉽고도 합법적인 방편으로 입증되었다."[60] 이슬람주의자들은 합법적 통치의 일환으로 절차는 수용하나 민주정치의 다원주의 문화는 배척한다. 비폭력 이슬람주의자들은 선전을 통해 민주정치를 지지하지만, 혹자는 민주정치가 고대 그리스에서 비롯되었다는 점을 들어 그들이 배격해야 할 외부에서 도입된 해결책임을 주장하고 대안으로 이슬람교가 해결책임을 강조하기도 한다. 그러나 알라 신의 통치(하키미야트 알라)는 원칙에 근거한 이슬람식 샤리아국가가 이슬람교라는 점은 밝히지 않는다. 이슬람교는 민주정치가 아닌 것이다.

서방세계의 사상에 참여해온 이슬람교의 장구한 역사를 감안해볼 때 선조들은 헬레니즘의 공적을 받아들였는데, 현대를 사는 무슬림이라고 민주정치 유산을 문화적 근대화의 결과로 수용하지 못할 까닭이 있을까? 민간 이슬람을 지향하는 무슬림에게는 민주정치의 보편성이 일리가 있겠지만, 민주정치의 정신을 순수하게 받아들이려면 이슬람주의 아젠다에 대립하는 문화의 개혁이 필요할 것이다. 이슬람주의자들이 민주정치를 두고 말뿐인 호감을 표시하는 것은 최근의 일인 데다 속이 훤히 드러나 보인다. 즉 그들의 사상이 전환되었다는 것을 반영하진 않는다는 이야기다. 하마스[61]는 선거에서는 승리를 차지했을지는 모르나, 그것이 대변하는 정치제도는 민주정치나 아랍을 이해하는 바와는 전혀 일치하지 않는다.

다원 민주정치의 환상

이제 이슬람주의가 민주정치 분야의 공로자가 아니라는 점과, 기존의 독재 정권에 반대했다고 해서 친민주주의 조직의 자격이 부여되는 것은 아니라는 점을 분명히 깨달았을 것이다. 이슬람교를 정치와 샤리아로 승화시킨들 민주정치와는 양립할 수 없으나, 이슬람교는 — 개혁을 감안해볼 때 — 합법적 민주정치의 원천이 될 수는 있을 것이다. 따라서 이 장에서 내가 정치적 이슬람교와 샤리아에 근거한 이슬람국가 아젠다를 비판하는 것은 이슬람교 자체에 대한 판단은 아니다.

시민 사회에서 법치주의는 민주정치의 핵심이나, 법을 어떻게 이해하느냐 하는 문제에서는 이데올로기와 문명이 각각 다르다. 때문에 다원 민주정치 사상이 다원적 근대화와 함께 부상하게 되었다. 샤리아는 민주정치 질서의 근간을 제시할 수 있을까? 그러면 이슬람교, 특히 샤리아에 이견을 보이는 수니파와 시아파의 갈등은 잠시 접어두고, 이슬람주의자들이 이슬람국가의 토대로 여기는 샤리아의 개념을 추상적으로나마 집중적으로 살펴보자. 샤리아국가의 이데올로기는 문화의 차이를 표현한 것인가, 아니면 민주정치와 양립할 수 없는 문명의 이데올로기인가? 서방세계에서는 이 같은 물음을 두고, 보편주의자와 문화의 상대주의자 진영이 팽팽히 대립했다. 그러나 어느 편도 비서양 문화에는 동정을 표하지 않았다.

중동의 삶과 문화의 특징은 현지 문화에 배어 있는 이슬람교가 일부 결정한다. 여기서 민주정치의 걸림돌이 생기기도 하는데, 혹자는 문화의 차이도 진지하게 감안해야겠지만 이 같은 특성에 제약을 두어야 한다고 주장할지도 모른다. 그러나 이 같은 차이는 먼저 밝히고 자유롭게 논의되어야 할 것이다. 무엇보다도, 개혁을 단행하면 이슬람교는 어느 정도까지는 민주화될 수 있으며, 민주정치는 이슬람 환경에 얼마나 적응할 수 있느냐가 가장 중요한 문제다. 이는 양자택일로 결정될 문제가 아니다. 수니파 이슬람교가 장악했다는 점을 고려한다면, 이 같은 문제를 둘러싼 논쟁은 이슬람세계에서 채택할 민주정치의 모양새를 결정하고, 샤리아가 위헌은 아닌지 판정하는 데 매우 큰 영향을 미칠 것이다.

아랍 사회에서는 정치적 자유가 보장되지 않는다는 문제를 이해하려면 이데올로기 논쟁과 착취를 보는 태도 및 서방세계에 대한 상습적 비방을 초월하는 것이 중요하다. 이를 위해서는 약 25년 전에 벌어졌던 논쟁을 눈여겨볼 필요가 있다. 1980년 10월, 아랍의 지성인 그룹은 튀니스에 소집되어 민주정치의 대안을 비롯한 종교의 미래를 논의했다. 그들은 이 회의를 미래에 직면한 아랍Les Arabes face a leur destin이라고 불렀다.[62] 주된 문제는 아랍이 책임감을 갖고 움직일지, 남의 잘못은 비난하면서도 자신은 내심 만족해야 할지와 관계가 깊었다. (에드워드 사이드의 "동양주의"는 후자를 부추기는 데 일조했다) 참가자들이 만장일치로 합의한 사안은 첫째, 아랍국가에서는 대부분 정치적 자유가 없고, 둘째, 자유를 보장하려면 문화가 달라져야 한다는 것이었다. 20년 후인 2002년, 자아비판적인 분석은 유엔의 개발 원조 계획을 조정하는 기관인 유엔개발계획의 아랍 전문가가 작성한 보고서에 좀 더 완곡하게 기록되었다.[63] 자유가 뒷받침되지 않으면 아랍 지식층이 자유에 대한 의지를 표현할 수도 없거니와, 고국에서 민주정치의 건실한 토대를 구축할 수도 없다는 것이다. 그들은 대개 친민주정치 성향을 드러내면 투옥될까 두려워했다. 그렇지 않으면 문화적 및 정치적 표현수단이 거부되기 십상이었다. 국가의 감시제도로 고용된 지식인만 행동의 자유가 보장되었다. 중동은 각국의 신가부장제 내에서 존재하나,[64] 2009년 7월, 오바마 대통령이 아프리카인에게 "식민주의 유산은… 민주정치 사회를 건설하지 못한 핑계거리가 될 수 없다"고 주장한 것이 아랍인에게도 적용될 것이다. 부친의 고향인 케냐와 한국을 비교하던 그는 둘 다 식민지 시절을 감내했음에도 천양지차의 공적을 기록했음을 지적했다.

그렇다면 권위주의의 압제를 반대하던 근대 이슬람주의가 대안을 제시할까? 사아드 에딘 이브라힘의 말마따나 우리는 독재정치와 신정정치 사이에 얽혀 있지는 않은가? 독재주의자는 민주정치가 아랍에 적합하지 않다고 둘러대고, 이슬람주의자는 민주정치가 이슬람교에 적절치 않다고 말한다. 이슬람주의자가 상상하는 정치질서는 민주정치가 아니며 기존의 난국을 타파할 방책 또한 될 수 없다. 그래서 변화가 필요한 것이다. 군사력을 동원하여 민주정치 문화를 창출해보겠다던 부시 행정부가 이라크의 "정권교체"에 실패하자 혹자는 이슬람교와 민주정치의 불화성을 거론하기도 했다. 그런데 어느 누구도 이런 추측을 "동양주의"로 치부해서는 안 될 것이다. 일부 아랍인 중에도 그렇게 생각한 탓에 "동양주의에 역행한다"는 이유로 사디크 알아즘에게 비난을 받기도 했다.[65]

이슬람세계에서 민주정치가 발을 내딛지 못한 까닭을 제국주의나 식민지 역사, 혹은 음모(무아마라)론으로 해명할 수는 없다.[66] 그런 발상으로는 이렇다 할 결론이 나오지 않을 것이다. 하지만 매우 유력하기 때문에 이를 감안하지 않을 수 없다. 요컨대, 정치적 이슬람교가 샤리아를 헌법으로 고집하는 것은 좀 더 원대한 쟁점이 있다는 방증이다. 정치적 야심을 정당화하기 위해 역사를 왜곡하거나 꾸며내는 것은 널리 확산된 관행이다. 현재 무슬림에게 필요한 것은 이슬람 전통에서 소홀히 여겨졌지만 존중받아 마땅한 이슬람식 합리주의다. 중세에 합리주의의 영향으로 이슬람문명이 헬레니즘화된 것은 장족의 발전으로 이어진 문화 차용의 일면을 보여준다. 무슬림 사회는 민주정치의 구조 및 제도적 근간을 창출하기 위해 서방세계에서 무언가를 차용해야 한다. 인권과 언론 및 집회의 자유는 문화와 법적 안전망이 보장되어야 존재할 수 있기 때문이다. 무슬림은 이것이 서방세계의 강요가 아닌 보편적 재화임을 깨달아야 할 것이다.

시민 다원주의는 민주적인 것과 그렇지 않은 것을 결정하는 기준이다. 이슬람주의와 민주정치의 공존성이 흔들리는 까닭은 이슬람주의자들이 민주정치의 다원주의를 배격하기 때문인데, 그들은 서방세계의 가치관이라면 대개 거부하고 본다. 다원주의는 종교화된 정치와 공존할 수가 없다. 민주정치의 보편성과 "이슬람교식 해결책"의 진정성이 대립하기 때문이다. 이슬람주의자에게 민주정치는 보편적이라기보다는 책략의 원천일 뿐이며, 유럽에 기원을 두었기에 협의(슈라)와 특정 절차의 채택으로 역할이 제한된다. 그러면 민주정치의 기초가 되는 제도적 안전망은 샤리아를 준수해야 하는 제도적 통제 메커니즘으로 전락하고 만다. 진정성이라는 미명하에 말이다. 이슬람교에서 민주정치의 걸림돌은, 내키지는 않지만 한때 배제되었던 사회집단에까지 참여토록 하자는 서방세계의 그것과는 다르다. 다른 사회집단과 계층을 법 앞에서 동등하게 보호하지 않으려는 것은 샤리아의 문제가 아니다. 이러한 현상이 생기는 까닭은 첫째, 포괄적인 단일 샤리아가 없다는 것이다. 알라 신의 이름은 들먹이지만 정작 해석을 항상 제 임의대로 하는 것이다. 둘째, 무슬림과 비무슬림의 평등을 거부하므로 샤리아는 종교적 다원주의를 외면한다는 것이다.

민주정치에서 권력은 주관성이 배제된다. 즉 권력은 특정인이 아닌 법정이나 입법부 같은 기관에 존재한다는 이야기인데, 이슬람 전통에 따르면, 이슬람교 지도자(이맘)는 개인적인 권위를 구현한다. 이라크계 미국 학자인 마지드 하두리는 아랍 정치가 정치인의 일대기로 전락했다는 책을 다수 펴냈다. 방법론의 면에서는 오류가 있으나 그의 주장에도 일리는 있다. 아랍의 정치권이 기관보다는 개인에 초점을 두었으니 말이다. 물론 그렇다고 해서 아랍 정치에 기관이 없다는 이야기는 아니다. 이슬람교의 정신사를 연구하다 보면 "진정한 이맘은 누구인가" 하는 법률가의 의문에 자주 접하게 된다.[67] 법적 문제는 개인의 권한을 토대로 해결되는데, 그의 판단에 비추어 적절하고 공정한 기관이 나서야 할 경우가 거의 없었다.

물론 예외는 있다. 알파라비는 고전 작품 『이상도시』[68]에서 고대 그리스 철학에 의지하고 이를 이슬람교의 합리주의 전통에 적용하는 사회와 국가의 바람직한 질서를 논했다. 분명 몇 가지 보편적 기준은 다른 문화 사람들도 흔쾌히 받아들일 수 있을 것이다.

요컨대, 민주정치의 가장 중요한 요소는 기관이다. 이를 염두에 두고 배링턴 무어의 고전 『독재와 민주주의의 사회적 기원』[69]을 참고하면 도움이 될 것이다. 저서에서 그는 서양과 비서양의 정치 발전사를 비교분석하여, 유럽 사회가 중세의 자치기관들을 등에 업고 민주정치를 개발할 수 있었다는 점을 입증했다. 그리고 기관들은 국가와 더불어 시민 사회를 강화하는 데 기여했다고 결론지었다. 원활한 민주정치는 공정한 이슬람교 지도자뿐 아니라 시민국가 및 사회라는 기관이 존재해야 한다는 전제가 따른다. 이를 감안한다면 "다원 민주정치"는 존재할 수 없다. 서방세계의 민주정치 양상이 이슬람교에 적용되지 않는다는 이슬람주의자들의 주장은 민주정치화를 예방하려는 책략일 뿐이다. 게다가 이슬람주의식 사상 또한 정치 참여를 비롯하여, 비무슬림도 동등하게 보호를 받을 수 있는 제도화된 법의 확산을 방해하고 있다. 샤리아는 입법부가 제정한 것이 아니라 개인이 해석하기 나름이므로 제도화될 수 없다.

서방세계를 비판하는 주장은 이슬람교의 문화적 유산을 간과하기도 한다. 문화의 차용이라는 틀 안에서 제삼자에게서 무언가를 학습한다는 것이 아랍 이슬람세계의 유산에 걸맞지 않은 것도 아니며 지금도 분명 관계가 깊다고 보아야 하기 때문이다. 헬레니즘도 이슬람세계의 유산 중 일부이므로 민주정치가 그리스에 기원을 둔다는 사실 역시 이슬람교와 동떨어진 것은 아니다. 물론 민주정치의 종류는 매우 다양하나 — 각 민주정치는 현지의 형편에 맞게 얼마든지 조율할 수 있다 — 그래도 보편적 형편을 만족시켜야 민주정치다운 것이다.

이 같은 조건이 진정성 및 정체성 정치와 화합하지 못한다는 근거는 없으나, 이슬람주의자는 그렇게 생각하지 않는다. 팔레스타인의 하마스와 이라크의 최고 이슬람 이라크 위원회, 레바논의 헤즈볼라, 이집트의 무슬림 형제단(예전에는 와사트당Wasat Party으로 위장했다), 튀니지의 알나하다al-Nahada, 요르단의 이슬람 행동전선Islamic Action Front 및 알제리의 FIS는 부상하는 민주정치가 아니라, 민주정치의 탈을 쓰고 권력을 독점하려는 이슬람주의를 보여주는 증표다. 나는 "이슬람교의 부흥"을 반박하기 위해서가 아니라, 민주정치가 정립되려면 이슬람주의식 샤리아의 부활, 그 이상의 무언가가 필요하다는 점을 지적하고 싶어 이렇게 주장하는 것인데, 그것도 이제 막다른 골목에 이른 것 같다.

진보 성향의 레바논 교수 하산 사브가 저서에서 "폭정의 이슬람교"와 대립되는 "친민주 이슬람교"를 주장한 것처럼,[70] 혹자는 아랍세계에서 진보적 민주정치를 따르는 이슬람교를 지지할지도 모르겠다. 사브 교수는 "무슬림의 정신에서 비롯된 포괄적인 영적 혁명"은 아랍세계에서 민주정치를 실현해내는 데 필요한 문화 교체를 유도해야 한다고 역설했다. 그는 민주주의 전통을 도입하는 데는 문화가 중요하다는 점을 시인한 셈이다. 사브처럼 윤리적 이해를 바탕으로 민주정치를 지향하는 진보주의 이슬람교 사상가는 드물다. 신성한 종교의 재도입과 더불어, 이슬람주의자들은 윤리의

식이나 문화적 의미에서 부흥하는 종교가 아니라, 그들이 이슬람교의 본질이라고 주장하는 정교일치(딘와다울라)에 근거한 이슬람세계 질서의 정치[71]에 관심이 많다.

이슬람주의와 민주정치의 다원주의가 양립할 수 없지만, 우리는 민주정치의 게임에 제도적 이슬람주의자를 합류시킬 방도를 찾아야만 한다. 민주정치가 유지되려면 그래야 하기 때문이다. 또한 민주정치라는 미명하에 민주화를 저해하는 일이 벌어지지 않도록 각별히 주의해야 한다. 그러나 미국에서 불거진, 이슬람교와 민주정치를 둘러싼 논쟁은 이 같은 주의사항에 혼동을 일으키고 있다. 권위자를 자처하는 사람들조차 무지하다는 것도 문제다. 이 방면에 정통한 권위자로 제이노 바란을 꼽을 수 있는데, 그는 저서에서 터키의 AKP가 은근슬쩍 이슬람주의를 장려하면서도 겉으로는 민주정치를 지지하는 척한다고 밝혔다.[72] 반면, 폴과 에스포시토와 같은 전문가들은 기본적인 원류를 간과했을 뿐 아니라 이슬람주의와 이슬람교를 싸잡아버린 탓에 민주정치의 의미를 희석해버리기도 했다.

우리가 논하려는 것이 무엇인가?

점차 관심을 끌고 있는 정치적 이슬람교는 전 사회를 동원할 수 있는 세력으로 부상하고 있는 한편, 서양의 학자 및 정책입안자들은 "온건파" 이슬람주의를 민주정치에 합류시킬 대안을 모색하고 있다. 하지만 이는 위험부담이 큰 전략이다. 우선, 서방세계가 제도적 이슬람주의를 분석한 결과는 정의가 애매한 용어에 토대를 두는 경우가 비일비재하기 때문이다. 정치적 이슬람교에 대한 연구는 이슬람교 및 이슬람주의가 모두 민주정치와 양립할 수 있다는 분명한 입장에 근거를 두어야 하는데, 재차 강조하지만, 나는 정치 윤리로서 개혁된 이슬람교가 민주정치와 양립할 수 있다고 확신한다. 여기서 이슬람주의는 별개로 제쳐둔다.

민주정치에 대한 사탕발림만으로는 이를 확립할 수가 없다. 나는 아랍 무슬림 친민주정치 이론 및 실천가로서 종교색을 띠지 않은 민주정치를 이슬람세계에 정립하는 데 관심이 많다. 종교는 사회의 윤리의식을 심어주긴 하나 민주정치의 근간이 될 수는 없다. 앞선 연구에서 나는 다음에 열거된 다섯 가지 견해를 발전시키기 위해 세속주의 및 사회과학 개념을 활용했다.

1. **정치적 이슬람교를 둘러싼 정통 분석의 관련성**: 대체로, 이슬람주의와 민주정치의 관련성을 두고 유용한 무언가를 꺼내기 전에 이슬람주의의 정체부터 확실히 알아야 한다. 이는 학술적이기도 하지만 정치적 관심사이기도 하다. 학술적 분석은 정책의 향방을 결정하는 데 보탬이 되기 위해 존재하는 것이다. 이슬람주의에 대한 서방세계의 대응에는 오류가 많았는데, 이는 정책 입안자의 기초 지식이 부족한 데다 조치 또한 근거가 확실한 분석에 토대를 두지 않았기 때문이다. 따라서 첫 단계는 이슬람주의의 본질을 규명하는 것이라야 옳다.

2. **이슬람교의 다양한 본성**: 기독교도 그렇지만 이슬람교 역시 획일적인 종교가 아니다. 일반적으로, 신앙과 현지 문화와 문화 교류 문명을 겸한 이슬람교에는 다양성과 변동성이라는 특징이 있다. 애당초 정치색을 띤 종교는 아니었으나 전 역사를 통틀어 이슬람교는 이맘·칼리프의 권위와 행위를 정당화하기 위해 활용되었다는 점에서 — 항상 사후에 — 정치에 내장되어 있었다고 해도 과언이 아니다. 그러나 오늘날 이슬람주의는 (존 켈세이의 말처럼) 샤리아 논리의 전통[73]을 "전례"로 이용하여 새로운 대안을 정당화하고 있다.

이슬람주의자들은 과거에는 존재하지도 않던, 획일적인 이슬람교를 만들기 위해 정교의 결합을 이용할 것이다.

3. **이슬람교 대 이슬람주의**: "이슬람교"와 "이슬람주의"를 혼용하여 — 이슬람주의자들에게는 좋겠지만 — 개념이 애매해지거나, 폴과 에스포시토 등이 주장한 바와 같이 이슬람주의를 이슬람교의 열혈파(혹은 급진파)로 치부한다면 진실을 왜곡할 수 있다. 그래서 나는 그들이 이슬람교의 샤리아 논리를 분석한 결과에는 대부분 동의하지만, 하산 알반나가 조직한 무슬림 형제단이 "성직자의 샤리아 비전을 구현한 것"[74]이라고 저서에 쓴 켈세이의 주장은 옳지 않다고 생각한다. 이슬람주의자들은 "진정한 무슬림"을 자처하나 이를 의심할 만한 근거는 한둘이 아니다. 따라서 민주정치와의 양립성을 이야기하는 데 있어 사실 우리는 두 가지 주제에 대해 서로 다른 두 가지 질문을 하고 있는 셈이다. 이슬람교와 민주정치의 양립성에 대한 첫 번째 질문에 종교개혁이라는 조건이 따른다면(살라피스트 이슬람교는 예외) 긍정적인 답을 내놓을 수 있을 것이다. 예컨대 인도네시아의 나다툴 울라마Nahdatul Ulama는 이슬람주의가 아닌 이슬람 정당 — 민간 이슬람교를 대변하는 민주정치 제도에 부합된다 — 인 반면, 이집트의 이슬람주의 집단인 무슬림 형제단은 — 하마스 같은 동류집단을 비롯하여 — 민주적이라기보다는 전체주의적 시각으로 보는 것이 옳을 것이다. 이 조직에 "두려움을 모르는 이슬람교"를 결부시키는 것은 심각한 잘못이다.

4. **"온건파"**: 이슬람교의 신앙과 종교화된 이데올로기인 이슬람주의의 차이는 평화 지향적인 이슬람주의자와 폭력 지향적인 이슬람주의자의 차이와도 관계가 깊다. 난폭한 이슬람주의자들은 성전을 일으켜 정치적 아젠다를 실현하는 반면, 평화를 추구하는 이슬람주의자들은 전략적 이유로 폭력을 삼간다. 요컨대, 지하디스트 이슬람주의는 제도적 이슬람주의와 의미는 다르

지만 목표는 같다. 그런 의미에서 "온건파"와 "급진파"가 관행을 두고는 대립하지만 샤리아에 기반을 둔 신이슬람 질서(니잠 이슬라미)라는 같은 비전[75]을 공유한다고 밝힌 켈세이의 주장은 옳다. 바란도 지적했듯이, "온건파"는 "민주정치 선거가… 권력에 이르는 가장 쉬운 방편"이라는 데 뜻을 같이하여 폭력을 일삼는 "이슬람주의화보다는… 점진적인 상향식 정책을 지지한다." "점진적인 이슬람주의화" 전략[76]은 합법적인 선거는 치르나 민주화로 보기는 어려울 것이다.

5. **선거와 민주정치**: 이슬람주의와 이슬람교가 민주정치와 양립할 수 있는지 분석할 때에는 민주정치의 특징을 염두에 두어야 한다. 민주정치는 제도상으로는 선거 절차에 기초를 두지만 투표보다 훨씬 범위가 넓다. 무엇보다도, 민주정치란 다양성을 인정하는 핵심 가치관을 토대로 합리적 의견을 수용하고 다원주의를 표방하는 정치 문화를 일컫는다. 선거 절차와 정치 문화의 확립은 동일한 체제에서 양분된 것으로, 서로 떼려야 뗄 수가 없는데, 제도적 이슬람주의자들이 이를 분리하려 한다면 상향식 이슬람주의화를 과격한 하향식 이슬람주의화로 대체하는 격에 불과할 것이다. 그들은 투표는 인정하지만 민주적인 시민 사회가 지향하는 다원주의적 정치 문화는 배격한다. 그러나 민주정치의 다원주의 시민 문화를 "세속 원리주의"라며 거부하는 일부 권위자는 이를 이해하지 못한다.

제도적 이슬람주의와 민주주의

이 장에서 나는 다음과 같이 굵직한 주제 네 가지를 제기했다.

1. **이슬람주의와 이슬람교의 통일성과 다양성:** 어떤 카테고리에 다양성이 있다고 해서 공통인수가 전무하다는 뜻은 아니다.— 정말 그렇다면 카테고리는 존재하지 않을 테니 말이다. 이슬람교에는 모든 무슬림이 공감하는 핵심 신조— 즉 세계관과 신앙 및 윤리적 가르침 등— 가 있다. 30여 년간 아프리카 및 아시아의 이슬람국가 스무 곳을 다니며 연구해온 나는 공통점과 차이점을 보이는 사례를 숱하게 목격했다. 이슬람주의도 마찬가지다. 그들은 이슬람교를 샤리아로 통일하고, 코란에서 법이 아닌 도덕을 언급할 때에만 "샤리아"가 등장한다는 사실을 대놓고 외면할 뿐 아니라, 자칭 권위자라는 위인들이 주장하는 "글로벌 칼리프"가 아닌 니잠 이슬라미, 즉 신이슬람 질서를 확립하려 한다는 공통점이 있다. 그러나 "국가(다울라)"나 "질서(니잠)"— 이슬람주의자들이 샤리아를 정당화하는 근거로 매우 중요한 개념— 가 코란에는 없다. 따라서 이슬람주의자들이 공감하는 것은 왜곡된 샤리아 전통에 근거하여 세계 재편성을 지향하는, 근대의 종교화된 정치 이데올로기인 셈이다. 이에 동조하는 무슬림이 이슬람주의자가 되는 반면, 이에 편승하지 않은 채 이슬람교를 영적으로 이해하는 독실한 무슬림은 이슬람주의자가 아니다. 사실, 민주정치의 참여를 지지하고 이슬람주의자의 지하드운동은 포기한다는 "포스트이슬람주의"는 앞뒤가 맞지 않는 용어다. "신이슬람 질서"를 창출하고 싶어 안달하는 이슬람주의자들이 어떻게 "포스트이슬람주의자"가 될 수 있단 말인가? 이 목표가 폐기될 때만이 포스트이슬람주의를 거론할 수 있을 것이다. 그러나 이 같은 이슬람주의 아젠다를 포기한 이슬람 조직은 한 번도 들어본 적이 없다. 터키의 **AKP**를 비롯한 일부 정당은 위헌조치를 피할 요량으로 이슬람주의라는 정체성을 부인하고 있지만 이를 포스트이슬람주의의 징조로 보기는 어렵다.

어쨌든, 제도적 이슬람주의자와 지하디스트의 차이는 모호해지는 경우가 비일비재하다. 일부 이슬람주의 당은 선거에 동의하나 민병대를 지금까지 포기하지 못하고 있다. 즉, 하마스와 헤즈볼라 및 최고 이슬람 이라크 위원회는 의회의 대표를 선출해 적법성을 주장하는 동시에 테러를 자행하며 두 마리 토끼를 잡으려 하고 있다는 이야기다.

2. "**민주정치에 대한 순수 의지**": 이 맥락에서 "순수"라는 말은 민주적 다원주의에 입각한 진보적 이해를 일컫는다. 이슬람주의의 이데올로기와 그 주축을 연구한 결과는 이 같은 의지를 둘러싼 신념을 뒷받침하지 못한다. 신이슬람 질서는 전체주의적 질서다. 이슬람주의자들의 사상 및 문화적 가치관을 바꾸면 얼마든지 개혁이 일어날 수 있다고 주장하는 사람들도 있을지 모르겠으나, 지금껏 정치적 이슬람교를 연구하면서 그런 변화를 체감한 적은 없다. 수사적으로나 전략적으로 민주정치에 적응하려는 노력은 있었지만 이는 이집트의 무슬림 형제단의 경우에서와 같이 모두 법적 제재를 피하거나, 추방을 면하기 위한 수단적인 이유에 그치고 말았다. 물론 그런 개혁을 감행한 위인이 전혀 없지는 않았을 것이다.[77] 그들이야말로 이슬람주의를 전면 포기했다고 말할 수 있을 테지만 AKP나 무슬림 형제단은 아직 그런 적이 없었다.

3. **이슬람주의의 이데올로기와 민주정치의 양립성**: 정치를 이슬람주의식 종교로 바꾸는 데에는 타협이 없다. 신성한 종교에는 협상의 여지가 없기 때문이다. 반대는 곧 이단으로 정죄될 뿐이며, 민주정치의 필수요소인 다원주의와 다양성에 대한 관용은 "분리를 조장한다"는 이유로 배격한다. 선거에 참여하고 폭력을 애매하게 폐기하는 것만으로 이슬람주의자들이 순수하게 민주정치를 지향한다는 뜻으로 해석할 수는 없다. 이슬람주의 조직은 샤리아라는 허울 아래 비무슬림 소수나 종교색을 띠지 않는 정당과는 권력을 분담하지 않으려 한다. 그들은 전체주의적인 샤리아가 허용한다고 믿는 것만

수용한다. 샤리아가 헌법의 가치와 같다는 주장이 있으나 사실 입헌주의와 샤리아는 본질이 아주 다르다.[78]

4. **합류와 배제**: 이슬람주의 국가질서가 민주정치와 공존할 수 없음에도, 이슬람세계에서 주요 야권세력을 대변하는 이슬람주의 조직체를 민주 정부는 외면할 수가 없다. 그렇다면 어떻게 해야 할까? 두 가지 방편이 있는데, 첫째는 터키가 대변하는 합류요, 둘째는 알제리의 경우처럼 이슬람주의 당을 공공연히 금지하는 배제다. 나는 개인적으로 터키의 모델을 선호한다.

물론 터키의 AKP에 안심이 된다는 뜻은 아니다. 민주적 다원주의를 버리고 "점진적 이슬람주의화"를 추구하니 말이다. AKP는 이슬람주의 정당으로 겉으로는 그런 척해도 독일 기독교 민주당원과 비견할 만한 이슬람교의 보수주의는 아니다. 이는 숨은 유대인dönme(돈메)이라 규정된 세속주의자를 비롯하여, 쿠르드족과 알라위족과 같은 소수 민족·종교집단을 용납하지 않았다. 합류 정책은 배제되었던 당에 힘을 실어주었다.[79] AKP는 선거를 "권력에 이르는 가장 적법한 방책"으로 활용하여 "주로 이슬람주의 노선에서 공화국을 재편"[80]할 수 있었으나 종착역은 민주화가 아니었다.

이슬람주의와 민주정치가 서로 앙숙이라는 것이 나의 분명한 결론이다. 이슬람세계에서는 민주정치가 전대미문의 문화적 개념이라는 점을 잊어서는 안 된다. 그렇다면 글로벌 민주화의 일환으로 민주정치가 성공적으로 도입될까?[81] 그러려면 모든 문명이 일정에 따라 발전되는 제도적 및 문화적 근간이 필요하다. 서방세계의 문화 상대주의자들과 비서양인들은 민주정치가 보편성을 띤다는 주장에 대해 유럽이 꾸며낸 것이라며 이의를 제기했다. 유수프 알카라다위는 "세속 민주정치"가 외부에서 도입된 해결책(홀룰 무스타우라다)이라 하여 이슬람교가 배격해야 한다고 역설한 반면, 다른 이슬람주의자들은 반신반의하며 피상적으로 민주정치 흉내를 내고 있다. 이슬람주의자들이 세속 민주정치의 보편성과 샤리아질서에 기반을 둔 "이슬람교식 해결책"의 화합을 모색하고 싶어 한다는 (혹은 그럴 수 있다는) 조짐은 보이지 않는다.

민주정치의 문명화된 근간이 이슬람세계에서는 모두 실종되었다. 현재 가동 중인 기관은 공포 문화 속에서 전 인구를 억압·감찰하는 비밀경찰이 있을 뿐이다. 이슬람주의자들이 박해를 일삼는 기관의 피해자라고 하지만 그들 역시 권력을 차지한다면 그 같은 체제를 계속 이어나갈 것이라는 점은 명약관화하다. 이를 입증하는 대표적인 증거로는 이슬람 공화국인 이란을 꼽을 수 있으며, 하마스가 장악한 가자지구와 AKP가 집권한 터키는 우리를 심란하게 만들고 있다.

이슬람주의자가 진심으로 사상을 바꾸어 민주정치를 정치 문화로 수용한다면 명실상부한 포스트이슬람주의자가 될 것이나, 그러려면 그들이 정치적·종교적 신념의 핵심을 포기해야 한다. 정치적 이슬람교의 중심 신조 — 즉 정교일치를 비롯하여 코란에는 존재하지 않는 "샤리아국가 개념,"[82] 그리고 지하디스트의 정치적 수단인 "이슬람세계의 혁명"이 유기적으로 조화를 이룬 정체성을 둘러싼 신념 — 는 민주정치의 사상·정치 문화와 분쟁을 벌이고 있는 셈이다.[83]

아랍의 봄, 민주주의, 이슬람주의

2011년 봄과 여름, 이 책의 최종 편집 중에 벌어진 사태는 아직 종결되진 않았지만 어쨌든 화두로 꺼내지 않을 수 없다. 2월 11일, 오바마 대통령이 사건의 "눈부신 속도"를 적절히 거론했을 무렵 터키와 이란, 양국은 무바라크가 축출된 이집트의 본보기를 자처해왔다.

지금까지 "아랍의 봄" 운동은 튀니지(벤 알리)와 이집트(무바라크) 및 리비아(카다피)의 통치자를 축출한 데다 현재는 시리아와 예멘 및 바레인의 대규모 시위로 이어졌다. 이집트와 튀니지에서 벌어진 난국과 리비아와 시리아에서 자행된 살육과 폭력은 권위주의가 민주정치로 급변하리라는, 순수한 서방세계의 기대를 완전히 무색케 했다. 귀감을 주는 논객인 토머스 프리드먼은 이 같은 정황을 다음과 같이 풀이했다.

> 큰 문젯거리가 하나 있다. 타리르 광장에서 벌어진 혁명은 대체로 자발적이자 상향식인 것이었다. 즉 특정 정당이나 지도자가 선동한 것이 아니었다는 말이다. 현재 창당이 이루어지고 있는데, 선거가… 9월에 개최된다면 이집트에서 언제든 가동할 수 있는 당 네트워크를 갖춘 단체는 지금껏 암암리에 활동해온 데다 적법한 곳으로 금세 탈바꿈한 무슬림 형제단뿐이다. 진보주의자들은 그들이 혁명을 일으키고 무슬림 형제단이 그 덕을 볼까 우려하고 있다.[84]

또 다른 서양 기자는 느지막한 여름, 세계사에 길이 남을 만한 이 사태를 두고 다음과 같이 밝혔다.

> 이집트와 튀니지에서 벌어진 시위의 이상주의는… 개혁을 기대해온 아랍세계를 부흥시켰다. 그러나 아직 막을 내리지 않은 리비아의 혁명은… 개혁이 어떤 파장을 가져왔는지 여실히 보여준다. … 이슬람주의자들의 의도와 영향력은 분명치 않다. … 리비아의 복잡다단한 난국은 새로운 질서로 진작 이

행되었어야 할 아랍국가가 이집트와 마찬가지로 갈팡질팡하고 있다는 방증일지도 모른다. … 불확실성은 권력의 공백기를 맞이한 오늘날 훨씬 두드러지게 나타나고 있다. 예컨대, 예멘에서는 강경한 이슬람주의자들이 도피처를 찾았고… 이슬람주의자들은 이집트와 리비아 및 시리아 등에서 실세로 부상했다.[85]

이 사태는 역사의 장을 넘겼으나 아직 이렇다 할 글은 없다. 그렇다면 누가 이를 쓸 것인가? 진보 이슬람주의 야권세력인가, 이슬람주의자들인가? 누구든 험난한 길을 가야 한다고 보면 된다. 이슬람문명의 중심인 중동 입장에서 2011년 2월 사태는 이 책의 주제와 관계가 깊은 세계사적 의미의 변화를 반영하고 있다. 따라서 이 역사적인 사건을 바르게 이해하는 것이 대단히 중요하다.

먼저 중동이 1989년 공산주의가 붕괴된 이후 세계에 민주화 바람이 불던 역사 밖에 존재했었다는 점부터 짚어볼까 한다. 아랍국가들의 경우 권위주의 정권이 갖은 박해를 자행하며 통치하다가, 2011년 1월 들어 상황이 달라졌다. 튀니지 시디 부자이드에서 어느 노점상이 임의로 사업이 몰수된 데 대해 분신시위를 벌이자, 이것이 대규모 시위로 번지게 되어 10일 후 독재자 벤 알리는 사우디아라비아로 피신해야 했다. 같은 달, 튀니지 주민들의 시위는 알제리와 요르단, 예멘 및 시리아로 퍼졌고, 중동의 중심지인 이집트까지 확산되었다. 18일간 지속된 군중 시위 ― 1월 25일부터 2월 11일까지 ― 는 결국 30년간 집권해온 무바라크 대통령의 축출로 이어졌다.

아랍의 봄은 이 장의 주제 ― 민주정치를 둘러싼 이슬람주의자들의 의지력 ― 를 완전히 판이하게 바꾸었다. 이를테면, 이슬람주의 당의 공직 선출이 이론적인 장래의 결과였다가 조만간 벌어질 전망이 된 것이다. 이슬람세계의 핵심은 권위주의에서 민주정치로 이행하려는 것이므로 이슬람주의 조직의 입지를 분석하는 것이 대단히 중요하다.

다음의 세 가지 요점이 분석의 방향을 제시하고 있는데, 첫째는 1989년 탈공산주의 유럽이 대부분 그랬듯이, 해체된 권위주의 정부가 민주정치를 발전시킨다는 보장이 없다는 것이다. 이란에서는 국왕이 폭정을 일삼다가 1979년 이후에는 이슬람주의자인 아야톨라°가 이를 답습했다. 둘째는 이슬람주의가 다국적 조직이 되었다는 것이다. 예컨대, 이집트의 무슬림 형제단과 터키의 AKP는 서로 연줄이 닿은 것으로 알려졌고,『뉴욕 타임스』지의『인터내셔널 헤럴드 트리뷴』글로벌 에디션에 따르면, "에르도안 당은 이미 이집트의 무슬림 형제단과 결연을 맺었다—에르도안 전 총리가 중동에서 오랫동안 반이스라엘의 선동자로 나선 결과—고 한다. … 이집트의 무슬림 형제단원 중 셋은 … 터키의 후원을 받는 선박에 탑승했는데… 2010년 5월에 이스라엘 군의 공격을 받은 적이 있다."[86] 그리고 마지막은 중동의 권위주의 정권이 항시 이슬람주의의 세속적 보루를 자처했다는 것인데, 무바라크 정권도 예외는 아니었다. 2011년 서방세계는 민주화의 강력한 변수로서 이슬람주의를 미화하려는 추세가 한창이었다. 하지만 무슬림 형제단을 취재한『뉴욕 타임스』지의 글로벌 에디션은 "전문가들 사이에서도 무슬림 형제단의 미래는 매우 불투명하다"고 시인했고, 이 같은 불확실성은 "실권을 잡으면 언제든 버릴 수 있는 편리한 허울임이 입증될지도 모를" 조직의 중도정책으로 이어졌다.[87]

° ayatollah: "하느님의 신호"라는 뜻으로 시아파에서 고위 성직자에게 수여하는 칭호다.

그러면 중동에서 벌어진 동요가 이슬람주의자를 비롯한 그들의 지지자들이 촉발한 것이 아니라는 점에 주목해보자. 이는 정치적 압제와 경제적 고난을 감내해온 국민이 자발적으로 분노를 표출한 것이었다. 예컨대, 튀니지 행상인은 민주주의가 아니라 열악한 경제적 형편에 항의하기 위해 분신을 기도했다. 이슬람주의자들은 각계각층에 관계된 저항세력에 가담했다. 그들이 주도권을 쥐고 폭동을 쥐락펴락할 수 있을까? 그리고 정치적 현실이 되어버린 폭동에는 어떻게 대처해야 할까? 기존의 이슬람주의 조직을 합류시키지 않는다면 이슬람세계의 아랍·중동에서 계획된 정책이 전무할 것이라는 점만은 분명하다. 게다가 민주적인 참여정부라도 이 조직을 제외시킨 채 민주적 원칙에 충실할 수도 없는 노릇이다. 비록 비민주적인 이데올로기를 표방하나, 폭력을 버린 이슬람주의자를 가담시키는 것 외에는 달리 방도가 없다. 참여와 위임은 뚜렷이 구분되는 쟁점이다. 이슬람주의를 합류시키는 것은, 레바논과 가자지구, 이라크 및 터키에서 지금까지 벌어지고 있는 것과는 달리, 그에 권한을 부여하거나, 민주정치라는 미명 하에 이슬람주의자들에게 권력을 이양하겠다는 뜻은 아니다. 이슬람주의자들은 진정한 민주정치 세력을 대변하는 평형추를 반대편에 세워야 좀 더 진보적인 방향으로 발전할 수 있을 것이다.

무바라크 정권 이후, 이집트에서 벌어질 사건은 1979년 국왕이 축출된 후 이란에서 벌어진 것보다 더 중요할 것이다. 이란과 이집트는 각각 시아파와 수니파 이슬람교의 중심지다. 차이가 있다면, 수니파 무슬림은 전 세계 무슬림 공동체의 90%를 차지한다는 것이다. 따라서 이집트의 소요사태가 극에 이르렀을 당시, 2011년 1월 31일자 『파이낸셜 타임스』지에 보도되었던 상반된 양상을 인용하는 것이 나을 것 같다. CIA 정치적 이슬람세계 전략분석프로그램Political Islam Strategic Analysis Program의 국장을 지낸 에밀 나클레는 "새 정부가 수립되면 세속인과 이슬람주의자를 연합할 수 있을 것이다. … 무슬림 형제단은 이미 선거에 참여해온 데다 다른 집단과 공조할 의지가 있다"고 밝혔다. 결론은 "권력을 장악하기 위해 당에서 기회를 노리는 아야톨라가 더는 존재하지 않는다"는 것이다.[88] 수니파 이슬람교에는 아야톨라가 없으니 발언 자체는 허위가 아니다. 수니파 성직자는 카이로의 알아즈하르에 본거지를 두고 있으나, 무슬림 형제단의 발생지는 그곳이 아니다. ― 이란 시아파의 성지인 쿰Qum에서 태동한 아야톨라와는 다르다. 수니파 이슬람주의 조직은 대개 일반 국민으로 이루어져 있다.

『파이낸셜 타임스』지의 기사에서 룰라 할라프는 무슬림 형제단이 "조직 면에서 유리하게 출발했고 매우 강력한 동원 수단 ― 종교 ― 에 의존할 수 있다"고 시인했다. 그는 무슬림 형제단이 2005년에 실시된 선거에 참여한 점을 거론하면서(의석의 20%를 차지) "형제단"은 2년 후 적절한 정책 의제를 입안하려 했으나 여성과 비무슬림은, 정부의 방침을 심의하는 종교회의를 창설할 수 없고, 국가 수반의 자격 또한 금한 탓에 동요가 일어났다고 덧붙였다.[89] 무슬림 형제단은 여론의 반대에 부딪쳐 이 같은 요구를 보류했지만 이슬람주의 의제는 포기하지 않았다. 때문에 무슬림 형제단이 친민주정치를 운운하나 일단 권좌에 오르면 가자지구와 이란에서 보이는 "이슬람식 민주정치"를 실시할 가능성이 크다. 그러므로 무바라크 퇴진 이후, 조급한 선거는 악영향을 초래할지도 모른다. 무엇보다도 이집트는 권위주의를 탈피하고 민주정치다운 모습을 찾기 위해 세심한 제도적 준비가 필요할 것이다. 오늘날 중동에서 서양식 민주정치를 실시하는 데 필요한 민주주의 제도는 모두 실종되고 없다.

최근 정치 이론을 일부 살펴보면, 저개발 현상은 미개발 경제구조에 국한되지 않는다고들 한다. 기관이 형성되는 수준 낮은 정도가 저개발을 가능하는 토대가 되는데, 중동의 권위주의 독재자들은 개인의 통치를 위해서 기관의 토대를 허물어버렸다. 이 같은 환경에서 독재정권이 몰락하자 이슬람주의자만이 채울 수 있는 정치적 공백이 생긴 것이다. 그들은 유일한 야권세력으로 중동을 넘어 다국적을 지향하는 지하 네트워크를 유지해왔다. 반면, 진보민주정치 야권이 이슬람주의자와 경쟁하기 위해 기관을 마련하는 데에는 시간이 필요하다.

> 토머스 프리드먼은 선거가 민주화의 이름으로 실시되고 무슬림 형제단이 승리를 거머쥔다면 그들이 이집트 최초의 자유 헌법을 제정하는 데 극단적인 영향력을 행사할 뿐 아니라 정교의 관계를 비롯하여 여성과 주류 및 의복을 규제할 것이라고 서술했다. 이에 대해 개혁안을 내세우며 대선에 도전하고 있는 전 국제원자력기구 사무총장 무함마드 엘바라데이는 "대표성이 희박한 의회가 대표성이 희박한 헌법을 제정하게 될 것"이라 역설했고, 개혁당 당수인 오사마 가잘리 하릅은 "무슬림 형제단이 만반의 준비가 완료된 상태이므로 선거부터 치르자고 할 것"이라고 덧붙였다. "세속주의 세력인 우리가 당을 통합하려면 시간이 필요하다."[90]

이처럼 복잡다단한 실상을 이해하려면 민주정치가 선거에 국한된 것이 아니라, 다원주의 문화와 시민 사회에 대한 철학도 감안해야 한다는 점을 명심해야 할 것이다. 이슬람주의자들은 "선거를 당장" 치르고 싶어 하나, 시민 사회의 라이프스타일과 민주적인 다원주의 가치관은 배격한다.[91]

이집트 혁명의 범위는 굉장히 넓다. 비이슬람주의자들은 무바라크 정권의 3대 사회악, 즉 열악한 개발정책, 실업률 및 빈곤율의 증가, 비밀경찰의 억압에 항거하기 위해 거리로 쏟아져 나왔는데, 이 같은 사회악은 법적으로도 이미 부족한 정권의 자질을 더욱 떨어뜨리고 말았다. 시위의 대상이 된 정권이 주장한 바에도 불구하고 전문가의 견해에 따르면, 이슬람주의자들은 대규모 시위를 선동하지 않았다. 즉 튀니지와 이집트의 이슬람주의자들이 시위에 놀랐다는 이야기다. 자발적인 시위를 불러일으킨 조직은 밝혀지지 않았으나 — 이슬람주의 조직체를 제외하고는 — 그 같은 동요를 유도할 수 있는 야권 조직이 없다는 점은 분명한 사실이다. 물론 이집트라면 무슬림 형제단이, 튀니지라면 1981년 이후 라쉬드 알가누히가 무슬림 형제단을 본따 창설한 알나다가 그랬을 것이다. 권위주의 정권이 야권세력을 잔혹하게 억압하자 이슬람주의는 — 유럽에 정치적 망명을 요청한 — 유력한 네트워크와 함께 폭정에서 살아남기 위해 정치집단 외부에서 조직된 유일한 실체였다.

이집트의 향후 진로를 두고는 누구도 진단을 내릴 수 없겠지만 이집트를 좀 더 안다면 분명한 가닥을 잡을 수는 있을 것이다. 서방 언론의 논평과 기사 수십 건을 읽어 보니 『월스트리트 저널』지에 기고한 브레트 스티븐스의 글이 가장 마음에 와 닿았다.

무슬림 형제단이 제멋대로 군다면 이집트는 이란을 모델로 한 수니파의 신정국가가 될 것이다.

알다시피, 이슬람주의의 목표가 아직 손에 잡히지는 않지만 스티븐스는 어느 정도 가능성을 점쳐봄직한 가상 시나리오를 그려봤다. 이를테면, "무슬림 형제단의 앞잡이이자, 군대 통수권을 행사할 수 없는 나약한 의회제도는… 특히 주도권을 예상하고 있는 엘바라데이가 형제단의 정치적 연대와 부딪친 이후에 두드러지기 시작했다."[92] 무함마드 엘바라데이는 널리 존경

받는 이집트인이자 뉴욕과 빈에서 주로 활동한 전 유엔 관리인데, 리더가 없는 야권의 리더를 자처하기 위해 카이로에 복귀했다. 그는 정치인도 아니고 숱한 경쟁조직을 포섭할 토대도 갖추지 않았다. 민주정치의 구호를 제외하면 그에게는 분명한 아젠다도 없다. 한편, 엘바라데이를 비롯한 야권 세력과는 달리, 무슬림 형제단은 추종자와 아젠다를 모두 겸비했다. 조만간 형제단은 이집트에 민주정치를 세우는 데 참여할 것이나 — 꼭 그래야 한다 — 권위주의에서 민주주의로 이행하는 과정이 이슬람주의의 아젠다는 아니다. 나는 아얀 히르시 알리의 견해를 지지하지는 않지만 "이집트의 세속 민주정치 세력이 무슬림 형제단보다 훨씬 열세한 이유가 무엇"이냐며 문제를 제기한 데에는 공감한다. 대체로 비이슬람주의 야권은 무바라크를 축출하리라는(현재는 성취되었지만) 당장의 목표를 넘어 "매우 다양한 요소들이 결합되었으나… 공통적인 이데올로기를 이룩할 접착제는 부족한" 실정이다. 반면 아얀 히르시 알리가 지적한 대로, 무슬림 형제단은 "차기 선거뿐 아니라, 그들의 견해에 따르면 내세가 오기 전까지는 정치적 프로그램과 비전이 있을 것이다. … 샤리아를 확립하려는 무슬림 형제단은… "그들에게 던진 표는 알라 신의 법을 지지하는 표와 같다"고 주장할 것이며… 유력한 조직이 없는 세속 민주정치 세력은 또 다른 독재자 앞에서는 쉽게 무릎을 꿇을 것이다."[93] 이 같은 시나리오를 면하려면 1979년 이란에서 벌어진 사건을 이해해야 한다. 당시에는 아야톨라가 아닌 이란 국민이 독재자를 축출했음에도 이슬람주의자들이 공백을 채웠다. 독재정권에서 민주정치로 이행하는 과정에서 무슬림 형제단이 개입하긴 했으나 이는 민주정치 제도 수립을 일컫는 민주적인 조치로서 보호를 받아야 했다. 이집트의 민주정치는 민주적 정치 문화가 뒷받침되지 않은 선거전으로 전락해서는 안 된다. 민주화 과정에서 무슬림 형제단을 아주 배제할 수는 없지만 이집트의 미래를 둘러싼 그들의 비전만은 모든 민주정치 수단을 동원해서라도 저지해야 마땅하다.

　무슬림 형제단 사무총장인 후세인 마무드는 독일의 『프랑크푸르터 알게마이네 차이퉁』지와의 인터뷰에서 친민주정치 "신이슬람주의"를 표방하며 이집트의 민주정치 제도를 적극 찬성했다. 그러나 무슬림 형제단이 시위자들의 대다수를 차지하지 않았다는 점은 부인하지 않았다.[94] 그는 형제단이 다원주의적 민족 정부에 참여하도록 노력하겠다고 했지만, 히르시 알리의 의혹에 대해서는 — "샤리아국가를 건설할 생각이냐"는 질문에 — "예, 이슬람의 샤리아가 자유와 권리를 부여하니까요. … 샤리아는 국민의 안전을 강조하며… 국가에는 문명화된 행복한 사회를 위한 기틀을 마련해 줄 겁니다. … 이집트는 무슬림이 대다수를 차지하는 이슬람국가로… 무슬림이 사는 도리를 규정한 샤리아를 두고 있습니다. … 이집트는 종교를 탈피한 국가로 전락해서는 안 됩니다. 그건 역사와 문명을 거스르는 작태이기 때문"이라고 대꾸했다. 이 같은 견해는 — 6장에서도 언급하겠지만 — 민주정치와 대립될 뿐 아니라, 이집트의 역사 및 전통과도 일치하지 않는다. 이슬람주의가 강요하려는 샤리아국가의 질서는 전통 이슬람교의 샤리아와는 다르기 때문이다.

　중동 평화에 중점을 두면 현 사태를 달리 볼 수 있다. 이스라엘 분석가 요시 K. 할레비가 "이집트의 유일한 야권세력인 무슬림 형제단이 집권하는 것은 시간문제라는 암울한 가정"을 두고 『뉴욕 타임스』지의 글로벌 에디션에 기고한 바에 따르면, "결국은 아랍세계와 이스라엘의 관계가 종말을 고하게 될 것"이라고 한다. "무슬림 형제단은 일찍이 이스라엘과의 평화를 반대해온 데다, 권력을 장악하면 1979년에 체결한 이집트·이스라엘 평화조약을 폐기하겠다는 공약을 내걸었기 때문이다."[95] 『뉴욕 타임스』지의 칼럼니스트 토머스 프리드먼도 이를 잘 알고 있었으나, 본지에는 "무바라크가 분노의 대상이 될 법하다"며 무바라크 퇴진 "이후는 이스라엘에 위험이 도사리고 있으니 당국이 우려할 만하다"고 밝혔다. 하지만 무바라크와 이스라엘은 이를 초래한 책임을 서로 감당하고 있다. 예컨대, 무바라크는 "권위주의 국가와 무슬림 형제단 사이의 공백을 채우려" 하지 않았고, 이스라엘 총리인 네타냐후 — 오늘날과 1990년대 말 초기 집권 시대를 통틀어 — 는 "평화안을 테이블에 제시하지 않기 위해 갖은 구실을 찾으려 한 탓에 평화협상의 무바라크가 되었으니 말이다."[96] 이 같은 혼란 속에서 무슬림 형제단은 무바라크 이후 중동에서 활약할 수 있는 유리한 환경을 조성하고 말았다. 따라서 이스라엘은 하마스가 가자지구를 장악할 때와 마찬가지로, 이를 두고도 책임을 져야 할 것이다.

"샤리아국가"는 카이로와 튀니스 거리를 메운 사람들이 열망해온 민주정치와는 관계가 없다. 이슬람주의의 유일한 세속적 "대안"이라며 자신을 정당화한 독재자들은 — 퇴출자와 현역을 통틀어 — 이슬람세계를 왜곡했는데, 이슬람주의자들이 "[이슬람주의를 일컫는] 이슬람교가 해결책"이라며 내세운 슬로건으로 그 주장을 반박할 때도 왜곡이 또 한 차례 벌어지고 말았다. 비이슬람주의 무슬림에게는 이슬람주의가 아니라 민주적인 자유가 대안이었다.

따라서 중동의 미래는 분명치가 않다. 권위주의에서 민주정치가 급속도로 이행되리라는 발상은 서방세계의 희망사항에 불과하다. 이슬람주의 조직이 권위주의 정권을 이은 정부 — 실체가 무엇이든 — 수립에 참여하는 것은 민주정치의 향방을 더욱더 불분명하게 만들 따름이다. 튀니지와 이집트에서 촉발된 아랍의 봄은 리비아를 비롯하여 탱크를 동원하여 대량 살상을 자행한 시리아에까지 번졌다. 이슬람주의자들이 정권을 장악하고 시리아의 바스정권이 시리아를 공동묘지로 만든다면 2011년 말경의 소요 사태는 암울한 아랍의 겨울이 될지도 모를 일이다.

2011년 가을, 아랍의 봄은 이미 이슬람주의 쪽으로 방향을 틀었다. 당시 이슬람주의자들의 조직들은 현지에서 권력을 장악하고 있었다. 이를 두고 어느 친민주정치 당원은 『뉴욕 타임스』지와의 인터뷰에서 "이슬람주의자들은… 실제보다 더 큰 영향력을 행사하는 것 같습니다. … 리비아인은 대개 독실한 이슬람교도가 아닙니다만 이슬람주의자들은 조직력이 강해 문제가 되고 있습니다"[97]라고 밝혔다. 본지는 이슬람주의 지도자 셰이크 알리 살라비와 트리폴리 여단의 압둘 하킴 벨하지 사령관이 각각 정치와 군사력에 행사하는 영향력도 아울러 보도했다. 이집트와 튀니지에서도 조직력이 탄탄한 이슬람주의 집단이 부각되고 있다.

지역을 살펴보자면, 터키는 아랍의 봄을 지지했다. 독재자가 축출된 세 국가 — 이집트, 리비아, 튀니지 — 에 2011년 말경 순방한 첫 정치인은 에르도안 터키 총리였다. 그는 방문 일정을 앞두고 텔레비전 인터뷰에서 이스라엘을 규탄하고 터키 주재 이스라엘 대사를 추방했다. 그러자 카이로의 무슬림 형제단은 그를 "영웅"으로 추앙했다. 뉴스 전문가는 이를 다음과 같이 분석했다. "에르도안 총리는 수 세기간 오스만 제국의 중심지였던 터키에서의 영향력을 키우기 위해 아랍의 봄을 발판으로 삼으려고 했다."[98] 또 다른 권위자는 터키가 "아랍 지역에서 정치세력으로 부상한 자국을 홍보하며 영향력을 확산시키려 했다"[99]고 풀이했다.

터널 끝자락에서는 민주정치를 볼 수 있을까? 주류 이슬람주의 조직은 지하드운동을 버리고 민주정치를 지향하는 샤리아국가를 건설하겠다고 주장한다. 하지만 그들이 민주정치의 개념을 깊이 이해했으리라고 생각하지는 않는다. 안토니 샤디드는 카이로에 거주하는 이슬람주의자 무함마드

나디의 말을 인용했다.

> 민주정치가 다수의 뜻을 반영하자는 것 아닌가요? 우리 같은 이슬람주의자들이 다수인데, 왜 그들은 소수 — 진보주의자와 세속인 — 의견을 우리에게 강요하고 싶어 하는지 도무지 알 수가 없군요.[100]

민주정치의 다원주의와는 거리가 먼 이슬람주의 이상은 존 스튜어트 밀이 지적한 "다수의 횡포"[101]를 연상시킨다. 이슬람주의자는 다수가 아닐지도 모른다.

5장

이슬람주의와 폭력: 신세계 무질서

지하드운동은 단순한 테러도, 반란도 아니다. 첫째는 신개념 전쟁이고, 둘째는 사이드 쿠틉이 "이슬람식 세계혁명"으로 규정한, 비국가 전쟁을 위한 정치적 아젠다를 일컫는다. 무력으로 세계를 재창조한다는 개념은 이슬람주의와 폭력이라는 광범위한 맥락에서 살펴봐야 할 것이다.¹ 이슬람주의를 창시한 하산 알반나는 지하드聖戰를 가리켜서 세계의 이슬람 질서를 확립하기 위해 이슬람주의가 활용하는 수단이라고 주장했다. 그리하여 그는 전통 이슬람식 지하드를 다른 개념으로 바꾸었다. 달리 말하면, 정치적 이슬람교가 이슬람교에서 비롯되었으나 그와는 전혀 다른 사상이듯, 현대의 지하드운동 또한 고전 지하드에서 파생된 것으로 보면 된다.²

지하드와 지하드운동의 이해

2005년, 나는 "정치적 이슬람교의 지하드운동 뿌리"란 제목으로『인터내셔널 헤럴드 트리뷴』지에 기고하기 위해 글을 쓴 적이 있는데, 이와 같은 뿌리를 모른다는 사람들이 더러 있어 좀 놀랐다. 급진파와 소위 온건파는 같은 나무에서 뻗은 두 가지로, 동전의 양면에 빗댈 수 있다. 물론 제도적 이슬람주의가 중동에 민주정치를 전파해주기를 기대했던 사람들은 이 같은 발상을 환영하지 않았다. 마지막 장에서 다루겠지만, 민주정치가 그렇게 전파될 것 같지는 않아 보인다. 이 장에서 나는 동전의 뒷면에 해당하는, 지하드를 지하드운동으로 개조한 이슬람주의자들을 살펴볼 것이다.³ (고전 지하드와 근대 지하드운동의 뚜렷한 차이도 본서의 특징이라 하겠다) 지하드운동이 이슬람주의의 주요 지향점이란 점을 감안해볼 때, 급진주의나 테러리즘의 맥락이 아니더라도 이를 진지하게 고찰해볼 필요가 있다. 지하드운동에는 중요한 의미가 담겨 있긴 하나 그것이 이슬람주의의 주류 사상은 아니며, 이슬람주의가 세계와 국가의 질서에 주로 관심을 두므로 폭력이 그에 내재된 것도 아니다. 이슬람주의자들은 오로지 샤리아국가를 건설하겠다는 일념으로 폭력을 자행하나, 미국의 논쟁은 이 점을 항상 간과한다.

고전·전통 이슬람교에서 지하드는 자기수련이나 물리적인 투쟁으로 해석할 수 있다. 그러나 두 정의는 서로 떼려야 뗄 수가 없다.⁴ 무슬림은 그들이 알고 있는 세상에 이슬람세계, 즉 평화의 집(다르 알이슬람)을 확산시키기 위해 7~17세기까지 지하드 정복 전쟁, 즉 정의로운 전쟁을 벌여왔다. 이는 테러가 아닌, 코란의 지하드 개념과 일치한다. 무슬림은 카를 폰 클라우제비츠가 독자적 전쟁 이론을 내놓기 훨씬 전부터 인류적인 기준에 부합하는 목표에 한해 규정과 행동강령을 준행해온 것이다. 물론 이 같은 관행은 제네바협정에 명시된 관행에는 크게 미치지 못하나, 정규군이 감행하는 지하드의 규제 시스템은 여전히 갖추고 있다. 비국가 주동세력의 비정규적 양상으로 벌이는 현대 지하드운동의 행동은 이 기준에는 일치하지 않는다.

그렇다면 서양 학자와 정책입안자들[5]은 고전 지하드와 현대 지하드운동의 차이를 얼마나 이해하고 있느냐가 문제일 것이다.[6] 2010년 6월, 나는 워싱턴 DC에서 원고를 마지막으로 수정하다가, 오바마 대통령의 대테러 수석보좌관인 존 브레넌이 전략·국제연구센터에서 연설한 내용 전문을 접하게 되었다. 연설 전문은 AP 연합통신에 게재되었으며 인터넷에 접속하면 열람할 수 있다. 존 브레넌의 연설에서 발췌한 다음 대목을 살펴보자.

> 대통령의 국토 안보 및 대테러 수석보좌관으로서, 자국의 안보 전략이 이 나라의 안전을 지키는 노력에 어떻게 기여하고 있는지 말씀드릴까 합니다. … 테러리즘은 전략에 불과하므로 우리의 적은 "테러리즘"이 아닙니다. "테러"라고 할 수도 없습니다. 테러는 심리상태를 일컫는 말이니까요. … 그렇다고 "지하디스트"나 "이슬람주의자"라고 규정할 수도 없습니다. 지하드는 거룩한 투쟁인 데다 이슬람교의 정당한 신조로, 자신과 공동체를 정화한다는 의미가 있기 때문입니다. 물론 무고한 남녀와 어린이를 살해하는 만행에는 거룩하다거나 정당하다거나 혹은 이슬람다운 면모는 없지만요. … 종교적 맥락에서 우리의 적은 미국이 이슬람교와 전쟁을 벌이고 있다는 속임수—즉 알카에다와 동맹이 테러리즘을 정당화할 목적으로 선전하는—라야 옳을 것입니다. … 우리의 적은 알카에다와 동맹세력입니다. … 우리는 알카에다와 극단주의 동맹들과 맞서 싸워야 할 것입니다.[7]

오바마 정부를 대변하던 브레넌은 "이슬람주의"와 "지하드운동"은 쏙 빼고 "알카에다와 동맹세력"을 이슬람주의와 이슬람교와는 아무런 상관도 없는 극단주의자로 싸잡아버렸다. 이것이 바로 전 행정부가 내건 "테러와의 전쟁"의 후속편이나, 그는 이 독트린을 두고 너무 많은 것들을 거부했다.

이 문제는 3장에서 논했던 유대인혐오증과 반유대주의의 차이점과 많이 비슷하다. 나는 3장에서 이슬람주의가 유대인을 혐오하는 것이 반유대주의라기보다는 "정치적 불만을 정당하게 표출한" 것 ─ 즉 이슬람주의와 이슬람교와는 전혀 관계가 없는 것 ─ 인지 의문을 제기했다. 그러고는 분석과정에서 이를 반증했다. 그렇다면 이번에는 지하디스트의 테러리즘은 무엇이며, 일반 무슬림에게서 서방세계를 떼어놓지 않고도 그와 싸울 수 있는 방편은 무엇인지 물어야 할 것 같다. 브레넌은 "종양과도 같은 극단주의의 폭력으로 국민의 목숨을 위협하는 정치적·경제적·사회적 세력에 대응하는 것"은 도움이 될 것이라면서 "정당한 불만은 민주정치 제도와 대화를 통해 얼마든지 평화적으로 해결할 수 있다"고 주장했다. 그러나 3장에서 내가 제시한 추론에 따르자면, 지하디스트의 이슬람주의는 특정한 불만을 고쳐 생각하도록 선택된 전술이 아니다. 비용대비 효과가 나은 전술이 있다고 판단되면 언제든 폐기해도 아쉬울 것이 없기 때문이다. 따라서 이는 폭력을 종교적으로 정당화하기 위해 이슬람 전통이 변조 과정을 거친, 이슬람교의 재해석으로 볼 수 있다.

브레넌도 다니엘 바리스코처럼 이슬람주의와 이슬람교의 차이점을 간과하고, 이슬람주의를 대대로 내려온 폭력으로 규정한 점을 시인한 셈이다. 두 가지 혼선으로 그는, 이슬람주의와 투쟁을 벌인다는 것이 이슬람교를 모두 난폭한 원수라고 선언하는 것과 대동소이한 것으로 가정했다. 바리스코와 마찬가지로, 그 또한 이 같은 용어를 모두 버리고 적은 오로지, 이슬람주의와 이슬람교 및 지하드운동과 교묘히 단절된 알카에다뿐이라고 주장할 것이나, 그 또한 지나친 환원주의적 발상에 불과하다. 뻔한 사실을 부정하지 않아도 폭력에서 이슬람교를 — 선입견에서 무슬림을 보호하는 — 해방시키는 방편은 얼마든지 있으며, 이슬람교와 현대 이슬람주의에서 폭력이라는 연결고리를 끊을 때만이 이를 이해할 수 있을 것이다.

그렇다고 해서 모든 이슬람주의 조직이 폭력을 지양한다는 말은 아니다. 예컨대, 어떤 이슬람주의 당은 대놓고 폭력을 자행하는데, 그 분파를 이 장에서 지하디스트 이슬람주의로 규정한 바 있다. 지하드운동은 종교화된 정치에 모든 행동의 근거를 두므로 이슬람교 외부에 있다고 볼 수는 없다. 폭력에 맛을 들인 이슬람주의자들도 샤리아를 따른다. 이슬람교에는, 존 켈세이가 『이슬람의 정당한 전쟁을 논하라』에서 입증했듯이, 정당한 전쟁의 합법화를 되풀이하는 전통이 있다.[8] 그러나 이슬람주의자들에게 이런 논쟁은 지하드를 새롭게 재해석한 데서 벌어진다.[9] 두말하면 잔소리일지도 모르지만, 이슬람주의자의 폭력은 단순한 테러가 아니다. 클라우제비츠의 말마따나, 또 다른 수단으로 정치를 추구하는 것이다.

칼의 종교

몇몇 서방인들은 이슬람교라면 으레 "칼의 종교"를 떠올린다.[10] 이같이 왜곡된 시각은 — 사우디아라비아의 국기도 그렇지만, 무아마르 카다피의 아들인 사이프울이슬람의 이름이 "이슬람교의 칼"이란 뜻이라서 그런 이미지가 떠오르는 것이다 — 지하드운동 연구에 영향을 미치는 오해라고 볼 수 있다. 종교에 귀감을 얻은 폭력이 역사적으로 이슬람교의 중심이라는 사상은 현대 지하드운동과 전통 지하드의 융합을 부추겼다. 그런데 교황도 그 차이를 잘 모르는 것 같다. 2006년 9월, 교황 베네딕트는 레겐스부르크 대학에서 "종교, 이성, 대학-기억과 반성"[11]을 주제로, 1392년 이슬람교가 포교의 일환으로 폭력을 허용한 점을 비판했던 비잔틴 제국의 황제 마누엘 2세의 말을 인용하면서, 이슬람교와 서방세계의 논의를 위해 폭력을 제기했다. 현역 정치인과는 달리 베네딕트는 원고 집필자를 고용하지 않고, 마치 자문을 구하지 않는 학자인 양 강연 원고를 몸소 작성한 탓에 가끔 말썽을 일으켰다. 강연에서 교황이 마누엘의 『어느 페르시아인과의 대화 Dialogue Held with a Certain Persian』에서 인용한 내용은 다음과 같다. "무함마드가 벌인 짓을 보여줄 수 있다면, 그가 설파한 종교를 칼로 퍼뜨리라는 명령을 비롯하여 온통 악하고 비인간적인 만행뿐일 것이오." 종교재판과 십자군 전쟁을 일으킨 기독교를 대변하는 사람이 무함마드의 추종자들을 문제 삼으려는 의도가 다분해 분명 어설픈 면이 있다. 그러나 그에 깔린 메시지는 수긍할 만하다. 즉 교황은 포교의 일환으로 폭력이 정당한가를 두고 이슬람세계를 논의에 끌어들이고 싶었던 것이다. 문제는 그런 요구 자체라기보다는 그렇게 한 방식에 있었기에 이를 지켜본 이슬람주의자와 전 세계의 무슬림들은 분노를 감추지 못했다.

물론 교황의 의도가 불순했다고는 생각지 않는다. 그에게 이슬람혐오증이 있다기보다는, 폭력이 법으로 금지된 문명사회가 나누는 진솔한 대화에 무슬림을 참여시키고 싶어 그랬으리라 본다. 그렇다면 폭력을 동원한 개종활동과 종교를 구별해야 한다는 주장이 잘못일까? 이에 무슬림이 이슬람혐오증을 운운하며 열을 내는 까닭은 무엇일까? 한 줄의 인용문이 그들의 심기를 건드린 것일까? 종교적 폭력이라는 원대한 쟁점에 열통이 터진 것일까? 하지만 안타깝게도 이슬람주의자와 무슬림 여론주동자들은 이를 계기로 열린 대화에 거리를 두었다. 무슬림은 대부분 이슬람교가 지하드 덕분에 확산되었다고 믿으나 이를 뒷받침할 만한 역사적 근거란 없다. 물론 그들에게는 평화적인 노력으로 비쳐지며 전쟁과는 관계가 없다.

무슬림은 스스로 평화적 종교의 민족이라 자부하지만 이는 교화(다와)가 성전과 관계가 깊다는 역사적 사실과는 대립된다. 그럼에도 무슬림은 지하드가 평화를 지향한다고 믿기에 개종을 폭력과 결부시키는 것을 금하고 있다. 지하드의 사전적 정의는 자기수련이다. 교세를 확장하는 데 폭력을 사용할지도 모르나, 그것은 어디까지나 "불신자들"이 포교에 걸림돌이 될 때에 자기방어 차원에서 그럴 뿐이다. 그러나 이러한 주장에도 불구하고, 1453년 이슬람의 정복, 즉 성전이 있기 수년 전에 자행한 군사 공격으로 비잔틴 제국이 몰락한 것은 역사적 사실이다. 콘스탄티노플이 함락되자 마누엘 2세의 아들은 죽임을 당했고, 이스탄불로 변모한 도시는 이슬람 제국의 마지막 수도가 되었다. 그 전의 스페인도 평화적 교화나 "자기방어"와는 거리가 먼 정복 전쟁을 벌였다. 지하드는 자기수련이란 뜻이지만 물리적인 투쟁이란 의미도 있다. 그래도 고전 지하드는 전쟁이지 테러리즘은 아니다.

레겐스부르크 대학에서 교황이 강연한 의도는, 그 후 무슬림에 공식적으로 사과할 때에도 재차 언급했지만, "문화와 종교의 순수한 대화가… 오늘날 절실히 필요하다"는 점을 일깨워주려는 것이었다.[12] 필자라면 그와 더불어 대화가 솔직해야 한다는 점도 덧붙이고 싶다. 양측은 폭력과 종교의 관계를 진솔하게 논의해야 한다. 2001년 미국과, 2004~06년간 유럽에서 벌어진 테러 공격은 이슬람교의 이름으로 자행되었고 지하드 외에 다른 명분은 없었다. 이 사건으로 더는 외면할 수 없는 문제가 계속 불거지고 있다. 유럽에서 부상하는 무슬림 이민자들도 화두가 되었다. 이를테면, 소수집단의 통합성이 부족한 탓에 "포위된 이슬람교" 이야기가 나오는가 하면 지하드운동의 도입이 정당하다는 여론까지 일고 있는 실정이다.

결국 우리는 양측의 자기기만으로 점철된 궁지를 이슬람교 안에 둔 셈이다. 일반 무슬림은 과거의 폭력적 지하드를 외면하는 반면, 지하디스트들은 뻔뻔스레 다양한 폭력으로 고대의 전통을 이어가고 싶어 할 것이다. 지하드운동과 지하드는 양측이 인정하는 것보다 훨씬 차이가 미묘하다. 전통 지하드에는 폭력도 해당되나 테러가 아닌 정규전으로 보는 것이 적절하다. 지하드운동은 정치적 이슬람교에 근거한 현대 사상이다. 이 장을 쓰는 목적은 이슬람교의 폭력과 이슬람주의자들이 자행하는 현대 지하드운동의 관계를 규명하는 것으로, 학술적 연구로서의 가치도 있지만 이를 이해하는 것이 국내외 정책에도 매우 중요하다. 이슬람주의가 지하드를 테러의 수단으로 변조한 경위를 이해하려면 우선 지하드의 독트린과 그 역사를 둘러싼 배경지식이 필요하다.[13]

고전 지하드

지하드의 역사는 610년 이슬람 혁명의 발단이 되는 메카가 아니라, 622년 메디나에 확립된 새로운 이슬람 조직체 — 현대 이슬람주의자들은 꾸며낸 전통에서 이 조직을 "이슬람국가"로 승화시켰다 — 에서 출발한다. 이슬람 절기상, 무함마드가 이주한 헤지라(무함마드가 메카로 이주함)가 원년이다. 622년과 632년 — 무함마드 타계의 여파로 — 이후 평화적인 포교활동과 무역 및 성전이 결합된 신흥 종교가 확산되기 시작했다. 중동에 본거지를 둔 여러 이슬람 제국들이 북아프리카와 인도 아대륙, 이베리아 반도 및 발칸반도를 장악하자 무슬림은 지하드에 굴복한 이교도에 비해 자신이 우월하다는 확신을 느끼게 되었다.[14] 이처럼 제국은 성전을 통해 7~17세기까지 확산되었다.

중세의 이슬람 율법사들(파키)이 비무슬림을 상대하는 경우는 비무슬림의 문화가 위협이 될 것으로 여겨질 때뿐이었다.[15] 예컨대 개종하거나 유일신을 믿는 소수집단(딤미)의 지위를 인정하지 않으면 "전쟁의 집"으로 규정되었다. 율법사들은 옳고 그름을 판단하는 종교적 권위를 겸비한 지식인이기도 했으므로 이슬람교에서 유력한 여론 주도자로 추앙받았다. 권위를 인정받은 율법사들은 이슬람교가 쇠퇴할 경우에만 대립을 잠시 중단했다. 신도들에게 이슬람교는 대개 전 인류를 위한 종교적 사명으로 비쳐졌다. 즉 무슬림은 종교적으로 이슬람교 신앙을 세계에 전파할 의무가 있다는 것이다. 코란 34장 38절에도 "우리는 너희를 모든 민족에게 파송했다"는 대목이 나온다. 무슬림은 이슬람교 신앙을 전파하는 것을 물리적 투쟁이 아니라 코란의 명령을 준행하는 것으로 믿는다. 폭력은 이를 저항하는 자를 굴복시킬 때에만 사용하나, 이 또한 공격이라기보다는 원수에 대한 방어로 간주한다. 비무슬림이 순순히 복종하지 않을 경우 그들은 불신자를 상대로 전쟁을 선포해야 하며, 비무슬림이 개종이나 복종을 통해 교화(다와)의 부름에 순응한다면, 어디까지나 이교도의 잘못으로 비롯된 폭력은 없다고 그들은 주장한다. 그러니까 평화롭게 살려면 비무슬림이 유일신을 믿는 소수집단을 인정하여 세금을 바쳐야만 한다는 말이다. 결국, 교화의 최종 단계인 세계평화는 전 인류가 이슬람교로 개종하거나 그에 복종해야 실현될 수 있으므로 교화의 사전적 뜻을 "초대"로 옮기는 것은 문제가 있다. 지하드를 기꺼이 감내할 수 있어야만 초대에 불응할 수 있으니 말이다.

이슬람교 신앙에서 이슬람교를 전파하는 데 의존하는 것은 전쟁harb(하롭) ― 비무슬림이 무력을 쓸 때에만 언급되는 용어 ― 이 아니라 지하드다. 즉 이슬람교의 정복 전쟁은 하릅이 아니라 개방이라는 점을 미루어 볼 때, 그들은 세계에 이슬람교의 입구를 개방한 것이며, 지하드는 개방을 넓히려는 수단인 셈이다. 독트린과 역사를 감안해볼 때, 평화의 집(다르 알이슬람)과 전쟁의 집(다르 알하릅)의 관계는 전시상황에서 규정되는 것이다.

다시 말해, 무슬림은 종교적 의무이자 이슬람교의 사명에 저항하는 세력을 끊는 방어 전쟁으로 지하드를 이해하고 있다. 이처럼 수긍할 수 없는 데다 비논리적인 신념을 개혁하려는 용기를 가진 무슬림은 여태 본 적이 없다. 비무슬림에 평화란 영원히 존재하지 않는다는 이슬람교의 독트린과 더불어 불신자에게는 일시적인 평화hudna(후드나)만이 있을 뿐이라는 것도 일러둔다. 일시적인 평화는 전쟁과 평화의 중간 상태로 무슬림과 비무슬림의 관계를 일컫는 조건이기도 하다. 즉 무슬림과 비무슬림 열강의 조약은 "일시적인" 것으로 여긴다는 말이다. 일시적인 평화에 대한 이슬람 율법사들의 시간 개념은 우리와는 좀 다르다. 권위자의 논평에 따르면, 일시적인 평화의 기간은 평균 10년을 가리킨다. 그래서 이슬람세계를 연구하는 유대인들은 1979년 카터 대통령의 중재로 체결된 캠프 데이비드 평화협정이 만료되는 시기에 대해서 의문을 제기한다. 유럽의 정당한 전쟁과 그렇지 않은 전쟁(이슬람의 법률학 독트린과는 동떨어진 개념)의 차이를 이슬람교의 전통에 적용하자면, 무슬림이 이슬람교의 전파를 위해 감행하는 전쟁은 정의로운 전쟁이 되고, 비무슬림이 무슬림을 공격하거나 지하드에 저항한다면 이는 부정한 전쟁이 될 것이다. 그러나 정당한 전쟁 개념을 지하드에 적용하는 것은 무슬림의 시각이라기보다는 서방세계의 관점으로 보는 것이 옳을 것이다.

전통 지하드에서 지하드운동까지

전통 지하드는 이슬람 제국을 비롯하여, 모든 무슬림 지도자의 권위로 칼리프가 상징적으로 이끌던 전쟁이었다. 칼리프는 국가의 수장이었고 그가 이끄는 성전은 전술과 정당한 목표에[16] 따른 규정에 종속되었다. 지하드운동은 전통 지하드를 재해석한 것으로 이슬람주의가 이슬람교를 정치적으로 변조한 것과 이치가 같다. 이는 약탈을 일삼는 독불장군의 테러가 아니라 다양한 "비정규전"을 일컫는다.[17] 이처럼 이례적인 양상의 성전은 예전에 수용된 규정이나 목표의 제약에 아랑곳하지 않는 비국가 주동세력이 감행하고 있다. 수니파와 시아파를 둘러싼 이슬람교의 분열 또한 지하드운동을 연구하는 데 매우 중요한 개념이다.[18] 이 같은 신개념 전쟁에 관한 연구는 마르틴 반 크레벨트의 「저강도전쟁low intensity war」과 「제3의 전쟁war of the third kind」에서 입증한 칼레비 홀스티의 이론을 참고하도록 하겠다. 지하드운동의 전쟁은 박해자에 맞선 피박해자의 정당한 전쟁의 성격을 띤다. 나치와 공산주의자들도 이슬람주의자들의 이념의 전쟁(하릅 알아프카르)과 흡사한 방법으로 폭력을 선전에 이용했다.

지하드운동 전쟁은, 헤들리 불이 한때 "서방세계에 대한 반란"이라고 말한 점을 분명하게 역설한다. 즉 서방세계의 패권에 대항할 뿐 아니라 문화적 차원도 감안하여 국제 시스템에 의존하는 베스트팔렌식 세속주의를 비롯한, "서양의 가치관"[19]도 배격한다는 것이다.[20] 1648년 두 번 체결된 베스트팔렌 평화협정은 국가의 주권을 인정하고 (크리스천) 종교의 자유를 선포하며 다른 국가의 종교를 침해하지 말아야 한다고 합의한 것인데, 이를 세속주의라는 점에서 이슬람주의자들이 강력히 거부한다. 그들은 신앙과 문화적 시스템이라기보다는 정치화된 이데올로기로서 종교를 세계정치에

다시 주입하려고 했다.

이 같은 반란은 비국가 주동세력의 폭력을 정당화하기도 했다. 지하디스트 이슬람주의자들은 범죄자가 아니라 자칭 전사들이며, 폭력을 지향하는 점을 두고는 마크 위르겐스마이어가 지하드운동 관련 서적에 붙인 제목처럼 "종교와 테러"[21]라고 간주한다. 이슬람주의는 종교화된 정치인 반면, 지하드운동은 종교화된 전쟁을 일컫는다. 전통적인 "종교 전쟁"이나 종교를 둘러싼 유럽식 전쟁의 의미가 아니라 종교의 귀환이라는 의미, 즉 종교적 맥락에서 보는 전쟁의 선포와 정당성에서 이를 뜻하는 것이다. 지하드운동은 "글로벌 지하드"를 가리키는 거룩한 전쟁으로 폭력은 하나의 구성요소에 불과하다. 예컨대, 헤즈볼라는 2006년 7, 8월에 치른 이스라엘과의 전쟁을 "거룩한 승리"로 규정했는데[22] 헤즈볼라의 지하디스트는 저명한 전쟁학자가 주요 국제안보회의에서 지적한 바와는 달리, "범죄자"가 아니라 죄의 세상과 서양의 악습을 정화함으로써 의무태만을 준행하는 진정한 신앙인으로서 폭력을 사용했다고 주장한다. 규정을 존중하지 않는 성향 — 예컨대, 헤즈볼라는 레바논 남부 사람들을 방패로 삼아 숱한 민간인이 사망하고 말았다 — 은 신성한 전쟁의 위상에서 태동한 것이다. 이처럼 중차대한 상황에 국제회의가 뭐 그리 대수란 말인가?

또 다른 아젠다에는 지하디스트 이슬람주의에 충성하는 군인을 징집하기 위해 젊은 무슬림에게 독트린을 심어주고 급진주의로 세뇌시키는 것도 있는데, 이는 전체주의 조직의 공통적 특징이다. 이슬람 제국의 정의로운 전쟁(푸투하트)에 대한 집단기억과 지하드를 방어로 보는 전통적인 입장은 이슬람주의 조직이 "포위된 이슬람교"라는 명목으로 재현해냈다. 때문에 방어의 일환으로 벌이는 비정규전은 세계 어디에서나 정당성이 인정되었다.

지하드운동을 연구하려면 위험을 감수해야 한다. 몇몇 서양 학자들조차도 이를 이슬람혐오증의 조짐으로 간주하기 때문이다. 무슬림의 감정에 민감한 사람이라면 누구나 지하디스트의 중요성을 축소하거나 그러는 척하고 싶을 것이다. 그래서 지하드운동과 테러의 관계라든지 정치적 이슬람교에 뿌리를 둔 사상을 부인하는 것이다. 지하디스트가 무슬림 공동체(움마)의 대변인이자 "진정한 신도"로서 이슬람교에 정통한 대표자라는 주장에 반격하려는 서양 학자는 거의 없다.

비정규전의 전사라는 표현은 국제관계를 둘러싼 복잡다단한 쟁점을 대변한다.[23] 이슬람주의 지하드운동은 정치화된 종교에 의해 정당성을 인정받고 글로벌 네트워크에 깊이 뿌리 박힌 다국적 조직의 이데올로기로, 이를 이해하려면 우선 국가 간 전쟁 논리에서 벗어나야 한다. 전통적인 국제관계 학자들은 국가 간 전쟁이 쇠퇴하고 비국가 주동세력이 부상한다는 점을 잘 알면서도 문제의 두 가지 측면을 간과해버리기 일쑤다. 첫째는 폭력과 전쟁이 달라진 양상을 인정해야 할 필요성이 문화와 종교 및 역사를 둘러싼 전략 연구의 무지로 무색해졌다는 점이다. 그렇게 되면 지하드운동은 이해하기가 더 어려워진다. 둘째는 테러리스트가 다국적 종교 네트워크 안에서 활동한다는 점이다. 그들은 범죄자가 아니라 알라 신의 이름으로 세계적인 전쟁을 선포하는 전사다. 이러한 지하드운동 폭력의 개념은 기존의 분쟁을 종교화한 이데올로기[24]에 깊이 뿌리 박혀 있다.

서방세계와 신프롤레타리아

지하드와 지하드운동을 진솔하게 분석할 때 무슬림의 심기가 불편해질 수도 있다. 이슬람주의자들은 이런 감수성을 이용한다. 이를테면, 그들은 추종세력을 동원하여 논객의 입을 막기 위해 그를 이슬람혐오증으로 몰아세우기도 한다. 교황에게도 그랬고 앞으로도 계속 그럴 것이다. 요컨대, 서양의 이슬람혐오증을 둘러싼 불만은 이슬람주의자의 입장에서는 매우 유용한 수단이자 이념 전쟁의 기초였다. 지하디스트들은 이슬람주의에 테러리즘을 결부시키는 것을 "이슬람교와의 전쟁"으로 치부하는데, 이를 주장하는 — 이슬람주의자는 말할 것도 없고 — 무슬림이 있다는 것은 안타까운 사실이다.

지하드운동은 이슬람주의와 거의 같은 시기에 태동했다. 무슬림 형제단을 조직한 하산 알반나가 지하드운동의 주요 특색을 모두 설계했다.[25] 역사의 귀환과 정치의 종교화, 종교의 정치화, 이슬람교의 비전인 "세계의 재창조"[26]를 재현하기 위한 초기 이슬람 정복 전쟁[27]의 집단기억, 그리고 이슬람주의 독트린이 진정한 지하드를 대변한다는 주장은 모두 알반나의 문헌에서 찾을 수 있다. 그가 1930년에 발간한 『지하드 선집』은 지하디스트·이슬람주의 이데올로기의 토대를 마련했다. 알반나는 자신이 설파한 사상을 몸소 실천했다. 오늘날, 무슬림 형제단 중에는 지하디스트들이 벌이는 전쟁을 포기하고 좀 더 유망한 이념의 전쟁에 합류하는 분파도 있다. 폭력보다는 성공률이 더 높다고 입증된 이런 모험으로 지하드운동과 제도적 이슬람주의의 차이가 모호해졌다.

지금껏 논의한 쟁점들 가운데, 서방세계가 충분히 이해하고 있는 것이 전혀 없다는 사실은 이슬람주의에 대한 적절한 정책이 부재하다는 방증이다. 이는 하루속히 달라져야 한다. 최근 유럽에서는 사회적 갈등이 종교로 승화되었으나 유럽인은 이를 부인하거나 간과했다. 피터 뉴만은 지하드와 지하드운동의 관계가 유럽에서 신흥세력으로 부상하는 무슬림 이민자들에게 중요한 문제라고 서술했다.[28] 무슬림 형제단은 유럽의 이슬람교 소수집단에 추종세력을 확보해두었다.

서양 정치인들은 부시 행정부와 오바마 행정부의 보수주의자들이 벌인 실책을 피하고 무슬림에 대한 국민적 반감에 주의를 기울여야 한다. 이슬람주의와 이슬람교의 차이를 무시하는 것은 서방세계가 이슬람교와 신도를 공격하려고 호시탐탐 노리고 있다는 지하디스트들의 의혹을 인정하는 것과 별반 다르지 않을 것이다. 때문에 대테러 전략에 성공하려면 무슬림과 서방세계가 공조해야만 한다.

안타깝게도 이 방면에서 가장 도움이 안 되는 그룹들 가운데 하나가 좌파였다. 지하드운동이 혁명을 주도하는 종교적 우파의 이데올로기라면 왜 좌파가 이를 지지하겠는가? 이슬람주의 이데올로기의 선구자들이 마르크스나 레닌의 사상을 습득했을 것이라는 점은 입증할 수 없으나 이슬람주의자들이 쓴 문건을 주의 깊게 읽어보면 어느 정도 유사하다는 것을 알 수 있다. 이슬람주의자가 마르크스·레닌의 용어를 썼다는 것은 마르크스의 세속적, 국제주의적 어휘와 일치한다는 방증이다. 물론 이슬람주의식 국제주의는 종교색을 띠는 데다 전통 이슬람교의 보편주의가 정치화된 데서 비롯되긴 했지만 말이다. 마르크스·레닌의 세계 혁명 사상을 끄집어내어 이를 지하드에 적용한 사이드 쿠틉의 작품을 읽은 적이 있을지 모르겠다. 다음은 그가 쓴 글의 일부를 발췌한 것이다.

> 이슬람교는 온전하고도 포괄적인 혁명을 추구한다. … 지하드는 알라 신의 통치(하키미야트 알라)를 실현할 혁명을 이행해야 할 무슬림의 의무다. … 따라서 지하드는 세계 혁명thawrah alamiyya(타우라 알라미야) 사상이다. … 이 점으로 미루어 봤을 때, 이슬람교는 공정한 질서의 확립과 더불어 세계의 재창조를

위한 영원한 지하드이다.²⁹

마르크스의 사상에서 혁명의 수단은 프롤레타리아인데, 그가 세상을 떠나기 전에는 혁명이 일어나지 않았다. 이에 레닌은 프롤레타리아를 혁명 당조직으로 대체했다. 알반나와 쿠틉 또한 이슬람주의 목표를 실현할 영원한 혁명을 거론한다. 미래지향적인 마르크스의 유토피아, 즉 계층이 없는 자유사회와는 달리, 이슬람주의의 유토피아는 과거지향적이다. 즉 "이슬람국가"의 비전을 건설하고 이슬람의 역사를 다시 읽는 과정에서 이를 과거에 투사한다는 것이다. 이러한 견해에 비추어보면, 첫 이슬람국가는 622년 메디나에 세운 것으로 전해졌으나 하디트에서 무함마드는 "국가(다울라)"라는 용어를 쓰지 않았다. 그리고 "이슬람국가"의 회복(몇몇 서양 학자들은 이슬람주의자들이 칼리프의 회복을 이야기했다고는 하나 이는 사실무근이다)은 이슬람교의 영화를 되찾을 혁명으로 실현될 것이다. 이 같은 비전은 집단기억과 정체성 정치에서 조성되며, 이를 반영하는 이슬람주의식 국제주의는 세속 마르크스식 국제주의를 종교적 버전으로 바꾼 것일 수도 있다. 이슬람주의자들은 무슬림이 이슬람교 이전의 무지(자힐리야)에 빠진 데다 정치적 의식도 부족하여 포위되고 억압받는 무슬림 공동체를 위해 활약할 대리자가 필요하다고 주장한다. 이는 지하디스트 혁명가를 두고 하는 말인데, 그들은 휴면상태인 프롤레타리아를 대변할 레닌주의 당과 같은 역할을 감당해야 하며 자신이 "진정한 신도"라는 믿음으로 활동하고 있다.³⁰

팍스 이슬라미카

서방세계에서 출간된 이슬람 정치 관련서적[31]이 9·11테러 사태 이후 서점가를 강타했음에도 정치적 이슬람교에서 지하드운동이 차지하는 입지[32]를 두고는 분석이 미흡하다. 단행본 중 상당수가 "거룩한 테러"라는 옛말을 썼다. 혹자는 지하드운동의 기원을 부상한 오사마 빈라덴에게서 찾기도 한다. 거듭 말하지만, 역사적으로 지하드운동은 20세기의 정치적 이슬람교 사상에 깊이 뿌리 박혀 있으며 빈라덴보다는 수십 년이나 앞서 있다. 이슬람주의는 "이슬람교식 정치"와는 별개의 것이다.

쿠틉이 "지하드를 영원한 이슬람의 세계 혁명"으로 규정한 것은 그의 지성에는 못 미치는 알반나의 단순한 사상에서 한 발짝 진보한 것이다. 지하드운동의 포괄적인 목표는 이슬람세계로부터 전 세계에 이르기까지 정치질서로 알라 신의 통치를 확립하는 것이다. 이 같은 질서는 서방세계의 세속적 베스트팔렌 시스템을 이슬람교식으로 대체할 것이다. 이러한 정치적 목표는 지하드운동과 제도적 이슬람주의의 공통분모다.

지하드운동과 제도적 이슬람주의의 차이점은 지하드운동[33]이 신개념 전쟁을 덧붙였다는 것만 다를 뿐이다. 테러에 중점을 두었으나 지하드운동의 이데올로기적 측면은 간과한 마크 세이지먼[34]을 비롯하여 서방세계의 권위자들도 이 점을 잘 모르는 것 같다. 지하드운동을 순수 테러[35]로 취급하는 것은 핵심을 벗어난 처사다. 문화적 및 종교적 토대는 글로벌 지하드의 정당성을 확보하고 이를 정치적 이슬람교에 뿌리를 두게 하는 역할을 한다. 테러는 단지 팍스 이슬라미카pax Islamica(이슬람세계의 평화시대)의 비전을 실현하는 수단에 불과하며, 지하드 이후에 나타날 세계질서는 세속 국가들의 국제적 베스트팔렌 질서를 무너뜨리는 것이다. 이로써 이슬람교의 세계 혁명은 종지부를 찍게 된다. 이것이 바로 테러리즘의 이데올로기적 근간이다. 우리는 그들을 상대하기 위한 전략이 부족하다. "학술" 간행물을 보면 근간을 분석한 결과를 공격하는가 하면 저자를 이슬람혐오증 환자로 몰아세우는 등, 우려할 점이 많다.

지하디스트 이슬람주의자들은 "역사의 귀환"을 비롯하여, 과거의 영화를 되찾자는 주장으로 이슬람교의 향수[36]를 불러일으키고는 있으나, 그들의 테러리즘에는 진정성이 부족하다. 이는 꾸며낸 전통에 토대를 두기 때문이다. 이슬람주의의 비전은 엄밀히 현대적인 것으로, 신화적 과거가 아니라 탈양극체제postbipolar인 21세기에 내재되어 있다. 신성한 종교의 귀환과 세계정치에서 활약하는 비국가 주동세력의 부상 및 전 세계에서 활동하고 있는 다국적 조직의 출현은 우리가 알고 있는 역사의 귀환을 대변하지는 않는다. 고전 지하드[37]가 이슬람교의 확장을 위해 ─ 규정의 지배를 받던 ─ 성전에서, 이슬람주의식 세계 혁명의 일환으로 개시된 규정이 없는 비정규전으로 변모한 것은 현대에 꾸며낸 발상이다. 이는 모두 정치적 이슬람교의 향수에 기원을 둔, 세계정치의 맥락에서 벌어졌으나 매우 이례적인 것이다.

그러므로 정치화된 종교가 국제정세의 주요 현안 중 하나가 된 경위를 이해하려면 기존의 지식을 버리고 참신한 추론을 구사해야 할 것이다. 알라 신의 도리에서 지하드의 정당성을 인정한 정치적 종교는 테러가 아닌 세계의 질서를 둘러싼 문명의 분쟁을 역설한다.[38] 쿠틉은 세계 혁명의 일환으로 지하드가 실현하는 이슬람식 평화[39]로서, 세속주의 및 민주적 민족국가에 기반을 둔 칸트의 세계평화 개념에 도전장을 내밀었다.

서방세계에 맞선 반란과 신세계 무질서

이슬람주의의 지하디스트 분파를 둘러싼 정치적 아젠다는 경쟁문명에 대항하는 전쟁이라는 문화적 맥락에서 제기된다. 적대감의 명분이 서방세계 패권주의의 토대가 된 비대한 정치적 권력뿐만 아니라 서방세계의 가치관과 지식에 있다는 점을 이해하는 것은 매우 중요하다. 이슬람주의자들은 데카르트 사상의 합리주의를 "인식론적 제국주의"를 표현한 것으로 간주한다. 지하드운동의 지적 기반에는 세계의 탈서양화가 있으며, 세계질서의 개념과 더불어 이슬람주의자들은 문화적 내러티브를 강요할 것이다.

이 문제를 해명하기 위해 나는 헤들리 불의 전통과 새로 부각되고 있는 스탠리 호프만의 "세계의 무질서" 사상을 참고하도록 하겠다.[40] 이슬람주의의 위협은 그들이 이상적인 질서를 창출하지 못하기 때문에 더욱 무색해질 뿐이다. 즉 폭력에는 의존하나 그들이 말한 것을 성취할 힘은 부족하다는 것이다. 그럼에도 불구하고 지하드운동은 무료할 여유가 없이 국제적인 동요를 일으킨다. 지하드운동의 비정규전은 이슬람주의자들이 기술 면에서 우월한 적에 대해 보상을 얻을 수는 있으나, 이처럼 균형이 잡히지 않은 분쟁은 그들을 동요와 무질서 밖으로 벗어날 수 없게 한다. "알라 신의 통치" 질서는 추종자들을 동원할 명분이 되더라도 늘 신기루에 불과할 것이나, 글로벌 지하드를 내세우는 이슬람주의식 국제주의는 탈양극성 정치의 세계 혁명 운동이자 이데올로기로 진지하게 고려해야 할 것이다.

따라서 알카에다[41]에 관한 쟁점은 단순한 테러리즘에 국한되지 않는다. 알카에다는 질서를 둘러싼 두 가지 개념 사이에서 문명의 경쟁을 벌이고 있다. 이는 새뮤얼 헌팅턴이 조만간 속절없이 당할 수밖에 없다고 본 "문명의 충돌"을 두고 하는 말이 아니다. 종교가 이미 세계정치로 귀환했다는 점은 국제안보가 당면한 문제를 시사하므로, 국제관계의 새로운 접근법이 될 것이다. 정치화된 종교를 현 질서의 위기를 초래한 원인들 가운데 하나로 풀이하는 것이다.

세계질서를 둘러싼 문명의 경쟁을 이해하기 위해 서양 전문가들은 구조적인 세계화가 서양 가치관의 보편화를 자동적으로 불러일으키진 않을 것임을 깨달아야 한다. 한편, 개발은 비서양적인 방어 문화의 출현으로 이어질 가치의 위기를 초래할 것이다. 가치관의 서양화를 배제한 구조의 세계화는 지구촌 전역에서 이루어져 왔다. 이 같은 맥락에서, 신성한 종교가 정치의 탈을 쓰고 귀환한다는 것은 탈서양화의 일환으로 보아야 할 것인데, 서방세계는 이를 잘 이해하지 못하고 있다. 서양 문화의 상대주의는 해결책이 아니라 몰이해를 부추기는 걸림돌에 불과하다. 포스트모던 문화의 상대주의는 이슬람주의가 타협을 모르는 절대주의의 이데올로기라는 점을 이해하지 못하는 것 같다. 상대주의와 절대주의가 만나면 패배자는 문화의 상대주의자들이다.

현 국제정세를 제대로 이해하려면 레몽 아롱과 헤들리 불의 작품이 도움이 될 것이다. 기존의 세계질서에 이슬람주의식 부흥이 문명적으로 도전한 데는 정치적·문화적·종교적 쟁점들을 모두 포함한다. 이슬람교를 겨냥한 "유대·기독교인의 모략"[42]을 직감한 지하디스트 이슬람주의자들은 "서방세계에 맞선 반란"이 ― 이 주제와 관련된 불의 문헌에 잘 나타나 있다 ― 정당한 수단이라고 생각한다. 그들은 지하드를 동원하여 탈서양화를 도모하고 있으므로, 이슬람주의의 세계관이 달라지지 않는 한 세계의 평화는 존재할 수 없을 것이다.

레몽 아롱에 따르면, 인류 역사를 되짚어볼 때 문명의 이종혼교성het-erogeneity이 존재했다고 한다. 즉 빈라덴과 같은 인물과 알카에다처럼 세계적인 네트워크를 구축한 조직체들은 이슬람세계의 평화시대라는 이슬람주의 질서에 이데올로기적 의욕이 앞서서 문명적 다양성을 무시하고 있다는 것이다. 기존의 세계질서에 도전하는 이슬람주의는 구분선을 그어 무슬림과 인류를 갈라놓고 있는데, 이는 이슬람교와 서방세계의 관계가 흘러가는 맥락이기도 하다. 경계선의 골은 점차 깊어만 간다.

이쯤에서 정치적 이슬람교의 최고 사상가이자 선구자인 사이드 쿠틉을 다시금 언급해야겠다. 서방세계의 문명위기를 감지한 그는 문화적 관점에서 기존의 세계질서에 도전했다. 그는 이슬람교의 경쟁적인 문명만이 이 위기를 극복할 수 있으며 이슬람교의 지배를 통해서만이 가능하다고 믿었다. 쿠틉은 『진리를 향한 이정표』 및 『세계 평화와 이슬람교 World Peace and Islam』 등의 소책자를 제작하며 이슬람교만이 범세계적인 위기를 극복하고 인류를 구원할 수 있다고 주장했다. 거듭 말하지만, 바로 여기서 빈라덴과 지하드 전사들의 세계관이 비롯된 것이다. 이는 "발광하는 폭력배"나 범법자의 시각이 아니라, 주류 지하디스트 이슬람주의를 권위주의적으로 표현한 것이다. 세계정치에서 베스트팔렌 질서를 거부하고 이슬람세계의 질서가 이를 대체해야 한다는 사상은 평화적이고도 지하디스트다운 이슬람주의의 모든 분파가 공감하는 바이다.

헤들리 불은 쿠틉의 작품을 읽진 않았으나 "서방세계에 대항한" 문명적인 반란이 "이슬람교 원리주의에 가장 잘 나타나 있다"는 점을 의식하고 있었다.[43] 국제질서의 탈양극적 위기에 대한 쿠틉의 사상은 이슬람세계에서 널리 유포되었고, 이슬람교의 새로운 역할을 역설함으로써 이슬람주의자들의 관심을 끌게 되었다. 정치적 이슬람교가 1928년, 무슬림 형제단의 창설로 거슬러 올라간다는 사실은 그것이 냉전의 종식(심지어는 시초)보다 앞선다는 점을 분명히 보여준다. 그러나 역사를 돌이켜보면, 정치적 이슬람교가 민중의 지지를 끌어낼 수는 없었다. 아롱이 지적한 "문명의 이종혼교성"은 양극성 세계질서로 베일에 가려 있었으나 오늘날에는 그것이 벗겨졌다. 다시 출현한 이종혼교성은 정치화된 종교가 지지하고 있다.

이슬람주의 질서의 문명적 계획이 실패할 것 같다고 해서 주요 공략 대상인 베스트팔렌 질서가 안전하다는 뜻은 아니다. 우리가 "베스트팔리아 너머"로 가고 있느냐고 묻는 사람이 있을지도 모를 일이다.

베스트팔렌 질서에 신성한 면은 전혀 없다. 때문에 그 존재를 비롯하여, 변모한 세계라는 조건하에 그 근간을 재조사하려는 의도를 두고는 의문을 제기해도 타당하다. 그러나 지하디스트 이슬람주의의 폭력이나 알라신의 통치 이데올로기는 그럴듯한 대안이 될 수 없다. 이슬람주의는 이슬람교가 아니기 때문에 무슬림조차도 이를 인정하지 않는다. 또한 나는 비무슬림과 친민주주의 무슬림이 이슬람주의식 질서를 용납하리라고는 생각지 않는다. 종교가 다양한 인류에게 세속적 민족국가의 위기가 아무리 크다손 치더라도 특정 종교에 기반을 둔 대안은 받아들일 수가 없을 것이다. 왜 그럴까?

국가차원에서 신이슬람 질서(니잠 이슬라미)[44]는 자유와 민주정치를 지향하는 무슬림과 비무슬림은 수용할 수 없는 전체주의적 정치선언이기 때문이다. 이슬람주의 문헌에 정통한 전문가들은 이슬람주의자들이 질서를 운운하지만 그것이 수니파 이슬람교의 전통적인 칼리프 질서 회복을 뜻하지는 않는다는 것을 잘 안다. 칼리프는 시아파가 용납하지 않기 때문이다. 정치적 이슬람교의 보편적인 이데올로기는 비무슬림을 겨냥하여 종파의 구별 없이 무슬림 공동체를 통일하는 데 뜻을 두고 있다. 요컨대, 이슬람주의자는 행동하는 정치인이고, 세계관을 두고는 종교인이라 할 수 있다. 얀센의 말마따나, "이슬람교 원리주의의 이중적 본성"도 일리가 있다.[45] 종교와 민족성 및 문화는 이슬람교와 서방세계가 대립하게 된 원흉이다. 지하드운동의 경우, 문명 간 경쟁은 폭력의 동기가 된다. 이슬람주의 지하드운동을 한 번 지나가면 그만인 사상이나 시사문제들의 대응책으로 치부하는 것은 어리석은 일이다. 1장에서는 지하드운동과 이슬람주의의 종말을 예견한 질 케펠의 입장에 이의를 제기했는데, 이는 그가 심각한 오류를 저질렀기 때문이다. 지하디스트 이슬람주의는 단순한 테러리즘이 아니므로 "문명의 충돌"과 같은 경박한 미사여구나 "테러와의 전쟁"이라는 강박관념으로 이해해서는 안 될 것이다.

지하디스트의 폭력성

세계의 질서에 대한 도전을 이해하는 데 필요한 첫 번째 접근법은, 1991년 출간된 『민족과 국가 그리고 공포』[46]에서 재래식 군사전략 및 국가관계에 국한되지 않고 문제를 짚어본 배리 부잔이 소개했다. 그로부터 10년 후, 9·11 테러 사태가 벌어지자 사람들은 지하드운동의 비정규전이라는 새로운 양상의 전쟁도 안보 연구에서 다뤄야 한다는 점을 깨닫게 되었다. 그러나 테러리즘 폭력을 색다른 시각으로 이해해야 하는데 이에 대한 연구가 거의 이루어지지 않고 있다. 아프가니스탄에서 지하드운동을 상대로 벌인 전쟁의 복잡성은 전문가들도 대부분 소화하지 못한 실정이다. 부시에서 오바마 대통령으로 행정부가 바뀌긴 했어도 이해도에는 별 차이가 없었다. 논객과 정책입안자들은 신개념 전쟁을 "폭동"으로 축소해버린 데다 종교와 문화에는 거의 관심을 두지 않았다. 아프가니스탄에서 구사한 미 군사전략은 이라크 전쟁에서 개발했던 대게릴라 전술에 크게 의존했다. 이 전술은 탱크 몇 대를 보내는 것보다는 낫지만 — 물론 가장 중요한 문제는 아니다 — 문제의 일부를 해결할 뿐이다. 전쟁은 이슬람교와 서방세계의 문명 사이에서 벌어진 것이 아니지만 지하드운동은 난폭한 이슬람주의자들이 벌인 것이 분명하다. 그들은 전사지 "극단주의 범죄자"가 아니다.

통계에 밝은 정치학자인 로버트 파프[47]는 2005년에 쓴 『승리를 위해 죽다』에서 지하드운동을 종교와는 거의 무관한 사회운동이라고 주장했는데 이는 지하드운동과, 그것의 근간이 되는 종교적 이데올로기를 이해하지 못했다는 방증이다. 정치화된 세계 종교의 개념은 통계수치로 감을 잡을 수 있는 것이 아니다. 종교적 수단이 세계 혁명의 비전을 불러일으키는 경위를 이해하려면 이슬람교가 꾸며낸 무슬림 공동체로 불리고 이상적인 공동체가 서방세계에 맞서 동원되는 방식을 알아야 한다. 그렇다면 정치적 이슬람교가 상상 속의 무슬림 공동체를 비정규전이라는 지하드운동의 이데올로기로 바꿀 수 있다는 이야기인가? 통계적인 방법으로는 답을 제시할 수 없다.

세속적인 목적을 추구하면서도 종교를 운운하는 이슬람주의자들은 소수의 무슬림 공동체를 구성하나 조직력이 탄탄하고 무기도 잘 갖추었으며 메시지가 다수의 관심을 자극한다. 적은 머릿수에 비해 전 세계 네트워크의 효율성과 기동력은 탁월하다. 이 집단은 비정규전으로 혼란을 불러일으킬 수 있다. 그러면 이를 진압하는 비결은 무엇일까?

나는 이 책에서 이슬람주의와 이슬람교 및 지하드운동과 고전 지하드의 근본적인 차이점을 제기해왔다.[48] 또한 이라크에서 불거진 시아파·수니파 무슬림 간의 분쟁을 감안해볼 때 수니파와 시아파 무슬림의 차이[49]는 그나마 친숙한 편이다. 실은, 이슬람 내부에도 정치화될 수 있는 종교적 다양성이 더러 존재한다. 이 같은 정치화로 서로 다른 종파의 무슬림 공동체에서 분쟁이 벌어지고 있다. 아프리카계 이슬람교는 동남아시아의 종파와는 다르며, 인도 아대륙도 마찬가지다. 물론 이슬람교의 원류인 아랍 종파는 종교적·문화적 다양성 면에서 월등히 앞설 것이다. 획일적으로 통일된 이슬람주의도 없다.

이슬람주의 지하드운동은 수니파 이데올로기에서 비롯되었음에도 이슬람교의 다양성을 부인하며 모든 무슬림 신도를 지하드 전사로 통일시켜야 한다고 주장한다. 하지만 겉과 속이 다르게 다른 종파의 사상을 차용하기도 한다. 예컨대, 초기 무슬림 형제단은 수니파 이슬람교와는 거리가 먼 자살테러를 자행한 적이 없으나, 최근 수니파 이슬람주의자들은 시아파의 혁신을 채택키로 했다. 그들은 시아파의 개념인 위장(타키야)을 차용하여 기만(이함) 전술에 새로운 모습을 부여했다. 각 종파만의 정신이 있겠지만, 수니파 이슬람주의 조직은 시아파의 순교사상에 집착하고 테러를 희생 tadhiya(타디야)이라고 하며 정당성마저 차용했다. 그런데 중요한 점은 이슬람주의인 비국가 주동세력이 다양한 문화의 언어로 종교화된 정치를 거론한다는 것이다. 새뮤얼 헌팅턴이 태어나기 훨씬 전에도 이슬람주의자들은 독자적인 "문명의 충돌"을 발전시켜 왔다. 국제관계 분야는 이슬람주의자들의 전례를 이해하고 국가보다는 종교와 문화, 민족성 및 문명에 중점을 두어야 한다.

그러나 문명은 세계정치의 주역이 될 수 없다. 헌팅턴도 이 문제를 의식한 탓에 "핵심 국가"가 각 문명을 이끌 수 있다고 하면 이를 적당히 넘어갈 수 있으리라고 생각했다. 이 구조가 이슬람교에는 적용되지 않는다는 점을 깨닫지 못한 것이다. 이슬람 민족국가로 알려진 56개국 중 무슬림 공동체 전체를 이끌 수 있는 곳이 전혀 없다는 단순한 이유 때문에 말이다. 게다가 이 집단에 든 일부 불량국가들 중에는 세계정치에서 지하드운동의 중심 명분이 되는 것이 없다. 이란에서 국가 지원을 받는 지하드운동이 이에 가장 근접하지만 지하드운동은 그것이 없이도 번성할 것이다.[50]

"테러와의 전쟁"을 위협하는 지하디스트 조직체는 모두 비국가 주동 세력인데, 안타깝게도 미국이 이라크를 점령하자 지하드운동의 세력과 무슬림의 지원이 강화되어 이란에도 이슬람주의 집단의 지원처가 세워졌다. 전쟁으로 추악한 독재정권은 몰락했으나 또 다른 문제가 불거지게 된 것이다. 사담 후세인의 축출로 생긴 권력의 공백기는 지역 열강으로 부상한 이란이 채웠다.[51]

이란은 "서방세계에 맞선 이슬람주의 반란"을 주도해야 한다고 역설한다. 문명의 갈등을 국제적 갈등[52]으로 비화시키고 세계정치에서 문명적 세계관이 중요하다는 점을 분명히 밝힌 것이다. 그러나 국제관계 및 정치학에서 이 같은 쟁점은 2002년 대니얼 필포트가 국제관계 분야에서 널리 인정받은 『월드 폴리틱스 World Politics』지에 기고한 논문을 제외하면 아직 연구 대상에는 들지 않는다.

아프가니스탄과 이라크에 주둔한 미군을 군사점령이라고 비난해도 틀린 말은 아니지만, 일부 미국 학자들처럼 "십자군"을 거론하는 건 프로파간다 전쟁에서 어느 한쪽 편을 들겠다는 이야기가 된다. 여기에는 대립하고 있는 세계관이 수반된다. 세계관과 개념 및 가치관의 대립은 안보 분석에서 제자리를 찾아야 한다. 따지고 보면, 질서의 개념은 항상 문명의 가치관에 기초하고, 문명 간의 갈등은 국가와 법률, 종교, 전쟁과 평화 및 지식을 서로 다른 기준으로 이해하는 데서 비롯되는 것이 아닌가. 나는 1995년에 출간된 『문명 전쟁』에서 군사문제는 제외하고 세계질서의 대립된 사상에 중점을 두었다. 문명에는 군대가 없으니, 가치관에 관련된 갈등이 군사력과는 무관하다고 주장할지도 모르겠다. 사실이 그렇다. "문명 전쟁"에서 실제적인 갈등을 불러일으키는 것은 가치관이니 말이다. 군사력이 제도로 규정되지 않은 이슬람주의자들은 글로벌 지하드를 사상과 세계관의 전쟁으로 간주하고 있다.

이념의 전쟁은 2006년 7~8월과 2008~09년에 각각 헤즈볼라와 하마스가 벌인 전쟁에서 매우 중요한 역할을 했다. 둘 중 어느 경우도 비정규전에서만 싸우는 조직체에 국한되진 않았으며 최전선은 문명에 걸맞았다. 국가적 차원에서 시아파 이란은 — 미국이 이라크를 공격해준 덕분에 — 지역의 열강으로 부상하여 군사적 수단으로는 해결할 수 없는 갈등을 일으켰다. 막강한 미군과 이스라엘 방위군도 재래식 수단으로는 이슬람주의자들의 비정규 전력을 감당해낼 수 없었다. 그들은 "알라 신의 마음"— 즉 이슬람주의 조직체들이 누리고 있는 범세계적 지원에서 비롯된 신념 — 으로 세계 전쟁에 참여했다고 믿는다. 현장의 실상도 그렇지만, 문명의 의식도 중요하다. 세계정치에서는 의식이 곧 현실이기 때문이다.

9·11테러 공격과 세계 곳곳에서 벌어지는 지하디스트들의 게릴라전은 가치관과 세계관이 물리적 폭력과 관계가 깊다는 것을 잘 보여주었다. 이처럼 공격에 혈안이 된 이슬람주의자들은 "발광하는 폭력배"로서가 아니라 지하드운동의 비정규전에서 싸우고 있었다. 그들이 자행하는 테러리즘은 문명적 세계관의 갈등을 구현한 것 — "세계의 질서"를 둘러싼 군사적 투쟁을 가리킨다 — 이다. 폭력배는 그런 일에 개입하지 않는다. 물질적인 소득을 위해서는 위험을 감수할지언정 가치관을 위해 목숨을 거는 짓은 하지 않는다는 이야기다. "이기기 위해 목숨을 내놓는" 범죄자는 없으므로 탈레반을 비롯한 지하디스트들을 "극단적 범죄자들"로 몰아세우는 것은 잘못이다. 그들은 양상이 달라진 전쟁에 합류한 비정규병일 뿐이다.

이 전쟁에서 지하디스트들은 대인살상을 비롯하여, 인프라와 "범세계적인 적"을 공격하기 위해 제 몸뚱이를 폭탄으로 쓰고 있다. 직접행동단 action directe(프랑스의 사회사상가 조르주 소렐의 말을 인용한 것으로 테러조직을 일컫는다) 은 세속 민족국가의 질서를 주요 목표로 삼는다. 이념의 전쟁과 지하드운동의 결합은 적의 사기를 꺾고 혼란을 가중시키기 위한 것이다. 이 같은 전시상황에서는 누구도 앞날을 예측할 수가 없다. 테러의 목표는 이슬람주의자가 일컫는 "유대인과 십자군," 그리고 알제리와 2003년 이후 이라크에서 본 바와 같이 협조에 불응한 일반 무슬림이다.

존 켈세이는 "서방세계와 이슬람교가 만나면 누가 먼저 세계의 질서를 정의할지를 두고 투쟁한다"면서 "승자는 영토와 시장경제, 종교의 자유 및 인권 우선을 내세운 서방세계가 될까? 아니면 순수한 유일신 사상에 근거한 사회의 질서를 이룩하기 위해 종족 간 공동체의 보편적 사명을 강조하는 이슬람교가 될까?"라고 덧붙였다.[53]

물론 이슬람주의자들에게 묻는다면 그들은 이슬람교만이 세계의 질서 안에서 온 인류를 인도할 수 있다고 밝힌 사이드 쿠틉의 『진리를 향한 이정표』에서 답을 찾을 것이다.

신냉전의 분위기는 세속주의와 종교적 세계관의 대결구도로 귀결된다. 그런데 문제의 핵심은 서양의 이슬람주의 변론자가 주장한 바와는 달리, 단순한 정신상태나 차이를 둘러싼 논박이나 "신앙의 자유"가 아니다. 행여 그렇다면 관용으로 해결하면 될지도 모르지만, 핵심은 테러를 자행하는 데 따르는 생사에 있다.

연구 결과

이 장에서 제시한 분석 결과는 세 가지로 요약할 수 있다.

1. **질서의 문제:** 이슬람교 원리주의는 애당초 존재했던, 이슬람교와 서방세계의 문화적 차이에 국한되지 않고 세계의 질서를 둘러싼, 문명의 불일치를 대변한다. 지하디스트들의 비정규전이 불일치를 구현한 것이며 군사력으로는 이에 대응할 수 없다. 지금 필요한 전략은 국가에 집중되거나 재래식 군사전략의 지배를 받아서도 안 된다.
2. **거룩한 테러와 비정규전:** 지하드운동은 마크 위르겐스마이어가 "알라 신을 염두에 둔 테러"라고 규정한 것으로, 종류가 다양하다. 테러리즘의 방법론과 실상은 비정규전으로 벌이는 "거룩한 테러"라는 정당성과 떼려야 뗄 수가 없다.
3. **안보문제로 취급해야 할 종교적 원리주의:** 글로벌 지하드의 존재는 이슬람주의 연구가 "신규 안보 개척지"로서 안보 분야에 해당된다는 점을 보여준다.[54] 안보를 둘러싼 전통적인 개념은 비정규전의 도전에 대응하기 위해 종교와 문화까지도 포괄해야 한다.

폭력을 행사하려는 의지는 지하디스트 이슬람주의의 기본 특성이긴 하나 그 자체가 목적이 아니라 수단일 뿐이다. 목표는 단연 이슬람교의 질서가 될 것이다. 지하드운동은 진정한 지하드로 규정된 비정규전이 종교적으로 정당하다는 점에 근거하여 활동한다. 사실, 지하드운동의 폭력은 테러 행위이므로 고전 지하드의 윤리와는 서로 일치하지 않는다. 하지만 안타깝게도 기성 이슬람교의 종교기관은 지하디스트 원리주의자들을 대놓고 규탄하지 못한다. 평화적인 무슬림과 그들을 구별할 수 있을 텐데 선뜻 그러지 못하는 까닭은 기회주의와 두려움 때문이다. 지하드운동과 테러리스트가 이슬람교와 전혀 관련이 없다는 주장은 설득력이 부족한데도 여전히 제기되고 있다.

지하디스트 이슬람주의는 소수 이슬람 집단에서 사회적으로 소외된 젊은 무슬림들에게 인기가 많다. 그들이 신병 모집에 몰리는 까닭은 지하드운동이 마음에 들어서라기보다는 암울한 현실에서 위안과 의미를 찾을 수 있기 때문이다. 이와 관련하여, 유럽에서의 대안은 이슬람교를 유럽식으로 바꾸든지, 유럽을 이슬람교의 대륙으로 만들면 될 것이다.[55] 그러나 이 대안을 유럽인이 받아들일 것 같지는 않다. 물론 방관과 무관심 속에서 신앙의 자유와 지하디스트들의 전쟁을 혼동하면 은연중에라도 지하드운동의 국제주의를 지지하겠지만 말이다. 이슬람세계와 서방세계 및 유럽의 소수 무슬림 집단 문화로 조성된 삼각구도에서 이슬람주의와 이슬람교를 가르는 경계선은 결국 흐릿해질 가능성이 크다.

일부 유럽 국가(이를테면 독일)는 시민권 문화를 제한하여, 무슬림 이민자들에게 여권은 발행하나 공동체의 일원으로는 수용하지 않는다. 중산층에 합류할 수 있는 특권층도 평등한 시민으로 대우하지 않고 "방문 근로자"로 취급할 뿐이다. 나 역시 학계의 차별로 독일인 공동체의 일원이 되지 못했다. 현지의 보편적인 사정이 그렇다. 유럽[56]에서 합법적으로 독일 여권을 소지하긴 했으나 실질적인 시민은 아니었던 것이다. 독일에서 50여 년을 살고 본토어로 28권의 책을 썼지만 달라진 것이라고는 없었다. 이슬람교를 꾸준히 배우고 지식을 습득한 덕에 서양을 배격하는 지하드운동 이데올로기에는 빠져들지 않았으나, 고등교육의 혜택을 누리지 못하는 무슬림 이민자의 입장을 감안해볼 때, 디아스포라diaspora[57]에서 벌이는 이슬람주의

운동과 유럽의 인종차별주의는 알카에다 전사가 되라는 구호에 매력을 더할 것이다. 『뉴욕 타임스』지에 따르면, 그 결과로 독일에서 태어난 젊은 무슬림들이 아프가니스탄을 거쳐 지하디스트 단체들[58]에 합류했다고 한다. 유럽 사회에서 무슬림을 남남인 양 "배척한다면" 지하디스트 이슬람주의자들은 계속 늘어날 것이다.[59] 이슬람세계에서도 젊은이들 사이에서 벌어지는 지하드운동의 유혹에 대응하기가 점점 어려워지고 있다. 사원에서 실시하는 교육은 국가가 통제하지 않는 데다 지하디스트 이데올로기를 오히려 장려하고 기존의 치안활동도 이를 진압할 수가 없다.[60] 무슬림 젊은이들의 삶은 개선되어야 마땅하다. 현상유지만으로는 자유와 민주정치를 수호하기가 어렵다. 이슬람세계의 민주화와 효과적인 개발정책, 그리고 독재국가와 대립되는 시민 사회 원칙을 이룩할 제도가 지하디스트 이슬람주의에 대처하는 수단이 되나, 이슬람과 서방세계의 문화가 달라져야 이를 달성할 수 있을 것이다.

6장

이슬람주의와 율법:
전통을 꾸며낸 샤리아화

 율법은 항상 이슬람교 사상의 중심에 있어 왔다. 샤리아의 최고 권위자인 요제프 샤흐트는 『이슬람법 입문』 첫 페이지에 "이슬람법은 이슬람 사상의 전형으로… 이슬람법을 이해하지 않고 이슬람교를 안다는 것은 불가능하다"[1]고 밝혔으며, 존 켈세이는 『이슬람의 정당한 전쟁을 논하라』에서 "샤리아 논리"라는 다른 방법으로 이슬람교의 정신사를 기술했다.[2] 이슬람주의자들이 샤리아를 이슬람세계의 준거법으로 채택해야 한다고 목소리를 높일 때마다 회자되는 것이 바로 율법의 주된 역할이다. 그들이 과거의 질서를 회복하려 한다면, 왜 나는 이 같은 노력을 꾸며낸 전통으로 규정할까?

 샤리아 논리는 항상 이슬람교의 중심에 있었으나 역사가 발전함에 따라 늘 다양한 의미가 결정되었다. 샤리아에 내재된 중심성과 다양성 및 역사성이 결합되다 보니 더러 혼동을 일으켜, 오늘날 샤리아가 이슬람주의와 이슬람교 사이에서 갈기갈기 찢긴 경위를 사람들이 모르는 지경에까지 이르게 되었다. 이집트에서 종교사awqaf(아우카프)를 다루는 성직자이자, 세계적으로 최고의 권위를 자랑하는 수니파 교육기관인 카이로에 소재하는 알아즈하르 대학에서 학부장을 지낸 마무드 자크주크는 이슬람주의자들이 이슬람국가 아젠다의 일환으로 샤리아의 시행(타트비크 알샤리아)을 요구하고 있다며 분을 참지 못했다. 이슬람교 입문서를 보면 알겠지만, 이슬람교의

정신과 윤리, 인권, 다양성 및 정의에 관한 장은 있어도 샤리아에 기초한 정치질서는 눈을 씻고 봐도 없다.[3] "샤리아를 시행해야 한다는 구호는 샤리아가 우리에게 얼마나 중요한가를 부인하는 것이오. 샤리아는 헌법의 기초일 뿐 아니라 인생의 윤리적 도의"라고 그가 내게 투정하듯 말했다.[4] 사실, 무함마드 안와르 사다트 집권 이후, 이집트 헌법은 샤리아를 입법taschr'I(타슈리)의 원천으로 규정했다.[5] 그러나 그 점만으로는 이슬람주의자들의 직성이 풀리지 않았다. 그들이 생각하는 샤리아가 자크주크의 그것과 많이 달랐기 때문이다.

사이드 쿠틉의 후계자로 현대 이슬람주의의 최고 권위자로 꼽히는 유수프 알카라다위는 (이슬람주의식 해결책이란 뜻으로 "알할 알이슬라미"란 말을 만들었다) 샤리아가 이 같은 해결책의 근본적인 특성이 된다고 밝혔다.

> 서방세계의 십자군 식민주의는 이슬람교의 거처를 침략하여… 정치와 법률에 내재된 삶의 방식을 바꿔놓았다. … 샤리아는 속인법personal law으로 전락했다. … 따라서 이슬람교식 해결책은 샤리아를 회복하는 데 목표를 두어야 한다. … (이슬람국가의) 헌법은 모든 방면에서 샤리아를 마련해야 한다. … 절대적인 신의 텍스트al-nusus al-qat'iyya(알누수스 알카티야)에서 벗어난 법규는 타당성을 인정받을 수 없다butlan(부틀란).[6]

이는 전통적인 샤리아를 전체주의 국가의 질서와 혼동했다는 점을 시사한다. 이슬람주의의 정치적 샤리아와 전통 샤리아[7]의 차이를 이해하려면 몇 가지 관련 사실을 살펴보아야 한다.

이슬람세계에서의 샤리아 정치

알카라다위가 "절대적인 신의 경전"을 언급했지만, 사실 "샤리아"는 코란 45장 18절에 단 한 번밖에 등장하지 않는다. "우리가 너희에게 바른 길을 마련하니 이를 따르라thumma ja'alnaka ala shari'a min al-amr fa attabi'uha." 이 구절에서 코란은 선을 권하고 악을 금하는 도덕적 행위를 규정했다. "코란은… 무슬림 공동체의 삶을 위한 처방을 담고 있다. 이는 구체적으로 기술되어… 현재 이슬람법인 샤리아로 알려진 바를 구성하게 되었다."[8] 기본적으로 이 같은 규정은 이슬람교의 다섯 기둥(주축)을 일컫는데, 이를테면 (1) 알라 신께 복종하고, (2) 기도하며, (3) 빈민을 구제하고, (4) 라마단에는 금식하며, (5) 메카를 순례해야 한다.

샤리아를 다르게 쓴 사례는 모두 코란에서 벗어난 해석뿐이었다. 서기 700년대 초, 무함마드가 타계하고 난 후 약 100년이 지나자 무슬림 서기관(정통 율법사)들은 수니파 샤리아 학파madhahib(마다힙)를 율법학파의 라이벌로 규정하기 시작했다.[9] 수니파 이슬람교에는 하나피Hannafi, 샤피Shafi'i, 말리키Maliki 및 한발리Hanbali 네 학파가 있었다. 그들의 사명은 코란 및 무함마드 정경 해석에 근거한 법규범을 확립하는 것이었다. 고전 샤리아에서 이런 규정은 제의적 율례(이바다트)와 민사법(무아말라트) 및 물리적 처벌을 규정하는 형사법(후두드)[10]으로 양분된다. 칼리프는 자신의 권한으로 — 코란에는 기록되지 않은 권한인데, 애당초 코란은 정부의 특정 시스템을 언급하진 않았다 — 샤리아를 보장할 것 같기도 했으나, 종교와는 무관한 통치자로 군림했다. 그는 항상 포스트 에벤툼¹식으로, 샤리아를 들먹이며 자신

---

¹ post eventum: 후대의 역사해석을 신의 예고 형식으로 소급·채택한 것을 일컫는다.

의 행위를 정당화했다.[11] 그리하여 고전 칼리프 시대에는 정치(시야사)와 이슬람법(샤리아)이 분리되어 있었다는 것이다. 요제프 샤흐트는 『이슬람법 입문』에서 그 무슬림 통치자는 "신성한 율법을 적용하고 완성하는 척했으나… 실은 법관(카디) — 샤리아를 담당한 판관 — 의 통제에서 벗어나 치안과 과세, 사법을 규정한, 독립적인 법률의 규제를 받았다." 후자는 정치(시야사)로 지정된 영역이므로, 샤흐트에 따르면, 결과는 "이중 행정부가 되고 말았다고 한다. 이를테면… 샤리아에 토대를 둔… 종교적인 행정부와 — 때때로 — 통치 규정의 자의성에 근거하여 정치당국이 실시한 세속적인 것이 공존했다"는 말이다.[12]

옥스퍼드에 기반을 둔 무슬림 율법 권위자에는 이란 출신인 하미드 에나야트도 꼽힌다. 그가 집필한 『근대 이슬람교의 정치사상』에서 발췌한 두 진술도 인용할 가치가 있다. 첫째, 그는 샤리아 독트린을 거론하면서 "통합된 규정을 담고, 모든 무슬림이 기탄없이 인정하고 수용하는 통일 이슬람 제도 같은 것은 없다"고 밝힌 후, 고전 샤리아는 "엄격한 법규의 모양을 띠지 않는다"고 덧붙였다. 그리고 둘째, 이슬람 역사에서 샤리아가 차지하는 입지를 두고는 "통합된 제도로 시행된 적은 없으며 대부분 조항이 법적 픽션에 불과하다"고 했다.[13]

그러므로 통합적인 제도로 시행될, 엄격한 규정의 모양새를 한 획일적인 "샤리아"를 이슬람주의자들이 강요하려는 것은 역사적 근거가 없다는 말이 된다. 그러한 샤리아가 과거에 존재했다는 주장은 꾸며낸 전통의 전형이다.

이슬람주의자들은 존재하지도 않는 이슬람법 전통을 꾸며내면서 앞서 살펴본 사실을 재해석했다. 이집트 법률기관의 전 최고 법관이자 『샤리아의 기원』[14]의 저자인 무함마드 사이드 알아슈마위는 『정치적 이슬람교』

에서 이슬람주의의 샤리아가 규정된 이슬람교는 전통 이슬람 신조(특히 고전 샤리아)와 일치하지 않는다고 밝혔다.[15] 이슬람주의자들은 고전 지하드가 그랬던 것처럼 샤리아에도 똑같이 적용하여, 아주 딴판인 현대적 관행을 지어내고는 그와 고대 전통의 연속성을 주장한 것이다. 그들은 이슬람의 사법제도를 꾸며내면서 칼리프 집권 당시에는 존재하지도 않던 샤리아를 국가의 법으로 둔갑시켰다. 서양 논객들은 이 같은 정치적 샤리아를 "헌법주의"로 분류하나 이는 아주 틀린 발상이다.[16]

대신 우리는 이처럼 꾸며낸 전통을 신성한 종교가 정치에 귀환한, 그래서 근대성의 위기를 낳은 현상 내에 두어야 하는데, 이는 세속화가 지속적인 "세상의 각성"이라는, 베버의 가정에 도전하는 것이다.[17] 사실, 그와는 반대로, 우리는 샤리아가 새로운 탈을 쓰고 주요 입지를 차지하게 된 세속화의 탈피[18]를 목도하고 있는 셈이다. 이를 이슬람식 헌법주의라고 볼 수는 없다. 이슬람교의 샤리아화[19]가 일부 포함되는 이슬람식 정치적 부흥은 종교적 원리주의의 일면에 불과하며, 이슬람주의와 이슬람교의 차이를 둘러싼 주요 쟁점이기도 하다.

무슬림 율법학자인 압둘라히 안나임은 "코란은 헌법주의를 언급하지 않았다"고 밝혔다. 즉 이슬람주의자들이 주장하는 이슬람식 헌법도 꾸며낸 전통이라는 것이다. 그러므로 신성불가침을 주장함에도 불구하고, 이는 코란을 탈피한 사상의 일례로 보아야 옳다. 안나임은 민주적 헌법주의는 "샤리아의 지배 아래 성취할 수 있다"고 주장하며, "샤리아의 공법을 버리거나 헌법주의를 무시해야 한다는, 두 가지 대안이 현대 무슬림에게 열려 있을 뿐"이라고 역설한다.[20]

여기서는 정치의 샤리아화를 위한 이슬람주의의 프로그램[21]을 비롯해, 그것이 어제와 오늘의 샤리아와 어떤 관계가 있는지 살펴보도록 하겠다.[22]

세속화와 신정질서를 위한 탐구

냉전이 종식된 이후, 세계의 질서를 둘러싼 종교와 세속적 비전의 경쟁이 주목을 받게 되었다. 미국 학자 마크 위르겐스마이어는 탈양극성 정치를 논하기 위해 "신냉전"[23]이라는 개념을 언급했다. 신냉전에서는 서방세계의 숙적인 공산주의를 이슬람이 대신해왔다. 왜일까? 좌파에서는 문명의 통일을 확신하던, 숙적을 잃은 서방세계가 이슬람교에서 "새로운 적"을 만나게 되었다고 주장한다. 그렇기 때문에 새로운 이념의 전쟁에서는 이슬람혐오증이 반공을 대체한 셈이다. 이 같은 분석은 종족중심주의적 성향을 띤다. 즉, 서방세계의 정치적 라이벌에 집중한 나머지, 이슬람 자체는 거의 관계가 없어 보인다는 말이다. 실제적인 쟁점을 간파하려면 편협한 집착증에서 벗어나야 한다. 이는 이슬람문명의 "종교의 귀환"이 현대성에 내민 과제이기도 하다.[24]

유럽이 팽창할 당시, 이슬람교는 반식민지·방어적 문화의 이데올로기로서의 역할을 톡톡히 했다.[25] 지하드는 서방 제국주의의 대응으로 비쳐졌다. 그런데 오늘날에는 세계의 리더를 자처하겠다며 한술 더 뜨고 있다. 1950년대 말과 60년대 초 사이드 쿠틉이 쓴 문헌에 따르면, 인류는 "서방세계의 위기와 민주정치의 파산으로 만신창이가 된 데다, 벼랑 끝에 내몰린 것으로 비쳐졌으므로 이슬람교만이 인류를 인도할 자격이 있다"고 한다.[26] 나중에 나온 『세계 평화와 이슬람교』에서 쿠틉은 이슬람교가 통치해야 세계의 평화를 보장할 수 있다면서, 이를 달성하려면 지하드를 "온 인류의 구원과 알라 신의 통치(하키미야트 알라)를 확립하기 위한 영원하고도 포괄적인 세계 혁명"으로 재해석해야 한다고 주장했다.[27] 새로운 샤리아는 쿠틉의 구원론을 전시 이데올로기로 바꾸는 데 필요한 기틀이 되었다. 상상 속의 다국적 무슬림 공동체에 근간을 둔 이슬람주의식 정치적 국제주의가 실현되려면 샤리아국가뿐 아니라 세속주의를 탈피한 샤리아 기반 세계질서를 갖추어야 한다.

앞서 주장했듯이, 이슬람주의와 샤리아화 프로젝트는 이슬람 민족국가의 개발 위기와 맞물린 근대성 도입의 실패와 어설픈 세속화의 결과다. 이슬람세계가 문화접변acculturation에서 탈문화접변deacculturation으로, 근대화에서 전통화로의 복귀로, 서양화에서 탈서양화로, 세속화에서 세속화 탈피로 이동함으로써 기존의 소득도 잃어가고 있다. 지식의 탈서양화는 합리주의 자체에 의문을 제기하는 데에까지 이르렀으며,[28] 베버의 보편적인(문화적인 한계는 있었지만) 개념인 합리주의화의 일환인 세속화는 논쟁의 대상이 되고 있다. 샤리아를 둘러싼 이슬람주의 사상은 세속 세계질서를 이슬람교의 신조에 근거한 신정질서로 바꾸려는 야심 차원에서 살펴보아야 할 것이다. 꾸며낸 샤리아 전통은 이 같은 세계질서의 주된 정의를 제시한다.[29]

고전 샤리아는 평화와 질서 및 정의의 개념을 포함하나, 현대의 "문화적 전통들 사이의 경쟁"을 감안해볼 때, 샤리아와 민주적 헌법주의의 갈등에는 새로운 의미가 담겨 있다. 이슬람 신학에 따르면 코란은 알라 신의 말씀으로 신성한 것이나, 이를 탈피한 사상은 인간의 기원에 대한 것이므로 얼마든지 논쟁과 수정·보완의 여지가 있으며, 코란의 말씀과는 다르게 세속적인 특징을 수용할 수 있다고 한다. 마다힙의 네 학파가 샤리아 법체제를 발전시킨 것은 지식인(울레마)과 율법사(푸카하)가 주도한 코란탈피post-Quranic 계획이었다. 얼마 후, 이븐 타이미야의 영향력 있는 문헌에 힘입어, 샤리아는 국가 정치(시야사)의 이미지를 갖게 되었다.[30] 하지만 그것이 현대 이슬람주의에 필요한 것은 아니었다. 꾸며낸 샤리아는 반서양 국가질서를 뒷받침하기 위해 신성한 기원을 주장해야 했다.

새로운 의미를 갖게 된 변종 샤리아[31]는 또 다른 프로젝트를 예고한다. 세속화와 세속화의 탈피라는 라이벌 아젠다는 문명이라는 선을 따라 갈라지지 않는다. 세속주의 사상이라고 특히 유럽다운 것은 아니다. 중세 이슬람교에서도 기원을 찾을 수 있으니 말이다. 7장에서 살펴보겠지만, 이슬람교의 헬레니즘화에 기초한 일종의 합리주의[32]인 아베로이즘²으로 중세 이슬람세계에서는 탁월한 이성이 수용되었다. 그러나 이런저런 이유로 합리주의 학파는 이슬람문명에서 점차 수그러든 반면, 합리주의적 계몽사상은 유럽 문화의 영속적인 일원이 되었다. 또한 계몽사상은 유럽의 세계화와 요즘은 서양화로 낮잡아 부르는 유럽사상의 보편화 과정에서 세계에 영향을 미쳤다.[33] 서방세계에서 교육받은 엘리트는 비서양 문화권에서 두각을 나타냈으나 이슬람세계에서는 지금껏 문화적 뿌리를 깊이 내리지 못해 토착문화주의에 자리를 내주기 시작했다.[34] 현대 이슬람교에서는 정치의 샤리아화가 "세속화를 탈피한 사회"가 아닌 토착문화주의와 관계가 깊다.[35]

　새로운 정치적 외양을 갖춘 샤리아의 귀환은 신성한 종교의 귀환 사상에 담겨 있다. 근대성의 위기를 둘러싼 이슬람주의의 대응은 영성이 주도하는 종교적 르네상스라기보다는 정치의 종교화와 종교의 정치화에 더 가까우며, 이 둘은 갈등을 문화로 승화시키는 데 일조했다.[36] 이슬람교의 샤리아화가 그 문제의 일부가 되었다.

---

² Averroism: 주로 아리스토텔레스 철학에 기초하며, 개인의 죽음은 부정하나, 모든 인간에게 공통된 보편적 이성에 의한 인간 정신의 불멸을 주장한다.

이슬람세계의 샤리아와 샤리아 헌법 채택론

헌법을 비롯하여 모든 영역을 망라한 신성한 이슬람법의 주장은 법적으로 새로운 개념이다. 사담 후세인의 독재에서 해방된 이후 이라크의 여러 정당들이 신규 헌법을 논의할 때, 이슬람 울레마 위원회Committee of Islamic Ulema(이라크 정당에서 적극 활동하는 성직자 단체)는 어떤 헌법이든 이슬람 샤리아에 근거해야 한다는 성명을 발표했다. 위원회 대표연사인 이슬람 서기관 압둘살람 알쿠바이시는 "참정권에는 관심이 없지만 이슬람법은 헌법의 주된 근본이 되어야 마땅하다"고 강조했다.[37]

이슬람국가를 둘러싼 이 같은 주장에 한 가지 의문이 든다. 샤리아식 헌법에 기초한 국가가 사담 후세인의 "공포 공화국"을 민주적으로 대체하는 데 과연 필요할까? 이 책을 집필할 무렵에도 수니파와 시아파 이라크인들은 샤리아에 기초한 헌법제도의 의미를 두고 논쟁을 벌이며, 죽고 죽이는 짓을 매일 반복하고 있다. 이른바 이라크의 민주화로 헌법이 도입되었음에도 샤리아는 "이슬람교의 통치"라는 또 다른 명칭으로 확립되었다. 미국 측 주장에 따르자면, 샤리아라는 말은 사라지진 않을 것이다. 추측컨대, 미군과 미 국무부만 모르고 나머지는 이를 알고 있다. 때문에 민주화 프로젝트가 법률의 이슬람화라는 라이벌 프로젝트와 맞닥뜨리게 된 것이다. 반론이 있긴 하지만, 코란을 탈피한 샤리아 규정은 개인의 인권[38]과 일치하지 않으며 모든 점에서 대립된다는 것이 굳게 자리 잡은 견해다.

그렇다고 논지를 오해해서는 안 된다. 내가 코란에서 제시한 도덕적 의미를 지닌 샤리아를 반대하는 것이 아니다. 완곡하게 표현하자면, 종교와는 무관한 민주정치에 반대하는 사람들이 샤리아라며 규정한 이슬람교의 신성한 율법이라든가 신의 법lex divina 따위는 왠지 석연치가 않다. 코란을 탈피한 ― 인간이 구성한 ― 샤리아의 특징을 염두에 두고 있어야 한다. 중세 샤리아를 규정한 이슬람법의 네 학파는 사상의 기반을 다양하게 해석한 코란에 두었다. 게다가 이 이슬람법은 성문화되지 않았다. 샤리아 법전이란 존재하지 않는다는 말이다. 따라서 샤리아는 해석에 따라 달라지는 법으로, 대개 민법과 형법에 국한되며 특정한 경우에서 얻은 개별적인 판례를 축적해둔 데 전적으로 기초한다. 그러나 오늘날 샤리아에 대한 요구는 이를 헌법으로 삼는 이슬람국가를 건설하라는 주문이다. 한편, 꾸며낸 전통을 둘러싼 의문을 제쳐두는 것은 1780년대의 국내 정치상황과 영국의 관습법 및 계몽주의 정치철학에서 미국의 헌법을 창출해낸다는 것만큼이나 터무니없는 일이다. 여기서 중요한 문제는 샤리아가 헌법노릇을 제대로 할 수 있는지, 이슬람교화의 요구가 이슬람세계의 민주정치 비전에 얼마나 일치하는가 하는 것이다.

　샤리아라는 허울로 종교가 귀환하느냐, 이슬람 정치를 샤리아화하느냐[39]는 이슬람문명의 걸림돌이다. 이슬람주의가 무슬림에게 제시하는 것은 해결책이 아니라 문제이거나 위기의 근원이라야 옳을 것이다. 그 까닭은 종교와 정치의 소통과 관계가 깊다. 나의 주장을 뒷받침하기 위해 다음 세 가지 사항을 밝혀둔다.

　첫째, 이슬람교의 율법은 샤리아지만 무슬림은 그 정의에 대한 공통된 견해가 없다. 샤리아를 둘러싼 논쟁은 학술과 종교 및 정치가 한데 섞인 것이다.

　둘째, 헌법dustur(두스투르)과 헌법으로서의 샤리아는 최근 이슬람 사상에 추가된 것이다.

　셋째, 종교의 자유를 비롯한 인권 또한 최근 이슬람교에 추가된 ― 반론의 여지는 있으나 ― 것이다. 이 주제는 무슬림들 사이에서 숱한 논쟁을 불러일으켰다. 몇몇 이집트 무슬림들 — 즉 무함마드 알가잘리와 무함마드 이마라와 같이 무슬림 형제단과 가까운 사람들 — 은 인권이라는 이상의 원류가 바로 이슬람교에 있다고 주장한다.⁴⁰ 반면, 수단 이슬람주의자인 하산 투라비를 비롯한 다른 이들에 따르면, 인권은 이슬람교와 무관하며 "우리는 인권이 필요치 않다"고 역설한다. 한편, 안나임처럼 종교와는 무관한 무슬림 학자들은 현대 이슬람문명의 사법개혁을 강력히 요구하고 있다.⁴¹ 이슬람 정치를 샤리아로 만든다면 개혁에서 이탈할 공산이 커 종교의 자유가 제한될 것이다.

경전에 중심을 둔 이슬람교와 역사가 중심인 이슬람교의 차이는 샤리아와 이슬람교의 종교적 자유를 논의하는 데 적절한 화두가 된다. 이슬람교의 전통은 비이슬람교의 세 가지 계급을 의식하고 있는데, 이를 정리하자면 다음과 같다.

첫째, 비무슬림 일신론자들(유대인과 기독교인)은 유일신을 믿는 소수집단(딤미)⁴²으로, 이슬람교의 지배와 특정 제약 아래 종교적 신앙을 누릴 수 있으나 무슬림과 동등하지 않다.

둘째, 다신론을 추종하는 자들(유대교와 기독교 및 이슬람교를 제외한 나머지)은 불신앙(쿠프르)으로 취급되며 코란에서 명시한 규정에 따라 투쟁의 대상이 된다. 다원주의라는 사고방식으로 이 같은 종교를 인정하는 유일한 이슬람국가는 인도네시아다.

셋째, 개종을 통해 이슬람 신앙을 버리거나 아예 믿지 않으려는(무신론자나 불가지론자) 무슬림은 배교riddah(리다)나 이단으로 취급되어 불신자로 처벌받아야 한다. 배교 원칙은 과거의 무슬림ex-Muslims이나 불신자로 규정된 자들takfiri(타크피리, 무슬림 공동체에서의 파문)의 살상에 대해 정당성을 인정한다.

위 세 가지 계급은 이미 샤리아화와 민주적 헌법주의의 충돌을 예고했다. 혹자는 성문화되지 않았다는 본질을 내세워 샤리아가 매우 융통성 있는 법체제라고 주장한다. 고전 샤리아라면 그럴 수도 있으나, 오늘날 이슬람주의가 수용한 도그마는 엄격한 법전이다. 예컨대, 위에서 언급한 세 계급은 대체로 붕괴되어 하나로 통합된다. 이슬람주의자들은 그들과 의견이 다른 자라면 무슬림도 포함하여 죄다 불신자[43]로 취급하여 샤리아로 처벌해야 한다고 주장한다. 샤리아를 정치화하여 이를 헌법으로 승격시키는 것은 새로운 문명 프로젝트를 정당화하는 것과 같다.[44] 이 프로젝트에서 이슬람주의자들은 "법의 지배"라는 민주적 의미가 아니라 한나 아렌트의 말마따나 "이동법law of movement"의 의미로 "법"을 거론한다. 헌법에 명시될 내용이야 한도 끝도 없겠지만 샤리아가 현대의 법 기준과 상충한다는 점은 분명한 것 같다. 무슬림 선각자들도 이를 인정한다.[45]

물론 그 방면에 이슬람주의자들만 있는 건 아니다. 샤리아를 "신이 베푼" 것으로 보는 무슬림 서기관들도 있는데, 이를 철저히 규명한 적은 없겠지만 적어도 어느 정도는 기꺼이 샤리아를 적용할 것 같다. 또한 1930년, 이슬람교의 국제법에 관련된 책을 쓴 나집 알아르마나지, 그리고 최근 무함마드 사이드 알아슈마위가 그랬듯이, 여기에서 더 나아가야 한다[46]고 강조하는 무슬림 학자들도 있다. 탄탄한 근거를 갖춘 몇몇 이슬람 관련서적이 있는데, 예를 들면 파리 소르본 대학에서 박사학위를 취득한 수비 알살리의 책이 읽어볼 만하다. 그는 샤리아의 이성적인 추론을 허용했으나, 요즘 이슬람교에서 샤리아를 보는 견해는 대체로 "샤리아식 논리"로 이슬람주의가 재구성한 것이다.

이슬람교 내에서도 이슬람주의처럼 다원주의를 거부하는 성향이 있다. 성문화된 샤리아가 없고, 무슬림이 샤리아를 보편적으로 이해하지 못하고 있다는 점을 감안한다면 샤리아를 고집하는 이슬람주의자들에게 "어떤 샤리아를 말하는 것인가?"라고 묻고 싶다. 샤리아화는 신정법의 탈을 쓴 독단정치의 가능성을 열어두고 있다. 이슬람주의는 전체주의 조직법을 일반법으로 취급하여 시행한다. 융통성 있는 해석법과는 달리 — 코란과 하디트를 해석하는 수니파 샤리아 학파(마다힙)와 개인에 따라 얼마든지 달라졌다 — 현대 샤리아화는 전체주의 방식으로 정치를 규정하며, 법치질서를 고려한 이슬람교의 재창조를 제안한다. 과거에는 샤리아의 정치적 역할이 칼리프에게 법적 정당성을 부여하여, 통치자의 정치적 결정이 샤리아와 일치한다고 공포하는 데 그쳤다. 당시 율법사들은 판결의 독립성이 인정되지 않았으므로 굳이 헌법의 영역에 뛰어들 이유가 없었다. 어떤 샤리아를 염두에 두고 있는지 어느 이슬람주의자에게 물을 땐 세 가지 방식을 일러주는데, 이를 시대 순으로 열거하면 다음과 같다.

첫째, 코란에서 샤리아가 기록된 구절(우리가 너희에게 바른 길[샤리아]을 마련하니 이를 따르라)은 하나밖에 없다는 점은 아무리 강조해도 부족할 것이다. 거듭 말하지만, 전통적인 샤리아는 법이 아니라 도덕으로 이해해야 한다. 코란에 기록된 대로(선을 권하고 악을 금한다) 말이다. 여기서 말하는 샤리아는 행실의 도덕과 최고의 선이지 법체제가 아니다. 무슬람 학자들은 이러한 사상을 되살리고, 이슬람주의 정치를 샤리아화해야 한다는 민중의 요구는 반박하며, 인권에 위배되는 독단적인 법체제를 당당히 거부해야 마땅하다.

둘째, 8세기 당시, 4명의 무슬림 서기관 아부 하니파, 이븐 한발, 알샤피, 말리크 빈 아나스는 각각 자신의 이름을 따서 수니 이슬람교의 율법학파를 세웠다. 네 학파는 지금까지 민법에 제한을 두면서도 예배식에 관련된 사안도 다루었다. 비무슬림의 종교적 자유에 대해 이슬람법은 유일신 숭배자(유대인과 기독교인들)만 인정하여 유일신을 믿는 소수집단으로서 제한된 자유를 누리게 했다.

셋째, 20세기 이슬람주의가 부상하자 샤리아는 국가의 질서라는 법적 기반으로서 정치적 구색을 갖추게 된다. 그런데 이러한 샤리아의 근간은 이슬람교 역사에서는 찾아볼 수가 없다. 8장에서 언급하겠지만, 이데올로기로서의 샤리아는 전체주의 통치에 정당성을 부여한다.

샤리아화와 법의 보편성

세계화와 문화의 분열[47]이 동시에 벌어지고 있는 오늘날의 국제사회[48]에는 문명의 이음새가 필요하다. 종교의 귀환은 세속 법률의 보편성을 수호하여 이를 무슬림이 수용하도록 유도하는 데 걸림돌이 되어서는 안 된다. 샤리아는 항상 저울추처럼 윤리와 정치 사이를 오갔다. 윤리적 측면에서 코란에는 신앙의 자유를 인정하는 조항이 있다. 이를테면, 코란은 "종교에는 강요가 없다la ikraha fi al-din"(2장 256절)고 할 뿐 아니라, "너에게는 너의 종교가 있고 나에게도 그렇다lakum dinakum wa liya din"(109장 6절)고 밝힐 것을 신도에게 가르친다. 그런데 이슬람교의 문제는 만사가 신성한 법으로 규정된 샤리아의 규정에 종속된다는 것이다. 종교학자가 대체로 신학자인 여느 종교와는 달리 이슬람교에서는 신학자(무타칼리문)가 아니라 신이 점지한 법관이나 율법사로 활동하며 학식이 뛰어난 종교인(지식인이나 서기관)이 있을 뿐이다. 중세 이슬람교에는 신학(칼람)이라는 종교적 전통이 없다. "이성의 대변자"인 무타질라파³ 신학자들은 있었으나 주류에 들지는 못했다. 이슬람교

---

³　Mutazilit: 현재는 소멸했으며, 신의 유일성, 창조된 코란, 정의의 신, 자유 의지론을 그 신학의 기조로 삼았다.

의 종교적 쟁점을 해석하는 데 독점권을 행사한 것은 법률학(피크)이었다. 율법사들에게 종교의 자유라는 법적 권한은 코란의 기록과 모순되었기 때문에 존재하지 않았다. 샤리아가 종교의 자유를 인정하지 않았던 것은 역사적 사실이다. 샤리아는 무슬림이 이단에 빠져 형사적 처벌을 받게 되는 일탈도 감안한다. 여기서 처벌은 사형을 일컫는다. 비무슬림에게는 신앙의 자유가 훨씬 심하게 제한된다. 무슬림들은 종교의 다원주의를 받아들이려고 노력하나 이슬람교가 샤리아를 도입하면 다원주의는 설 곳이 없어진다. 이성의 보편성은 종교를 매개하지만 종교와는 무관하다.

사실, 세계가 인정한 보편적인 법은 없다. 인류는 독자적인 법적 전통을 지닌 종교 기반 문명으로 뿔뿔이 갈라졌다. 문명은 다양한 현지 문화들로 구성되어 있으나, 우리는 보편적인 데다 일반적으로 수용할 가치가 있는, 단일 법적 전통에 기반을 둔 국제법 체제 안에 살고 있다. 국제법이 서방세계의 법적 전통에서 비롯되었다지만 종교의 귀환 시대에도 종교를 탈피한 법으로서 거론할 가치가 있다. 만일 각 문명이 독자적인 종교에 근거하여 제 나름대로 법적 전통을 부흥시키고 국제법을 "이방 법제도"로 치부한다면, 사우디의 와하비운동[49]이 그랬듯이 세계는 전시 진영으로 분열될 것이다. 사실 이슬람주의자들은 이원체제를 제안하고 있다. 서양인들이 세속적 법을 보편적이라고 인정하듯, 이슬람주의자들은 샤리아를 그렇게 간주하므로 배타적 보편주의가 자리를 잡게 될 것이다.

나는 서방세계에 이주한 무슬림으로서 서양의 법률학자가 유럽 법의 보편성을 두고 이의를 제기하는 것은 전혀 듣도 보도 못했다. 로스쿨에서 "법"이란 용어를 도입할 때에는 로마식 기원에 근거하여, 유럽에서 발전한 전통을 일컫는 말로 쓰인다. 문화적 관점에서는 서반구에서만 법을 그렇게 이해하고 있다. 세계가 글로벌 시스템과 국제적 구조로 결정되고, 국가 간 분쟁은 국민과 국가에게 타당한 평화적 — 법적 — 수단으로 해결해야 한다는 점을 유엔 헌장 제1조가 규정했지만 보편적으로 수용된 법적 개념이 존재한다는 가정을 뒷받침할 만한 근거는 없다. 유엔은 세계의 민족들이 어우러진 조직이지만 국제법은 기본적으로 유럽의 법을 가리킨다. 즉 비서양문명에서는 그것이 보편적으로 인정되지 않는다는 말이다. 그럼에도 국제사회는 근본적인 가치관을 두고는 문화교류에 대한 합의를 전제로 내세우고 있다. 옥스퍼드 국제관계 전문가 헤들리 불은 상호소통에 근거한 국제 시스템과 공유 가치관에 기반을 둔 국제사회의 구조적 차이를 소개했다. 불에 따르면, 법률은 문화적 가치관에 근거를 둔다. 문화적 다양성과 법적 특수주의와 분열은 국제사회가 신뢰할 수 있는 법의 보편성을 확립하는 데 걸림돌이 되고 있다.

국제법은 공식적으로 하나이지만 사법 시스템은 문화와 지역 문명만큼이나 다양하다. 이러한 맥락에서 살라피 무슬림과 이슬람주의자들이 서방세계의 정치 개념을 대체로 부정하면서도 서양의 헌법은 코란에 적용하여 이슬람의 보편성을 뒷받침하는 이슬람 헌법을 지지한다니 황당하지 않을 수 없다. 샤리아는 모든 인류에게 타당해야 한다. 이 같은 정황을 이해하기 위해 옥스퍼드 대학의 법학자인 허버트 하트의 책을 찾았다. 그는 유럽에 맞게 구조화된 법이 이슬람세계의 국가를 비롯한 신규 독립 국가를 구속하는 국제법이 된 경위를 다음과 같이 설명했다. "신규 독립 국가가 태동할 때… 국제법이라는 보편적인 의무에 구속되는 것은 의심할 여지가 없었다. … 여기서 신규 국가의 국제적 의무를 "암묵적"이나 "추론된" 합의에 입각하려는 노력은 흔해빠진 것처럼 보인다."[50]

오늘날 이슬람주의는 세계관이나 문화적 시각이 법적 전통에 집착하는, 종교에 기반을 둔 문명 조직이다. 지역에 따라 종류는 다양하나 활동범위는 가히 세계적이다. 양극성이 종말을 고함에 따라 야기된 국제관계의 변화로 이슬람주의 조직을 비롯한 비국가 주동세력의 부상을 꼽을 수 있다. 따라서 유럽의 의회법과 종교 해석법이라는 전통 개념은 동일한 시대와 장소에서 공존하나 서로 조화를 이루지 못하는 탓에 충돌이 불가피하다. 근대 민주국가에서 입법자는 선출된 국회의원으로 의회기관에서 활동하는 반면, 이슬람교에서는 선출되지 않은 지식인(울레마)도 경전을 해석할 권한이 있다. 그들은 법학자라기보다는 알라 신이 공개한 법을 아는 사람의 자격으로 활동할 뿐이다. 그러므로 두 가지 법적 전통은 의회의 민주적인 법과 권위적인 해석법으로 뚜렷이 대조된다. 그런데 이슬람주의는 여기에 두 가지를 도입함으로써 문제를 더 복잡하게 만들었다. 첫째는 전통적인 이슬람식 보편주의를 행동주의의 정치적 국제주의로 전환한 새로운 샤리아를 접하게 되었다는 점과, 둘째는 이 샤리아화 아젠다를 국가가 아니라 다국적 조직으로 이루어진 비국가 주동세력이 대표한다는 점이다.[51] 따라서 이슬람주의는 샤리아의 보편주의와 더불어, 서방세계의 국제사회 개념에 기초한 양극성 평화에 큰 장애물이 되고 있다.

모든 법적 전통에는 원리와 관행의 차이가 수반된다. 법적 관행 차원에서는 신성한 샤리아와 서방세계의 세속 법에서 유사성을 찾을 수 있을 것이다. 이를테면, 두 전통은 코란이든, 법조문이든 권위자가 본문을 해석해야 한다. 한편, 차이가 있다면 샤리아는 성문화되지도 않은 데다, 군주에게서 독립된 법률기관에 위임되지도 않았다는 것이다. 자치권이 결여된 점을 감안해볼 때, 알라 신의 계시라고 얼버무리면 얼마든지 통치자에게 유리한 법이 제정될 여지가 있다.

이는 다양한 신념 체계와 양립할 수 없다는 샤리아의 특성에는 보편성이 필요하다는 방증이다. 그렇다면 무슬림은 샤리아에 대한 의욕과 "이슬람 개혁"[52]에 참여하려는 의지를 결합함으로써 법을 적절히 해석하고 탈서양화를 정당화하는 법을 채택하지 않을 수 있을까? 법은 근대성에 몸살을 앓는 이슬람교와 관계가 깊은 세 가지 쟁점들 가운데 하나다.[53]

국가의 샤리아화가 아니면 샤리아가 존재할 수 있을까?

나는 앞서 이슬람주의식 샤리아의 주요 단점들을 살펴보았다. 이슬람주의와 이슬람교, 혹은 고전 샤리아와 이슬람주의식 샤리아의 차이에 대해 아직 확신이 서지 않은 독자라면 다음을 찬찬히 살펴보기 바란다.

이슬람교에서는 단일 칼리프 국가가 있으리라 생각할지 모르나 때로는 — 10세기 — 세 칼리프가 (바그다드와 카이로 및 코르도바에서) 서로 전쟁을 벌인 적도 있었다. 이슬람 사회에서 정교분리라는 문화적 개념이라든가, 기독교 교회처럼 독자적 기관인 사원이 있었던 적도 없었다. 역사사회학을 창시한 배링턴 무어는 『독재와 민주주의의 사회적 기원』에서 봉건주의 유럽은 서방세계에서 세속화를 촉진시킨 기존의 정교분리와 마찬가지로 자치적인 기관을 수용했다고 밝혔으나, 이슬람교는 그런 일이 없었다. 사실, 역사를 통틀어 이슬람교에는 근대 유럽의 입장에서 볼 때, 군주와 일상의 삶에 영향을 끼친 점으로 미루어 국교 이상의 의미가 있었다. 따라서 법과 샤리아는 — "삶의 방식"으로 이해 — 동의어나 다름없었던 것이다. 그러나 고전 샤리아와 현대 이슬람주의의 샤리아의 차이를 규정하는 단서는 아주 많았다. 요제프 샤흐트가 주장한 바와 같이, 실제로는 샤리아와 정치가 분리되었다. 그리고 고전 이슬람교는 도덕적 가르침과 의식에서 발전했으며, 법을 집행했던 판관들은 수용된 전례와 전통에서 해결책을 찾기 위해 이 같은 가르침을 독립적으로 활용했을 것으로 추정된다. 이슬람주의는 엄격하고도 배타적인 행동강령을 제정하여 복종을 강요했지만(한나 아렌트는 강요와 교화의 관계를 이해했다), "법"으로서의 샤리아를 사용하지 않고 조직의 법을 샤리아라고 선포했다. 이러한 강요는 전체주의적 특징으로, 전통 이슬람교에는 존재한 적이 없다.

 샤리아에 대한 대중의 인지도를 감안한다면, 혹시 절충의 여지가 없는지 묻고 싶을지도 모르겠다. 샤리아를 아주 폐지해버리기보다는 세계화 시대에 걸맞게 개정하거나 윤리적 덕목으로 축소할 수는 없을까 하고 말이다. 이는 매우 민감한 문제이나, 신성한 종교의 귀환이 비서양문명 — 문화 및 법적 전통을 얼마나 꾸며냈을지는 모르지만 — 의 부흥과 결합된다는 점에서 시의적절한 사안이기도 하다. 이를테면, 터키와 마찬가지로 선진 법체제를 갖춘 이슬람 사회에서 이런 부흥은 이슬람주의와 샤리아를 전면 거부하는 세속적 모더니스트의 갈등을 부추기고 있다.

 이에 대처하려면, 한때 개혁가였으나 최근에는 두 마리 토끼를 다 잡고 싶어 하는 압둘라히 안나임의 모순된 주장보다는 비교문화적인 국가 간 윤리의 전통을 부활시키는 편이 훨씬 나을 것이다. 안나임은 "샤리아의 미래"를 거론한 저서에서 "해방의 근원이자 자아성찰"인 샤리아와 "세속 국가"를 위한 구실을 하나에 짜 맞추었다. 믿기진 않겠지만, 안나임은 그렇게 하는 것이 "사회의 세속화"를 거부하는 것과 상통한다는 입장이다.[54] "[유럽의] 법률 용어는 본연의 법적 실체를 구성하는 데 지시보다는 단정적인 어휘를 선호한다"고 주장한 독일의 법철학자 테오도어 피베크의 접근법이 차라리 더 일관적이다.[55] 그러나 이슬람교의 법률 용어는 지시적인 형태로 일관해왔다. 그도 그럴 것이, 이슬람법의 주요 원천인 코란을 해석하여 허용된 것halal(할랄)이 무엇이고, 금지된 것haram(하람)이 무엇인지 명쾌히 구분해주어야 하기 때문이다. 그러나 이 같은 차이에도 법률 텍스트를 다룬다는 점에서는 두 전통이 닮았다. 만일 공통된 규범과 가치관 및 법에 기초한 국제사회가 구현되고, 다양한 법적 전통을 지닌 문명이 문화적 분열현상으로 산산이 흩어지지 않는다면 이런 유사성은 매우 중요할 것이다.

공통적인 헌법 기준에 근거를 둔 민주적 평화에 대한 칸트의 견해는 문명 사이에서 국제적·법적으로 고정된 합의를 문화적으로 확립할 발판을 마련했다. 이는 유엔 헌장에도 등재된 원칙을 실현할 것이나, 신규 독립 국가를 조기에 국제 법질서에 통합시키지는 않을 것이다. 또한 이러한 다문화 및 국제적 도의[56]는 유럽중심적 서양화라는 전제에서 될 수 있으면 크게 벗어나는 편이 낫다. 보편적 가치관 — 혹은 우리가 보편화하고픈 가치관 — 은 비서양 문화에 강제로 떠넘기기보다는 그것과 조화를 이뤄야 한다.

물론 그렇게 하는 게 항상 쉬운 것은 아니다. 종교의 자유라는 헌법적인 규범을 이슬람식으로 확립하려면 사법개혁을 통해 이슬람교를 재고하여 보편적인 법적 가치관의 지역 문화적 기초를 법률이 마련하면 될 것이다. 재고에 보탬이 되는 전통은 이슬람교에도 존재하는데, 여기에는 재각성이 일어난다는 조건이 따른다. 윤리에 한정되고 중세 이슬람교의 인본주의 전통에 근거한 개혁된 샤리아만이 전쟁과 평화라는 고전적인 이분법 같은 신자와 불신자의 구분을 폐지한 종교적 자유사상과 조화를 이룰 수 있을 것이다.[57] 이슬람교의 인본주의 전통은 이분법과는 대립된다.[58]

반면 이슬람주의는 우리를 다른 방향으로 안내할 것이다. 핵심 가치관에 대한 합의와 결합된 다양성 중 다원성을 추구하기는커녕 이슬람교의 문화적 다양성마저 반박할 테니 말이다. 샤리아화를 통한 이슬람주의식 정치는 분열을 조장한다는 이유로 문화 및 종교적 다원주의를 배격하고 이슬람교의 집인 평화의 집(다르 알이슬람)과 전쟁의 집(다르 알하릅)이라는 이분법을 다시 끄집어냈다. 이는 종교적 및 문화적 다원주의와 대립되는 개념이다. 따라서 이슬람의 개혁이 절실히 필요한 실정이다.

샤리아와 법률학

한 가지를 더 대조해볼까 한다. 샤리아와 법률학도 종종 혼동하는 개념인데 일부러 그러는 경우도 가끔 있다. 이슬람교 율법의 역사를 보면, 성례의 지식을 기록·전파하는 서기관은 율법사(파키)나 지식인(울레마)의 호칭을 겸했다. 그런 탓에 인간이 추구하는 신성한 법률학과 알라 신의 계율인 샤리아를 혼동하게 되었고,[59] 이는 종교와 법의 통일[60]에도 영향을 끼쳤다. 앞서 언급한 바와 같이, 이슬람교에는 계급이 없다는 점에서 기독교와는 다르다. 교회의 종교적 체제라기보다는 유기적인 조직에 가깝다는 이야기다.[61] 때문에 이슬람교에서는 정통성을 의미하는 법률학(피크)이 신학보다 더 중요한 것이다.

무슬림은 대개 서기 610~32년에 걸쳐 계시된 코란[62]이 시공을 초월한다고 믿는다.[63] 이슬람법의 요소로는 이슬람법의 으뜸이 되는 원류를 구성하는 코란과 무함마드의 언행을 기록한 경전(하디트)에 근간을 둔 무함마드의 전통(수나)이 있다. 샤리아는 이 두 가지 원류에서 비롯되는데, 그 외에 이슬람법 요소로 교리의 합의(이즈마)와 유추를 통한 결론(키야스)이 추가로 부차적인 원류에 포함된다. 이것이 법률학이며, 인간이 추구하는 것이다. 그러므로 법률학은 신성한 것이 아니다. 진보주의 무슬림은 자유추론의 전통도 입법의 원류로 인정한다. 그런데 자유추론을 배격하고, 샤리아와 법률학을 혼동하는 율법사들은 샤리아가 영원히 변개되지 않는 데다 사법

권도 한계가 없다는 입장이다. 전통 이슬람교에서 폭정과 관계가 깊은 이러한 절대주의는 근대 전체주의와 관련된 샤리아화와 혼동해서는 안 된다. 이 둘은 정치적으로 다른 통치형태이니 말이다.

영국 학자 N. J. 코울슨은 이슬람법의 역사를 세 단계로 분류했다.[64] 첫째, 이슬람교의 율법체제가 개발되었던 9세기까지는 코란을 탈피한 단계이고, 둘째, 10~20세기로, 이 시기에는 율법이 점차 엄격해져 역사도 이를 변개할 수 없으며, 시대를 막론하고 타당한 신적 진리를 담고 있다고 여겨졌다. 세속 민족국가의 유럽식 제도가 이슬람세계에 들어선 20세기 이후는 3단계로, 당시 근대 국가들은 고전 샤리아에 의존해서는 정권을 유지할 수가 없었다. 샤리아는 근대 국가의 조건에 맞지 않는 데다 이슬람교가 근대화와 부딪치는 원인이 되기도 했기 때문이다. 나는 이슬람세계가 현재 율법의 탈서양화를 내세운 4단계에 진입했다고 생각한다. 정치적 이슬람교가 국가와 사회에 대한 이슬람주의 조직의 법을 시행한다는 목적으로 이슬람교의 이데올로기적 샤리아화 프로그램을 가동시켰으니 말이다. 그 결과로 탄생할 이슬람주의 사회에서는 개방된 시민 사회의 특성을 전혀 찾아볼 수 없을 것이다.

샤리아와 자유

이슬람주의의 깃발 아래, 고전 샤리아는 국가의 샤리아화라는 사상으로 발전했다. 여기에는 근대성[65]이라는 과제를 둘러싼 방어 문화적 대응 이상의 의미가 있다. 이슬람주의는 코란 본문에 통합된 샤리아로 정치를 종교화한다는 새로운 의미를 부각시켰다. 이슬람교의 모더니스트가 한때 열어두었던 개혁의 문[66]은 이슬람교의 마음과 함께 닫혔다. 미래도 그렇게 흘러갈까?

고대 이슬람 전통을 살펴보면 달라진 환경을 수용했다는 점을 알 수 있는데, 오늘날의 무슬림들도 이처럼 남에게서 교훈을 배우는 조상을 본받아야 할 것이다. 법률학은 문화의 교체와 종교개혁을 인정하지 않는데[67] 이는 법률학의 학문적 전통이 코란의 텍스트를 간과한 사례라 할 수 있다. 본문 13장 11절을 보면 "사람이 자신을 변화시키지 않으면 알라 신도 그를 내버려둔다"는 대목이 있다.

이 장에서는 이슬람주의의 샤리아화 프로젝트 대신, 샤리아를 크게 강화하고 융통성을 도모하며 문화혁신을 유도할 수 있는 대안을 제시할 것이다.[68] 샤리아는 전부 폐지하거나, 종교적 윤리에 제한을 두어선 안 된다. 그러나 이를 둘러싼 장벽은 아주 높다. 샤리아화로 먼저 수난을 당하는 것은 종교의 자유를 비롯한 인권이다. 물론 정치적·종교적 반체제 인사를 억압하면 개혁은 더욱더 난항을 겪을 것이다. ─ 그것이 바로 목적이다. 신성한 민법과 의무(파리다) 체제로 발전한 도덕규범인 전통 샤리아는 이슬람주의자들이 꿈꾸는 통합된 법으로 굳어진 역사가 없다. 율법의 이슬람주의화는 비무슬림을 비롯하여 여성과 지식인, 시아파 지역의 수니파와 수니파 지역의 시아파 및 바하이교[ε]나 아마디교[ο] 등 다른 종파들을 추종하는 무슬림

[ε] Baha'i: 이슬람교의 한 분파인 신흥 종교. 이슬람교의 신비주의에 평화주의와 박애주의를 가미한 것으로, 기독교의 영향을 받았다. 이슬람교의 지하드를 부정함으로써 세계평화를 최종 목표로 하고 있다. 바하이교의 독특한 점은 다른 종교에 대해 배타적이지 않다는 것이다. 부처나 예수 등이 모두 하느님의 뜻을 세상에 이해시키기 위한 화신이라고 생각하기 때문이다. 따라서 바하이 사원에서는 다양한 종교를 믿는 신자들이 침묵이라는 규칙 아래 각자의 방식대로 기도를 올리면 된다.
[ο] Ahmadiyya: 19세기 말 인도에서 일어난 이슬람교의 한 분파인 신흥 종교. 뒤에 두 파로 분열되어 각기 세계에 포교를 행하고 있다.

의 — 지배층을 제외한 모든 민중도 — 권리에 위배된다.

샤리아화된 이슬람교에서는 주제 토론의 장이나 이슬람교의 율법철학을 받아들일 여지가 없다. 이슬람주의자들은 이슬람교의 문화적 개혁을 감행하려는 세력에 맞서 이념의 전쟁을 벌이고 있기 때문이다. 현재 종교개혁과 문화 교체는 방해를 받는 반면, 샤리아화는 발전을 거듭하고 있는 실정이다. 샤리아의 시행(타트비크 알샤리아)을 주창하는 이슬람주의자들은 전통의 귀환이나 종교적 르네상스를 예고하지 않는다. 샤리아에 기초한 "이슬람국가"를 둘러싼 이슬람주의식 이데올로기는 매우 이례적인 것으로, 이슬람세계의 주동세력으로 부상하고 있다. 이러한 과정은 부흥은커녕 폭력과 박해로 점철된, 전체주의 국가의 미래를 암시할 뿐이다. 정치학자 마크 린치가 『포린 어페어스』지에 게재한 에세이 「베일에 싸인 진실」에서 주장한 바와는 달리, 이슬람주의의 샤리아국가 프로젝트를 규탄하고 이를 전체주의로 규정하는 것은 무슬림이나 그들의 신앙과 정체성에 "심각한 모욕"을 안겨주려는 것이 아니다. 이 같은 비판론은 샤리아화에 대하여 민간 이슬람교를 방어하려는 수단으로 보는 것이 옳을 것이다.

7장

이슬람주의, 순결, 진정성

 이슬람주의의 기본 특성들 중에는 진정성의 주장으로 표현되는, 순결에 대한 열망이 있다.¹ 어떤 경우를 막론하고, 종교적 원리주의는 문화적 근대성이라는 과제에 대한 반응을 보여주는데, 이슬람주의의 특정 사례는 대개 실패한 근대화²에서 부각된다. 약 30년 전까지만 해도 미국 학자들은 비서방 사회의 근대화를 종교와는 전혀 관계가 없는 서양화로 간주했으나, 요즘 학계에서 서양화를 입 밖에 내고도 무사할 사람은 없을 것 같다. 그 용어가 암시하는 연결고리가 폐기되었을 뿐 아니라, 진화적 근대화의 개념도 의심스럽기 때문이다. 미국의 일부 학자들은 이 같은 발상에서 스스로 벗어나 이슬람주의가 개발모델의 대안을 제시한다며, 이를 서양화의 정당한 대립으로 보고 있다. 즉 이슬람주의의 모험이 근대화 위기에 대한 정당한 대응이라는 것이다. 이슬람 전통에 의거한 진정성을 찾는 것도 모험의 한 예라 할 수 있다. 사실, 이슬람주의의 진정성 프로젝트는 문화적 순결에 근거를 두며, 이는 비무슬림 이방인에게서 문화를 차용함으로써 좀 더 풍성해진, 열린 이슬람교의 고전 유산과는 동떨어진 것이다.

사실 이슬람주의는 전통이나 진정성을 지향하지 않는다. 그들은 근대 남성으로, 과학기술(예컨대 e-지하드 같은)은 받아들이면서도 문화적 가치관은 배격한다. 따라서 이슬람주의의 "근대성"은 준근대성으로 보는 것이 옳

270 | 7장

을 것이다.

막스 베버는 근대화를 합리적이며 세속적인 사고방식의 채택으로 이해했다. 반면, 문화 상대주의적 포스트모더니즘은 베버의 틀을 거부하며 신절대주의의 정치적 이슬람교와 같은 노선을 걸었다. 이슬람주의는 순결의 일환으로 세속화의 탈피를 지향하나, 포스트모더니스트들은 세속주의 이후의 개발과 다원적 근대성을 제시한다. 물론 동기는 다양하겠으나 목표는 서로 대동소이하다.

진정성을 추구하는 것은 반유대주의의 이슬람주의화와도 연관되므로 7장은 3장과 관계가 깊다. 이슬람주의자들은 이슬람교에서 "유대인의 영향력"을 정화하고 싶어 한다. 순결하고 "때 묻지 않은" 이슬람교는 최근에 부각된 사상이다. 거듭 말하지만, 이는 사이드 쿠틉의 작품에서 기원을 찾을 수 있으며, 그의 후계자인 무슬림 형제단의 유수프 알카라다위도 이를 분명히 밝혔다. 알카라다위는 비무슬림 이방인에게서 문화를 차용해서는 안 된다며 3부작으로 된 『이슬람교식 해결책의 필연성』 중 제3권에서 서양 교육을 받은 무슬림 진보주의 엘리트를 격렬히 비난했다. 서양주의자들 mustaghribun(무스타그리분)이라는 이유로 말이다.[3] 또한 이방인의 바이러스에 감염되어 더는 진정한 무슬림이 아니라고 알카라다위는 덧붙였다.

이처럼 서방세계의 사상을 배격하는 것은 중동 반유대주의의 두 부류를 갈라놓은 것들 가운데 하나다. 범아랍 민족주의자들은 유럽에서 공공연히 반유대주의를 차용했는데, 문화의 차용을 거부하는 이슬람주의는 종교와 무관한 이들과 똑같이 유럽을 흉내 내는 것을 은폐하기 위해 문화적 진정성을 주장하며 이슬람 역사의 필수요소로서 유대인과의 전쟁을 규정했다. 따라서 반유대주의는 문화적 및 종교적 순결의 표현이라는 것이다.

나는 근대성과의 마찰을 비롯하여, 아랍세계의 부실한 근대화와 관련된 개발 위기로 근대 이슬람교의 위기가 악화되었다고 주장했다. 이슬람주의자들은 서양화 아젠다(타그립)의 음모에서 재난이 벌어진다고 보며, 원류로 돌아가고 싶은 마음에 신성한 종교의 귀환에서 근대성의 위기를 해결하려고 한다. 그러므로 종교를 탈피한 사회는 순결이라는 미명하에 문제시될 뿐 아니라, 이슬람교를 파괴하려는 서양화의 일환으로 규탄의 대상이 되게 마련이다. 즉 진정성을 추구하려면 세속적인 것이나 서방세계에서 차용한 것과는 대립할 수밖에 없다는 이야기다.

유럽을 제외하면 세속주의에서 퇴보하는 것이 세계적인 추세다. 그렇지만 이슬람교가 서방세계로 유입되자 종교 및 그와 관련된 갈등이 다시 유럽으로 몰리고 있는데, 유럽인은 이 사실을 잘 모른다. 순결과 세속주의의 탈피를 내세우는 종교적 원리주의는 우리 세대의 특징으로 서방세계의 이슬람 소수집단에서 번성했다. 하버마스가 주창한 "세속주의 사회 이후"가 바로 이를 두고 한 말일까? 순결과 진정성을 앞세워 세속주의에서 후퇴해야 한다는 주장은 이슬람주의의 진정성의 개념을 잘 모를 때에 종종 나타난다. 이슬람주의자들이 알고 있는 "유대인들의 사악한 마스터플랜"에 맞선 지하드는 순결을 위해 무슬림 공동체를 해치려는 유대인의 음모에 대항하는 방어전일 뿐이다. "유대인들의 사악한 마스터플랜"의 일부는 세속화로 이슬람의 진정성을 말살하고 알라 신에게서 멀어지게 함으로써 이슬람교의 불신을 불러일으킨다는 것이다. 그들은 "천재 유대인"을 가리켜 대리자를 세워 "어둠 속에서" 활약하는 "숨은 손"이라 믿고 있다. 과거의 대리자는 "유럽의 십자군"이었고 지금은 서방세계에 물든 무슬림 엘리트와 손잡은 미국이다. 이처럼 음모가 동기로 작용한 가설은 주류 이슬람주의자들이 유포한 수십 종의 책에서 찾아볼 수 있다. 그들은 이슬람교의 종교색을 지워버리려는 "사악한 유대인의 계획"을 와해시켜야 하며, 이를 위해서는

"불순한" 사상과 영향력을 모두 떨쳐버림으로써 이슬람교를 정화해야 한다고 역설한다. 근대 이슬람세계가 오염된 원인으로는 이슬람세계의 지적 침략(가주 피크리)이 지목되고 있다.

    이 장 서두에서 나는 이슬람주의자들의 세속성을 가리켜 진정한 이슬람교를 겨냥한 공격으로 간주한다고 밝혔다. 이슬람교가 정치질서라는 점을 감안해볼 때, 이슬람주의자들은 정교분리가 가당치 않다고 강조한다. 순결은 신성한 질서에 있으므로, 그들이 진정성 개념을 도입한 경위는 문화적 정화라는 범위 안에서 해명이 가능할 것이다. 나는 진실이 이슬람주의의 아젠다와 정반대라는 점을 입증하기 위해 이슬람 역사를 살펴볼 것이다. 즉 문화의 차용은 중세 이슬람교의 관행이었으며 이슬람문명의 영화를 정점으로 끌어올린 원동력이었다는 말이다. 문화교류를 확대함에 따라 더욱 부요해진 이슬람교는 문화를 유산의 핵심으로 간주하게 되었다. 나는 이 역사적 사실을 근거로, 이슬람교의 고전적 유산이 이슬람주의의 순결보다 훨씬 더 진실하다고 본다. 이러한 차이는 이슬람주의의 사고방식이 순수한 이슬람교의 그것과 크게 다르다는 방증이다.

이슬람주의자의 "진정성"의 의미

베버는 근대성을 거론하면서 세속화와 합리성을 동일한 개념으로 규정했다. 둘 다 각성을 일으킨다는 의미에서 말이다. 하지만 이슬람주의자들은 자기희생의 감정을 내세워 이를 배격하며, 유럽인들이 세계의 세속화 프로그램을 가동시키고 있다며 그들을 비난했다. 그런데 아이러니컬한 사실은, 이 같은 공격에도 유럽인들은 핵심 가치관과 문화적 근대성이라는 업적을 옹호하는 데 별 관심 없는 듯 보였다는 것이다. 더 황당한 점은 기독교가 진정성을 내세운 이슬람주의에 죄책감을 느꼈는지 세속성의 반대사상을 오히려 지지했다는 점이다. — 이를테면, 어느 스웨덴 재단은 "세속 국가와 사회"라는 타이틀의 심포지엄을 후원하면서 타리크 라마단을 초빙해, "유럽에서 이슬람교가 감당해야 할 사명"이라는 주제로 강연을 부탁한 적이 있다. 여기서 사명이란 종교색이 바래져가는 유럽을 위해 이슬람교 개종을 염두에 둔 것이리라.

이슬람교와 세속주의를 둘러싼 논쟁을 이끈 이슬람주의자로 파루크 압둘살람을 꼽을 수 있는데, 널리 귀감을 준 『정당과 정교분리 Political Parties and the Separation between Religion and Politics』에서 그는 유대인이 "세속주의와 합리주의 및 마키아벨리주의"를 지지한다고 역설했다. 이러한 "유대인다운" 과업이 "시온주의자들 운동의 목표"라는 것이다. 압둘살람에 따르면, 세속주의는 유대교가 세계를 지배하기 위해 다른 종교세력을 약화시키는 수단이라고 한다. 게다가 "여러 문헌과 진지한 연구 결과를 보면 정교분리를 부추기는 유대인의 숨은 손이 여실히 드러난다"고 그는 덧붙였다.[4] 거론된 문건이 "정교분리의 원리"를 확산시키기 위한, 유대인의 세계 마스터플랜을 입증하는 증거를 제시한다는 이야기다. 한 장을 넘기면 안와르 알준디라는 유력한 이슬람주의자가 등장하는데, 그는 『탈무드에 근거한 유대인의 시온주의 마스터플랜 Al-Mukhatatat al-Talmudiayya al-Sahuniyya al-Yahudiyya』에서 문화적 정화를 정당화하는 모략을 "입증했다"고 역설한다.

알준디를 비롯한 여러 이슬람주의자들은 공공연히 진정성을 강조하면서도 그것도 모자라 『시온주의 의정서』를 장황하게 인용하면서 자신의 입장을 뒷받침하기도 했다. 그렇다면 여기에 무슨 진정성이 있으며 그들이 주장하는 순결은 어디에 있는지 의문이 들기 시작할 것이다.

"유대인의 시온주의의 세속화 마스터플랜"을 "밝혔다"고 자부하는 압둘살람을 좀 더 살펴보자. 그는 유대인이 인권을 꾸며냈다고 주장하기도 했는데 그 역시 황당할 따름이다. 왜 그런 짓을 하냐고 묻는다면 압둘살람은 다음과 같이 대답할 것이다.

> 근대에 등장한 해로운 혁신(비다)인 세속화 아젠다와 더불어, 유대인은 인권을 꾸며냈다. 시민직 및 정치적 권리의 일환으로 자신을 비유대인과 평등한 입장에 둔다는 인권을 강조하며 사회에서 좀 더 높은 지위를 차지하려는 발판으로 이를 이용하는 것이다. 유대인은 은밀한 계획을 실현하기 위해 그런 식으로 사회에 잠입해왔다. 『시온주의 의정서』에도 이 같은 기록이 있다. 그들의 목표는 하나님의 선민이라는 신념을 근거로 유대인의 세계 정부를 설립하는 것이며, 다른 종교가 전부 제거된 후에라야 이를 달성할 수 있을 것이다.[5]

진정성과 순결을 다루는 장에서 세속화와 이를 탈피한 현상을 거론하는 까닭은 이슬람주의자들이 두 주제를 함께 묶기 때문이다. 그들에게 세속화는 이슬람화에 대응되는 "유대인의 마스터플랜"이다. 이슬람주의의 진정성(알아살라)[6] 전략을 좀 더 정확히 살펴보려면 이 주제에 정통한 안와르 알준디의 시각을 간과해서는 안 될 것이다. 그는 순결과 이슬람교의 탁월성을 분명히 강조하며 비무슬림 이방인에게서 문화를 차용하는 것은 물론이거니와 그들과 말을 섞는 것조차 거부한다. 알준디가 집필한 책 수십 권은 아직도 영향력이 식지 않았다. 그중 1980년대 말에서 90년대 초에 출간된 책을 세 가지만 소개할까 한다. 저자가 같은 사상을 반복해서 채우며 재탕에 재탕을 거듭해왔으니 그것만으로도 충분할 것이다. 첫째는 『의존성에서 진정성까지』로, 저자는 종교 간의 대화에 대해 다음과 같이 역설했다.

> 몇 년 전까지만 해도 베이루트와 튀니스 및 코르도바 등에서 종교의 화해를 도모하자는 취지에서 다양한 이벤트가 조직되었다. … 그런데 그 내막을 들여다보면, 이슬람교는 사회나 법률 및 지배체제와는 아무런 유대가 없이 그저 종교일 뿐이라는 전제가 깔려 있었다. 그런 방향이라면 어떤 이벤트를 벌이든 이슬람세계에 매우 치명적인 독을 주입하는 꼴이 되고 말 것이다. 즉 종교 간의 대화 이면의 계획에는 개종과 서양화 아젠다가 숨어 있다는 이야기다.7

두 장을 넘기면 세계 시온주의의 아젠다인 "기독교인의 노력"이 등장하며 다음과 같은 경고로 막을 내린다. "화해와 대화를 위한 노력은 명백한… 세계 시온주의의 마스터플랜이다." 알준디는 이 같은 "모략"에 대응하기 위해 이슬람주의자들에게 진정성에 근거한 정치를 주문했다.

진정성 정치의 순결 아젠다는 "진정성"의 진정한 의미를 드러낸다. 요컨대, 순결을 둘러싼 논쟁은 "유대인의 시온주의 마스터플랜"을 벗어나지 않는다. 그리고 두 번째 작품인 『서양화의 목표』는 "유대인의 모략" 전반에 밴 "서양화"의 음모를 파헤쳤다.8

일부 학자들은 이슬람주의의 진정성 개념을 긍정적으로 평가하는데, 실은 그들이 아랍어 원문을 읽지 않아 서양인에게는 생소한 개념이 실제로 어떻게 통용되고 있는지 간파할 재간이 없어서 그런 것이다. 혹자는 내가 "비주류 저자들"의 문헌을 참고했을 거라고 오해하지만, 아랍어 서점을 대충 훑어보기만 해도 그렇지 않다는 사실을 알 수 있을 것이다. 예컨대, 알준디도 비주류 인물이 아니다.

앞서 언급한 셋 중 첫 권에서 그는 문화적·경제적 의존성에 대한 적절한 대응책으로 진정성을 지적했다. "진정성"의 용례를 좀 더 깊이 살펴보면 이 개념이 문화적 순결에 기초한다는 점을 분명히 알 수 있다. 문명이 서방세계에 노출되면서 이슬람교에 불거진 모든 죄악의 책임자로는 단연 유대인이 지목되고 있다. 이슬람주의자가 쓴 문헌을 보면 무슬림과 문명의 서양화는 대개 이슬람세계의 지적 침략으로 규정되는데,[9] 앞서 언급했다시피, 우리는 여기서 "중독성이 있는 유대인의 영향력"에서 이슬람교를 정화하기 위한 수단인 이슬람주의의 진정성을 발견할 수 있다. ─ 진정성과 순결이 결합된다. 알준디는 타 문화에 마음을 여는 것은 "팔레스타인의 경우와 같이, 세계 시온주의에 문호를 개방하는 것"과 같다고 규정했다. 따라서 비무슬림과 대화를 시도하는 무슬림은 "세계 시온주의를 건설하기 위한 마스터플랜"에 굴복한 셈이다. 거듭 강조하건대, 이러한 순결 아젠다는 이슬람주의가 꾸며낸 것으로 이슬람교의 고전 유산과는 거리가 멀다.

세 번째 작품인 『진정성의 틀에서 본 근대성』에서 알준디는 근대성이 계몽사상에 근거한 것이라고 시인했으나 "계몽은 그 자체가 유대적인 말로, 서방세계를 기독교에서 무신론으로 유도할 것이다. … 이는 『시온주의 의정서』에서도 분명히 밝혔듯이, 전 인류에 대한 유대인의 모략이다. … 결국에는 팔레스타인을 둘러싼 유대인의 권리를 내세우는 수단이 될 것"이라고 주장했다.[10] 또한 동양주의의 음모도 진행 중이라고 그는 덧붙였다.

계몽사상이 유대인에 뿌리를 둔 것이라는 가설이 재차 강조되었다. 유대인의 계획은 첫째 진보적, 마르크스주의, 시온주의라는 세 가지 측면에서 볼 수 있는데, 모두 "근대성"과 "세속성"의 탈을 쓰고 "의정서에서 폭로된 대로 음모를 꾸미고 있는 유대인"이 고안한 것이라고 한다. 이슬람교의 부흥sahwa(사화)은 이러한 유대인의 음모를 무너뜨리는 데 목표를 둔다. 알준디는 독자에게 "유대인의 모략을 뒤엎고 좌절시키는 방법은 이슬람교의 도리뿐"이라고 역설한다. 물론 그가 말하는 이슬람교는 "정치적 이슬람교"나 이슬람주의로 이해해야 한다. 신앙과 문화의 이슬람교는 영성에 국한되기 때문이다. 알준디가 피력한 이슬람교는 앞서 언급한 정치적인 지배체제(니잠 시야시)에 근간을 둔다. 세심한 독자라면 이 견해가 이슬람 신앙과 구별된 이슬람주의의 기본 특징을 반영한다는 점을 이미 간파했을 것이다.

진정성에 입각한 정치는 "서양화에 대한 유대인의 마스터플랜"뿐 아니라 아랍·무슬림의 진보주의 시대[1]에 문학과 사상을 낳은 19~20세기의 사상가들을 겨냥한 것이다. 이들은 모두 알준디의 저서에 실명이 밝혀졌는데 마치 비밀경찰의 수배자 명단을 보는 듯했다. 예컨대, 타우피크 알하킴과 이산 압둘 카두스, 아니스 만수르, 자키 나집 마무드 및 아랍·무슬림으로서 유일하게 노벨상을 받은 이집트 작가 나집 마푸즈를 들 수 있다. 필자처럼 독일에 사는 무슬림에게 이슬람주의자의 리스트는 나치의 정화문화를 연상케 한다. 당시에는 독일인답지 않다고 규정된 학자와 지식인들은 모두 제거되었다. 그중 하나인 아인슈타인은 둘도 없는 "유대인 물리학"(상대성 이론)의 창시자로, 독일 대학에서 유대인을 죄다 없앤 탓에 빈약해진 "독일 물리학"을 조롱한 인물이다. 오늘날 이슬람주의자가 이방 바이러스에 "감염"되었다는 이유로 무슬림을 이슬람교도답지 않다고 규정하는 것은 마치 나치당의 정화를 떠올리게 한다. 혹시라도 그런 만행이 벌어진다면 아랍·무슬림세계에 남는 것은 전체주의가 건설될 돌무더기뿐일 것이다.

독일인답지 않은 영향력에서 자국 문화를 정화할 때에 나치당은 유대인뿐 아니라 계몽사상도 공략 대상으로 삼았으므로, 1945년 이후 독일의 탈나치화 운동은 서양화의 재도입이라 해도 과언이 아니다. 이와 마찬가지로, 이슬람주의의 정화로 희생된 자들은 유대인과 민주정치에 눈을 뜬 무슬림이었다. 왜 서방세계는 이렇게 판에 박은 모습을 이해하지 못하고 있는 것일까? 이슬람주의의 진정성을 극찬하는 서양인들은 자기가 하는 이야기의 진위도 모르거니와 이슬람세계의 동향도 잘 알지 못한다. 이슬람주의자가 쓴 문헌에서 이 같은 개념의 진의를 익히 알고 있는 진보주의 학자라면 서방세계의 평가를 새고할 것이다.

이슬람교의 합리주의는 진정한 것인가?

이슬람교의 합리주의 전통에 존재하는 문화 유산은 역사적인 사실이다. 나는 이를 합리주의(팔사파)라고 한다. 이 전통은 문화교류의 활성화에 근거를 둔다. 고전 이슬람문명에서 합리주의 철학과 법률학(피크)이 부딪친 사례가 있다.[12] 나는 법률학을 "정통성"으로 번역한다. 아랍어로는 (신성한) 법률학이라는 뜻이지만 말이다. 이슬람교의 이러한 전통이 정통성을 반영하기 때문이다. 서양 학계에는 잘 알려지지 않았지만 이 같은 마찰을 약 10년간 연구한 결과를 토대로, 동료 학자가 근거 없는 주장으로 일축해도, 나는 합리주의와 정통성을 이슬람교의 라이벌 전통이라고 주장할 것이다.

632년 무함마드가 타계한 후, 무슬림 서기관은 이슬람 신앙을 제례식 법·문화체제로 바꾸려고 노력했고, 그러는 가운데 네 가지의 수니파 샤리아 학파(마다힙)가 출현했다. 오늘날 샤리아는 서양에서 말하는 법의 종교적인 버전으로 알고 있으나 이는 옳지 않다. 샤리아는 법이 아니라 제의적 율례(이바다트)를 비롯하여, 상속과 혼인 및 이혼에 국한된 민사법(무아말라트)을 규정하는 일종의 체계다. 고전 이슬람교에서 이 체계는 법률학이라고 불리며 서기관은 정통 지식층을 구성한다. 이슬람교에는 성직자가 없음에도 종교·사회학자들은 서기관을 종교인(성직자)으로 간주한다. 그러나 수니파(무프티의 지위)와 시아파 이슬람교(아야톨라: 고위 성직자에게 수여하는 칭호)의 제도적 현실을 감안해볼 때 서기관은 사실상 종교인과 크게 다르지 않다.

경전을 중시하는 이슬람교의 라이벌 전통은 헬레니즘화의 과정을 통해 9세기에 출현하기 시작했다. 이른바 합리주의는 문화의 차용과 탁월한 이성에 근간을 둔 새로운 전통으로 줄곧 법률학과 대립해왔다.

그렇다면 이 두 전통 가운데 이슬람교의 진정한 전통은 무엇일까? 경전 중심의 정통성인가, 아비센나와 아베로에스의 합리주의인가?[13] 오늘날 이슬람교의 정체성 정치[14]는 둘 중 어디에 의존하고 있는가? 하나가 "진정하다"고 규정되면 다른 것은 진정하지 않다고 단정할 수 있는가?

그리고 비무슬림 문화에서 교훈을 얻는다는 것이 타당한가? 좌파 때리기는 잠시 그만하고 우파로 관심을 돌려야겠다. (진심으로) 이슬람교를 혐오하는 서양인은 이슬람교를 둘러싼 갖은 억측을 두고 "이슬람교에는 계몽적인 전통이 없다"고 주장한다. 이렇게 오해하는 저자는 대부분 이슬람주의자들의 비계몽적인 태도와 비합리적인 행각과 이슬람교를 혼동한다. 그들은 이슬람교의 고전 유산에 유럽의 문화적 근대성을 닮은 계몽사상의 씨앗들이 들어 있다는 사실을 모르고 있다.[15] 나는 이에 이슬람교식 "계몽사상"의 자격을 부여한다.[16] 합리주의의 씨앗들은 이슬람교의 정통성에 억눌리긴 했으나 결국에는 진정한 것으로서 부활할 명분을 갖게 되었다. 모로코 철학자인 무함마드 알자브리는 문화적 근대성이 초기 이슬람 전통과 일맥상통한다고 믿었다. 나 역시 이슬람교의 합리주의[17] 전통은 하버마스가 밝힌 대로 문화적 근대성과 조화를 이루었다고 생각한다.

근대성에서… 종교적 삶과 국가와 사회 및 과학과 도덕은… 데카르트의 "나는 생각한다, 고로 존재한다"에 새겨진 추상적 주관성처럼… 변모한다. 칸트는 이러한 접근법을 통해… 이성을 판단의 보좌에 두었다. 그 앞에서는 타당성을 주장하는 것이 모두 정당화되어야 한다.[18]

그런데 근대성을 둘러싼 유럽식 개념이 오늘날 이슬람교에도 적용될까? 이슬람주의자들은 이를 두고 이슬람교를 겨냥한 유대인의 마스터플랜으로 일축하기 위해 이슬람교의 꾸며낸 진정성을 운운한다. 무슬림이 아닌 플라톤과 아리스토텔레스를 존경했던 중세 무슬림 합리주의자들과는 달리, 오늘날의 이슬람주의자들은 각 문화에 선을 긋는 정체성 정치를 포용하는 반면, 자브리는 아베로에스의 이슬람교식 합리주의를 거론하며 근대성이 무슬림에게 진정한 것이라고 역설한다. 문화적 근대성에 대하여 베버와 하버마스의 접근법을 거부하고 이슬람주의식 진정성을 지지하는 서방 이론가들은 이 이데올로기의 "정화" 아젠다를 잘 모르는 것 같다. 예컨대, 로버트 리는 "근대성은… 진정성을 지지하는 세력이 복구하려 했던… 문화와 가치관 및 정체성을 서서히 파괴해왔다"[19]고 주장했다. 이 같은 견해를 미국의 이슬람 학계에서는 당연한 것으로 여기지만 결국 ― 의도와는 관계없이 ― 이슬람주의의 아젠다를 인정하겠다는 발상과 다르지 않다. 이슬람주의를 "복구하려는 시도"가 특징인 해방신학으로 간주하는 것은 크나큰 잘못이다. 이슬람주의가 말하는 아젠다는 그것이 아니라 전체주의식으로 문화를 정화하겠다는 것으로 이해해야 하기 때문이다.

이성의 우월성을 의식한 계몽사상 프로젝트는 보편적인 것으로 이슬람문명의 문화를 비롯한 모든 문화에 적용될 수 있으며 정화와는 대립된 개념이다. 알자브리는 계몽사상이 중세 이슬람교에도 존재했다고 주장한다. 즉 합리주의가 이슬람다운 고전 유산이라는 이야기다. 수백 년간 ―

9~12세기에 이르기까지 — 헬레니즘에서 문화를 차용하고 이성의 우월성을 수용한 데 기초한 무슬림의 논리적 전통은 계속 이어졌다. 위대한 무슬림 사상가들이 그랬듯이, 이슬람교에 근원을 둔 것이 아니더라도 이슬람교의 합리주의에서 교훈을 얻어야 "진정한" 가치가 되는 것이다.

그렇다고 해서 이슬람교의 합리주의가 당대의 주류 전통이었다는 말은 아니다. 서기관의 무슬림 정통성에 눌려 수명이 비교적 짧았기 때문이다. 계몽사상의 씨앗들은 있었지만 이슬람교의 선각자들은 문명에 계몽사상을 보급하지 못했다. 그러나 되살릴 가치가 있는 전례는 지금도 존재하며 현대의 이슬람주의가 꾸며낸 전통보다는 훨씬 이슬람다운 것이다.

설령 합리주의 무슬림이 이슬람문명의 세계관을 조성할 수 없었다손 치더라도 영향력을 아주 무시할 수는 없을 것이다. 유럽에 데카르트와 칸트가 있었다면 이슬람교에는 알파라비와 이븐 시나, 이븐 루슈드가 있었다. 그들은 합리주의 사상가들로서 지적으로도 유럽사상가들과 맞먹었다. 유럽에서는 데카르트 사상이 제도화된 데다 철학 및 수학적 토대 위에 세워졌다. 이성에 근거한 철학은 유럽의 주류 세계관을 형성할 수 있었으나, 조지 마크디시에 따르면, 무슬림 합리주의자들에게는 이슬람문명과 세계관을 조성할 기회가 거절되었다. 게다가 고전 이슬람교에서 계몽적 합리주의는 "무슬림 대학"의 커리큘럼에도 들지 못했다. 따라서 합리주의의 영향력은 철학자 그룹을 벗어나지 못했다.[20] 그들 중 일부는 칼리프의 법정에 진입하여 영향력을 발휘하기도 했으나 제도의 명맥과 권력층의 지원이 이어지지 않은 탓에 이슬람 과학의 황금기는 자취를 감추고 말았다. 이슬람교 합리주의의 최후 사상가로 이븐 할둔을 꼽을 수 있다. 그렇다면 이슬람문명은 왜 그 이후로 위대한 사상가를 배출하지 못했을까?

19세기 말과 20세기 초에 활동했던 무슬림 사상가들은 이 같은 흐름을 간파하고 있었다. 그래서 어떻게든 이슬람교의 합리주의 전통을 소생시키려고 애를 썼다.[21] 정치적 이슬람교가 부상하기까지 문화가 발전하는 과정에서 무슬림 진보주의자는 정통성의 맞은편에서 이 같은 업적을 이루려 한 것이다. 그러나 결국에는 실패한 듯 보인다. 자브리는 "이슬람교의 밝은 미래는 아베로에스주의자[1]뿐일 수도 있다"며 동료 무슬림에게 경각심을 일깨워주었다.[22] 즉 이슬람문명이 아베로에스 합리주의 노선을 따르지 않는다면 암흑의 시기가 재현될 뿐이라고 그는 믿었던 것이다. 특히 이슬람주의의 인식론은 암울한 미래를 암시한다.

현대 이슬람주의와 살라피즘[2]이 득세한다면 정화 아젠다로 이슬람교도들은 수 세기나 퇴보하게 될 것이다. 아비센나와 아베로에스 및 알파라비[23]의 합리주의가 더 나은 선택이라는 이야기다. 본질적으로도 사이드 쿠틉의 추종자들이 도모하는 전통의 변조보다는 이슬람교의 고전 유산이 더 진정한 것이다.

---

[1] Averroist: 아베로에스(본명은 이븐 러쉬드)에서 딴 명칭으로, 철학적 진리와 신학적 진리를 서로 독립된 것으로 받아들였다.

[2] Salafism: "살라피salafi"는 아랍어로 "선배"를 의미한다. 전통적인 이슬람학은 "최선의 세대는 우리의 세대, 차선은 그것에 이은 세대, 다음은 그 다음의 세대"라고 한 예언자 무함마드에 따라 통상 예언자의 직속 제자부터 제3세대까지, 즉 4대 법학조의 세대를 구분한다. 살라피주의란 기독교 철학 등 후세의 외래사상의 영향을 폐하고 이 이슬람의 초기 3세대의 학적 자세에 의해 이슬람을 해석, 실천해야 한다는 것으로 그 이후의 이슬람학 전개의 전통을 부정하는 수니파 복고정통주의를 가리킨다.

이슬람주의의 순결과 비무슬림 이방인 배척

풍성한 문화 유산과 이슬람교 합리주의의 숭고한 업적은 차용된 고전 헬레니즘에 토대를 둔다. 헬레니즘을 아주 버렸다면 이슬람문명의 번성은 상상도 할 수 없었을 것이다. 여기서 얻을 수 있는 교훈이 있다면 역사가 다르더라도 이를 외면해서는 안 된다는 것이다. 중세의 헬레니즘화는 부강한 이슬람문명이 약소한 문명의 값진 유산을 이용한 것을 일컫지만, 이방 문화에서 배우려는 태도는 역사적 맥락에 따라 결정될 필요는 없다. 진보주의 시대를 향유한 무슬림 근대주의자들도 이방 문화에서 교훈을 얻었으니 말이다. 물론 차이는 있다. 중세의 이슬람교의 합리주의자는 차용한 문화를 재고·확장한 반면, 무슬림 진보주의자는 근대 문화의 합리성을 고유한 문화에 수용하지 않고 답습하는 데 그쳤다. 그들의 세계관은 달라지지 않았지만 그렇다고 해서 문화적 반역죄를 들먹이는 이슬람주의자의 비난을 벗어나진 못했다.

이슬람주의자들의 입장에서는— 이방 문화를 배척하려는 성향이 있긴 했지만— 유럽문명이 이슬람에 미칠 폐해에 불만을 품은 점을 두고는 근거가 타당했다. 하지만 결론이 틀렸다는 것이 문제였다. 그들은 이슬람교 역사에 무지한 탓에 이슬람교의 합리주의가 정통 지식층과 경합을 벌이다 끝내 사그라졌다는 사실을 몰랐다. 정통성이 승리했음에도 과학과 철학은 이슬람문명에서 번성했다. 이에 이슬람주의자들은 유럽의 르네상스가 이슬람교의 문화를 차용한 데서 비롯된 것이라고 자랑하면서도, 한편으로는 서방세계가 이슬람교 전통에서 수용한 것은 전부 무시하거나 제거하려 했으므로 모순에 빠지고 말았다. 사실, 르네상스 이전에도 유럽은 중세 이슬람교에서 이슬람화된 헬레니즘 전통을 차용했었다. 순수한 법률학 전통은 아니었다는 이야기다. 이처럼 이데올로기에 눈이 가려진 이슬람주의자들은 역사에 무지한 데다 지식도 스스로 선택했다.

그들은 서방세계에서 비롯된 것이라면 무조건 배척해왔지만 과학기술이라는 수단만은 주저하지 않고 받아들였다.[24] "준근대성"은 이를 감안해 지어낸 말이다. 이슬람주의자들은 근대성을 수용할 만한 도구와 강력히 배격해야 할 가치관으로 나누는데 전통적인 정통 지식층은 이 같은 준근대성을 공유하지 않는다. 근대 정치와 중세 법률학을 하나로 묶는 동시대 이슬람주의자들[25]은 근대화되는 발전을 수용하지 못하는 대신, 진정성과 문화적 정화를 추구하며 전통을 꾸며내는 근대화의 산물이기도 하다.

그렇다면 "이슬람교식 해결책" 가운데 정화 아젠다는 정녕 진정성을 성취할 수 있을까? (불완전하고 선택적이더라도) 이슬람교 전통의 일면은 아닐까? 아마 그렇진 않을 것이다. 이 주제에 관련된 연구를 실시한 로버트 리는 "진정성을 추구하려면 그들보다는 우리의 것과 일치하는 정치가 필요하다"고 서술하고는 "진정성은 곧 근간을 찾는 것과 같다"고 덧붙였다.[26] 그럼 근간은 무엇을 가리킬까?

아랍어로 "토대"를 우술usul이라 하고, 현대 아랍어로 원리주의는 우술리야usuliyya라고 한다. 중세 이슬람문명에서 합리주의(팔사파)와 법률학(피크) 사이에 벌어진 경쟁은 이슬람다운 것과 그렇지 않은 것의 분쟁이기도 했다. 물론 진정성(아살라)은 근대에 추가된 어구로 "근간"으로 인식되는 것을 일컫는 동시에, 합리주의와 정통성의 대립을 떠오르게 한다. 진정한 근간을 찾는 데 지역과 세계가 묘하게 어우러졌다. 세계적인 시민권과 민족성이 이방 문화를 배격하면서도 한편으로는 근대성에 스며든 채, 정체성 정치와 얽히고설켰으니 말이다. 이런 맥락에서 "근간"은 모호하다. 리의 주장처럼, "상황의 비합리성"을 격상시키는 진정성은 존재한다. 나는 리를 비판하지만 "동양주의에서 비롯되었든, 이슬람 민병대에서 비롯되었든, 차이와 구별성에 대한 선언을 의심"한 점은 동감한다.[27] 리가 지적한 바와 같이, 냉엄한 현실 속에서 "진정성은 추구할 수가 없다."

자타를 나누는 데 중점을 두는 진정성에 대한 기존의 의미를 두고, 배타적인 사고방식의 양극화된 결과는 대개 간과되는 경우가 비일비재하다. 왜 우리는 진정성을 이방 문화를 차용하거나 이에서 교훈을 얻으며 자문화를 보전하는 것으로 여기면 안 될까? 그러면 이슬람교의 합리주의도 진정한 이슬람교의 전통이 될 테고, 서양 이론에서 습득한 문화 역시 정당성을 확보할 수 있어 포스트모더니스트와 이슬람주의자들이 이구동성으로 주장하는 바와는 달리 — 문화의 상대주의와 신절대주의로 사고방식이 다르긴 하지만 — 진정성을 회복할 수 있을 텐데 말이다. 이 같은 제안이 허용되고 문화교류가 장려된다면 무슬림 합리주의 전통은 부활할 것이며 이슬람주의의 "문화적 정화" 아젠다는 진정성과 결별하게 될 것이다.

고전 이슬람교에는, 정통 지식층을 제외하면, "자문화"와 "이방 문화"의 경계가 없다. 진정한 이슬람교를 둘러싼 이성적 지식과 정통 법률학의 갈등은 이슬람문명에서 벌어졌으나 오늘날의 갈등은 무슬림 공동체 외부에서 압력을 가하는 근대성에 무슬림이 노출된 것에 중심을 둔다는 점이 다르다. 19세기 이후, 이 같은 상황은 다양한 반응을 불러일으켰으나 난관을 타개할 만한 것은 없었다. 오늘날의 이슬람주의자들은 이 같은 유산과 동거하지 않을 수 없게 되었다. 문화적 근대성을 탈피하는 것이 대안이 될 수는 없기 때문이다.

초기 이슬람 근대주의에는 배타적이자 순수지향적인 이슬람주의 사고방식이 없었다. 파리에 간 초대 이슬람교 지도자(이맘)인 리파아 라피 알타타위는 1826년에서 1831년까지 현지에서 생활하며 비무슬림 이방인에게

(유럽과 근대성) 마음을 열었다. 그는 유럽인들이 과학과 지식 및 학자를 거론할 때에 무슬림과는 이해하는 바가 다르다는 점을 깨닫고는 놀라움을 감추지 못했다. 예컨대, 아랍어로 지식인alim(알림, 복수는 울레마ulema)은 사전적으로는 학자이지만 종교인인 성직자를 의미하기도 한다. 그런데 프랑스어는 같은 어휘가 다른 뜻으로 쓰이고 있었던 것이다. 알타타위는 『파리에서 쓴 일기』[28]에서 유럽 학자들은 종교와 무관한 지식에 관심을 둔다고 적었다. 코란을 해석하는 데 있어 "주해commentaries와 초주해superommentaries"로 구성된 이슬람 학계에서 지식인은 종교를 터득하여 성직자가 된 인물을 가리킨다. 이슬람교는 지식을 종교로 규정하는 관행이 점차 폐지되긴 했으나 이슬람교의 세계관은 조금 달라지는 데 그쳤다. 때문에 이슬람교는 문화적 근대성과 심한 갈등을 겪어야 했다.[29]

무슬림도 이방 문화에서 교훈을 습득해야 한다던 알타타위와는 달리, 현대 이슬람주의자들은 마음을 닫아버린 채 문화적 순결을 고집해왔다. 나는 이슬람주의를 창시한 하산 알반나가 19세기의 부흥주의자인 알아프가니를 이은 지적 후손이라고 주장한 타리크 라마단을 앞서 거론했다. 하지만 그 같은 영속성은 존재하지 않았다. 사실, 알아프가니와 알반나를 비교할 근거도 희박하다. 적어도 알아프가니는 마음을 열어 무슬림의 "무지"로 이슬람문명이 부패한 점을 지적했고 서방세계의 부상과 식민지 지배는 비유럽인보다 과학적 지식이 탁월한 덕이라고 시인했다. 특히 그는 당대의 무슬림을 무지한 자들juhala(주할라)[30]이라고 — 상당히 거친 말이었다 — 불렀는데, 이슬람교에서 무지jahl(자흘)라는 단어는 불신을 연상시키고, 자힐리야jahilliyya는 아랍세계에서 이슬람교가 태동하기 이전의 무지를 가리킬 때 쓰는 말이다. 알아프가니는 영국인이 시골뜨기를 가리켜서 "미개인"이나 "야만인"이라고 부르듯 무지한 자라는 말을 썼고 이방 문화의 가치를 흡수해야 한다고 권하기도 했다. 반면, 이슬람주의자인 알반나는 문화적 정화를 내세우며 그와 정반대의 견해를 피력했다.[31]

이슬람주의는 이슬람교의 우월성을 두고는 의심할 여지가 없으며 그것이 순결의 근거가 된다고 확신한다. 이슬람주의자들은 무슬림이 "서방세계의 과학"뿐 아니라, 이슬람문명의 예전 규준에도 미치지 못한다는 점을 시인하지 않으려 한다.[32] 우월성에 따른 안일주의와 이방 문화를 배척하려는 폐쇄주의는 어느 문명에서든 좋을 리가 없다. 그러나 최근에는 지식에 대한 문화적 정화 아젠다로 우월성과 폐쇄주의가 다시금 최고치를 경신했다. 이슬람주의 아젠다에는 "지식사회"가 필요 없기 때문이다.

나는 헤들리 불이 주장한 "서방세계에 대한 반란"을 줄곧 참고해왔다. 반란에는 서양의 패권에 도전할 뿐 아니라 끊임없는 지식의 발전을 비롯한 "서방세계의 가치관"에 직접 맞선다는 뜻이 담겨 있다. 따라서 탈서양화는 과학에 대한 정화를 포함한다. 이처럼 과학을 배격하는 태도[33]는 과학기술을 수단적으로 차용하겠다는 점과 결부되는데, 이는 기술은 수용하되 근본적인 가치관은 배격하겠다는 준근대성 사고방식 탓에 벌어진 현상이다. 따라서 무슬림은 독자적인 과학 발전을 스스로 막아 이방 문화의 기술을 영원히 차용하게 될 것이다. 이러한 오점은 예측할 수 없는, 신기술의 문화적 결과와도 관계가 깊다. 점차 혹독해지는 정화의 필요성은 끝이 보이지 않을 테니, 결국 무슬림은 문화적 근대성으로 영영 골머리를 앓을 것이다.

이슬람문명이 전성기를 구가하던 시대에는 정화가 아닌 개방적인 배움의 태도로 담론이 결정되었다. 하지만 과거의 무슬림 합리주의자와 달리 오늘날의 이슬람주의자들은 문화적 갈등을 부추기는 정치활동을 벌이는데, 이는 자타의 경계에 근거한 이슬람주의식 정화 아젠다에서 비롯된 것이다. 정치에 대한 충동은 이슬람문명의 미래에 걸림돌이 된다. 따라서 무슬림은 독자적인 진정성을 간직한 채 이방 문화를 개방해야 할 것이다. 즉, 문화의 변혁을 장려한 중세의 이슬람 유산을 부활시켜야 한다는 이야기다. 이슬람식 합리주의 전통은 근대 과학과 막스 베버가 역설한 "세상의 각성"[34]과 일맥상통하며 근대성과의 갈등에 대한 돌파구를 제시한다.

    나는 이슬람 연구에 베버식 접근법을 도입했다는 이유만으로 동양주의라는(출신을 감안해볼 때 "자아-동양화self-Orientalization"가 더 어울릴 것이다) 비난을 받아왔다. 물론 동양주의에도 허점이 있지만 뒤집은 동양주의도 경계해야 한다. 포스트모더니스트는 진정성이라는 미명하에 세속성과 과학적 견해를 배척하기 십상이다. 그러나 오늘날 무슬림에게는 과학이 필요하다. 혹자는 문화적 특수성과 진정성을 높이 평가하면서도, 인본주의에 근거한 보편적인 사고를 지지할지도 모른다. 나는 이러한 인본주의가 아베로에스와 이븐 할둔의 이슬람교에 존재했다고 생각한다. 그들은 보편적인 합리주의자일 뿐 아니라, 오늘날까지 살아 있다면, 진정한 무슬림으로서 "자아-동양화"를 이유로 서양인들에게 비난을 받을지도 모르겠다. 동양주의는 과학을 배격하려는 이슬람주의와 반대 입장을 취하지는 않는다.

이슬람교 합리주의의 인본주의를 상기시키다

정치적 이슬람교의 정화 이데올로기에 진정성이 결여되어 있으며 무슬림에게는 걸림돌이 된다는 점을 감안해볼 때, 이슬람교 합리주의의 부활은 훨씬 나은 대안이다. 무슬림은 이해관계를 위해서라도 타 문화와의 소통을 비롯한 새로운 전통을 창출해야만 한다. 이슬람교의 역사에서 배울 수 있는 교훈이 있다면 아무리 무슬림이라도 두 마리 토끼를 다 잡을 수는 없다는 점이다. 새로운 전통은 정통 지식층과 이슬람주의에 분명히 대립하지 않는다면 성공할 수가 없다.

헬레니즘화는 8세기 말에서 9세기를 거쳐 12세기에 이르기까지 기독교의 네스토리우스파³ 번역가에 의해 시작되었다. 그들은 헬라(그리스) 문헌을 아랍어로 옮겼다. 역사가 데이비드 린드버그는 『서양 과학의 시초』(1992)에서 다음과 같이 밝혔다. "서기 1000년경, 그리스 의학과 물리학 및 수학의 방대한 문헌은 거의 아랍어로 번역되었다." 그러고 나서 그는 "그리스 과학을 수용하는 데 종교적으로 치러야 할 대가가 있는가?"라고 물었다.³⁵ 이슬람교 합리주의자들은 정통 지식층과 타협점을 찾을 수 있으리라는 착각에 크나큰 대가를 치러야 했다는 것이 그 답변이었다. 이슬람교의 순결에 먹칠을 했다는 비난과 함께 무슬림 공동체에서 파문을 당하고 말았으니 말이다. 학파의 사조를 변호하지도 않았고 입장이 분명치도 않았다. 바로 그 점이 실수였다. 그들의 화해무드는 아무런 소용이 없었고 서적은 모두 공개 소각되었다.

정화를 둘러싼 논쟁은 지식의 문화적 원천으로서 수용될 수 있는 것에 중점을 둔다. 살라피스트 이슬람 정통성을 지향하는 전통에서 최고의 지식은 코란에서 확정된 계시를 통해 전달될 수 있는 것인 반면, 그리스의 과

---

³ Nestorian: 431년 에페소스공의회에서 이단으로 선고된 후, 451년 칼케돈공의회에서 재차 단죄되었다. 5세기경 페르시아로 망명해 그곳에 교회를 세우고 국왕의 보호를 받아 지지자를 규합했다. 7세기경, 페르시아가 이슬람교의 지배를 받게 된 후에도 네스토리우스파는 계속 남아 아라비아 북부, 인도, 몽골, 중국 등지에 포교했고, 당나라 때 중국에 들어가 경교란 이름으로 번창했다. 13세기 후반에는 페르시아 등 중앙아시아를 중심으로 크게 융성하였는데, 14세기에 이르러 티무르가 지배하면서부터 박해를 받아 많은 성도들이 순교하고 거의 절멸하고 말았으며, 살아남은 일부도 16세기에 로마교회에 흡수되었다.

학을 수용한다는 것은 인간의 이성에 근간을 둘 뿐 아니라 비이슬람 원류에서 습득한 지식패턴을 암시한다. 그 결과로 불거진 법률학과 합리주의의 충돌은 이슬람교의 정통성과 이성에 기초한 무슬림 사상가의 경쟁으로 이어졌다. 이방 문화에 개방적인 무슬림이 있는가 하면, 지식의 진정성이라는 미명 아래 이를 배격하는 무슬림도 있는데, 이와 같이 서로 대립한 사상은 "계시인가 이성인가bi al-wahi aw bi al-'aql"라는 고전적 글귀에 나타나 있다. 어느 한쪽이 타당한 지식의 원류가 될 것인데, 이 같은 이분법은 종교적 세계관에 근거를 둔 지식과 인간의 이성에서 비롯된 합리적 지식의 분리를 의식하며, 신을 받들기 위해 무슬림 합리주의자들이 발전시킨 아베로에스의 이중적인 진실과는 대립된 입장이다. 각자는 제 나름의 영역이 있다. 오늘날, 지식의 원류는 근대성과 마찰을 빚고 있는 이슬람교의 중심 쟁점이다.[36]

    서양 대학의 강단에 선 무슬림 학자(영국계 무슬림 교수인 지아우딘 사르다르[37] 같은)가 있다는 것은 필자와 같은 무슬림은 상상도 하기 어려운 일이다. 서양의 대학은 문화적 근대성의 합리주의인 데카르트주의를 "인식론적 제국주의"라며 비아냥거리기 때문이다. 이슬람교에도 더 나은 시절이 있었다. 아바스 왕조의 하룬 알라시드와 그의 아들인 알마문 칼리프가 집권할 당시, 철학자들은 널리 존경을 받고 장려되었다. 그들은 "지적이고 세속적이며 관용적인, 종교적 환경을 조성"[38]하고 무타질라파를 "이성의 수호자"라며 적극 지지했다.[39] 이렇게 이슬람교에 통합된 문화 차용은 이슬람이 장악한 스페인의 코르도바와 톨레도에 중심을 두기도 했다. 계시wahi(와히)를 이성aql(아클) 위에 둔 알마와르디[40] ― 또는 프랑스 계몽주의 철학자들 ― 와 달리, 이슬람교 합리주의자들은 갈등을 피하기 위해 타협점을 찾았다. 그들은 계시와 이성이 공존할 수 있다는 주장으로 이미 문제를 해결했다고 확신했다. 볼테르와는 달리, 그들은 합리주의 사상을 종교적 독트린을 재고하는 데 적용하지 않았다.

이슬람문명의 지식이 주로 지식인의 정통성과 그 조직에 의해 결정되어 왔다는 것은 안타까운 사실이다. 그들은 이슬람교의 헬레니즘화에 의해 시작된 발전을 저해했으니 말이다. 또한 지식인은 "이방 과학"이나 "고대인의 과학"(헬라어로 qudama')과 이슬람 과학을 서로 대립시키기도 했다. 전자는 이성에 근거한 반면, 이슬람 과학은 코란과 하디트를 풀이하는 종교적 독트린 연구와 관계가 깊었다. "이슬람 과학"은 샤리아 연구와 경전을 해석하는 데 필요한 철학적 원칙도 담고 있었다. 이슬람 율법학자들은 계시의 전체론적 타당성을 분야를 막론한 참된 지식의 유일하고도 제한이 없는 원류라고 주장했다. 알마문 칼리프가 이슬람 학회인 지혜의 집 al-hikma(알히크마)을 설립했음에도 이 같은 비전은 실현되지 않았다. 이슬람 과학의 주요 기관은 지식인의 손아귀를 벗어나지 않았다. 조지 마크디시가 『학회의 융성 The Rise of the Colleges』에서 서술했듯이, 이슬람교의 정통성은 이슬람의 고등학문기관인 마드라사를 통제했고, 이방의 고대인 과학의 영향력에 맞서 순결을 지켜냈다. 린드버그에 따르면, "그리스의 과학은 이슬람교의 안정된 기관을 찾지 못했다. … 체계적으로 이방 과학을 가르치는 커리큘럼을 이슬람 학파가 아예 내놓으려 하지 않았기 때문이다. … 9세기 중엽에서 13세기에 이르기까지 이슬람세계를 통틀어 추진된 그리스 과학의 주요 분야에서 괄목할 만한 과학적 업적을 이룩했으나… 13~14세기에는 이슬람 과학이 점차 시들어졌고 15세기에 들어서자 거의 소멸되고 말았다"고 한다.[41]

따라서 합리적인 데다 과학적 사상이 이슬람교에서 영속적인 기반을 얻지 못한 까닭은 역사적 기록이 두 가지 가설을 반증하는 데 도움이 될 것이다. 합리주의는 유대인과 십자군이 이슬람교에 강요한 이방의 사상체계였으므로 사그라지지 않았다. 헬레니즘은 두 집단이 이슬람세계에 압력을 행사할 입장이기 훨씬 전부터 번성했다. 게다가 독일의 동양주의자들이 주장하듯, 무슬림 학자들은 차용한 그리스 과학을 그저 옮겼을 뿐, 그에 가미한 것이라고는 아무것도 없었다. (동양주의의 사이드 추종자에 대해서는 말을 아끼지만 이 같은 편견을 부추긴 자들은 비난받아 마땅하다) 차용된 헬라 유산을 개발하는 데 이슬람 학자들의 공이 컸다는 점은 의심할 여지가 없다. 역사가도 중세의 이슬람문명의 과학이 세계에서 가장 진보했다고들 말한다.[42] 과학이 쇠퇴한 원인은 다른 데 있었다. 프린스턴 대학의 사회학과 교수 로버트 우드나우는 『함의와 도덕적 질서』(1987)에서 지식의 제도화가 과학을 유지하는 데 필수라고 주장한다.[43]

교육기관에서 구조적으로 제외된 과학적 사상은 이슬람세계관에 두루 확산될 수 없었다. 그러기는커녕 뿌리도 내리지 못했다. 합리주의와 신앙의 불필요한 싸움으로 합리주의가 패퇴한 까닭에 이슬람문명의 과학적 전통은 근대 과학을 잉태할 수 없었다.

그렇다고 해서 이슬람교의 과학이 보잘것없는 것으로 치부되었다고 추론해서는 곤란하다. 부분적인 동화는 아니라고 해도, 귀화는 어느 정도 일어났으나 정통성에 막혀버린 것이다. 학계의 권한은 정통 지식층이 과학적 사상의 보급을 차단하고 이슬람교 합리주의자의 노고를 와해시키는 데 일조했다. 그리하여 범세계적인 신정질서의 종교적 개념은 이슬람문명에 널리 자리 잡게 되었다.

합리주의적인 세계관과 인간 및 자연관이 부재한 탓에 불리한 결과가 지속적으로 벌어졌다. 과거의 이슬람문명을 파괴한 정통 지식층이 창출한 정화를 둘러싼 문화적·제도적인 원동력은 현재에도 부담이 된 것이다. 이슬람문명이 쇠퇴한 원인은 "이슬람세계에 대항한 유대인과 십자군의 음모"가 아니라 정통 지식층이 강요하고, 오늘날의 이슬람주의자들이 회복시키고자 했던 정화사상이었다. 그러므로 법률학 전통을 부활시킨다는 "이슬람교의 부흥"을 이슬람주의의 별칭으로 부르는 것은 매우 아이러니하다. 정화라는 현대 이슬람주의의 아젠다는 최근에 나타난 것으로 그 모양새는 이슬람교 역사상 유례를 찾아볼 수가 없다.

이슬람주의의 문화 및 인식론적 아젠다는 원시 시대로 퇴보할 것이라는 예측에 대해서는 사우디가 후원하는 국제이슬람사상 학회가 제시한 다음의 내용을 참고하는 것이 좋을 것이다.

> 이슬람교에서 지식을 추구하는 것은 그 자체가 목적이 아니라, 알라 신을 이해하기 위한 수단에 불과할 뿐이다. … 이성과 지식을 추구하는 것은… 코란의 가치관에 비하면 부차적이라는 말이다. … 이를 토대로, 이성과 계시는 서로 불가분의 관계라고 볼 수 있으나, 근대 과학은 이성을 최우선에 둔다.[44]

근대 과학의 이슬람주의식 대안은 이슬람교의 사상을 정화하고 이슬람문명을 근대의 과학적 지식에서 분리시키는 인식론을 도입한다. 인식론을 감안해볼 때, 이슬람주의는 "지식사회"의 필요조건에 미달된다.[45] 이는 정치적으로나 전체론적으로도 이슬람교 유산의 업적에는 미치지 못하며, 합리적인 조직에 대한 이성적인 사고로 보기도 어렵다.[46]

헛된 도그마

앞에서 거론한 바와 같이, "이슬람교의 부흥"에 대해 서방세계에서 많이 오해하고 있다. 19세기가 낳은 최고의 무슬림 사상가인 아프가니는 순수한 부흥주의자였으나 현대 이슬람주의자들은 그렇지 않다. 아프가니는 유럽 열강이 세상의 우월한 지식을 내세워 이슬람 중동을 식민지로 삼을 수 있었다고 주장했다. 이슬람주의의 슬로건인 "이슬람교가 해결책이다"라는 말은 비교적 열등한 세상 지식을 대변한다. 아프가니는 유럽이 이슬람세계를 장악한 것은 "국가와 민족의 패권을 반영하는데, 그들에게는 과학이 있었기에 열세한 자를 정복할 수 있었다. … 즉, 국력과 과학이 충족되면 무지와 약세를 다스릴 수 있다는 말이다. 이를 보편적인 법칙으로 보았다."[47] 아프가니와 이슬람주의자가 비슷한 점은 근대성을 수단으로는 여기나 합리적 세계관과는 결부시키지 않는다는 것이다. 아프가니가 구상한 개혁이 실패한 까닭은 그가 이슬람교의 세계관을 바꿀 준비가 미흡했기 때문이다.

그는 이슬람교의 마틴 루터를 자처했다. 그러나 루터가 기독교계에 도입한 종교개혁과 관련 문화 변혁을 이슬람교에도 적용할 용기나 의지가 부족한 탓에 위인의 반열에는 오르지 못했다. 이 둘을 비교하는 것이 어쩌면 주제넘기도 하고 근거도 희박할지 모르지만, 그럼에도 아프가니는 이슬람주의자들보다는 낫다. 근대성을 받아들이려 했고, 허황된 이데올로기에 근거하여 꾸며낸 진정성에 집착하지 않았으니 말이다. 그러나 그의 부흥주의에는 한계가 있었기에 종교개혁 시도는 무산되고 말았다.

종교개혁이 누구도 의심해본 일이 없는 종교적 도그마[교리]의 토대 위에 확립된다면 근대성은 실현될 가능성이 희박해질 것이다. 종교·사회학자인 니클라스 루만은 보편적인 물음의 해답을 찾는 종교 도그마의 사회적 기능을 논하면서 "종교적 도그마는 분석되지 않은 추상에서 분리된 탓에… 의식적으로 사회적 기능을 반영하지 않고 도그마의 개념을 독자적으로 이해한다. … 반면, 이는(종교적 도그마) 보편적인 데다 정황과는 관계없는 적용 가능성에 따라 달라지므로 해석되는 연결고리는 어느 정도 무시하게 된

다"라고 밝혔다.[48]

　이슬람주의자들과 부흥주의자들은 상당한 차이점에도 불구하고, 도그마의 타당성 자체를 재고하거나 회의하지 않는다는 점에서 종교적 도그마를 비슷하게 이해하고 있다. 그러나 19세기 이슬람교의 모더니즘은 기본적으로 경전본위주의라서 도그마의 한계에서 배타적 태도를 취하는 반면, 이슬람주의는 근대성이 스며든 전통을 꾸며낸다. 이슬람주의는 근대성을 수단적으로 적용하나 문화적 근대화는 어떻게든 저항한다.

　이슬람주의의 "준근대성"[49] 프로젝트는 근대적 수단을 문화적 가치관에서 분리시켜 막다른 골목으로 몰아간다. 이슬람주의자들이 정화 아젠다에 근거한 진정성에 집착하는 것은 결과가 없는 모험에 불과하다. 그런 의미에서, 무슬림 근대주의자들은 개방적인 시각을 가진 덕에 풍족해졌다.[50] 나는 칼 포퍼의 "열린 사회"를 본떠서 이슬람주의의 정화와는 다른 개척자의 전통을 일컫기 위해 "열린 이슬람교"라는 개념을 만들어냈다.

　이슬람교에서 종교적 도그마가 무용지물이라는 점은 아랍어로 된 다수의 현대 문헌에서 공개할 수 있다. 사실 작품은 많지만 질은 거의 부실한 실정이다. 최근 수십만 권의 저자가 무슬림이지만, 예일 대학 출신 무슬림 철학자인 사디크 잘랄 알아즘이 쓴 『종교사상 비평』[51]만큼 용기 있는 서적은 만나기가 어렵다. 그의 사상이 환영받지 못한 이유도 어쩌면 당연한데, 책이 출간된 이후 알아즘은 국가와 정통 지식층과 이슬람주의자들에게 괴롭힘을 당했다. 그가 예일 대학에서 수학했다는 점은 순결이 부족하다는 비난을 뒷받침하는 근거가 되어, 알아즘은 불신자나 불신앙(쿠프르) 취급을 받았다. 이는 이슬람주의자들의 추잡한 무기이기도 했다. 무슬림 공동체에서의 파문(타크피르)인 경우 ― "불신자"로 낙인찍힌 무슬림으로서 ― 신의 이름으로라면 암살해도 법적인 제재가 없다. 또한 이슬람교에서는 교리상

판단의 자유가 없으므로, 순결과 진정성에 대한 담론은 이견도 허용되는 학술토론과는 사뭇 다르다. 자유사회의 유력한 학자에게는 터무니없는 지식을 견제할 방편이 많다. 이론을 개진했다는 이유로 그를 처단할 수는 없으니 말이다.

근대성과 마찰을 일으키고 있는 이슬람교에 대한 자유토론은 이슬람 세계에서든 서방세계에서든 벌어질 수가 없다. 핍박과 박해뿐 아니라, 그런 마찰이 있다는 점을 인정하지 않으려는 세력이 제재를 가할 수도 있기 때문이다. 무엇보다도, 과학적 문화를 수호하려는 당국이나 이슬람주의자들이 진정성을 보호하겠답시고 누군가를 이단이나 문화적 반역 혐의로 정죄하는 것이 가장 두려운 일이다. 진보주의 유럽인과 미국인이 이슬람주의를 포용하고, 이슬람주의와 이슬람교의 차이를 일축하는 모습을 보면 매우 안타깝다.

무함마드 알자브리와 나는 미래의 대안이 아베로에스주의자뿐일 수도 있다고 믿는 무슬림이다. 알자브리는 저서에 "철학적 전통의 존속이 이 시대를 만들어갈 것이다. … 아베로에스의 정신이 오늘날에도 적용될 수 있는 까닭은 합리주의와 실재론, 공리적 방법론 및 비평적 접근법의 입장에서도 이 시대와 일치하기 때문이다"라고 밝혔다.[52] 지식의 진정한 이슬람화를 명목으로 이슬람주의자들은 경쟁적인 아젠다를 장려하고 있다. 국제이슬람사상 학회는 이를 다음과 같이 요약했다.

> 법률학(피크)과 법률학의 토대(우술 알피크) 및 이슬람법(샤리아)은 이슬람교의 정신을 가장 잘 드러낸 것으로, 연구학계도 이 같은 내용을 활용할 수 있게 해야 한다. … 그중 법률학과 이슬람법이 정수로 꼽힌다.[53]

중세 이슬람교에서 있었던 정통 지식층과 합리주의(팔사파)의 오래된 논쟁이 다시금 불붙었는데, 명칭과 상황은 달라졌다. 합리주의 세계관을 지향하는 과학적 사상과 신적 사상의 마찰이 일어났으나, 이번에는 이슬람교와 서방세계의 충돌로 모양새가 달라진 것이다. 사실, 양측을 지지하는 세력은 두 문명에 각기 존재한다.

이처럼 과거와 현재가 신기할 만큼 유사하다. 오늘날, 이슬람주의자들은 과학의 연구 결과가 모두 샤리아에 종속된다고 주장하는데, 중세의 정통 지식층의 추종자들과 같이 그들도 근대적 사상과 이슬람교의 양립성을 저지한다. 데이비드 린드버그가 과거 논쟁에 대해 쓴 작품을 읽노라면 모든 면에서 현재를 일깨워준다.

> 보수 종교세력의 생각은 이렇다. … 과학은 크게 제한된 종속적인 역할을 받아들임으로써 이슬람교에 귀화되었다. — 외래의 자질을 잃어버려 그리스 과학이 아니라, 이슬람 과학이 된 것이다 — 많은 문제에 집중하는 힘을 잃었다는 뜻이다.[54]

지식의 이슬람화는 진정성과 순결이라는 미명하에 오늘도 벌어지고 있다. 미국 학계는 종교적 정통성이라는 사고방식에 과학을 수단적으로 채택한 점을 가리켜 "제2의 근대성"이라고 승격시키는 데 혈안이 돼 있다. 그래서 이슬람주의식 정화를 여태 감지하지 못하고 있다. 무슬림 정치학자인 나는 이러한 준근대성에서 진정한 제2의 근대성을 찾지 못했다. 이처럼 원시적인 인식론은 이슬람교의 정통 지식인층이 이슬람교의 합리주의 과학 전통을 종식시킨 과거의 참극을 떠올리게 한다.[55] 따라서 이슬람주의는 탈근대성도, 준근대성도 아니라는 것이다.

이슬람주의가 팽배해지면 패자는 근대성과 마찰을 빚고 있는 이슬람 문명이 될 것이다. 미국에서 아랍어를 원어민 수준으로 구사할 수 있는 정치학자 존 워터베리도 이에 동감한다. 워터베리 교수는 프린스턴 대학에서 교편을 잡다가 베이루트 아메리카 대학 총장으로(1998~2008) 초빙된 인물로 이슬람세계를 훤히 꿰고 있는데, 그는 지식의 이슬람화가 벌어진다면 "원시적 통념의 새로운 시대"가 도래할 것이라고 생각한다. 그에 따르면, 인식론적 진정성이 "사회적 탐구의 기반이 되는 인식론을 문화적으로 동떨어진 것으로 인식하고 아랍과 이슬람교의 원수가 쓰는 도구로 치부하는 중동에서 두각을 나타낼 수 있다"고 한다.[56] 워터베리 교수는 팔레스타인 무슬림이자 역사가인 히샴 샤라비가 편저한 『아랍의 향후 10년 The Next Arab Decade』에서 이 같은 전망을 한 챕터에 기술했다. 『중동의 정치 경제』의 공저자인 존 워터베리 교수는 어느 장의 서두에서 "이슬람교가 해결책인가?"라고 묻고는 ― 이슬람주의의 주요 슬로건을 간접적으로 언급한 것이다 ― "이 장의 서두에서 쓴 물음의 정답은 '아니다'"로 끝을 맺는다.[57] 전적으로 동감하기에 더이상 덧붙일 말이 없다.

8장

이슬람주의와 전체주의

 이슬람주의는 정치적 종교[1]로, 하늘에서 뚝 떨어진 것은 아니다. 기원은 1928년으로 거슬러 올라가며 두 사건에 힘입어 유력한 세력으로 부상하게 된다. 첫째로 1967년의 6일전쟁 당시 아랍이 참패한 사건에서 부실한 개발과 민주정치의 부재가 결합된 심각한 위기국면을 드러냈는데 모두 독재정권의 영향이 컸다는 점과, 둘째로 냉전의 종식을 꼽을 수 있다. 두 사건은 레몽 아롱이 기술한 "문명의 이종혼교성"을 순조롭게 밝히는 데 일조했다.[2] 그러나 서방세계는 이에 대한 마음의 준비를 하지 못했다. 전체주의적 공산주의가 사라지자, 서양은 독자적인 가치관이 우세해지는 데다, 범세계적인 민주화가 별 무리 없이 진행되리라고 기대했다. 프랜시스 후쿠야마는 "역사의 종말"을 선언한 인물로 유명하나,[3] 그도 이슬람주의의 도전은 기대하지 못했다. 문명의 가치관을 둘러싼 세계적인 갈등이 불거지려는 데도 이를 놓쳐버린 것이다. 오늘날에도 이러한 갈등의 존재를 부정하는 사람들이 많다.

    문명의 갈등(새뮤얼 헌팅턴의 "문명의 충돌"과 혼동해서는 안 된다)[4]에 내부적으로 전쟁을 벌이고 있는 이슬람문명의 상황이 덧붙여졌다. 갈등은 민주정치의 부재와도 일부 관계가 있다. 이슬람세계에서 민주화의 기록은 대단히 미흡하다. AKP가 집권하기 이전의 케말리스의 터키 정부와, 수하르토

가 축출된 이후 인도네시아의 민간 이슬람교 등, 일부 예외를 제외하면 이슬람국가는 대개 독재정권이 통치하고 있다. 그 밖에도 이슬람문명의 수준이 미달된 원인은 여럿 있다. 민주화의 실패와 부실한 개발도 꼽을 수 있는데,[5] 이 둘은 서로를 보강하여 학자들이 이슬람세계의 내전을 거론할 만큼 심각한 위기사태를 불러일으켰다.[6] 이슬람주의는 이 갈등에서 비롯되었으며, 이를 지정학적 "분쟁"으로 바꾸어놓았다.

로렌스 해리슨은 구조적인 개발(정치와 경제) 개념을 보강하여 문화적 개발도 논의해야 한다고 주장한다.[7] 여기서 추론해볼 수 있는 점은 개발과 세계정치를 분석하는 데 가치체계와 관련 세계관도 감안해야 한다는 것이다. 가치관은 구조와 마찬가지로 달라지는 대상이다.

이슬람주의의 매력

이슬람교의 위기[8]는 구조적으로 결정된 것이나, 규범적 가치관, 정체성, 정치와도 관계가 깊다.[9] 위기에서 비롯된 이슬람주의는 출구전략[1]을 자처하며, 이는 정치적·사회적 해결책과 종교적 구원을 동시에 제공하는 이중적인 성격에 기인한다. 종교는 의미[10]를 제시하는데, 경제를 고려하듯 이를 환원적으로 생각한다면 이슬람주의를 둘러싼 쟁점은 결코 이해할 수 없을 것이다. 정치적 이슬람교는 전체주의적인 이데올로기로서, 위기로 점철된 이슬람세계에서 — 범세계적·국지적·사회적·경제적 가치관과 관계가 있든

1　exit strategy: 손해나 불이익을 입지 않고 빠져나오는 방법.

없든 간에 — 모든 문제의 만능열쇠라 자부하는 이슬람교식 해결책[11]을 이행하는 수단을 자처한다. 이슬람주의의 깃발은 점차 증가하는 유권자를 유혹하며, 특히 2011년 아랍의 봄 이후에 번성한 대중 운동을 유행시키기도 했다.

이슬람주의는 자기희생화 정신으로, 다른 대안을 외부에서 도입된 해결책이라며 경멸하는가 하면, 이슬람세계에 닥친 불행의 책임을 죄다 이방문화로 돌리기도 한다.[12] 그러나 이슬람주의가 내세우는 구원은 물라[2]와 탈레반이 집권했던 이란과 아프가니스탄에서는 성취되지 않았다.[13] 현 독재자인 오마르 알바시르 장군이 수단의 무슬림 형제단(수장은 하산 알투라비)과 동맹을 맺자 수단은 이슬람주의의 지배를 받게 되었다. 얼마 후 알투라비는 투옥되었으나 정권의 이슬람주의적 시각은 달라지지 않았다. 한편, 이라크와 팔레스타인에서는 이슬람주의자들이 비무슬림보다 더 많은 무슬림을 학살했다. 어떤 이슬람주의든 민주정치나 개발 중 어느 것도 이행하지 않으려 했다는 이야기다. 가자지구의 하마스도 마찬가지였다. 많은 나라들에서 이슬람주의자들이 이끄는 정치조직은 야권세력으로서 샤리아국가를 건설하기 위해 권좌를 호시탐탐 노리고 있다.

부실한 개발과 민주정치의 부재에 서방세계가 대응하려면 이슬람주의가 약속하는 "이슬람교식 해결책"의 실현 가능성을 꼼꼼히 따져봐야 한다. 그러려면 소련이 붕괴되고 이슬람이 세계의 정치에 귀환한 이후, 이슬람문명이 서양문명에 얼마나 중요한 존재인지 파악해야 할 것이다. 이슬람은 특히 유럽에 중요하다. 이슬람세계의 부실한 민주정치와 단추가 잘못 채워진 개발로 수많은 무슬림이 더 나은 삶을 위해 유럽으로 떠났다. 비공식 통

[2] the mullahs: 이슬람교의 율법학자들.

계에 따르면, 오늘날 이와 같은 소수집단은 줄잡아 2,300만 명으로, 대개는 뿔뿔이 흩어진 채 소수집단으로 구성된 평행사회들ᵋ에서(분쟁이 벌어질 가능성도 매우 높다) 거주하는 것으로 나타났다.[14] 유럽에서 "이슬람교의 통합"을 둘러싼 분석 결과는 자기허상에 가까운 사실[15]들과 대립된다. 유럽은 무슬림 이민자들을 통합할 여력이 없어 — 그럴 의지도 없는 탓에 — 심각한 마찰을 불러일으키고 있지만 유럽인은 이를 인정하지 않으려 한다는 것이다. 그리고 통합의 좌절은 곧 이슬람 소수집단의 민족화 과정으로 이어져 유럽에서 태어난 젊은 무슬림이 "두려움의 민족성ethnicity of fear"의 영향으로 이슬람주의에 빠질 가능성이 커진다.[16] 포스트이슬람주의를 운운하는 사람들은 자기가 무슨 말을 하는지도 모르는 것 같다. 사상을 일으킨 원동력이 사그라질 조짐을 보이지 않는데 어찌 그것이 수그러들겠는가?

    이슬람주의와 이슬람교의 차이를 다시 거론할까 한다. 예컨대, 『이슬람국가의 흥망성쇠』에서 몇 가지 대안에 무게를 두면서 결국에는 샤리아국가가 이슬람주의자들의 염원대로 "가장 유력한 이슬람법"이 될 수도 있고, "예부터 기다리던 재앙"일 수도 있다고 주장한 법률학자 노아 펠드먼은 이 둘의 차이를 깨닫지 못했다. 그는 다른 가능성을 인정할 정도로 알 만큼 알 텐데도 이슬람주의식 대안의 가치를 믿는 것 같다. 펠드먼은 이슬람주의자들이 자부하는 법이 무엇인지 밝히지 않은 채 "이슬람주의가 법치질서를 약속했다"며 "샤리아와 민주정치의 양립성"[17]을 받아들이고, 샤리아가 "이슬람의 헌법"이라는 점에도 동감한다.

    이슬람주의와 헌법주의가 조화를 이룰 수 있다는 발상에는 오류가 수

ᵋ parallel societies: 종교적 소수민족의 자치단체.

두룩하다. 우월성을 주장하는 이슬람주의를 아직 체감하지 못한 펠드먼은 일단 형법의 세부조항(이슬람주의자들은 절도범의 손을 절단하고 용의자를 채찍으로 때리는가 하면 돌을 던지기까지 하나, 민주정치는 그러지 않는다)이 통과되면 법적 체계가 다른 것과 대동소이하다고 여기는 것 같은데, 이는 대단히 잘못된 생각이다. 6장에서 살펴본 바와 같이, 역사적으로 샤리아에 담긴 세 가지 의미로는 코란에서 기록된 도덕적 규범을 비롯하여, 율법사가 전통적으로 해석한 제의적 율례(이바디트)와 민사법(무아말라트) 및 형사법(후두드), 그리고 이슬람주의의 이데올로기로 국가의 질서가 있다. 펠드먼은 어느 것을 염두에 둔 것일까? 그는 이 같은 의미를 혼동하고 있다.

이는 그가 사용한 민주정치 개념에도 동일하게 적용된다. 민주정치가 단지 선거 절차에 국한된 것인가? 선거를 다원주의라는 시민 문화에 접목하려는 것은 아닐까? 하지만 그는 이를 명쾌히 해명하지 않았다. 이슬람주의자들을 일단 권좌에 앉히고 지켜보자는 식이다. 예측컨대, 탈선한 민주정치의 위기와 부실한 개발은 더욱 심화될 것이다. 진행 중인 위기사태는 이슬람주의 조직을 더욱더 자극하겠지만 이슬람주의로는 딱히 해결할 길이 없다. 이란에서 벌어진 이슬람주의의 작태를 이미 목도했을 것이다. 2009년, 이슬람주의의 손바닥 안에서 선거는 조작되었고 마무드 아마디네자드는 예견대로 "재선"에 성공했다. 이슬람주의에 맞서 이란 청년들이 폭동을 일으키자 뒤를 이은 유혈 진압사태는 민주정치에 대한 이슬람주의의 의지를 잘 보여준다. 민주정치는 권력을 손에 넣으려는 수단에 불과했던 것이다.[18] 이란은 시아파가 장악했으나, 권좌에 오른 수니파 이슬람주의 조직이라고 행동이 다를 리 없다.

펠드먼의 두고 보자는 식의 주장은 조만간 결과가 훤히 드러날 것이다. 이슬람세계에는 이슬람주의의 해결책이 과연 적절한지 여부를 알 수 있는 수니파 국가로 사우디아라비아와 이집트가 있다. — 단언컨대, 타국에 있는 이슬람주의자도 시아파 이란을 모방하지 않을 것이다. 세계 무슬림(17억)의 90%가 수니파이고, 시아파는 이란과 이라크에서는 다수를 차지하나 타지에서는 소수집단을 이루고 있다. 수니파 무슬림은 시아파에 대한 편견이 심해 그들을 잘 믿지 않는다. 따라서 시아파의 시도부를 받아들일 가능성은 매우 희박하다. 이란과 이라크, 하마스가 장악한 가자지구 및 아프가니스탄의 구탈레반 정권을 제외하면, 수니파 이슬람주의자들은 집권세력이 아니다. 이슬람주의자들의 모델로서 중요한 국가로는 수니파가 지배하는 사우디아라비아와 이집트를 꼽을 수 있다.

그러면 사우디아라비아부터 살펴보자. 사우디 왕조의 범상치 않은 불화와 숱한 갈등에도, 와하비 정권은 현재 안정된 편이다.[19] 사우디아라비아는 전통적으로 부족 군주제를 이어왔는데, 이슬람교를 정통성의 근거로 보긴 하나 이슬람주의 국가는 아니며, 와하비주의 또한 이슬람주의가 아니라 살라피즘Salafism(정통파 이슬람교)의 일종이다. 사우디의 군주제가 — 대개 편의상 — 이슬람주의자들의 운동을 지원해오긴 했어도 이슬람주의자들은 와하비의 국가질서를 신이슬람 질서(니잠 이슬라미)로 대체하고픈 열망을 숨기지 않았다. 앞으로도 그럴 공산이 크다. 주류 이슬람주의 지도자들은 실용주의자들로, 사우디아라비아가 그들의 축복을 원한다는 점을 알고 이를 기꺼이 베풀고 있다. 추측컨대, 무슬림 형제단은 사우디아라비아를 비롯하여 유럽의 이슬람 소수집단에서 와하비즘에 대한 침묵을 대가로 사우디로부터 자금을 받아온 것 같다.

그런데 이집트는 사우디아라비아의 경우와 좀 다르다. 이집트의 이슬람주의자들은 조만간 미국의 지원으로 집권할 가능성이 큰데, 그렇다면 "신이슬람주의자들"로 업그레이드된 무슬림 형제단이 지배하는 이집트가 이슬람주의식 민주정치와 개발의 모델이 될 수 있을까? 과연 그들이 온건해질까? 물론 그것이 이집트만의 문제는 아닐 것이다. 이집트의 "민주적" 샤리아국가를 둘러싼 전망은 이 장 후반에 기술할 전체주의 질서와는 대립된다.

프린스턴 대학의 존 워터베리 교수는 독립한 이후 이집트의 개발에 대한 정치질서를 가장 훌륭히 기술했다.[20] 베이루트 아메리카 대학의 전 총장을 역임했던 그는 개발을 둘러싼 이집트의 실험이, 1981년에 암살된 안와르 사다트의 뒤를 이었다가 2011년에 몰락한 무바라크 정권의 영향으로 실패한 경위를 상세히 언급했다. 오늘날 이슬람주의자들은 미국과 유럽에 힘입어 투표로 집권이란 목표를 달성하기가 쉬워졌다. 이는 2002년 이후 이슬람주의의 AKP가 집권한 터키와는 다른 환경에서 벌어진 일이다. 4장에서 살펴본 바와 같이, AKP는 언론의 자유를 비롯한, 시민의 자유를 축소하는가 하면 세속 케말리즘의 공로를 훼손하기도 했으나, 서방 언론은 제이노 바란이 지적했던 터키의 "점진적 이슬람주의화"를 눈감아주었다. 게다가 서양 언론은 대부분 AKP가 "이슬람 보수파"라는 주장을 곧이곧대로 믿었고, 2010년 통과된 새로운 헌법 계획[21]을 "민주화"의 일환이라고 미화했다. AKP가 터키의 세속 기관을 장악하는데도 말이다.

물론 터키와 이집트는 경우가 다르다. 터키는 종교와 무관한 엘리트와 군사력이 막강하다. 두 국가는 쇠퇴해가는 케말리즘의 기둥이자 이슬람주의를 반대한다. 터키는 AKP가 집권하면서 점차 달라지고는 있지만 아직 이슬람주의 국가는 아니다. 『뉴욕 타임스』지의 칼럼니스트인 토머스 펠드먼은 「이스탄불에서 온 편지Letter from Istanbulè」에서 "터키의 이슬람주의 정부는 EU가 아니라 아랍연맹에 — 아니, 이스라엘에 대항하는 하마스·헤즈볼라·이란의 저항세력에 — 합류하는 데 집중하는 듯하다"고 밝혔다. 게다가 터키는 지정학적으로 유럽에 중요하지만 이집트의 종교적 영향력은 없다. 이집트는 지리적으로 중심에 있을 뿐 아니라 수니파 이슬람교의 알아즈하르 대학에 권위 있는 종교기관을 두고 있으며 — 주요 사원 둘을 비롯하여 — 수니파 무슬림세계의 문화적 중심지로 자리를 잡고 있으므로 사우디가 없었다면 아마 최고봉이 되었을 것이다. 알아스하르의 쉐이크는 모든 수니파 무슬림에 적용되는 판결(파트와)을 공포하는 권위자를 일컫는다. 이슬람세계의 미래에 관련해서는 이집트가 터키보다 더 중요하다.

오늘날 이집트의 이슬람주의자들은 가장 유력한 야권세력으로 부상했다. 1971년 가말 압델 나세르가 사망한 이후와, 특히 1980년대 이후에는 무슬림 형제단이 이집트 사회의 전문 기관과 협회에 침투해왔다.[22] 이집트에서 무바라크가 몰락한 이후 이슬람주의자에게 권력을 이양한다는 정권교체의 전망은 1979년 이란의 이슬람 혁명 결과와는 비교할 수 없는 파급효과를 이슬람문명에 가져올 것이다. 물론 군당국은 아랍의 봄 이후에도 이를 방지할 준비가 되어 있다. "온건파 이슬람주의자들"로 꼬리표가 잘못 붙은 무슬림 형제단은 미국의 지원을 기꺼이 챙길 것이다. 한 소식통에 따르면 2009년 7월 오바마 대통령이 카이로에서 연설할 당시, 현장에는 무슬림 형제단의 고위 관계자 15인이 있었으며, 이집트 소식통은 그들이 오바마의 동의하에 초대되었다고 밝혔다. 또 다른 정보원은 무슬림 형제단과 EU의 비공식 커뮤니케이션 채널을 보도하기도 했다. 이와 같은 서방세계의 태도는 분명히 확인되지는 않았지만 많이 우려되는 부분이다.

워싱턴의 정책입안자들은 과오를 반면교사로 삼지 못한다는 비난을 종종 받고 있다. 예컨대, 미국 정부는 1980년대 당시 소련에 대항하여 아프가니스탄의 무자히딘을 지원했으나 동맹군의 본성은 따져보지도 않았다.[23] 수년이 지나고 나서야 한때 후원했던 지하디스트들이 유럽과 미국의 대리인을 써서 자신을 공격했다는 사실을 알고는 충격에 휩싸이게 된 것이다. 2010년 여름, 『뉴욕 타임스』지는 탈레반이 1980년대 주둔한 소련과의 전쟁에서 미국이 제공한 무기로 아프간에 파병된 미군과 교전을 벌이고 있다는 소식을 자주 전했다. 독일에서 비롯된 알카에다 공작원이 2001년 9월 11일 미국을 공격했을 때[24] 누구라도 미국의 정책입안자들이라면 그로부터 뼈저린 교훈을 얻었을 거라고 생각했을 것이다. 하지만 여태 이슬람주의와 이슬람교의 차이를 구분하지 못하니 엉뚱한 교훈을 터득한 것이 아닌가 싶다. 대신 "온건파 이슬람교"와 "지하디스트"라고 부르기가 꺼림칙한 테러리즘의 차이는 구별하나, 방법론과 이데올로기의 차이는 구별하지 못하고 있다. 그들이 "온건파"로서 지지하는 당 중 일부는 온건파와는 거리가 먼 사상을 품고 있으니 말이다. 9·11테러 이후, 이슬람의 지하드를 굴복시키겠다며 "십자군"을 들먹일 때, 조지 W. 부시 대통령이 저지른 큰 잘못은 지하드를 분쇄하겠다고 한 것이다. 오바마 행정부는 "지하드"와 "지하드운동"이란 용어 모두를 사용하지 않지만, 이는 중도가 아니라 양극단을 오가는 것일 뿐이다.

이집트 학자 에마드 엘딘 샤힌은 퇴진한 무바라크 정권의 바통을 무슬림 형제단이 잇는다면 이집트에 재앙이 닥칠 것이라는 예측은 과장된 것이라고 주장한다. EU의 싱크탱크인 유럽정책연구센터CEPS: the Centre for European Policy Studies에 제출한 보고서에서 그는 이렇게 언급했다.

> 정부가 괴롭히는데도 시위대를 조직할 수 있는 무슬림 형제단의 재간은… 조직적인 기술과 민중의 영향력을 입증한다.[25]

물론 무슬림 형제단이 정치적으로 성공했으니 그들도 민주정치 제도에 합류하는 것이 타당하다는 주장도 일리는 있다. 이슬람주의자들의 놀라운 인기와 민주적인 원칙이 이를 요구할 것이다. 게다가 그는 이슬람주의 조직이 정치과정에 합류하려면 "제도적 보장과, 급진파 이슬람 등의 세력이 민주적인 발전을 저해하지 못하도록 강한 안전망"을 겸비해야 한다고 덧붙였다.[26] 샤힌은 민주정치가 "다양한 비전과 시각"을 허용하는 다원주의에 근간을 둔다는 점을 의식했으나, 이슬람주의의 비전과 시각이 과연 무엇인지는 묻지 않았다. 그들이 종교와는 무관한 다원주의 민주정치와 조화를 이룰까? 무슬림 형제단이 신정질서인 샤리아 개념을 버린 것은 아니었을까? 그는 조직 내의 "변화"는 언급했으나 구체적인 점은 밝히지 않았다. 무슬림 형제단도 변화를 주장하나 무슨 변화인지는 언급하지 않았다. 폭력을 버린다손 치더라도 민주정치에 합류하려면 훨씬 많은 것이 필요하다. 또한 그들의 주장이 기만(이함)이 아니라는 증거도 없는 데다, 이스라엘과 유대인에 대한 조직의 입장을 비롯하여, 하마스를 동조하고 유럽의 무슬림 소수집단을 약탈하며 이슬람주의 교육을 교화의 수단으로 이용하려는 꿍꿍이는 전혀 달라지지 않았다.

닉슨센터the Nixon Center의 로버트 라이큰과 스티븐 브룩은 유력한 정치 저널인 『포린 어페어스』지에 게재된 분석 결과에서 아직도 무슬림 형제단에 호감이 간다고 밝혔다.[27] 라이큰은 중동(웹페이지를 보면, 그의 전공분야는 유럽 무슬림과 이민 및 통합, 테러리즘과 남미다)의 권위자는 아니지만 그의 견해는 레이몬드 베이커와 브루스 러더퍼드 및 마크 린치(『포린 어페어스』지에도 실렸다) 등 중동학회의 학자들과 일맥상통한다.[28] 그들은 이슬람주의자들이 무바라크 정권의 부패한 독재정치를 장밋빛 희망으로 대체할 만한 유일한 정치세력이라고 생각하는 것 같다. 하지만 이 같은 분석은 무슬림 형제단이 정권교체는 동의해도, 민주적인 다원주의 가치관은 동조하지 않는다는 사실을 간과한 것이다. 무바라크 이후, 무슬림 형제단이 집권한 이집트는 국가와 지역에 재앙이 될 수도 있다. 이집트는 점차 수니파 버전의 이란이 되어갈 텐데, 무슬림 공동체의 다수를 차지하는 수니파에 어필한다는 점에서 더욱 위험해질 것이다. 무슬림 형제단 정권이 이집트에서 벌일 첫 정책은 이스라엘과의 캠프 데이비드 협정을 파기하고 하마스를 지원하는 것으로 예상된다. 아랍의 봄 이후에는 그렇게 될 가능성이 크다.

한나 아렌트의 이슬람주의 연구

독일 제국이 1차 세계대전 이후에 몰락하자 얼마 후에는 이슬람의 칼리프 제도도 붕괴되었다. 1930년대 초에 경제 대공황이 있기 전인, 1920년대 당시 독일의 개발과 민주화가 실패[29]하자 히틀러의 국가 사회당National Socialist Party은 바이마르 공화국의 잔해 위에 집권하게 된다. 이슬람주의자들이 이슬람세계에서 차례로 무너진 세속적인 독재정권의 잔해 위에 집권한다면 뭔가 비슷한 일이 벌어지지 않을까? 이 장에서 나는 두 역사를 비교하고 미래를 예측하기 위해 한나 아렌트의 연구를 참조할 것이다. 물론 "듣기 싫은 예측은 무시"[30]하겠지만 말이다.

여기서 잠깐 신이슬람 질서에 포함되지 않는 몇 가지 요소들을 짚고 넘어가도록 하겠다. 케말 아타튀르크가 집권하여 근대 터키를 세속 국가로 확립하고 난 후 1924년에 폐지한 칼리프 제도가 회복되어야 한다고 주장하는 이슬람주의자는 여태 본 적이 없다. 카를 비트포겔이 지어낸 "동양의 전제정치"도 마찬가지다.[31] 실상이든 허상이든, 이슬람주의의 통치는 전통적인 전제정치라 일컫기엔 뭔가가 부족하다. 부시가 집권할 당시에는 "이슬람파시즘"이 "급진파 이슬람교"와 혼용되기도 했으나 그 역시 적절하지 않다. 폴 버먼과 그가 연구를 참고한 제프리 허프[32]는 둘 다 이슬람주의와 파시스트의 커넥션을 공개했으나, 이슬람주의 사상이 파시즘으로 개념화할 수 있는지는 아직 확신할 수 없다. 나는 그보다 "전체주의"라는 개념을 선호한다.

앞 장에서 나는 이슬람주의 사상에서 신이슬람 질서가 종교화된 정치이며, 정교일치(딘와다울라) 개념이 전체주의 이데올로기의 표상이라고 진술했다. 이슬람주의자들이 이러한 이데올로기를 버린다면 그제서야 "포스트이슬람주의"를 거론할 수 있을 것이다. 혹시라도 그렇다면 그들은 이슬람주의자가 아니라 진보주의 무슬림이 될 것이나 그럴 조짐은 보이지 않는다. 그리고 "민주적 전체주의"가 성립되지 않듯, "민주적 이슬람주의" 역시 존재하지 않는다. 이슬람주의를 전체주의 이데올로기로 해석한 것은 한나 아렌트가 『전체주의의 기원』에서 개진한 이론에 근거한 것이다. 아렌트는 연구서에서 민주정치와 개발의 실패로 파생되고 반유대적인 성향을 띤 정권은, 나치정권이 그랬듯이, 전체주의로 볼 수 있다고 주장했다.[33] 전체주의 이데올로기의 기본 특징은 인간의 일거수일투족을 규제하고 개인의 자유를 허용하지 않는다는 것이다. 아도르노와 호르크하이머는 『계몽의 변증법』에서 위기로 점철된 환경에서 계몽사상이 역전되는 경위를 조명했다. 1장에서 나는 이 같은 발상이 이슬람교에서 전개된 이슬람주의와 관계가 있다는 점을 짚어냈으나, 여기서는 이슬람주의 연구에 대한 아렌트의 접근법이 타당한지 여부를 밝히는 데 중점을 두도록 하겠다.

나치정권과 더불어, 아렌트는 공산주의식 전체주의도 연구하여 이 둘을 비교하기도 했다. 나의 이슬람주의 연구 또한 그녀가 확립한 비교정치이론을 따랐다. 아렌트가 나치주의와 스탈린주의를 동일시하지 않은 것처럼 나도 지하디스트와 비폭력 이슬람주의자가 모두 전체주의에 해당되지만 이 둘을 하나로 묶지는 않을 생각이다. 그런데 아렌트의 연구가 지금도 중요한지, 그리고 전체주의에 대한 그녀의 연구가 당대의 특성에 뿌리를 두어 오늘날의 정치 현실에 지침이 되기에는 너무 다르지 않느냐는 궁금증이 증폭되지 않을까 싶기도 하다.[34]

이러한 의문을 고민하던 중에, 아렌트의 제자로서 그녀의 전기를 쓰고 그녀에게 지도를 받으며 박사학위를 받은 전기 작가 엘리자베스 영브륄[35]의 책이 눈에 들어왔다. 『한나 아렌트가 중요한 이유』에서 영브륄은 나와 비슷한 의문을 갖고 고민하고 있었는데, 알고 보니 그녀의 관심은 나와 비슷한 정도가 아니라 아주 똑같았다! 그녀는 아렌트가 종교보다는 세속적인 전체주의 이데올로기를 다루었다고 밝혔다. 그럼에도 국가사회주의와 스탈린주의는 정치적 종교노릇을 톡톡히 했다.[36] 영브륄에 따르면, 오늘날 본질이 종교적 이데올로기 중 일부는 과거의 세속 전체주의인 국가사회주의, 스탈린주의와 비교할 수 있다고 한다. 그녀는 "종교적 이데올로기는 전체주의 이데올로기의 특성인 초감각에서 태동하여 이를 육성한다. 종교적 이데올로기에는 그에 동조하는 사람이 반박할 수 없는 논리가 있다"고 역설했다.[37]

정치화된 종교와 전체주의 이데올로기의 상관관계를 토대로, 현대 이슬람주의는 정치적 종교 중에서도 매우 특별한 경우이며 한나 아렌트의 연구 결과를 빌리자면 "새로운 종류의 전체주의"로 해석할 수도 있다. 앞서 언급했듯이, 나는 이데올로기와 조직이라는, 아렌트의 두 단계에 제한을 두었고 세 번째 단계인 정치적 통치의 적용성은 제쳐두기로 했다. 이 주장을 뒷받침하는 사례로는 오사마 빈라덴이 "제국주의나 전체주의의 일환으로" 조직한 이슬람 통일전선the United Islamic Front을 꼽을 수 있다. 이슬람 통일전선의 선언은 새로운 것이 아니다. 영브륄은 빈라덴 사상의 기원이 "이집트의 하산 알반나가 이끄는 무슬림 형제단"으로 돌아간다는 점을 의식했다. 한편, 제프리 허프는 최근 알반나가 히틀러를 극찬했다는 점을 보여주었는데, 공산주의와의 전쟁으로 아이젠하워 정부의 지원을 알반나가 세운 조직이 받았다는 사실을 알면 누구나 놀랄 것이다. 오늘날 미국의 학자들은 무슬림 형제난을 "온건한 무슬림 형제단"으로 긍정적으로 평가하고 있지만 영브뢸은 이를 믿지 않는다. 그녀는 이슬람주의를 후원한 미국을 가리켜 "전체주의와 투쟁할 목적으로 전체주의적 방법론을 도입하는 것은 현 세계질서를 가장 위협적인 방법으로 조성하는 데 일조했다. [이는] 사실상 미국 정부가 이용한 것이나 다름없다"고 강조했다.[38]

그러나 영브뢸은 그녀가 비판해온 미국의 정책입안자들처럼 이슬람주의를 이슬람교와 분리된 실체로 간주하지는 않는다. 이 둘의 차이에 근거해야만 이슬람교가 아닌, 이슬람주의 사상이 — 제도적 이슬람주의든 지하디스트든 간에 — 전체주의 이데올로기라는 점을 주장할 수 있다. 이슬람주의의 이데올로기는 과거의 세속 이데올로기와 마찬가지로 정치적인 종교일 뿐 아니라 종교적인 구원론에 의존하기도 한다. 아렌트의 사상을 이슬람주의에 적용하려면 아무런 도움이 되지 않는 개념인 "급진파 이슬람교"와 "테러리즘"에 집착하려는 작태에서 이 문제를 떼어내야 할 것이다. 근시안적인 분석으로 이어져 이슬람주의의 정치적 종교성을 파악하지 못하기 때문이다. 9·11테러 사태로 이슬람주의 연구는 학계와 정계에 이롭지 못했던 지하디스트 테러리즘에 중점을 두게 되었다. 그러자 테러로 시야를 좁힌 분석가들은 사상의 본질을 무시했고 테러리스트가 하늘에서 뚝 떨어지는 것이 아니라는 사실을 잊고 말았다. 세계적인 빈곤이나 세계화 혹은 팔레스타인 분쟁으로도 이슬람주의 사상을 명쾌히 해명할 수 없다. 무엇보다도, 지하디스트 이슬람주의를 범죄행위로 규정하여 범법자를 법정에서 처리해야 한다는 논리가 더 큰 문제다. 그러면 미군이 아부 무사브 알자르카위를 살해했듯이, 카우보이처럼 죽음을 볼 때까지 지하디스트들을 추적하게 될 것이다.[39] 최근, 오바마 정부는 빈라덴을 법정에 세우지 않고 파키스탄 현지에서 비밀리에 즉결 처형해버렸다. 빈라덴이 목숨을 잃고 나면 세상이 더 안전해질 것이라는 오바마 대통령의 공약은 두 가지 이유에서 무지의 소치로 보인다. 첫째로 빈라덴이 죽기 전에도 이슬람주의 지하디스트 분파는 포스트이슬람주의로 오해를 샀던 제도적 이슬람주의에 비해 영향력이 감소해왔고, 둘째로 9·11사태와 아프간 전쟁 이후 지하드를 통솔할 "지도자가 부재"하여, 결국 알카에다는 빈라덴이 생존해 있을 때도 본기능과 중앙사령부를 상실했기 때문이다. 즉 빈라덴의 죽음은 오바마 대통령이 주장한 만큼 여파가 그리 대단하지는 않았다는 이야기다. 조직체는 여전히 건재하지만 말이다.

  대니얼 벤저민과 스티븐 시몬은 『인터내셔널 헤럴드 트리뷴』지에 실은 「자르카위의 삶과 죽음」에서 "지하디스트들은 사회조직이지, 단순한 테러조직이 아니다"라고 밝혔다.[40] 환원주의를 의식한 이 같은 경고에 이슬람주의 조직이 정치와 사회적 쟁점을 종교로 승화시켰다는 점을 덧붙이고 싶다. "사회운동"은 구체적으로 언급하지 않으면 오해를 불러일으키기 쉽다. 예컨대, 하마스가 사회조직으로 찬사를 받는다면 이는 지하디스트가 단순한 테러단체가 아니라는 긍정적인 의식에 중점을 두지만, 종교가 주로 전시동원 역할을 하는 다국적 정치조직 내의 기능은 간과하는 것이다.[41]

  요컨대, 이슬람주의는 일부 대변인이 민중을 설득하기 위해 운운하는 "제2의 근대성"도 아니고 "극단주의 개혁"이나 "해방신학" 혹은 "저항운동"도 아니다. 이러한 기만술을 극복하려면 아렌트의 지침을 되새겨야 한다. 『전체주의의 기원』은 2차 세계대전 이후에 집필하여 1949년 가을에 완성되었다. 당시 나치 독일은 몰락했으나 스탈린주의와 스탈린은 여전히 소련을 통치하고 있었다. "전체주의는 단순한 독재정권이 아니다"라는 명제를 규명하기 위해 아렌트는 이데올로기와 조직 및 통치라는 세 가지 단계로 분석했다. 앞서 진술한 바와 같이, 논의는 첫 두 가지 단계인 이데올로기와 조직에 국한하고 세 번째 단계인 정치적 통치의 적용성은 제쳐둘까 한다. 아렌트에 따르면, 전체주의의 가장 중요한 특징은 "개인의 일거수일투족을 영원히 규제하는 것"이라면서 뒤에는 "전체주의 조직은 생사가 달려 있더라도 온전한 충성을 명령할 수 있다"고 덧붙였다.[42] 이는 모든 이슬람주의 조직체가 추종자들에게 요구하는 충성과 동일한 것으로, 독재정권에 대한 복종 이상의 의미가 있다.

그렇다면 전체주의에 반유대주의가 필요한 까닭은 무엇일까? 극단적인 충성과 복종이 필요하다면 전체주의 조직은 버나드 루이스의 말마따나 "세계적으로 사탄적인 악(3장 참조)"이라는 근본 성향을 띤 적을 두어야 한다. 행여 충성심은 사회를 벗어나더라도 적수는 사회 내부에 존재해야 한다. 이렇게 구성된 적은 절대적으로 악해야 하는 데다, 선과의 대결이 세계로 확대되어야 하는데 바로 반유대주의 이데올로기가 이를 만족시킨다. "세계의 유대인"은 궁극적인 악역으로 인류 최후의 운명에 영향력을 행사한다. 굳이 유대인이 아니어도 상관없을 텐데도 그러는 까닭은 히틀러의 말을 빌리자면 유대인이 "사회의 종양"이므로 인류가 운명을 다하기 전에 그들을 전멸시켜야 한다는 나치주의의 편견을 이슬람주의가 물려받았기 때문이다.

전체주의 조직은 대개 "계층이 아니라 군중을 조직한다는 목표를 달성한다." 아렌트가 언급했던 군중과 같이, 이슬람주의가 불신자(쿠파르)를 상대하기 위해 동원하려는 정치화된 무슬림 공동체는 "허구적인 세계에 집착한다." 이슬람주의자들은 이슬람교가 "유대인과 십자군"이라는 가상의 적에게 "포위되었다"고 주장하는데, 여기서도 이슬람주의와 이슬람교를 다시금 구분해야 한다. 이슬람교는 유일신을 신봉하는 종교로서 유대교도 그러하다고 인정한다. 반면, 이슬람주의는 "유대인"이 실질적인 위협이 된다는 사상을 나치 이데올로기에서 도입하는가 하면, 나치당처럼 자신의 주장을 뒷받침할 근거로 『시온주의 의정서』를 이용한다. 반유대주의의 표상은 아렌트가 쓴 서적의 중심을 차지한다. 그녀는 "의정서에 나타난 세계적인 음모론의 동기는… 대중을 자극한다"고 밝히기도 했는데,[43] 이러한 반유대주의 양상은 전체주의 이데올로기의 핵심이기도 하다. 이슬람주의의 이데올로기는 순결과 진정성을 주장하면서도 사기성이 짙은 『시온주의 의정서』가 이슬람주의 선언에 버젓이 인용되고 있다.

『시온주의 의정서』에서 언급하는 "세계의 유대인"의 위협은 분명 이슬람주의 조직의 추종자들에게 각인되었을 것이다. 교화는 야권세력일 땐 조직 내부에서만 필수적인 정책이겠으나, 그들이 정부기관의 통제권을 차지하고 나면 비로소 공식적인 정책이 되어 사회에 널리 영향력을 행사하게 될 것이다. 교화는 추종세력을 통제하고 기강을 바로잡는가 하면 그들의 충성심을 확보하는 역할도 한다. 이 같은 특징은 예외가 없고 조건이 딸리지 않으며 변개치 않는 온전한 충성을 요구하는 전체주의 조직의 특징인데, 여기서 교화는 탈선을 방지하기 위해 테러와 손을 잡는다. 조직 입장에서 탈선은 반역과 같아서 복종하지 않는 추종자들은 죄다 사형을 당하게 된다. 이스라엘 방위군이 가자지구를 점령할 당시만 해도 이스라엘 군보다 하마스[44]가 더 많은 팔레스타인 주민들을 죽였다.

민주정치의 도입도 비교 대상이 된다. 오늘날 이슬람주의자들이 민주정치를 멸시한 행태는 나치당 못지않다. 그럼에도 그들은 투표함을 사용하는 데 조금도 주저하지 않는다. 이를 두고 아렌트는 "전체주의 조직은 민주적인 자유를 폐지하기 위해 이를 악용한다"고 밝혔다.[45] 하마스와 헤즈볼라도 나치당처럼 정권을 장악하기 위해 민주주의 제도를 이용한다. 2006년 선거 이후 하마스는 민주정치를 버렸고, 그로부터 1년 후에는 야당 지도자를 모두 체포했다. 팔레스타인 해방기구에서는 약 450명이 즉결 투옥되었고 이로써 정치세력으로서의 효력이 소멸되고 말았다. 하마스는 같은 계략으로 관타나모만의 미군 수용소를 규탄하기도 했다. 이것이 바로 그들만의 이슬람주의식 민주정치이다. 서방 언론은 관타나모에 얽힌 폭로사건을 취재했지만 정작 가자지구의 하마스 수용소에 대해서는 침묵하고 있다. AKP가 집권하는 터키도 마찬가지다.[46]

헤즈볼라도 레바논에서 훨씬 엄격한 규제 아래 같은 상황에 처해 있다. 헤즈볼라는 레바논 의회와 정부를 대표하나 하마스와는 달리 아직 실권을 확실히 쥘 입장은 아니다. 그럼에도 레바논 공군의 영공 진입을 금하고 있다. 2008년, 공군은 이를 위반하여 전투기 한 대가 격추되었는데, 공군 측은 이를 두고 아무런 조치를 취하지 못했고 결국에는 헤즈볼라에 한 가지 선례를 허용하고 말았다. 과연 이런 조직이 민주주의 제도에 의욕이 있을 거라고 생각하는가?

아렌트에 따르면, 전체주의 체제는 세 가지 레벨인 이데올로기와 조직 및 정치적 통치에 대하여 민간과 공공영역을 분리하지 않는다고 한다. 이슬람주의도 예외는 아니다. 이슬람주의의 이데올로기는 사회를 샤리아에 기초한 규범에 따라 설계된 포괄적인 국가기구에 종속시킨다. 샤리아에 기초한 "이슬람국가"라는 이슬람주의식 발상은 전체주의 질서를 반영하는데, 이 같은 비전은 아직 실현되지도 않았거니와 유망한 것이라곤 전혀 보이지가 않는다. 가자지구에서 하마스가 장악한 수니파 이슬람국가(하마스)와 아프가니스탄의 전 탈레반 및 파키스탄의 스왓 계곡ℓ과 시아파 이란 공화국의 현 당국은 이러한 국가의 질서에 호감을 심어주지는 못했다. 전체주의식 이슬람주의가 "이슬람답지 못하다"고 규정한 것은 무엇이든 제거 대상이 되므로 이러한 질서에는 다원주의와 다양성이 들어설 공간이 없다. 이를테면, 탈레반에서는 개인의 행동 규정이 여성의 교육을 금지하고 복장과 수염까지도 통제하는 데까지 확대되었는데, 이는 충성심을 표출하는 것이므로 당연히 받아들여야 한다고들 생각한다.

한편, 이슬람주의의 이데올로기는 구원을 약속하나 일단 실권을 쥐면 긍정적인 공약은 무엇이든 이행하지 않는다. 아렌트는 "솔직히 말해서⋯ 집권한 전체주의는⋯ 전체주의 조직에 더할 나위 없는 축복이다. 허황된 세계의 규범에 집착하고 진실을 경멸하기가 쉽진 않으나 이는 전에도 그랬듯이 매우 중요한 역할을 하고 있다"고 지적했다.[47]

아렌트는 테러의 일환으로 자행하는 폭력을 이슬람주의 조직과 결부시켰으나 국가에 좀 더 중점을 두었다. 그러면 그녀의 발상에서 수정해야 할 점에 주목해보자. 이슬람주의에서 이슬람교를 지하드의 일부로 삼는 주인공은 국가가 아니라 비국가 주동세력이며, 비정규전 양상은 전체주의 질서를 확립하려는 계획을 기대하고 저지르는 것이다. 전통을 꾸며낼 때 이같은 일이 벌어지는데, 이를 두고 아렌트는 "전체주의 조직의 선언된 행동주의는 테러리즘이 여느 정치활동보다 상위에 든다는 방증"이라고 밝혔다.[48] 정치를 샤리아화하는 과정에서 이슬람주의 조직은 알라 신의 이름으로 나름대로 법을 세운다. 하지만 그들이 일컫고 해석하는 이슬람주의의

ℓ   Swat Valley: 급류와 호수, 과수원, 꽃이 만발한 비탈길이 있어 목가적인 계곡이다. 지리적인 특징 때문에 "파키스탄의 스위스"로 불린다.

샤리아는 코란에도 기록되어 있지 않은 데다, 무함마드의 정경이나 권위를 인정받은 문헌에서도 찾아볼 수가 없다. 아렌트의 말마따나 전체주의 조직에서 법을 자기 식대로 이해한 사례가 바로 샤리아다.

이슬람주의자들은 법 집행의 일환으로 적을 처형한다. 이러한 테러행위는 "조직의 법을 실현"하기 위한 것이며 "조직의 법을 집행한답시고 자행하는 테러는… 종species을 위해 개인을 제거하고 전체를 위해 부분을 희생시키는 것"이라고 아렌트는 덧붙였다.[49] 이는 "진정한 신앙인"[50]이 무슬림 공동체의 공익을 위해 자살임무를 띠고 삶을 기꺼이 포기하게 된 경위를 잘 보여준다. 전통적인 샤리아와는 거의 무관한 조직 나름의 샤리아를, 고전적인 지하드와도 그리 비슷하지 않은 지하디스트 테러와 결합시킨 셈이다.

전체주의 조직은 가상의 적과 투쟁하면서 테러와 선동전을 겸하고 있다. 이슬람주의식대로 말하자면 사상전(하룹 알아프카르)[51]이 될 것이다. 그들은 교화와 선동전을 조합한 데 뿌리를 둔 희생(타디야)법을 제정했다. 조직이 꾸며낸 샤리아는 "승리를 위해 죽으라"는 것이 아니라 희생을 규정한다.[52] 순교자(샤디드)를 택하는 신도의 소망은 구원의 위로를 얻는 것일 뿐, 서양 저술가가 성적 동양주의 판타지에서 주장하듯 천국에서 "처녀"가 되지 않기 위해서는 아니다. 추종자에게 온전한 순종을 요구하고 이를 종교적 의무로 승화시키려는 전체주의의 본성이 바로 이것이다.

전체주의적 이슬람주의의 뿌리

이 책에서는 존 에스포시토와 레이몬드 베이커, 로버트 라이큰, 마크 린치를 비롯하여 그들과 사상이 흡사한 서양 저술가의 문헌을 반박해왔다. 이슬람주의를 찬동하는 색깔을 다양하게 표현한 그들과는 달리, 나는 무슬림형제단과 이에서 파생된 조직들을 — 온건파로 알려진 것이라도[53] — 전체주의적 이슬람주의로 보는 것이 가장 타당하다고 생각한다.[54] 물론 이슬람교는 민주정치와 양립할 수 있으나 이슬람주의는 그렇지가 않다. 내가 이슬람주의를 비판하는 까닭은 관용정신을 왜곡한 전체주의 이데올로기의 학대에서 이슬람교를 보호하려는 무슬림의 권익 때문이기도 하다.

그러나 많은 학자들은 이슬람주의와 이슬람교의 차이를 일깨워주기는커녕, 그 반대로 가고 있다. 알카라다위와 라쉬드 알가누히 등의 주류 이슬람주의자들은 "진보주의 이슬람교"의 언론으로서 서방세계에 소개되었으나[55] 이는 명실상부한 민간 및 진보주의 이슬람교에 몹쓸 짓을 하는 것이다. 학문의 자유가 보장된다면 이슬람주의를 전체주의 조직으로 규정하고 관련 논증으로 이를 뒷받침하자는 것을 "이슬람교를 때린다"는 식으로 중상하는 작태는 없어져야 마땅할 것이다. 하지만 이러한 쟁론을 이슬람혐오증이라고 오해하고 있는 미국과 유럽에서는 그 같은 일이 벌어지고 있다. 유럽이 이슬람주의의 전장이자 보호처[56]라는 사실은 지식층에 널리 알려졌으나 논쟁을 원치 않는 정치인은 이를 외면하고 있다.

흔치는 않지만 논객들이 이슬람주의에 비민주적인 특성이 있다는 사실을 감지할라치면, 그것은 소수 극단주의자에 국한된 추세라며 무시되기 일쑤다. 그러나 20세기 전체주의 이데올로기의 양대 산맥인 나치주의와 레닌주의 또한 소수의 조직에서 출발했다. 이슬람주의는 이슬람세계와 유럽에서 종교학교와 학자나 지도자를 양성하기 위한 고등교육 시설을 활용하고 신중한 교화 및 인적자원 모집정책으로 이데올로기를 확산시켜 왔다. 무슬림 형제단은 사상전에 투입할 젊은 무슬림의 마음을 사로잡을 수 있었다. 아렌트는 전체주의 이데올로기가 선전과 교화로 세계에 보급된 경위를 구체적으로 언급했는데, 그녀에 따르면 이슬람주의는 지하드와 샤리아 등의 이슬람 독트린을 재해석하는 과정에서 전통을 꾸며냈다고 한다. 사이드 쿠틉의 작품도 이슬람교가 이데올로기로 전환되는 토대를 마련했다.

이슬람주의의 기원을 살펴보려면 우선 종교의 귀환을 인정하고, 우연찮게 양극성의 종말과 맞물린 세계적인 세속화 탈피 과정이 정말 종교적인 르네상스인지 물어야 할 것이다. 9·11테러 사태의 여파로 종교의 귀환을 둘러싼 논쟁은 이슬람세계로 방향을 틀었다. 여기서 위르겐 하버마스는 완곡한 어조로 "세속주의를 탈피한 사회"[57]를 거론하여 이슬람주의를 제대로 파악하지 못했다는 점을 간접적으로 드러냈다. 그는 『신앙과 지식Glauben und Wissen』지에서 문화적으로 세속적인 세계의 질서에 대한 의욕을 버린 것 같다. 나는 종교화된 정치를 이해하는 데는 한나 아렌트의 전체주의 이론이 하버마스의 "세속주의를 탈피한 사회"보다 더 유익하다고 본다.

그렇지만 여기에는 헤들리 불의 "정치질서"도 곁들여야 한다고 본다. 이슬람주의가 국가와 세계를 재창조하는 사상이기 때문이다. 불은 질서를 세계정치의 중대한 주제라고 생각했다.[58] 질서는 민주주의나 독재주의, 전제주의 혹은 전체주의적인 구색을 갖출 수는 있으나 이 넷을 겸비한 실체는 상상하기가 어렵다. 무슬림 형제단이 염두에 두고 있는 질서의 이상—이슬람주의가 꾸며낸 정치적 샤리아에 기초한 신이슬람 질서—에는 민주적인 성격이 조금도 배어 있지 않다. 사이드 쿠틉이 구성한 샤리아 교리를 따라 질서를 재편하기 위해 국가와 세계를 재창조하는 것은 결코 민주화

정책이 아니기 때문이다. 좀 더 면밀히 살펴보면, 이슬람주의 질서는 전체주의 시스템으로 풀이할 수 있다.

논란이 많았던 새뮤얼 헌팅턴의 『문명의 충돌』이 1993년 『포린 어페어스』지에 실리자 탈냉전의 "세계의 질서 재창조"를 두고 열띤 논쟁이 벌어졌다. 여기서는 논쟁의 주제가 정확하다는 점이 간과되긴 했으나, 문제는 "문명의 갈등"이 아니라 "충돌"이라는 용어를 사용했다는 점이다. 헌팅턴 이전에는 사이드 쿠틉이 『이슬람교와 문명의 문제』에서 이슬람교와 원수(시온주의자와 십자군)의 "충돌"을 가정했는데, "샤리아와 이슬람교의 인생 및 세계관"59에 기초한 알라 신의 통치(하키미야트 알라) 사상은 서양의 세속질서 개념에 대한 이슬람주의식 대안으로 제시되었다. 이를 갈등이란 어휘를 써서 표현했다면 "충돌"이 암시하는 양극화를 대체할 수도 있었을 것이다.

요컨대, 무슬림 형제단의 이슬람세계의 평화시대(팍스 이슬라미카) 아젠다는 전체주의 이데올로기, 즉 알라 신의 통치에 부응하기 위해 세계를 재창조하려는 종교적 원리주의의 이슬람주의 버전을 반영하며, 전체주의 목표는 이슬람교의 집에 국한되지 않고 전 세계에까지 확대된다. "온건한"(제도적 이슬람주의) 무슬림 형제단은 지하디스트 알카에다와 같이 마르크스주의적인 의미에서 국제주의에 기반을 둔 조직체다.

한나 아렌트의 이론에서 조직과 이데올로기는 현대 이슬람주의를 "중세 신학과 근대 정치"의 융합으로 이해하는 데 적용된다.60 이 이데올로기는 정화 정책의 정당성을 확보하기 위해 이슬람의 교리를 이용하고 진정성을 주장하는 한편, 이슬람교 전통에서 유리한 점만 떼어내는가 하면 전통을 꾸며냈다는 사실을 알리기도 한다. 아렌트 이론에서 정치적 통치는 세 번째 쟁점인데, 어째서 이슬람주의의 이상인 샤리아국가가 전체주의적으로 통치할까?

이슬람주의는 제2의 전체주의

종교의 귀환은 이민과 다국적 종교로 유럽에까지 확산되었으나,[61] 이슬람주의와 이슬람교의 차이는 이슬람주의의 이상인 알라 신의 통치질서[62]에 대한 관심을 불러일으켰다. 이러한 알라 신의 통치질서는 민주정치 및 민간사회와 양립할 수 있는 진보적 민간 이슬람교와 대조를 이루었다. 진보적 이슬람교의 사례로 평범한 무슬림과 이슬람주의자를 혼동한 브루스 바위(그가 집필한 『굴복』은 1장에서 언급했다) 등을 꼽을 수 있다. 사실, 이슬람주의는 이슬람세계와 소수집단에서 개방된 사회를 위협하나 이슬람교는 그렇지 않다.

이를 토대로, 우리는 정치질서를 내세우는 이슬람주의의 주장을 편견 없이 규명해볼 수 있을 것이다. 쿠틉의 글에 따르면, "전반적이며 포괄적인 이슬람 혁명은 알라 신 중심주의(라바니야)와 그의 통치가 온 땅에 중심이 되기 위한 무슬림의 의무로서 지하드를 규정하고 있다. … 따라서 지하드는 세계 혁명(타우라 알라미야) 사상이며… 이슬람교에서는 지하드를 영원한 투쟁으로 규정하고 있다"고 한다.[63] 세계 재창조 아젠다는 바로 이를 두고 한 말이다. 이는 "과격하다"거나 "광신적인" 이슬람교가 아니라 새로운 사상일 뿐이다. 시카고 신학교 윤리학자인 진 베트케 엘슈테인[64]이 주장한 바와 같이, 열린 사회를 수호하려면 이 같은 아젠다에 대항하는 것이 정당하지 않겠는가?

종교적 정통 교리가 "혁명"이나 알라 신의 통치를 언급하지 않았다는 사실은 이슬람주의가 이례적이라는 점을 뒷받침한다. 또한 정통 교리는 지하드운동의 비정규전을 "세계를 재창조"하는 수단으로 지정하지도 않았다. 이는 모두 꾸며낸 전통이나, 여기서 이런 전통이 진정한 것이라는 믿음이 생겨났고 "서방세계에 맞선 반란"이라는 기치를 내건 문명의 각성 사상이 그에 결합되었다.[65] 그러나 이는 종교를 수단으로 이용하는 것은 아니다. 즉 세속적 가치에 반기를 든 사람은 "진정한 신앙인"이라는 이야기다. 종교와 문명의 관계는 꾸며낸 것으로 국제관계 연구에도 부합한다. 이슬람주의는 문명적인 토대 위에 세운 세속 문명체계와 대립되기 때문이다.[66]

서방세계에 맞선 문명적 반란에서 문화의 분열은 전체주의적인 모양새를 띤다. 문명반대론자들은 민주정치나 인권 등, 보편적으로 타당하고 널리 수용되는 규범이나 가치관을 거부한다. 학문적인 분야보다는 반서양화와 정화를 목표로 삼는 비국가 주동세력에게 종교는 이슬람주의가 꿈꾸는 정치질서를 정당화하는 데 도움이 되는데, 나치주의 역시 서양화에 반대함으로써 독일 문화를 정화하고 싶어 했다.

"서방세계에 맞선 반란"에서 종교가 정치로 탈바꿈할 때 정치적 이슬람교는 서양과의 관계를 위한 참고의 틀이 되며 결국에는 전체주의 질서인 알라 신의 통치를 요구하게 될 것이다. 민주정치는 알라 신의 주권을 대신하는 국민 주권을 대변하는 것으로 인정될 수가 없으므로, 민주정치를 확립하는 것은 이슬람주의 시대에는 시작조차 어려울 것이다.

종교와는 무관한 민주정치와 알라 신 통치의 갈등은 마크 위르겐스마이어가 언급한 "신냉전"으로 이어진다. 세속화와 세속화의 탈피를 둘러싼 이견은 대립된 세계정치 비전의 구성요소가 된다. 나는 "문명의 갈등"[67]으로 두 질서의 경쟁과 가치관의 갈등이 결합되면서 불거진 긴장을 개념화한다. 쿠틉과 알마우두디를 신봉하는 현대 이슬람주의자 유수프 알카라다위는 "진보주의 이슬람교"를 반박하고, 이슬람교와는 동떨어진 외부에서 도입된 해결책(홀룰 무스타우라다)이라며 민주정치를 무시했다. "진보주의 이슬람교"를 다룬 미국 문헌에 알카라다위가 언급되었다는 점은 상당히 놀라운 사실이다.

　제 나름의 목적을 이루기 위해 민주정치를 이용하는 것은 이슬람주의 조직 수장들의 전략이다. 여기서도 전체주의 조직이 민주정치를 착취·남용한다는 한나 아렌트의 견해를 적용할 수 있다. 제도적 이슬람주의자들은 진보적인 민주정치를 경멸하면서도 조직을 확립하기 위해 서양의 민주적인 시민권을 도입하기도 한다. 그리하여 미국과 서구에서 성공한 그들은 이슬람세계에서도 미국의 지원을 얻어내려 하고 있다. 과연 미국은 아랍의 봄을 계기로 제도적 이슬람주의(이를테면, 이집트의 무슬림 형제단)가 민주화의 방편을 제시할 것이라는 착각에 이를 지원할까?

　이슬람주의는 이슬람교의 무슬림 공동체를 다시금 상상하며 정체성 정치로써 공동체를 동원하는 데 중점을 둔다. 실존하지도 않는 역사의 귀환이라는 헛된 망상에 과거 이슬람교의 영화가 부활하는 것이다. 또한 이슬람주의자들은 서양문명이 좌우하는 세계력에 휘말리기도 한다. "세계력 worldtime"이란 하버드 대학의 테다 스코치폴 교수가 지어낸 것으로 각 문명은 각자의 역법이 있다는 사실을 일컫는다. 이를테면, 유럽의 역법은 오늘날의 세계력에 근간을 두는데, 이슬람주의자들은 이슬람교의 헤지라 절기 hijra calendar(이슬람력)를 부활시키면서 이를 되돌리려 하고 있다. 이상적인 무슬림 공동체를 동원할 생각으로 말이다.[68] "우리(무슬림 공동체)"와 "제3자(십자군과 유대인의 서방세계)"의 갈등을 부추긴다는 면에서는 지하디스트와 제도적 이슬람주의자가 다르지 않다. 그러나 이슬람주의식 국제주의는 통일을 내세우면서도 종파를 따라 수니파와 시아파로 분리되어 있다. 이란이 "이슬람교의 혁명"을 외부로 퍼뜨리지 못한 까닭은 종파가 분열되어 있기 때문이다. 이란의 전체주의식 이슬람주의는 소수 학자들이 대외정책[69]의 맥락에서 이슬람교를 연구하는 동기가 되었으나, 이러한 접근법은 현실 앞에서 흔들렸다. 이슬람주의는 대개 비국가 주동세력의 수니파 사상으로 비슷한 점이 많긴 하나 단일 지도부 아래 하나의 조직으로 통합되지 않는다.

이슬람국가와 문명의 충돌론

이슬람주의의 이데올로기가 전체주의라면 이슬람주의는 이슬람식 헌법주의가 아니라는 결론이 나온다. 존 켈세이는 제도적 이슬람주의가 제기한 질문을 되뇌었다. "세계질서의 주요 정의는 누가 내릴 것인가? 서방세계인가, 다국적 공동체의 보편적인 사명을 강조하는… 이슬람교도인가?"[70] 이는 세계질서의 구도를 둘러싼 경쟁을 종교와 세속주의의 견해를 둘러싼 정치적 갈등으로 규정한다. 이슬람주의자들은 당분간 이상적인 질서를 시행하지는 못하겠지만 국제적인 불안정은 충분히 일으킬 수 있는 입장으로, 서방세계의 기술적 우월성을 상쇄시키고 국제적인 무질서를 유도하기 위해 비대칭 전술을 도입할 수도 있다.[71]

동양주의와 이슬람혐오증에 대한 비난과 더불어, 현대 학술계에서 마주칠 법한 대화불능 요인으로는 이슬람주의식 국제주의를 연구하는 학자를 새뮤얼 P. 헌팅턴이 제기한 "문명의 충돌"론과 결부시키려는 경향을 꼽을 수 있다. 이슬람주의와 이슬람교의 차이 외에도, 이슬람주의가 가치관의 문명적 갈등을 정치화한다는 "방어 문화"를 파악하지 못했다는 점도 헌팅턴의 작품에 나타난 오류 중 하나다. 나는 그의 견해에는 동의하지 않지만, 국제적인 학술계에서 그가 문명에 대한 논쟁을 타당한 주제로 각인시켰다는 점은 높이 평가한다. 비록 논란을 일으킨 책에서 "문명"이라는 어휘를 오염시켜 왔지만 "서방세계의 적"으로 "소련을 대신할 대상"을 이슬람교에서 찾고 있는 냉전 사상가로 그를 매도하는 것은 큰 잘못이다. 헌팅턴의 이론은 경쟁하는 문명의 가치관과 세계관을 둘러싼 갈등을 예측한 논객의 입을 막는 데 활용되었다는 점이 가장 중요하다. 이는 폴 버먼이 쓴 『지성인들의 비상』에서도 잘 나타나는데, 그는 저서에서 이슬람주의를 비판하고, "이슬람주의에 대한 일반인의 생각보다는 이슬람주의자들이 저 나름대로 분석한 카테고리"를 "강요한" 점을 개탄했다.[72]

이슬람교를 정교일치(딘와다울라) — "이슬람국가"의 정당성을 확보하기 위해 이데올로기 수단으로 이용하는 정교일치 — 로 재해석하는 데서 비롯되는 문제를 다루고, 중동의 명목상의 세속 민족국가를 둘러싼 개발 위기에 이슬람주의를 결부시키는 것은 매우 유용하다. 이슬람주의는 세속적인 친민주주의 민족국가의 타당성에 이의를 제기하며 신정통치의 대안을 장려한다. 2장에서 논한 바와 같이, 이슬람주의는 이슬람국가를 추구하는 동기로 모두 설명할 수 있다. 이 같은 이슬람 정부 개념은 이슬람주의의 이데올로기에 기초한 국제주의에서 "제3자"와 구별되는, 전체주의식 이슬람주의자의 "우리"를 구성하는 것이다. 이슬람주의는 신앙과 민주정치가 아니라 신이슬람 질서(니잠 이슬라미)에 관심을 둔다.[73]

이슬람주의는 독자적인 법만 인정한다. 이를 다원 민주정치에 참여하는 정치적 야당의 비전이라고 볼 수는 없을 것이다. 이슬람주의가 안보를 위협한다는 점을 이해하려면 국가와 군사적 책략을 초월하는 접근법을 구사해야 한다. 한물간 패러다임에 집착하는 안보 전문가들은 이슬람주의를 제대로 이해하지 못한다. 그들은 탄탄한 전체주의 조직을 갖춘 비국가 주동세력의 정치화된 종교를 제대로 다룰 수 없기 때문이다.

이슬람주의 조직은, 노아 펠드먼의 주장과는 달리, 근대식 헌법주의적인 의미가 아니라 집권의 동기를 정당화하기 위해 샤리아에 의존하며, 그러한 과정에서 벌어지는 폭력은 단순한 테러리즘이 아니라 기존의 세계질서에 대한 성전으로 간주한다. 또한 그들은 선전과 무기를 동원하고 "민주당원"으로 위장하는가 하면 민주주의 제도 내에서 작전을 수행하며 전쟁을 벌인다.

이슬람주의의 아젠다는 신이슬람 질서라고 불리는 전체주의적 질서를 확립하기 위해 이슬람 무슬림 공동체를 동원하는 것이다. 지하드운동의 폭력은 이 같은 목적을 염두에 둔 수단에 불과하나, 이슬람문명의 문화 및 수니파와 시아파 무슬림의 차이도 포함한 종교적 다양성을 감안한다면, 이러한 질서가 이슬람주의자들이 꿈꿔온 단일 체제를 구성할 수는 없을 것이다. 이는 "문명의 충돌"이 메아리치는 가운데 이슬람주의자들의 가슴속에 살아 있을 뿐으로, 그들은 여전히 세계를 지배하는 이슬람 단일 집단을 꿈꾸고 있다.

"서방세계에 맞선 이슬람주의의 반란"을 분석할 때에는, 만일 조직이 서방세계의 막강한 패권과 유럽중심주의 문화에 저항하는 데 정치적 제약을 두었다면 설득력을 얻을지도 모른다는 점은 인정해야 한다. 그러나 "십자군사상"을 가리켜서 사악한 유대인의 모략과 결탁한 권력이라고 비난하는 것은 비이슬람주의 무슬림과는 전혀 관계가 없는 낭설이다. 이러한 이슬람주의는 진보 민주정치와 세속적 인본주의의 가치관에 대한 저항세력을 자극했다. 그에 반대하는 것은 "이슬람 때리기"가 아니다. 나는 이슬람교의 유산에서 계몽사상의 원천을 비롯하여, 이슬람주의의 반대편에서 부흥할 잠재력을 지닌 "이슬람식 인본주의 원리"[74]를 발견했다. 이슬람주의 세계관은 반계몽사상과 전체주의 이데올로기로, 정당한 저항 조직의 사상이라고는 볼 수 없다.

이슬람주의는 국가와 법, 종교, 전쟁과 평화 및 지식을 일컫는 5대 쟁점 영역에 대하여 서로 다른 이해 방식을 두고 이념의 전쟁을 벌이고 있다. 이들에게 문명 간의 합의가 없다는 점은 정치화될 경우 갈등을 초래할 수 있으며, 그 결과로 빚어질 "문명 전쟁"은 주로 서방세계에서 전쟁을 일으키는 전략적 문제나 경제적 문제와는 거의 관계가 없다. 가치관과 세계관을 두고 벌어지는 전쟁이기 때문이다.[75] 분쟁은 국내와 지역 및 국제적인 수준에서 일어난다. 오늘날 "세계질서"를 둘러싼 질문의 중심에 분쟁이 도사리고 있다. 진보적인 질서인가, 전체주의 질서를 일컫는 알라 신의 통치(하키미야트 알라) — 이슬람주의가 꿈꿔온 신정통치 — 인가? 분쟁에 손을 쓰기가 어려운 까닭 중 하나는 세계질서의 두 가지 개념이 전혀 다른 사상에 기반하기 때문이다. 존 켈세이에 따르면, 서방세계의 정의는 "영역의 경계와 시장경제, 개별 종교 및 인권"에 집중하는 반면, 이슬람주의의 알라 신의 통치는 "다부족 공동체의 보편적인 사명에 근거한다"고 한다. 그들은 순수한 유일신론에 토대를 둔 사회의 질서를 건설하기 위해 소명을 받았다.[76] 근본적으로 다른 사상에 타협점이 될 만한 가능성은 없을 것 같다. 혹자는 이것이 실제적인 분쟁이긴 하나 실은 문화적 오해에서 비롯된 것이라고 주장한다.

이슬람교와 서방세계에 필요한 대화는 곧 진보주의 이슬람교와 민주적 평화라는 칸트 사상이 녹아 있는 민주정치와의 대화가 될 것이다.[77] 안보에 집착하며 이슬람주의의 타협책을 곧이곧대로 믿는 서양인과 이슬람주의자 사이에는 상호이해나 속 시원한 논의가 진행될 것 같지는 않으므로, 서방세계의 진정한 파트너로는 "온건하면서도, 종교와는 무관한 무슬림"을 꼽을 수 있겠다.[78] 그들을 상대할 때만이 극단적인 이슬람혐오증과 친이슬람 변증론을 벗어난 대화가 가능할 것이다. 유대감을 조성하려는 사고방식에, 갈등을 해결하겠다는 목표가 동반되면 진솔한 대화는 열리게 마련이다.[79]

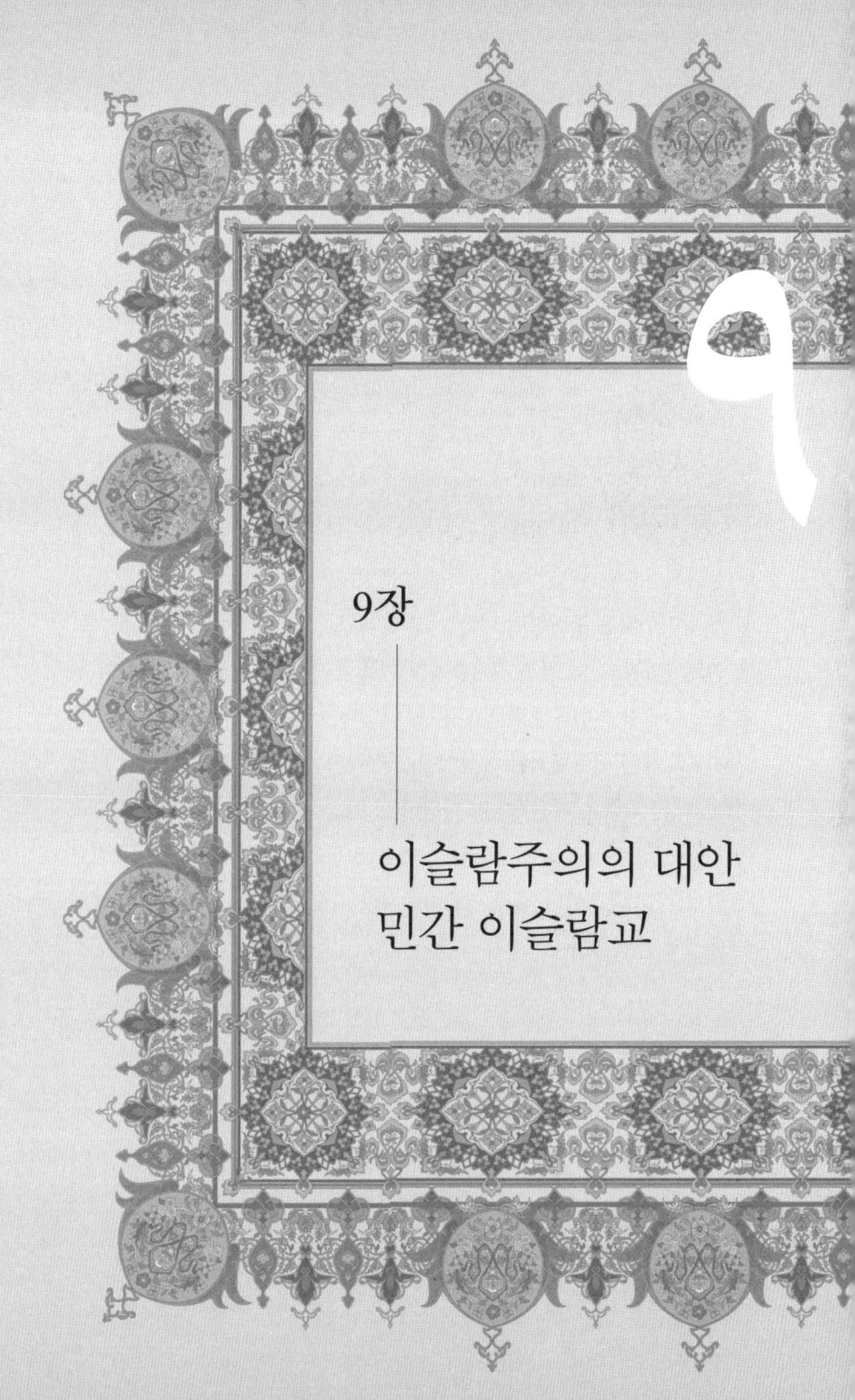

9장

이슬람주의의 대안
민간 이슬람교

 이 책에서 나는 이슬람주의의 이데올로기를 독자들에게 설명하여 이슬람주의와 이슬람교를 구별하려고 노력했다. 이슬람주의는 이슬람교의 유산이 아니라 꾸며낸 전통에 근거하여 이슬람교를 정치적으로 해석한 것에 불과하다. 책 전반을 꿰뚫는 주제로는 이슬람문명 내의 갈등을 꼽을 수 있다. 합리주의를 주장하던 이슬람 철학자들 — 알파타비에서 이븐 루슈드에 이르기까지 — 이 정통 지식층에 반기를 든 것처럼, 오늘날 진보주의 무슬림도 이슬람주의와 대립하고 있다. 이슬람주의는 이슬람교가 아니지만, 그렇다고 해서 이슬람교와 동떨어진 것이라고 볼 수도 없다. 따라서 단일 이슬람교의 전형은 폐기되어야 마땅하다. 이슬람주의자들과 이슬람혐오증이 있는 서양 저술가들은 단순히 — 물론 의도는 다르겠지만 — "이슬람교는 하나"라고 주장하나, 실은 이슬람주의와 이슬람교에서 통일성과 다양성을 동시에 겪고 있다.

왜 이슬람교가 아닌 이슬람주의인가?

　이 책의 주요 논지를 바꾸어 말하자면, 일부 무슬림 정치운동가들은 규범 및 구조적 위기를 겪으며 이슬람주의라는 새로운 사상을 창출해내기 위해 이슬람교의 전통을 꾸며냈다는 것이다. 하산 알반나와 사이드 쿠틉, 아부 알 알라 알마우두디, 그리고 유수프 알카라다위를 비롯한 여러 후계자들이 여기에 해당된다. 1928년에서 1967년까지 비주류 전통인 이슬람주의는 1967년 6일전쟁에서 아랍이 패배한 이후 수니파가 장악한 아랍세계에서 주류 사상으로 부상했다. 이슬람주의란 이슬람교의 비주류 요소, 특히 반유대주의 사상을 중심으로 하는 꾸며낸 전통의 한 사례다. 코란과 주석 및 하디트의 본문을 임의로 선택하고 문맥에서 이를 떼어내어 그렇게 된 것이고, 결국에는 국가질서와 세계의 정치 시스템을 재편하려는 반민주적이자 전체주의적인 비전이 태동하게 되었다. 이슬람주의는 1648년 베스트팔렌 평화조약 이후에 등장한 기존의 주권국가를 종교법 개념을 중심에 둔 국가의 질서로 대체하고자 안간힘을 쓰고 있다. 프랑스 혁명으로 유럽이 확대되자, 베스트팔렌 평화조약 아래 창출된 국제 시스템은 전 세계에 확산되었다. 이슬람주의 독트린은 이 같은 역사를 뒤집는 데 중점을 둔다. 이슬람주의에 유대인혐오증이 깊이 뿌리 박힌 까닭은 "유대인"이 세계를 장악하여 이슬람교와 충돌할 것이라는 신념 때문이다. 또한 이슬람주의는 민주정치를 거부하고 폭력을 정당하게 여긴다. 원칙적으로는 폭력을 반대하지 않는다. 전통적인 관행의 복귀를 대변하는 샤리아를 지지하는 것도 근대에 꾸며낸 발상이다. 이슬람주의는 개인을 전체주의라는 포괄적인 이데올로기에 종속시킨다. 이슬람주의자들은 사실을 왜곡해서라도 이슬람교 전통을 불러일으키며, 이슬람교의 진정성을 주장함으로써 폭넓은 무슬림에게 마수를 뻗을 수 있게 되었다. 이슬람주의를 비주류로 치부하거나, 불만의 표출을 비롯한 사회적 관심사를 가리는 세속적인 덮개로 간주하는 서양 저술가들은 훨씬 방대해진 이슬람교의 전통을 적당히 골라서 읽으면 꾸며낸 전통도 호소력이 강해진다는 사실을 모를 것이다.

이 책에서 나는 먼저, 이슬람교를 바르게 해석한다고 자부하는 이슬람주의자들의 주장을 분석했다. 두 번째로 이슬람주의가 이슬람교를 논리적으로 앞서간다고 오해하는 서양인들을 비판했다. 세 번째로— 때로는 실재론이라는 미명하에— 무슬림에 호감을 느끼고, 테러리즘을 배척하기 때문에 "온건파 무슬림"이라고 불리는 이슬람주의자들을 포용하려는 이들을 문제 삼았다. 세 부류 가운데 이슬람주의를 제대로 파악하는 집단은 하나도 없다. 나는 역사를 토대로 이슬람주의의 여섯 가지 특징을 각 장에서 분석했고, 8장에서는 이슬람주의의 전체주의적 특성을 설명했다.

나는 사회학자로서 이슬람교의 정치화와 새로운 국가의 질서에 이르는 사상을 구체적으로 밝힐 필요성을 절실히 실감하여 학계에서 마지막으로 이 책을 집필했다. 이슬람주의와 이슬람교의 기본 특징은 관련 쟁점을 분명히 밝히는 데 필요한 수단이다. 다른 두 가지 주요 관심사도 이 책에서 반복해서 거론했는데, 첫째는 이슬람주의(또한 테러를 연상시키는 추한 선입견)에서 이슬람교를 수호하고, 둘째는 서양과 이슬람문명의 격차를 좁히는 데 이바지하고 싶다는 것이다. 먼저 이슬람주의와 이슬람교의 차이를 정립하지 않는다면 두 가지 목표는 결코 실현할 수가 없을 것이다.

세계의 정세는 저자를 기다리지 않는다. 책을 집필할 당시의 일이다. 9·11테러의 공격 지점 근방에 이슬람 사원을 비롯한 이슬람 센터를 건립하자는 안건을 두고 논쟁이 벌어진 적이 있었다. 이를 포괄적으로 분석하진 않았지만 이 같은 논란에서 이 책 주제와의 관계성을 발견했다. 2010년 8

월 8일자 『뉴욕 타임스』지는 "맨해튼에서는⋯ 농성이 한창인 데다, 전국적으로는⋯ 논쟁이 거세게 일고 있다"고 언급하고는 "최근 불거진 갈등에서 상대방은 이슬람교 자체가 화근이라고 지적한다"고 덧붙였다. 영향력을 과시하는 출판물에서도 같은 의견이 쏟아졌는데, 이를테면 연방 검찰 출신의 앤드류 매카시는 『위대한 지하드』에서 "나는 무슬림은 아니지만 이슬람교 양식이 많다는 데는 감사히 여긴다. ⋯ 우리는 이슬람주의와 이슬람교를 둘러싼 사소한 궤변으로 당면과제를 축소시킬지도 모른다. 그래서는 안 되는데도 말이다"라고 밝혔다. 이슬람교에 호감을 느끼지 못하는 매카시가 자신의 이슬람주의 이데올로기가 진정한 이슬람교라고 자부하면서 이슬람주의를 창시한 하산 알반나를 긍정적으로 인용한 점은 대단히 놀라운 사실이다. 매카시는 "반나가 옳았다"며 무슬림과 이슬람주의자들이 모두 "샤리아는 의무"라는 신념에 동감한다면 이슬람주의와 이슬람교의 차이는 없으리라는 주장으로 그가 옳다는 점을 뒷받침했다. 그러나 나는 6장에서 이슬람주의가 샤리아 전통을 꾸며낸 점을 구체적으로 기술하면서, 알반나가 찬동한 이슬람주의식 샤리아는 고전적인 샤리아가 아니라고 이야기한 바 있다. 반면, 매카시는 이슬람주의와 이슬람교의 차이를 운운하는 것은 "종교에 대한 모독"이라며 에르도안 터키 총리의 발언을 인용하고는 "그러니 이슬람교가 화근이라는 주장을 삼가는 것이 과연 잘못이겠는가?"라고 묻는다. 그는 "이슬람주의와 이슬람교는 동의어"라고 역설한 앤드류 보스텀의 말을 인용하며 답변을 대신했다.[1] 물론 나라면 매카시와 보스텀이 틀렸다고 대답할 것이다. 이슬람주의는 이슬람교가 아니니까.

3대 기본 특징

앞서 언급했듯이, 이슬람주의를 제대로 이해하려면 3대 기본 특징을 살펴봐야 한다.

1. 정치화된 종교와 정치질서의 문제: 이슬람주의는 정치화된 종교에서 비롯된 것이다. 정치화된 종교가 단순히 문화적 차이를 암시한다면 다양성 측면에서 이를 인정할 여지가 생길 것이나, 사실 이슬람주의는 종교적 원리주의 사상의 이슬람교 버전으로서 국제의 질서에 특히 중점을 둔다. 이슬람주의자들은 이슬람국가를 건설하고 세계를 재창조한다는 종교적 명분으로 동원되며, 그들 중 지하디스트들은 전체주의 질서를 확립할 수단으로 비정규전을 감행한다. 샤리아국가는 헌법주의의 이슬람교 버전이 아니라 글로벌 팍스 이슬라미카를 추구하는 질서의 핵심이다. 비폭력 및 지하디스트 이슬람주의자들이 이러한 목표를 공유하고 있다.
2. 거룩한 테러를 가장한 폭력과 비국가 주동자들의 비정규전: 이슬람주의자가 모두 지하디스트는 아니지만, 지하디스트는 모두 이슬람주의자다. 그들은 정치적 수단이 아니라 전장에서 물리적인 투쟁 ─ 비이슬람주의자들은 이를 혐오한다 ─ 으로 목표를 실현하려는 자들을 일컫는다. 전장의 정의는 사무실 건물과 지하철 및 도시의 보도에까지 확대되어 왔다. 제도적 이슬람주의자들이 폭력을 삼가고 지하드운동과 공공연히 거리를 두긴 하지만 그렇다고 해서 이슬람교의 지배와 이슬람주의식 질서에 대한 포부까지 버린 것은 아니다. 반면, 지하디스트 이슬람주의자들은 양립할 수 없는 가치체계의 전쟁에서 "거룩한 테러"로 폭력을 자행한다. 이슬람주의자들은 모두 무슬림이며 이슬람교 내에 자리를 잡고 있다. 그들을 비난하는 것은 결코 모욕이

아니다. 17억가량인 "무슬림 공동체"에서 비이슬람주의 무슬림이 다수를 차지하고 있으니 말이다.

3. 이슬람주의 그리고 종교적 원리주의라는 개념적인 틀: 정치적 이슬람교, 혹은 이슬람주의(이 둘을 혼용해서 쓰기도 한다)는 종교적 원리주의로 개념을 파악할 수 있다. 일부 학자들은 "원리주의"를 이슬람교에 적용한 점을 문제 삼는다. 이를테면, 로버트 리는 "이 용어가 도움이 되리라고 생각하지 않는 사람과 같은 편"이라고 털어놓기도 했다.[2] 하지만 안타깝게도 그는 근거가 탄탄한 논거로 이러한 반론을 뒷받침하지 않았다. 원리주의가 상투적인 말이 되긴 했지만 종교의 정치화를 연구하는 데는 유용한 개념이다. 미국 예술과학협회의 원리주의 프로젝트는 개념의 학술적 권위를 확립했다. 종교의 정치화는 이슬람주의의 중요한 사례로 꼽히는 세계적인 현상이다.

요컨대, 이슬람주의는 정치화된 종교에 기초한 세계질서의 비전으로서 신을 내세운 폭력에 혈안이 된 분파로 구성된 조직이며, 세계의 종교적 원리주의를 표출한 것이기도 하다. 이 세 가지 측면은 이슬람주의가 종교화된 정치라는 것을 규정해준다. 이슬람주의의 지하디스트파로 이루어진 비국가 주동세력은 정규군이 상대할 수가 없다. 미국이 이라크와 아프가니스탄에서 아무리 노력해도 승리의 기미가 보이지 않는 이유도 바로 그 때문이다. 이슬람주의가 집권한 곳에서는 좀 더 복잡다단한 전략이 필요하다. ─ 이란을 다룰 때에도 마찬가지다. 기존 정부에 대해 강력한 야권세력을 형성하고 있는─ 본서가 출간될 즈음에는 한두 국가의 실세가 되어 있을지도 모른다 ─ 제도적 비폭력 이슬람주의를 상대할 때 역시 전략이 필요하다. 하지만 서방세계는 아직 이에 대한 전략이 부족한 실정이다.

이슬람주의, 유럽, 그 밖의 세계

지난 수십 년간 이슬람주의는 세계로 확산되어 이슬람세계와 서방세계의 소수집단에 흩어져 살아왔다. 유럽인은 여러 가지 이유로 미국보다 이슬람주의와 직접 대면할 일이 잦았는데, 이는 지정학적으로 이웃인 데다 — 이슬람세계는 유럽의 경계와 가깝다 — 유럽의 인구에서 이슬람교의 비중이 급증했기(2010년에는 2,300만 명) 때문이다. 유럽은 이슬람교와 공생하는 비결을 배워야 할 뿐 아니라, 무슬림 이민자에게 여권을 발부하는 일에 그치지 말고 실질적인 시민권을 부여함으로써 그들을 합류시켜야 할 것이다. 유럽에서는 이슬람주의가 적극 이용하고 있는, 이슬람교의 민족화가 진행 중이다.³ 이를 돌이키려면 무슬림 이민자에게 시민의 권리를 허용하여 "명실상부한 시민"으로 합류시키는 방편 외에는 없다. 민주정치가 투표함에만 있고 개인의 일상적인 가치관과 사상의 일부가 아니면 무용지물이듯, 시민권도 종잇장에만 존재한다면 아무런 의미가 없을 것이다. 이와 마찬가지로, 무슬림 여권이 있는 유럽인이라 해도 서양의 가치관을 배격하고 공산주의를 지향하는 별개 사회로 지정된 소수민족 영토를 선호한다면 진정한 유럽인은 아닐 것이다.

    전체주의적 이슬람주의 조직은 이슬람국가와 유럽 및 서방세계의 무슬림 소수 문화로 구성된 지정학적 삼각지대 내에서 활동하고 있다. 이 셋의 관계를 통합하기 위한 정책 — "테러와의 전쟁"이나 치안유지보다는 — 이 필요하다. 물론 지하디스트 테러리즘과는 맞서야겠지만 십자군을 들먹이는 선전은 목적을 퇴색시킬 뿐이다. 따라서 이슬람주의와 이슬람교를 제대로 상대하려면 미국과 유럽은 — 동맹이긴 하나 — 서로 다른 전략을 구사해야 마땅하다. 이해관계나 형편이 전혀 다르기 때문이다.

물론 미국에도 무슬림 공동체가 있고 그중 일부는 이슬람주의와 뜻을 같이하나[4] 무슬림 인구에서 차지하는 비중이 얼마 되지 않는 데다, 유럽의 이슬람주의보다 심각한 문제를 초래하지는 않는다. 무슬림은 미국에서도 비난을 받아왔으나 애당초 이민자를 (결국에는) 받아들이는 오랜 전통을 가진 국가에서 수많은 이민자 대열에 합류한 만큼, 유럽처럼 게토를 이루어 살지는 않는다. 이슬람주의에 대한 미국의 대책은 대외정책에 좀 더 중점을 둔다. 예컨대, 2009년 4월과 6월, 오바마 대통령은 이슬람국가 두 곳을 방문하여 변화를 약속했는데, 임기 초에 대통령이 친히 나서서 말문을 열었다는 사실만으로도 오바마 대통령이(미국 정부가) 그 지역의 중요성을 간파했다는 것을 알 수 있다. 그러나 오바마 행정부는 격차를 좁히는 데 목표를 둔 점은 찬사를 받아 마땅하지만, 이슬람주의와 이슬람교의 특징을 파악하지 못한 데다 공약도 이행하지 못해 비판을 면하지는 못할 것이다.

유럽을 향한 이슬람주의의 도전은 미국보다 더 힘겹고[5] 변화의 기미는 보이지도 않는다. 유럽은, 급증하지만 단합은 좀 미흡한 이슬람 소수집단을 수용하고 이슬람세계와 이웃한 대륙이다. 독일에서 오래 살다 보니 유럽이 무슬림 이민자의 마음을 사로잡지 못했고, 진정한 유럽인의 자격을 부여하여 그들을 통합하지도 못했으며, 그것이 의당 노력해야 할 점이라는 사실조차 깨닫지 못했다는 점을 직접 증언할 수도 있다.[6] 유럽은 이슬람주의가 감시와 친선이라는 대립된 방식으로 특히 젊은이를 비롯한 소수집단을 호시탐탐 노리는 데도 강 건너 불구경이다.

일부 학자들은 유럽을 이슬람주의의 전장으로 간주하나, 이슬람교가 스스로 개혁하여 시민 사회의 원칙과 양립할 수 있는 곳으로 여기는 학자들도 있다. 이슬람주의자들은 원리주의자가 주도권을 쥘 수 있는 이슬람 소수집단을 건설하기 위해 유럽 시민 사회의 종교적 권리를 유린해왔다.

물론 이슬람주의의 위협이 유럽에 국한되지 않고 세계 어디서나 도사리고 있다는 사실이 감추어져서는 안 될 것이다.[7] 정치적 이슬람교를 비롯하여, 극단적인 이데올로기와 맞서려면 사상의 집착을 피할 수 있는 전략을 구사해야 한다. 나는 유럽에서 민간 이슬람교와 계몽된 중산층 유럽을 잇는 유럽·이슬람교 개념[8]을 개진해왔다. 열린 사회[9]의 가치관은 분명히 밝히고 수호해야 마땅하기 때문이다. 세계무대에서 "문명의 충돌"을 방지하려면 문화를 아우르는 도덕적 규범이 필요할 것이다.

이슬람주의는 반이슬람교인가?

무슬림이 전 인류 중 4분의 1을 차지한다는 점을 감안해볼 때 민간 이슬람교와 이슬람주의식 전체주의의 경쟁은 누구에게도 예외 없이 중요한 쟁점이다. 물론 이슬람세계의 경계든 지정학적으로 이웃한 곳이든, 이슬람교의 곁에서 사는 사람에게는 특히 그럴 것이다. 평화를 누리며 공생하기 위해서는 이슬람교가 근대성과 부딪친다는 점을 해결해야 하고[10] 이를 위해서는 치졸한 독재주의 정권에서 벗어나 종교를 따지지 않는 민주정치를 수용하여 "대안"인 이슬람교식 해결책(알할 알이슬라미)을 자처하는 이슬람주의에 저항해야 할 것이다.

 이슬람주의가 시민 사회의 대안이 될 수 없는 까닭은 시민 사회가 의당 공유해야 할 핵심 가치관을 인정하지 않기 때문이다. 이슬람주의는 권력 분담을 거부하므로 민간 이슬람교의 다원주의가 그들과는 동떨어진 개념일 뿐이다. 이슬람주의의 이데올로기는 근대성과 민주정치 및 시민 문화를 배척하는 데에다 비폭력 이슬람주의자들 역시 투표에 그친 민주정치를 말로는 격찬하나 정작 민주주의 가치관은 강력히 거부하고 있다.[1] 그들은 성취될 가능성이 희박한 이슬람화를 여전히 목표로 삼고 있다. 이슬람주의를 배격하는 무슬림만이 이슬람문명의 위기를 해결할 수 있으나 이를 부추기는 해결책은 피해야 할 것이다.

이슬람주의가 새로운 전체주의라는 점을 감안해볼 때, 무슬림은 이슬람주의자들에게 문명을 운운할 기회를 줄 여유는 없을 것이다. 무엇보다도, 미래가 불투명한 조직의 손에 그들의 미래를 맡겨선 안 될 것이다. 내가 서방세계에 주고 싶은 메시지는 더는 허용해서는 안 될 문화적 사각지대를 버려야 한다는 것이다. 계몽사상은 수많은 이기를 창출해내는가 하면, 종교와 세속주의의 적절한 관계를 보는 안목을 서양인들에게 선사했으나 그에 집착한 결과, 그것이 보편적으로 공감하는 것이 아니라는 사실을 그들은 망각하고 말았다. 2008년 1월, 런던 대학의 극단주의 연구센터Center for the Study of Radicalization 개관식에 참여한 나는 재키 스미스 내무부장관의 연설을 들은 적이 있다. 이튿날 『데일리 메일Daily Mail』지에 실린 관련기사가 눈에 들어왔다.

> 각 부처 장관은 이슬람교의 테러행위에 대한 새로운 성명을 채택했다. 즉 향후 광신도들은 "반이슬람교 활동"을 전개하는 자로 취급되리라는 것이다. 재키 스미스 내무부장관은 극단주의자들이 신앙과는 대립된 만행을 저지르고 있다고 밝혔으며… 이 같은 발언은 테러리스트와 공작원을 낙인찍으려는 정부의 전략을 반영한 것이다.

다른 사설에서도 같은 쟁점을 다루었다.

알카에다가 내일 공격한다면 폭탄테러범은 이슬람교 테러리스트가 아니라 반이슬람교 운동을 자행하는 자로 규정해야 한다고 스미스 장관은 주장한다. 이는 나치가 반독일운동가로 비쳐지는 것과 같은 이치인데, 파울 괴벨스라면 이러한 이중언어에 자부심을 느꼈을 것이다.[12]

내무부장관이 정직하다는 점을 인정하기 위해서라도 그녀의 발언을 인용해야겠다. "테러리즘에 이슬람교를 결부시키는 것은 대단히 선동적인데다 일반적인 무슬림의 견해에서 크게 벗어날 수도 있다." 그래서 우리는 이슬람주의와 이슬람교의 차이를 분명히 알아야 한다는 것이다. 이슬람주의 테러는 규탄할 수 있지만 이슬람교는 존중해야 한다. 그러지 않으면 지하디스트가 이슬람교를 대변한다는 이슬람주의자들의 주장을 믿는 것과 다를 바가 없을 것이다. 서양 정치인들 — 오바마 대통령의 대테러 보좌관인 존 브레넌을 비롯하여 — 과 마찬가지로, 스미스 장관 또한 이 점을 간과하고 있다. 학자들이 그녀의 불합리한 주장을 지지한다면 이슬람주의자는 비판론이면 죄다 이슬람혐오증이라고 치부할 뿐 아니라, 이슬람식 세계의 질서를 추구한다는 것을 위장하기 위해 반유대주의와 반이슬람주의를 대등하게 여길 것이다.[13]

세속화의 큰 단점 중 하나는 신성모독을 초래할 수 있다는 것이다. 그래서 사람들은 종교인 이슬람교와 종교화된 정치인 이슬람주의의 차이를 간과하기 십상이다. 영국 정부는 지하디스트가 "반이슬람교"라는, 믿기 어려운 주장에 집착한다는 점을 제외하면, 지하디스트와 이슬람교를 구별하지 않아 더 심각한 문제를 부추기고 있다. 일부 미국 학자들을 비롯하여 유럽인들은 종교의 의미와 그것이 정치에 이용될 수 있다는 점을 이해하지 못한다. 네덜란드 학자인 요하네스 얀센의 주장에 따르면, 그들은 정교의 결합이 "존재할 리가 없다며, 그것에 정치적 특성이 배어 있다면 투쟁의 가능성이 있고, 종교적이라면 양심이 그것을 허용해야 한다고 규정할 것이므로, 정치와 종교가 결합되면 이슬람교 원리주의는… 어쩔 수 없이 근대 사회의 취약성을 입증하게 된다"고 한다.[14]

많은 서양인들이 이를 이해하지 못한다. 이슬람주의는 정치질서뿐 아니라, "메시아사상에 근거한 종교적 비전"도 아울러 추구한다. 이슬람주의 지도자들은 이를 굳게 믿지만 한편으로는 교묘한 이중언어를 활용할 줄도 안다. 이를테면, 정치적 아젠다를 서방세계의 헌법 기준에 따라 권리로 인정받은 정당한 종교로 취급하고, 서양의 헌법주의는 배격하면서도 이념의 전쟁에 유리한 특권은 이용한다. "자본주의자들은 우리가 그들의 목을 맬 밧줄을 우리에게 팔 것"이라는 레닌의 말마따나, 그의 계보를 잇는 전체주의 후계자들도 서방세계에 대항하기 위해 이를 이용하고 싶어 할 것이다.[15]

민간 이슬람교를 동맹으로 삼기 위한 노력의 일환으로 이슬람주의와 이슬람교의 관계를 이해한다면 열린 시민 사회로 나아가는 데 도움이 될 것이다. 이슬람주의자들의 전성기는 도래하게 마련이다. 정치적 및 문화적 다원주의는 보편적인 선[16]이나 이를 위해 우리가 감당해야 할 대가 중 하나는 일시적인 조작에 민감해야 한다는 것이다. 진보적 민주정치는 제도적 이슬람주의자를 걸러내거나 제외할 재간이 없기 때문이다. 그들에게도 (이를테면, 터키의 AKP) 민주적 정치 문화를 포용할 기회가 있어야 한다. 그러면 그들의 본색이 드러날 것이다. 칼 포퍼가 주장했듯이, 열린 사회에는 민주적으로 대응함으로써 자신을 보호할 권리가 있어야 한다. 비관용은 관용의 이름으로 인정할 수 없기 때문이다.[17] 전체주의 조직은 영원히 지속되지 않는다. 수 세기는커녕 수십 년 안에 자취를 감출 것이다. 지금 당면한 이슬람 문명의 위기[18]가 명실상부한 민주정치로 이어질 종교개혁과 문화적 변화에 자리를 내주었으면 좋겠다. 나는 이슬람주의가 문명의 위기에 대응한 결과이긴 하나 위기를 해결하는 것이 조직은 아니라고 생각한다. 이슬람주의의 반계몽사상과 대립한 문화적 계몽사상의 보편적 가치관을 수호하려면 이슬람교 유산의 일부인 인본주의에 눈을 돌려야 할 것이다.[19]

온건파 이슬람주의자란 누구인가?

이슬람주의의 주류층은 "온건파 이슬람"을 자처하고 폭력을 지양하는 제도적 이슬람주의자들로 구성되어 있다. 제도적 이슬람주의는 대표적으로 이집트와 터키에서 찾아볼 수 있다. 예컨대, 이집트의 무슬림 형제단은 한때 정부가 사형을 집행할 구실로 삼았던 과격한 특색은 버렸으나 사상은 변하지 않았다. 이슬람주의자들은 무바라크 정권의 부정선거가 끊이지 않았음에도 몇몇 지도자들을 가까스로 이집트 의회에 보냈다. 이집트에 민주정치를 장려하기 위해 무슬림 형제단을 파트너로 삼은 주인공은 오바마 대통령과 일부 정책입안자들만이 아니다. 소식통에 따르면, 브뤼셀의 EU 지도부 또한 석연치는 않지만 문화적 외교를 위해 비정상적인 루트로 무슬림 형제단과 접촉한 것으로 나타났다. 유럽의 싱크탱크는 유럽이 온건파 이슬람주의자와 손을 잡으면 "이슬람주의의 과격화"를 줄일 수 있으리라는 환상을 심어준 것이다.[20] 이는 매우 근시안적인 발상이긴 하나, 2011년 아랍의 봄 이후에는 지배적인 사상이 되고 말았다.

1970년대 초부터 1990년대 말까지 터키의 이슬람주의 3당인 셀라메트Selamet, 레파Refah, 파질레트Fazilet는 각각 대법원에서 위헌판결을 받아 집회가 금지되었다. 터키의 이슬람주의자들은 이 같은 역사에서 교훈을 배웠다. 그리하여 이슬람주의 신당인 AKP는 2002년 이후, 이슬람주의다운 선전을 삼가고 거의 일당국가처럼 터키를 지배해왔으며, 점진적인 이슬람화 정책을 위장하기 위해 민주정치를 들먹이기도 했다.[21] 또한 그들은 이슬람주의식 은어를 쓰는 대신, 독일의 기독교 민주연합Christian-Democratic Union과 견줄 만한 "이슬람교 보수당"을 자처하기도 했다. AKP 정치인들은 그들이 더이상 이슬람주의자들이 아니라고 발뺌하지만, 실은 미국과 유럽의 수장들에게서 받은 후원이 오히려 진보주의 무슬림, 세속주의자들과 서방세계의 관계를 갈라놓고 있다. 1, 4장에서 살펴본 바와 같이, AKP는 이슬람주의에 유리한 방향으로 터키를 이끌어가고 있다. 2010년에 들어서야 비로소 일부 서양 정치인들은 AKP와 에르도안 총리를 둘러싼 긍정적인 견해를 재고하기 시작했다. 터키가 이란과 하마스 및 헤즈볼라와의 유대관계를 조성하는 데다, 사법부에 개입하고 언론의 자유[22]를 침해했기 때문이다.

터키 이슬람주의자들이 종교적 원리주의에서 온건파 이슬람 보수주의로 바뀌기 전에는 의도를 숨기는 법이 거의 없었다. 1997년 12월 터키의 시르트에서 벌어진 폭동에서 당시 이스탄불 시장이었던 에르도안은 이슬람주의자의 시구를 인용한 적이 있다. "사원은 우리의 막사요, 첨탑은 총검이요. 둥근 지붕은 우리의 키helm이며, 신도는 우리의 전사들이다." 선동을 이유로 검찰이 유죄를 확정한 이후, 앙카라 고등법원은 에르도안을 경질한 뒤 투옥시켰다. 그는 출소하자마자 "전보다 훨씬 강력한 정치계의 귀환을 위해 계속 투쟁하겠다"며 포부를 밝혔다.[23] 터키 대법원은 에르도안의 당인 파질레트 파르티시를 법으로 금했는데, 이는 2002년 AKP 창당의 토대가 되었다. 그 후로 에르도안은 "신오스만 범터키 이슬람주의자" 대신 "무슬림 보수파 유럽인"을 자처했다. 그러나 그 의도가 표면에 드러난 그대로인지는 분명하지 않다. 제이노 바란에 따르면, 2002년 이후 AKP의 정치는 "점진적인… 하향식 이슬람주의화" 정치에서 추구했던 대로 "대개는 이슬람주의 노선을 따라 공화국을 재편하려는" 의도에 맞춰 케말리스트 세속주의를 그럴싸하게 띄워준다고 한다.[24]

　AKP는 아직 이슬람주의적 신념을 공개할 입장이 못 된다. 행여 그랬다가는 위헌조치를 당할 테니 말이다. 터키가 이슬람주의의 손아귀에 완전히 넘어간 것은 아니라는 이야기다. 세속적인 헌법과 헌법재판소가 버젓이 가동 중이니 말이다. 그러나 최근 실시된 국민투표를 보면 AKP의 이슬람주의식 성향과, 터키 사회의 세속적인 요소가 점차 강도를 높여 충돌할 것으로 보인다. 4장에서 언급한 위키리크스에 따르면, 앙카라 주재 미 외교관들은 AKP 지도부의 꿍꿍이를 간파한 것으로 나타났다. 신규 헌법이 발효되면, 약화된 사법부와 재편성된 대법원을 둔 지도부는 그들의 사상을 좀 더 과감하게 공개하고 이슬람주의 정책을 적극 추구할 가능성이 있다. 사실 2011년 봄, 여름에 벌어진 사건이 그런 방향으로 흘러갔다. 예컨대, 터키의 사법제도 개편으로 일부 판사가 조기 연금을 받아야 했고 다른 이들은 지방으로 발령나는가 하면, 헌법재판소는 독립의 원칙을 박탈당하기도 했는데 이 모두가 사법부를 약화시키기 위한 AKP의 작전이었던 것이다. 한편, 세속적 공화국의 또 다른 주축이 되는 육·해·공군 참모총장 등을 비롯한 군 수뇌부는 "에르게네콘" 음모를 수사해온 AKP를 규탄하기 위해 2011년 7월에 전원 사임했다. 에르게네콘 사건은 반체제 판사나 관리 및 언론인을 재판 없이 체포·구금할 구실을 제공했다.[25]

\　Ergenekon: 동명 극우파 조직이 정부 요인 암살, 이슬람 사원 테러 등을 통해 정치적 혼란을 일으켜 궁극적으로 군부가 개입함으로써 이슬람에 뿌리를 둔 집권 AKP 정부를 전복하려 했다는 쿠데타 의혹 사건을 일컫는다.

근대성, 이슬람교, 계몽주의

근대성은 임마누엘 칸트가 주장한 유럽식 계몽사상의 맥락에서 파악해야 한다. 위르겐 하버마스가 언급했듯이, "칸트는… 이성을 판단의 보좌에 두었다. 그 앞에서는 타당성을 주장하는 것은 모두 성냥화되어야 한다."[26] 이것이 유럽중심적인 사상으로 비쳐지지 않도록 나는 이성의 우월성 의식이 중세 이슬람의 합리주의에도 존재했다는 점을 밝히곤 했다.[27] 따라서 세계의 합리주의적 견해는 다양한 문명인이 문화적 차이를 떠나 공유할 수 있을 것이다. 모로코 철학자인 무함마드 알자브리가 주장했듯이 이슬람교의 합리주의는 근대성과 일맥상통하나, 이슬람주의는 전체주의인 탓에 "또 다른 근대성"이라고 볼 수는 없을 것이다.[28]

이슬람주의 세계관은 아비센나와 아베로에스의 작품에서 볼 수 있는 이슬람식 합리주의와는 맥이 다르다. 비록 이러한 전통이 이슬람세계를 근대성으로 이끌지는 못했지만 순수한 계몽사상[29]으로 간주되어야 할 것이다. 나는 모로코 라바트 대학의 무함마드 알자브리를 거듭 언급함으로써 아베로에스의 합리주의적 정신이 "적어도 실재론과 공리적 방법론 및 비평적 접근법과 일치하므로 이 시대에도 적용할 수 있다"는 점을 주장하려고 한다. 자브리는 아베로에스가 인정한 "지식의 보편성과 역사성"을 서술하면서 이슬람교의 부흥은 "현 시대에 기여하며 아베로에스의 사상을 지향하는 철학적 전통의 존속"[30]에 국한되어야 한다고 강조했다. 이 같은 이슬람 철학의 존재는 이성의 우월성 의식에 기반을 둔, 유일한 교차문화적 근대성이 존재할 가능성이 있다는 주장을 뒷받침한다.

인본주의 학자인 지브 스터넬은 『반계몽전통』(2009)[31]에서 이러한 합리주의적 근대성을 강력히 변호한다. 그는 안나 아렌트를 포괄적으로 거론하면서, 본디 파시즘에서 비롯된 분석 결과는 소련 공산주의에 적용될 수 없다는 이사야 벌린의 반론을 비롯한 여러 비판론에 맞서 그녀의 주장을 변호했다. 스터넬은 내가 좀 더 확장시킨 아렌트 이론이 일반화될 수 있다는 입장이다. 그의 견해에 따르면, 아렌트가 규명한 것으로 집단수용소와 강제노동수용소Gulag에서 여실히 드러나는 전체주의적 충동은 합리주의 전통과 더불어 발전한 문화적 반계몽사상의 오랜 역사에서 비롯되었다고 한다. 그는 논의를 유럽의 정신사에 제한했으나, 나는 이슬람주의를 "제2의 근대성"이 아닌 반근대성이나 반계몽사상으로 파악하는 그의 접근법을 좀 더 확장시키고 싶다. 나는 대체로 아렌트의 접근법을 이데올로기와 조직 — 즉, 이론과 실제 — 차원에 국한하여 적용해온 반면, 스터넬은 반계몽주의 전통의 일환인 전체주의라는 세 번째 차원을 덧붙였다. 이슬람주의는 신전체주의로서 개인에게 신성한 집합체라는 구속복을 다시 입힐 것이다. 이슬람주의는 유럽의 계몽사상뿐 아니라 이슬람교의 합리적 인본주의 전통에도 대립된다.

추종자들이라면 이슬람교의 이름으로 의당 국민 주권을 거부해야 한다는 하키미야트 알라식 정치질서는 사실상 자유로운 개인이 인간의 지배를 두고 서로 투쟁을 벌이는 것과 같다. 이슬람법의 꾸며낸 전통을 따르는 이슬람주의자들이 알라 신의 초월적인 뜻에 인류를 구속시키면, 이성aql(아클)과 그 권위를 경전에 기록된 계시wahi(와히)의 권위가 대신한다. 물론 계시는 본문을 제멋대로 재단한 이슬람주의 해석으로 볼 수 있다.

먼 훗날, 서방세계는 이슬람주의를 비롯한 이슬람세계의 문제로 난관에 부딪치게 될 것이다. 이 세계는 다양한 현지 문화가 특색을 이룬다. 정치학자인 존 브렌크먼은 "머지않아 불편한 진실에⋯ 맞닥뜨리게 될 것이다. 위기는 대부분 무슬림세계에서 벌어지며⋯ 유럽은 무슬림 국가의 안팎과,

극단주의 무슬림 및 서방세계에서 벌어질 분쟁에… 대응하는 법을 배워야 할 것이다. … 서방세계와 무슬림의 관계를 둘러싼 위기는 농축되어 있다"고 밝혔다.[32]

이러한 분석 결과가 이슬람혐오증으로 치부될지도 모르나, 이는 세계의 현 추세를 전략적으로 개관한 것일 뿐이다. 그렇다면 어찌해야 할까? 무슬림과의 대화가 답이다. 오바마 대통령이 6월 4일 카이로 연설 당시, 무슬림을 대화에 참여시킨 것은 매우 긍정적인 일이다. 그러나 바른 정치를 위해서는 이슬람주의와 이슬람교를 구분해야 하며 대화의 기회도 확보해두어야 할 것이다. 격차는 해소해야 하는데 어떻게, 무슨 근거로, 그리고 누구와 그럴 것인가? 이런 중차대한 시점에서, 우리는 서방세계가 이슬람주의와 이슬람교의 차이뿐 아니라 진보적 이슬람주의와 이슬람교의 갈등을 더는 간과할 수 없다는 점에 주목해야 한다. 이슬람주의자들이 어떤 외투를 걸치든, 그들은 친민주정치 조직이 아니다.

정치, 그리고 종교의 모호성

여기서는 요즘 벌어지고 있는 지구촌 분쟁에서 이슬람주의와 이슬람교가 차지하는 입지를 고찰하도록 하겠다. 물론 세속적인 해결책도 감안해서 말이다. 혹자는 정치에 신성을 좀 더 격상시켜 해결책을 모색하기도 한다. 이를테면, 스콧 애플비는 미국 예술과학협회에서 실시한 원리주의 프로젝트의 공동의장 출신인데 정치화된 종교의 함정을 잊은 듯싶다. 그는 『종교의 모호성』에서 종교가 문제라면 해결책에 이를 포함시켜야 한다고 주장했으니 말이다. "종교는… 끔찍한 분쟁을 부추기고 정당화하며 악화시키지만"

그것이 "평화적인 해결방안을 찾는 데 이바지하기도 한다"고 애플비는 덧붙였다. 정치적 종교를 신봉하는 남녀라면 "고유한 정체성을 희생하지 않고… 종교적 주체자로서… 주역이 되어야 할 것"이라고 그는 확신했다.[33] 이는 종교화된 정치를 지지하여 정교분리의 필요성을 포기했다는 이야기일까? 이와 맥을 같이하는 해결책이 실현될 수 있으리라고는 장담할 수 없다. 말레이시아의 경우를 보자. 말레이시아는 종교와 민족이 다양하지만 정치권력은 전 인구의 절반 남짓 되는 무슬림이 거의 독점하고 있다. 특히 종교적 분쟁을 둘러싼 무슬림식 해결책은 국내 힌두교나 불교 및 기독교인이 받아들이진 않을 테고, 원리주의 또한 어떤 타협도 인정하지 않을 것이다. 중동도 그렇다. 하마스와 헤즈볼라가 제시한 해결방안은 유대인이나 진보적인 세속주의 무슬림은 인정하지 않을 것이다. 종교화된 정치는 되레 걸림돌이 되고 이를 더욱 고착시킬 뿐이다. 거듭 말하지만, 분쟁을 해결하기 위해서는 종교색을 버려야 한다.

이는 세속주의 이데올로기가 아니라, 종교가 다른 국민도 공감할 수 있는 해결책은 바로 세속적인 것이라는 의식이라고 보면 된다. 이러한 시각은 이슬람주의가 강요하려는 종교화된 정치보다는 더 바람직해 보인다. 스터넬은 다음과 같은 결론으로 저서를 마무리했다. "21세기를 사는 사람들이 체념이라는 빙하기에 빠지지 않으려면 현재에서 미래로 이어지는 창의적·계몽적 비전이 대체되어서는 안 된다."[34]

진보적 민간 이슬람교는 이 같은 세속적 대안을 지지한다. 각성한 이슬람교에는 이슬람식 인본주의 전통이 담겨 있는 반면, 이슬람주의는 종교화된 정치를 주장하고 계몽사상을 "외부에서 도입된 해결책"이라며 완강히 거부한다. 40여 년 전부터 이슬람세계를 두루 다녀본 나는 종교화된 정치보다 합리주의를 선호하는 무슬림들을 많이 만났다. 9장의 초고를 쓸 당시에는 두 도시에서 이슬람교의 미래를 논의했다. 먼저 모로코에서 가장 오래된 이슬람 도시인 페즈에서 저명한 아랍계 무슬림 사상가와 여론주도자들이 진보주의 무슬림 왕인 무함마드 6세의 후원하에 베르베르족 무슬림 교수인 모하 엔나지를 초빙하여 이슬람세계의 다양성과 다원주의를 논했다. 나는 생애 최초로 아랍 지식층이 유럽과 비무슬림 및 유대교에 기원을 둔 아랍 문화를 공개적으로 인정하는 모습을 지켜보았다.

두 번째 회의는 인도네시아 종교부UIN: the Indonesian Ministry of Religious Affairs와 히다야툴라 이슬람 국립대the Hidayatullah Islamic State University 대학원의 후원으로 인도네시아 자카르타에서 진행되었다. 이 회의의 주제 타이틀은 "진보적인 이슬람교를 논하다"로 왠지 도전적인 뉘앙스가 배어났다. 진보적 이슬람교 — 정교분리를 비롯하여 다원주의와 개인의 인권 및 세속 민주정치를 찬성한다 — 는 이슬람주의와 대립된다는 것이 이번 기회에 좀 더 분명해졌다. 인도네시아에서 민간 이슬람교의 멘토로 꼽히는 아즈유마르디 아즈라는 히다야툴라 대학의 총장 출신으로 유력한 여론주도자 중 한 명이었는데 그도 연사에 들었다. 그는 "민주정치와 공존할 수 있는" 민간 이슬람교를 지지하며 "이슬람식 샤리아국가" 이데올로기와 정치적 이슬람을 명백히 거부했다.[35] 또한 다원주의 홍보센터Center for the Promotion of Pluralism를 운영하는 M. 샤피 안와르는 세속 다원주의를 지지하는 진보적인 민주주의 이슬람교를 주장했다. 매우 고무적인 연설이기는 했으나, 안타까운 사실은 이처럼 본보기가 되는 진보주의 무슬림을 서양 학계는 그저 무가치한 "나부랭이"로 취급한다는 것이다.[36]

서방세계가 이슬람주의를 이슬람교를 대변하는 것으로 이해한다면 다방면의 비극이 벌어질 것이다. 그 문제점으로 첫 번째는 세속적 합리주의자들의 본질적 동맹인 진보주의 무슬림을 의식하지 못한다는 것이다.[37] 두 번째로 이슬람주의가 수십 년간 벌여온 이념의 전쟁에서 그들이 승리하게 되며, 무엇보다도 사람들은 신앙이 전체주의적 지배로 타락하도록 유도한 시스템의 통제를 받으며 살아가게 될 것이다. 나는 이 같은 비극의 위험성에 대해 독자들에게 일깨워주기 위해 이 책을 집필했다. 이 메시지는 서양 독자뿐 아니라, 세계의 진보한 문명에 기반[38]을 둔 이슬람교의 고전 유산을 부흥[39]시키려는 "이방 무슬림"[40]에게도 해당될 것이다. 우리는 이슬람교의 부흥이 호흡하는 이슬람문명의 전통을 매장시키려는 짓이라는 사실을 알아야 한다. 여기서 목표는— 마셜 G. S. 호지슨이 밝힌 바와 같이 — "세계가… 무슬림의 전략적 및 정치적 이점뿐 아니라 문화의 역동성에 기초하여… 전부 무슬림으로 바뀔 것 같았던" 중세의 우월주의를 둘러싼 영화를 회복하는 것이 아니다.[41]

오늘날 무슬림은 문화의 변화[42]에 대한 저항과 이슬람문명의 위대한 과거를 되뇌다 보니 이란계 무슬림 학자인 다류시 샤예간의 말마따나 "문화적 분열증"을 앓고 있다. 이는 "황금기에 대한 그리움과, 수 세기간 비성직권주의laicism와 세속주의에 뿌리 박힌 심리적 행동패턴의 사상"이 어긋난 데서 비롯된 것이다.[43] 이슬람주의가 꾸며낸 전통은 문제의 해결책이 될 수 없으며 문화적 분열증의 일면을 보여준다. 순수한 이슬람식 대안은 지금도 존재한다.[44]

꾸며낸 전통과 현실의 갈등을 이슬람주의가 해결하지 못하므로, 이에 대한 대안으로 모든 문명이 동등한 위상으로 서로 존중하고 소통하는 다원주의 사상[45]을 지향하는 이슬람문명의 문화 교체를 주장하고 싶다. 필자를 비롯한 진보주의 무슬림은 서방세계의 패권을 통일된 이슬람 지지사상의 패권으로 대체하려는 의도는 추호도 없다. 민주적 평화에 대한 칸트의 사상은 글로벌 지하드 아젠다보다 훨씬 더 숭고하다.[46]

에필로그

 책이 역사를 멈추게 할 수는 없다. 예일 대학 출판부에 근무하는 편집자의 말이다. 교정·교열을 끝낸 후 원고를 인쇄소에 맡겨도 내일과 모레는 사건이 벌어지게 마련이다. 지면에 잉크가 채 마르기도 전에 세상은 이를 추월해버리고 만다. 그래서 최근 사건에는 그다지 무게를 두지 않는다.

 그러나 2011년 아랍의 봄과, 이슬람주의 조직이 집권의 수단으로 이를 이용하려는 노력은 범상치 않은, 역사적으로 매우 의미심장한 사건이다. 따라서 40년간 학계에 몸담아 온 나의 마지막 작품인 이 원고를 마감하며, 권력을 손에 쥔 이슬람주의가 이 책에 기록된 연구에 대해 도전할 것이라고 보는 시각도 일리는 있다. 민간 이슬람주의와 이슬람교의 경쟁은 아랍의 봄에 가려진 중동 민주정치의 향방을 결정할 것이다. 이슬람문명의 아랍 핵심 지역에서 축출된 독재정권의 여파로 어떤 결과가 벌어질까? 다원주의에 토대를 둔 민주주의 질서는 과연 확립될까?

 모로코의 무슬림 철학자 알리 움릴은 『이견과 불화의 정당성에 관하여』에서 나의 소신이 수년 후에 벌어질 사건을 분석하는 데 가장 설득력 있는 기준이 될 것이라고 주장했다. 그는 탈식민지 개발에서 아랍 무슬림이 "민족의 통일"을 우선시하던 1991년에 그 책을 썼는데, 이슬람주의자들은 이를 "무슬림 공동체의 통일"이라 옮기고는 이견에 근거한 불화를 억누를 사상으로 이용했다. 이에 움릴은 "모든 민주정치 제도는 다양성을 인정할 뿐 아니라 다원주의에 입각한 제도로서 그 정당성에 의존한다. … 아랍계 무슬림에게는 통일이 아니라, 민주정치와 다원주의 및 개인의 인권이라는 3대 가치관이 필요하다"라고 주장했다.[1]

샤리아국가의 신이슬람 질서는 이를 인정하지 않는다. 그렇다면 샤리아국가는 아랍의 봄이 초래한 결과가 될까? 예컨대, 튀니지에서는 이슬람주의인 알나흐다 당al-Nahda/Ennahda Party이 선거를 거쳐 집권했고, 리비아에서는 이슬람주의자들이 서양 군부대의 지원에 힘입어 카다피를 처형했으며, 이집트에서는 무슬림 형제단이 집권할 태세를 갖추고 있는 것으로 보인다. 위 세 가지 경우를 통틀어, 샤리아국가를 향한 의욕은 더할 나위 없이 분명하다. 그러니 집권한 이슬람주의자들이 민주정치와 다원주의 및 인권이라는 세 가지 기본 가치관을 존중할 턱이 있겠는가?

아랍의 봄은 이슬람주의자를 비롯하여, 독재정권에 물린 아랍계 무슬림이 일으킨 것이다. 그러나 여느 정치조직보다 탄탄한 조직력을 과시하는 이슬람주의자들은 폭동이 터졌다 하면 줄곧 최대 수혜자가 되었다. 샤리아국가에도 아랍의 봄을 일으킨 민주정치 사상가들의 입지가 보장될지는 두고 봐야 알 수 있을 것이다.

미주

주석의 수를 줄이기 위해 출처가 동일한 인용구는 한 주석에 통합했음을 알린다.

1장 이슬람주의는 왜 이슬람교가 아닌가

1. 이슬람주의(정치적 이슬람교)의 측면은 이 주제와 관련된 서양 학계의 논문에서는 잘 드러나 있지 않다. 미국에서 발행된 정치적 이슬람 관련 서적에는 논란의 여지와 오류뿐 아니라, 오해를 불러일으킬 만한 분석 결과도 담겨 있다. 최근 유럽에서 나온 문헌도 마찬가지인데, 영역본(올리비에 로이Olivier Roy의 『정치적 이슬람교의 패배The Failure of Political Islam』와 질 케펠Gilles Kepel의 『지하드Jihad』 중 후자가 좀 더 심각하다)이 출간되어 미국에서도 관련 분야를 장악하고 있는 두 프랑스 학자의 기고문이 특히 그렇다. 두 논객은 신정질서(샤리아국가)를 추구하는, 종교화된 정치라는 이슬람주의의 이중적 본성을 제대로 이해하지 못한 듯싶다. 이에 대해서는 『이슬람교 원리주의의 이중적 본성The Dual Nature of Islamic Fundamentalism』을 쓴 네덜란드 학자 요하네스 얀센Johannes Jansen이 좀 더 정확히 짚어냈다. 미국에서 가장 유력하지만 그에 걸맞지 않게 오류가 많은, 존 에스포시토John Esposito의 기고문도 단기간에 숱하게 발행되고 있다. 반면, 무슬림 학자인 나지 아유비Nazih Ayubi의 학술논문 『정치적 이슬람교Political Islam』는 입문서로 각광받고 있다. 독일에는 기초 학술서로 추천할 만한 문헌이 거의 없으나, 아랍에서는 전직 판사인 사이드 M. 알아슈마위Said M. al-Ashmawi가 쓴 『이슬람식 정치질서al-Islam al-Siyasi』가 주요 비평서로 꼽힌다.
2. 미국 예술과학협회의 원리주의 프로젝트(1989~95)가 나의 연구에 많은 도움이 되었다. 내가 쓴 『원리주의의 과제The Challenge of Fundamentalism』와 2장에서 언급한 다섯 권의 연구 프로젝트를 참고하라.

3. 논쟁의 주요 원천은 대니얼 벨Daniel Bell의 강연이다. 1977년 런던 경제대학원에서 그는 "신성한 종교의 귀환The Return of the Sacred"을 역설하는가 하면 『굽은 길The Winding Passage』(324-54)에서 이에 대해 서술하기도 했다. 내가 9·11 테러사태 이후에 집필했다가 2005년에 개정된 『문화와 정치의 기로에 선 이슬람Islam between Culture and Politics』 11장에서 논쟁은 재개되었다. 이 책은 하버드 대학의 웨더헤드 국제정세센터Weatherhead Center for International Affairs의 협조로 출간되었다. "신성한 종교의 귀환"은 종교에 근거한 특정 역법의 부활을 일컫는 말이므로, 일찍이 "세계력worldtime"으로 간주되었던 것에 대한 논쟁이기도 하다. 각 문명은 고유한 시간적 맥락을 참고한다. 예컨대, 역법에는 유대인과 무슬림뿐 아니라 그 밖의 신조에 근거한 것도 있다. "세계력"은 유럽의 확장과 그것이 가져올 세계화를 가리킨다. 그 과정의 영향력 아래서 시간을 이해하는 방식은 달라졌다. 유럽화가 새로운 글로벌 구조에 따라 "세계력"을 창출했다는 점에서 말이다. 테다 스카치폴Theda Skocpol이 『국가와 사회혁명States and Social Revolution』(21~23)에서 밝혔듯이, 이 같은 팽창은 "세계력 차원"을 확립할 정도까지 "유럽문명의 확산"을 초래했다. 이슬람주의자들은 세계력으로 불리한 형편에서도 "이슬람력Islamic calendar"을 부활시켰다(기원후 622년인 헤지라hegira는 이슬람 달력의 첫 해).

4. 요제프 판 에스Josef van Ess는 초기 이슬람의 역사를 집대성한 문헌에서 당시 "움마"는 요즘의 의미와는 다르다고 밝혔는데, 이는 그가 20세기에 이슬람교를 연구한 독일 학자 중 가장 저명하다는 점에서 매우 중요하고도 권위 있는 진술이 아닐 수 없다. 판 에스, 『2세기와 3세기 헤지라 시기의 신학과 사회Theologie und Gesellschaft im 2. und 3. Jahrhundert Hidschra』 참고.

5. 홀로코스트 생존자인 막스 호르크하이머Max Horkheimer와 테오도어 W. 아도르노 Theodor W. Adorno가 미국 망명시절에 쓴 『계몽의 변증법Dialektik der Aufklärung』(1947)은 계몽사상에 대하여 오해한 견해를 서술했다. 많은 학자들은 (작품을 주의 깊게 읽지 않아서 그럴 것이다) 파시즘이 계몽사상에서 비롯되었다는 가설을 아도르노와 호르크하이머에게 전가하지만 사실 그것은 틀린 주장이다.

6. 에릭 홉스봄Eric Hobsbawm과 테렌스 레인저Terrence Ranger, 『꾸며낸 전통The Invention of Tradition』 서론.

7. 요제프 판 에스, 『2세기와 3세기 헤지라 시기의 신학과 사회』.
8. 베네딕트 앤더슨Benedict Anderson, 『상상 속의 공동체Imagined Communities』.
9. 에릭 패터슨Eric Patterson과 존 갤리거John Gallagher가 편저한 『이념의 전쟁을 논하다Debating the War of Ideas』에는 서양을 배격하는 이슬람주의 전쟁의 대안으로서, 인본주의에 근거한 이슬람식 "사상의 평화peace of ideas"에 대해 내가 쓴 글도 담겨 있다. 왈리드 파레스Walid Phares의 『이념의 전쟁The War of Ideas』도 참고하라. 혹자는 이를 사이드의 동양주의al-istishraq를 달리 표현한 것이라고 주장하기도 한다. 에드워드 사이드의 『동양주의Orientalism』도 참고할 것. 실은 알아즈하르의 전 쉐이크sheykh인 무함마드 알바히Mohammed al Bahi가 『현대 이슬람 사상과 서방 식민주의의 관계al-fikr al-Islami al-hadith wa silatuhu bi al-isti'mar al-gharbi』에서 이 용어를 지어냈는데, 이는 사이드의 작품보다 시간상 앞선다. 그는 "동양주의"를 세계 유대인을 둘러싼 반유대주의 감정에 결부시켰다. 알바히는 1936년, 나치 집권 당시 함부르크에서 박사학위를 취득했다. 오늘날 사용하는 "동양주의"는 사이디즘Saidism이라 하여 사이드의 영향과 관계가 깊다. 사이드의 작품은 유럽중심주의에 도전한 탓에 첫 출간되자마자 유명세를 타게 되었다. 그러나 미국의 중동연구단체가 이를 심하게 왜곡하고 말았다. 미국에서 교육을 받은 아랍계 무슬림 학자 사디크 알아즘Sadik J. al-Azm의 말마따나, 사이드의 사상은 "반대로 뒤집힌 동양주의Orientalism in reverse"를 정당화하기 위해 전복되어 왔다. 자세한 내용은 사디크 자말 알아즘의 『금기의 심리Dhihniyyat al-tahrim』(17-86)를 참고하라. 그런데 안타깝게도, 알아즘의 강력한 비판론이 서양 학술계에서는 완전히 무시되거나, 별 주목을 받지 못했다. 이를 포괄적으로 연구한 내용은 동양주의의 논쟁을 다룬 필자의 저서 『이슬람 역사로의 초대Einladung in die islamische Geschichte』(136-90) 4장을 참고하라.
10. 사이드 쿠틉Sayyid Qutb, 『진리를 향한 이정표Ma'alim fi al-tariq』(201)를 참고하라. 번역은 내가 임의로 한 것이다. 쿠틉의 작품은 대개 수백 권이 불법으로 유통되거나, 소수집단과 가정에서 비공식적으로 제작한 번역본이 유포되고 있다. 앨버트 버제센Albert Bergesen이 편저한 『쿠틉 선집The Qutb Reader』에서도 그의 글을 접할 수 있다.
11. 사이드 쿠틉, 『세계 평화와 이슬람교al-salam al-'alami wa al-Islam』(172-73)를 참고할

것. 쿠틉은 이 책에서 글로벌 지하드를 세계의 재창조를 위한 문명적 프로젝트로 간주한다. 이슬람주의는 단순한 테러리즘이라기보다는 세계의 질서를 재편하기 위한 민중의 선택으로 보는 것이 옳을 것이다. 온건파 이슬람주의자로 알려진 하산 알하나피Hasan al-Hanafi는 쿠틉의 이론을 참고하지 않은 채, 다음과 같이 이슬람교의 주도권을 주장해왔다. "과거, 이슬람교는 쇠락해가는 페르시아와 로마 제국 사이에서 길을 찾았다. 이 둘은 전쟁으로 맥이 빠졌고, 윤리와 영성의 위기를 겪어야 했다. 신세계의 질서인 이슬람교는 구정권의 대안으로서 세력을 확장할 수 있었다. 오늘날, 이슬람교는 신흥세력으로서 다시금 위기에 봉착한 두 열강 사이를 걷고 있다. 이슬람교는 쇄신하는 반면 두 열강은 쇠퇴하고 있다. 이슬람교는 미래의 힘으로 오늘날 두 열강을 유산으로 남길 것이다."(마틴 크레이머Martin Kramer의 『아랍의 계몽과 무슬림 부흥Arab Awakening and Muslim Revival』(155~56)에서 인용) 발췌한 내용은 소련이 쇠망하기 전에 쓴 것이다. 이슬람주의자들은 첫 아프간 전쟁 당시 소비에트 연방이 무너졌다고 주장했다. 오늘날, 알카에다도 "역사의 귀환return of history"에 한 발짝 나아가기 위해 미국이라는 유일한 강대국을 전복시키겠다는 부푼 꿈을 안고 이 같은 사명을 감당하고 싶어 한다.

12. 로버트 라이큰Robert Leiken과 스티븐 브룩Steven Brooke의 「온건파 무슬림 형제단The Moderate Muslim Brotherhood」(107~22)은 무슬림 형제단 조직의 실상에 너무 어둡고 사실과는 거리가 멀어 참고하기에는 바람직하지 않다. 이 논문이 주목을 받는 까닭은 내용의 질보다는, 무슬림 형제단을 순수한 "온건파 무슬림moderate Muslims"으로 격상시켰기 때문일 것이다. 잘못된 분석은 미국 정책입안자들이 즐겨 읽는 유력지 『포린 어페어스Foreign Affairs』지에 마크 린치Marc Lynch가 기고한 「베일에 싸인 진실Veiled Truth」(2010)에서도 여실히 드러난다. 근거가 탄탄한 정보는 리처드 미첼Richard Mitchell이 쓴 『무슬림 형제단 학회The Society of the Muslim Brotherhood』를 참고하면 된다. 그 방면에서는 권위를 인정받은 책이다. 최근에 이에 대해 다룬 문헌은 로렌조 비디노Lorenzo Vidino가 집필한 『서방세계의 신무슬림 형제단The New Muslim Brotherhood in the West』을 보거나, 이 책 4장을 참고해도 좋을 것이다.

13. 오류를 수정한 내용은 힐렐 프리슈Hillel Frisch와 에프라임 인바르Efraim Inbar가

공동집필한 『급진주의 이슬람교와 국제안보Radical Islam and International Security』 (11~37)에 내가 기고한 「종교적 극단주의인가, 정치의 종교화인가?Religious Extremism or Religionization of Politics?」를 참고하라.
14. 이렇게 분류하는 건 전혀 근거가 없지만, 배리 루빈Barry Rubin의 『혁명가와 개혁가Revolutionaries and Reformers』에 포함된 어설픈 기고문에는 그런 오류가 종종 눈에 띈다. 좀 더 정확한 정보는 이집트 역사가인 압둘라짐 라마단Abdulazim Ramadan이 쓴 『이슬람주의자들과 이집트에서의 그 기원Jama'at al-Takfir fi misr』에서 찾을 수 있다. 미국의 중동 전문가들은 이 원전을 읽지 않고 단순히 추측에 의존하고 있다.
15. 시아파Shi'ite의 타키야taqiyya 독트린에 대해서는 무잔 모멘Moojan Momen의 『시아파 이슬람교 입문An Introduction into Shi'a Islam』(183)을 참고하라. 모멘은 이 같은 기만이 "시아파에서는 법적으로 아무런 하자가 없다"고 주장한다. 오늘날 수니파Sunni 이슬람주의자들도 이를 수용했지만 불신자의 기만이라는 뜻으로 "이함iham"을 쓴다.
16. 이슬람주의자인 무함마드 이마라Mohammed Imara가 쓴 『이슬람교의 각성al-Sahwa al-Islamiyya』을 참고하라. 부흥주의와 이슬람주의를 혼동한 인물 중에는 『무슬림 부흥의 기원Aux Sources du Renouveau Musulman』에서 조부 하산 알반나Hasan al-Banna를 "부흥주의자revivalist"로 간주한 타리크 라마단Tariq Ramadan을 꼽을 수 있다. 사실 알반나는 전통을 꾸며내긴 했어도 부흥시킨 것은 아무것도 없다.
17. 레이몬드 베이커Raymond Baker의 『두려움을 모르는 이슬람Islam without Fear』를 참고하라.
18. 예컨대, 존 에스포시토John Esposito와 존 볼John Voll이 쓴 『이슬람교와 민주정치Islam and Democracy』를 참고하라. 『종교저널the Journal of Religion』(667~69)에 기고한 서평에서 나는 에스포시토와 볼이 이슬람주의를 다루었다지만 실은 대체로 이슬람교를 이야기해왔다는 점을 입증했다. 이 같은 오류는 존 에스포시토가 쓴 『이슬람교의 위협The Islamic Threat』에도 나타나 있다.
19. 윌리엄 맥닐William McNeill의 『서방세계의 부상The Rise of the West』을 참고하라.
20. 에릭 울프Eric Wolf의 『유럽, 그리고 역사가 없는 민족Europe and the People without History』을 참고하라.

21. 이성에 기반을 둔, 중세의 이슬람식 계몽사상에 대한 자료는 필자가 쓴 『진정한 이맘Der wahre Imam』(2부)을 참고하고, 좀 더 자세한 정보는 이 책 7장을 참고하라. 사상에 얽힌 이슬람 역사에 대하여는 피터 애덤슨Peter Adamson과 리처드 테일러Richard Taylor의 『케임브리지 아랍철학 길잡이The Cambridge Companion to Arab Philosophy』가, 포괄적인 연구서로는 나의 저서 『진정한 이맘』이 제격이다.

22. 계몽사상의 정의는 위르겐 하버마스Jürgen Habermas의 『현대성의 철학적 담론The Philosophical Discourse of Modernity』(18)을 참고하라.

23. 야코프 부르크하르트Jakob Burckhardt의 『이탈리아 르네상스의 문화Die Kultur der Renaissance in Italien』를 참고하라. 이슬람교의 맥락에서 본 르네상스는 나의 저서 『십자군 전쟁과 지하드Kreuzzug und Djihad』(5장)를 참고하라.

24. 리 해리스Lee Harris의 『자결The Suicide』(205)을 참고하라.

25. 같은 책, 206.

26. 브루스 바워Bruce Bawer의 『굴복: 이슬람교를 구슬리려면 자유는 포기하라Surrender: Appeasing Islam, Sacrificing Freedom』를 참고하라.

27. "진보주의 이슬람교liberal Islam"를 제외한 것은 이슬람주의를 두려워하는 브루스 바워를 비롯하여, 「베일에 싸인 진실Veiled Truth」에서 이를 낭만적으로 승화시킨 마크 린치Marc Lynch가 공감하는 바이다. 진위가 의심스런 책(찰스 커즈먼Charles Kurzman의 『진보주의 이슬람: 사료Liberal Islam: A Sourcebook』(1998))에서 일부 이슬람주의자들을 "진보주의자"로 승격시키는 것이 더 심각한 일이다.

28. 앤드류 보스텀Andrew Bostom이 편집한 『지하드의 유산The Legacy of Jihad』과 『이슬람교식 반유대주의의 유산The Legacy of Islamic Antisemitism』은 전달하려는 정보는 많지만 정확성이 떨어지고 편견에서 벗어나지 못했다는 점이 아쉽다. 오류의 근원은 첫째로 이슬람주의와 이슬람교를 혼동했고 둘째로 지하드와 지하드운동을 혼동한 탓일 것이다. 보스텀의 작품은 이슬람주의와 이슬람교가 동일하다고 간주하는 앤드류 C. 매카시Andrew C. McCarthy의 『위대한 지하드The Grand Jihad』에 인용되기도 했다. 비판론은 이 책 9장을 참고하라.

29. 출처는 『순교자 알반나 이맘의 문집Majmu'at Rasa'il al-Imam al-Shahid Hasan al-Banna』(271-92)에 수록된 「지하드 선집The Grand Jihad」으로 발췌문은 pp. 289-91에서 인

용했다.
30. 주석 12번을 참고하라.
31. 바삼 티비B. Tibi, 「위험한 터키 이슬람주의자들Turkey's Islamist Danger」(47~54), 제이노 바란Zeyno Baran, 『찢긴 국가: 세속주의와 이슬람주의의 기로에 선 터키Torn Country:Turkey between Secularism and Islamism』를 참고하라.
32. 매튜 레빗Matthew Levitt의 『하마스Hamas』를 강력히 추천한다. 지하드와 지하드운동을 다룬 수작으로는 데이비드 쿡David Cook의 『지하드의 이해Understanding Jihad』와 로렌트 무라빅Laurent Murawiec이 쓴 『지하드 사고방식The Mind of Jihad』을 꼽을 수 있으며, 최고의 걸작은 단연 존 켈세이John Kelsay가 집필한 『이슬람의 정당한 전쟁을 논하라Arguing the Just War in Islam』가 될 것이다.
33. 헤즈볼라는 레바논의 이슬람교 시아파 교전단체이자 정당조직으로 신神의 당黨, 이슬람 지하드라고도 한다. 이란 정보기관의 배후 조정을 받는 4천여 명의 대원을 거느린 중동 최대의 교전단체이면서 레바논의 정당조직이다. 오귀스트 R. 노턴August R. Norton의 『헤즈볼라Hezbollah』를 참고하라. 안타깝게도 노턴은 헤즈볼라를 비롯한, 이슬람주의의 견해를 장려하는 서양 변론가 중 하나다. 그와 대조적인 주장은 카테리나 폰 놉Katherina von Knop과 마르틴 반 크레벨드Martin van Creveld가 공동 편저한 『근대식 테러리즘에 대응하라Countering Modern Terrorism』(71~86)에 아이탄 아자니Eithan Azani가 헤즈볼라에 관해 기고한 장을 참고하라.
34. 이라크의 시아파 당에 관하여는 팔레 A. 자바르Faleh A. Jabar가 쓴 『이라크의 시아파 이슬람주의 조직The Islamist Shi'ite Movement in Iraq』을 참고하라.
35. 클라우스·미샤엘 말만Klaus-Michael Mallmann과 마르틴 퀴페르스Martin Cüppers의 『나치 팔레스타인Nazi Palestine』을 참고하고 이 책에 담긴 연구 결과는 3장을 참고하라.
36. 리처드 슐츠Richard Schultz와 안드레아스 듀Andreas Dew의 『반군, 테러리스트, 민병대Insurgents,Terrorists,and Militias』에서 사담 이후의 이라크를 서술한 7장을 참고하라.
37. 다음 보고서를 참고하라. 『뉴욕 타임스』 2010년 5월 7일자에 게재된 「터키 의회, 사법기관과 군당국의 쇄신을 지지하다Turskish Parliament Approves Bill to Overhaul Judiciary and Role of Military」, 『인터내셔널 헤럴드 트리뷴International Herald Tribune』

지(뉴욕 타임스의 글로벌 에디션) 2010년 9월 14일자에 세브넴 아르수Sebnem Arsu 가 기고한 「터키, 신헌법에 눈을 돌리다Turkey Sets Its Sights on a Whole New Constitution」.

38. 제이노 바란의 『찢긴 국가Torn Country』와 더불어, 다음 책도 아울러 참고하라. 『터키에서 부상하는 보수주의The Rising Tide of Conservatism in Turkey』에 게재된 「EU와의 관계에 따른 결과Consequences for the Relations with the EU」(121-40), 윌리엄 헤일William Hale 및 에르군 오즈부둔Ergun Ozbudun의 『터키의 이슬람주의, 민주주의, 진보주의Islamism, Democracy, and Liberalism in Turkey』, 아르다 깐 쿰바라치바시Arda Can Kumbaracibasi가 쓴 『터키의 정치와 AKP의 부상Turkish Politics and the Rise of the AKP』.

39. 『월스트리트 저널』 2010년 6월 4일자에 게재된 「터키의 극단적인 드리프트 Turkey's Radical Drift」를 참고하라.

40. 마셜 G. S. 호지슨Marshall G. S. Hodgson의 『이슬람교의 모험The Venture of Islam』 (2:12-61)을 참고하라.

41. 이 주제에 관련한 주요 작품으로 찰스 틸리Charles Tilly의 『서구의 민족국가 형성사 The Formation of National States in Western Europe』가 꼽힌다.

42. 애덤 왓슨Adam Watson이 역사를 개관한 『국제사회의 진화The Evolution of International Society』 11장과 17장에서는 각각 이슬람교의 제도와 베스트팔리아 Westphalia를 다루고 있다. 헤들리 불Hedley Bull이 기고한 글과 애덤 왓슨Adam Watson이 쓴 『국제사회의 팽창The Expansion of International Society』도 아울러 참조하라. 특히 헤들리 불이 「서방세계에 맞선 반란The Revolt against the West」이라고 제목을 붙인 장도 유심히 읽어보라.

43. 존 켈세이가 집필한 『이슬람의 정당한 전쟁을 논하라』를 참고하라.

44. 위르겐 하버마스Jürgen Habermas의 『현대성의 철학적 담론The Philosophical Discourse of Modernity』을 참조. 하버마스가 나온 프랑크푸르트 대학에 관해서는 마틴 제이 Martin Jay가 쓴 『변증적 심상The Dialectical Imagination』을 보라. 지브 스터넬Zeev Sternhell이 최근 집필한 『반계몽전통The Anti-Enlightenment Tradition』(2009)은 합리주의적 근대성을 반계몽사상을 상대하는 계몽사상으로 부활시켰다.

45. 바삼 티비,『이슬람교, 근대성에 몸살을 앓다Islam's Predicament with Modernity』 참조.
46. 튀란 카야오글루Turan Kayaoglu는 「국제관계이론이 본 베스트팔렌식 유럽중심주의Westphalian Eurocentrism in International Relations Theory」에서 방어·문화적으로 해석했다. 위기라는 맥락에서 방어문화의 개념을 이해하려면 바삼 티비의 『근대 이슬람교의 위기The Crisis of Modern Islam』(1~8)를 참고하라.
47. 자둘하크 알리 자둘하크Jadul-Haq Ali Jadul-Haq의 『인류에 고하는 선언Bayan li al-nas(1: 273-91)』을 참고하라.
48. 요제프 샤흐트Joseph Schacht, 『이슬람법 입문An Introduction to Islamic Law』(54~55)을 참고하라.
49. 나세르 하메드 아부 자이드Naser Hamed Abu Zaid의 『이단 정죄시대를 생각하며al-Tafkir fi asr al-Takfir』에 따르면, 이슬람주의자에게 조롱을 당한 진보적 무슬림 중 하나였다고 한다. "타크피르takfir"란 이단 정죄를 일컫는다. 아부 자이드는 2010년 7월에 세상을 떠났다. 그 외에 이슬람주의를 비판한 인물로는 『이슬람주의자들과 이집트에서의 그 기원』을 쓴 압둘라짐 라마단Abdulazim Ramadan이 있는데, 타리크 라마단Tariq Ramadan과 혼동해서는 안 된다. 이슬람주의자를 긍정적인 "혁명가와 개혁가"로 구분하는 서양 논객과는 달리, 압둘라짐 라마단은 그들을 타크피르라고 규정했다. 무함마드 다리프Mohammed Dharif의 『아랍세계에서의 정치적 이슬람교al-Islam al-Siyasi fi al-Watan al-Arabi』도 아울러 참고하라. 이 무슬림 학자들은 이슬람주의에 대한 지식이 서양 학자보다 더 해박하다. 서양에서 출간된 책은 아랍어 원전에 어두워 신빙성이 매우 낮다. 아랍어로 된 이슬람주의 입문서로는 할라 무스타파Halah Mustafa의 『이집트에서의 정치적 이슬람교al-Islam al-Siyasi fi Misr』를 추천한다. 미국 논객들은 이슬람교의 정치와 이슬람주의를 혼동하기도 한다. 이슬람교를 비롯하여, 이슬람주의가 아닌 정치를 심도 있게 연구하고 싶다면 후사인 F. 알나자르Husain F. al-Najjar의 『이슬람교와 정치al-Islam wa al-Siyasa』와 바삼 티비의 「이슬람주의와 이슬람교Between Islam and Islamism」를 참고하라.
50. 『워싱턴 포스트』 2010년 6월 25일, 토마스 파르Thomas Farr, 「오바마는 어떻게 종교의 자유를 방관하고 있는가How Obama Is Sidelining Religious Freedom」, A17.
51. 『뉴욕 타임스』 2009년 3월 16일, 패트릭 프렌치, 「종교로 땅따먹기Touting Religion,

Grabbing Land」, A27.

52. 도널드 에머슨Donald Emmerson의 「포괄적인 이슬람주의: 다양성의 활용Inclusive Islamism: The Utility of Diversity」(22)과, 다니엘 바리스코Daniel Varisco의 「이슬람주의 변조하기Inventing Islamism」(45)는 모두 리처드 마틴과 아바스 바르제가르의 『이슬람주의』에 게재되었다. 폴 버먼Paul Berman의 『지성인들의 비상The Flight of the Intellectuals』(285)도 참고하라.

2장 이슬람주의와 정치질서

1. 정교통합din wa dawla의 원리는 무슬림 형제단의 창시자인 하산 알반나Hasan al-Banna가 고안한 것이다. 그가 남긴 글은 『순교자 알반나 이맘의 문집』에 모았다. 오늘날, 이 전통은 『이슬람 통치 전쟁Ma'rakat al-Islam wa Usual al-Hikm』의 저자 겸 이집트 이슬람주의자인 무함마드 이마라Mohammed Imara가 이어가고 있으며, 이슬람주의의 이데올로기에 대한 분석은 모로코계 무슬림 학자인 무함마드 다리프Mohammed Dharif가 완성했다. 특히 『아랍세계에서의 정치적 이슬람교』의 pp. 253~62를 주목해 보라.

2. 정교일치를 통해 국가의 질서를 재창조한다는, 종교적 원리주의의 야심에 대하여는 마틴 마티Martin Marty와 스콧 애플비Scott Appleby가 쓴 『원리주의 프로젝트The Fundamentalism Project』 3권을 참고하라. 마틴과 애플비가 지휘하고 미국 예술과학협회가 실시하는 프로젝트는 이 장에서 많이 참고했으나, 기반이 되는 지식은 이슬람세계에서 습득한 것이다. 나는 5권 중 두 번째 책에 글을 기고했다. 안타까운 이야기지만, 정치적 이슬람주의와 이슬람교 이데올로기에 관한 문헌을 집필한 서방세계의 전문가들은 이 연구 프로젝트의 결과를 대놓고 무시해버렸다.

3. 이슬람주의가 건설하려는 샤리아국가는 이슬람 조직의 1순위 아젠다이다. 이 사실은 무스타파 A. 파미Mustafa A. Fahmi가 아랍어로 편찬한 『이슬람국가 통치기술Fan al-hukm fi al-Islam』의 기고문에 반영되어 있다. 가장 탁월한 책으로는 무함마드 살림 알아와Mohammed Salim al-Awwa가 쓴 『이슬람국가의 정치 체제Fi al-Nizam al-Siyasi

『Lil dawa al-Islamiyya』를 꼽을 수 있다.

4. 마지드 나와즈Maajid Nawaz, 「위험한 개념과 내분Dangerous Concepts and the Struggle Within」(49).

5. 샤리아를 비롯하여, 이슬람주의의 샤리아화shari'atization 아젠다의 일환으로 꾸며낸 전통에 관하여는 이 책 6장을 참고하라.

6. 이 개념은 앞의 장과, 에릭 홉스봄 및 테렌스 레인저가 집필한『꾸며낸 전통』(1~14)을 참고하라. 독일에서 학위를 취득하고 카이로의 알아즈하르al-Azhar 대학에서 샤리아 학부장을 지낸 마흐무드 자크주크Mahmoud Zakzouk가 집필한『이슬람교 입문 Einfuhrung in den Islam』도 아울러 참조하라.

7. 『원리주의의 과제』에서 "세계의 무질서"의 개념을 상세히 기술했다.

8. 찰스 틸리,『민족국가 형성사The Formation of the National States』(45).

9. 밀턴-에드워즈Milton-Edwards,『현대 세계의 이슬람교와 정치Islam and Politics in the Contemporary World』.

10. 존 브렌크먼John Brenkman,『민주정치의 문화적 모순The Cultural Contradictions of Democrary』(165~70).

11. 『역사의 종말The End of History』에서 보여준, 프랜시스 후쿠야마Francis Fukuyama의 섣부른 예측은 "역사의 귀환"을 요구하는 이슬람주의가 거부해왔다. 좀 더 자세한 사항은 바삼 티비가 쓴『정치적 이슬람교Political Islam』의 서론과 5장을 참고하라. 나는 이미 1995년『문명 전쟁Der Krieg der Zivilisatinen』에서 "역사의 종말"을 주장한 후쿠야마의 견해에 반박하고, "역사의 귀환"을 주장하는 이슬람주의자들이 심각한 문제라고 역설했다. 반박과 주장이 라이벌 문명 모델 간의 역사적 경쟁에 대한 집단기억을 조성하며 동시에 벌어진 것이다. 이런 긴장에서 비롯된 갈등은 문명적 가치관에 기반을 둔 갈등으로 헌팅턴의 "충돌"과 혼동해서는 안 된다. 이 문제에 관하여는 바삼 티비의 「종교·문화적 관행과 정체성 정치를 둘러싼 이슬람Islam between Religious-Cultural Practice and Identity Politics」를 참고하라.

12. 헤들리 불,「서방세계에 맞선 반란」(223).

13. 대니얼 필포트Daniel Philpott, 「9·11 테러의 도전The Challenge of September 11」.

14. 앞서 언급했듯이, 이 장의 연구 결과는 원리주의 프로젝트에 참여한 데서 주

로 얻었다. 프로젝트의 연구는 1989~93년까지 실시했으며 연구 결과는 편집자 겸 의장인 마틴 마티와 스콧 애플비가 집대성한 단행본 다섯 권에 게재되었다. 필자의 소논문 「수니파 아랍 원리주의자의 세계관The Worldview of Sunni-Arab Fundamentalists」은 2권(『원리주의와 사회Fundamentalisms and Society』) 4장에 있다. 나머지 책의 제목은 다음과 같다. 『관찰된 원리주의Fundamentalisms Observed』, 『원리주의와 국가Fundamentalisms and the State』, 『원리주의를 논하다Accounting for Fundamentalisms』, 『원리주의의 이해Comprehending Fundamentalisms』. 필자가 쓴 『원리주의의 과제』 또한 이 프로젝트와 관계가 깊다.

15. 문화연구 프로젝트의 결과물은 로렌스 해리슨Lawrence Harrison과 제롬 케이건Jerome Kagan의 『개발도상 문화: 문화 교체에 관한 소론집Developing Cultures: Essays on Cultural Change』과, 로렌스 해리슨Lawrence Harrison 및 피터 버거Peter Berger의 『개발도상 문화: 사례연구Developing Cultures: Case Studies』 두 권으로 발행되었다. 필자도 두 권에 글을 기고했다.

16. 하산 하나피Hasan Hanafi는 아랍어로 쓴 『이슬람교 원리주의a-Usuliyya al-Islamiyya』에서와는 달리, 영어로 쓴 『이슬람주의Islamism』(리처드 마틴과 아바스 바르제가르가 편저)에서는 "원리주의usuliyaa" 개념이 "서양이 꾸며낸 것"이라는 점을 시사했다(64).

17. 바삼 티비, 「수니파 아랍 원리주의자의 세계관Worldview of Sunni-Arab Fundamentalists」.

18. 바삼 티비, 「종교·문화적 관행과 정체성 정치를 둘러싼 이슬람Islam between Religious-Cultural Practice and Identity Politics」와 『궁지에 몰린 이슬람교Islam's Predicament』의 서론.

19. 이슬람주의자인 무함마드 이미라Mohammed Imara가 『이슬람교의 각성al-Sahwa al-Islamiyya wa al-Tahddi al-Hadari』에서 다룬 문제는 위기를 초래했다. 이는 지난 40년간 내가 중점을 둔 쟁점이기도 했다. 내가 쓴 『이슬람교, 근대성에 몸살을 앓다Islam's Predicament with Modernity』와 그전에 쓴 『근대 이슬람교의 위기The Crisis of Modern Islam』를 참고하라. 이 같은 추론은 히혬Hichem의 『위기의 이슬람교 문화Islamic Culture in Crisis』에서도 계속 이어진다.

20. 미국 예술과학협회의 원리주의 프로젝트가 내놓은 연구 결과에 바탕을 두어 편찬

한 석 권의 백과사전은 이 현상을 감지해가고 있다는 방증이다. 시모어 마틴 립셋 Seymour Martin Lipset의 『민주정치백과The Encyclopedia of Democracy』와 메리 호크스워스Mary Hawkesworth와 모리스 코간Maurice Kogan의 『정부·정치에 관한 루틀리지백과Routledge Encyclopedia of Government and Politics』, 마크 베버Marc Bevier 교수가 집대성한 『정치이론백과The Encyclopedia of Political Theory』를 참고하라. 상기 백과는 이슬람주의가 다른 근대성이 아니라, 전체주의 이데올로기의 본성상 반계몽사상으로 비쳐지는 이슬람식 종교적 원리주의로 보는 것이 옳다고 주장한다.

21. 바삼 티비의 『이슬람교, 근대성에 몸살을 앓다』에서 다원주의를 다룬 7장을 참고하라.

22. 『이슬람교의 제국주의 대응An Islamic Response to Imperialism』이란 제목으로 발행된, 알아프가니al-Afghani의 문집을 참고하라(니키 케디Nikkie Keddie 편집). 아울러 타리크 라마단의 『무슬림 부흥의 기원: 알아프가니와 하산 알반나Aux sources du renouveau musulman:D'al Afghani àHasan al-Banna』도 참고할 것. 『이슬람 개혁주의 100년사Un siecle de reformisme islamique』는 부흥주의자 알아프가니와 이슬람주의자인 알반나 간의 그릇된 연속성을 확립했다. 비판론은 폴 버먼의 『지성인들의 비상』을 참고하라. 베를린에 본거지를 둔 진보주의 무슬림 이민자 랄프 가드반Ralph Ghadban은 『타리크 라마단과 유럽의 이슬람화Tariq Ramadan und die Islamisierung Europas』에서 라마단이 "유럽을 이슬람화Islamization of Europe"하려 한다며 그를 비난했다. 라마단은 이를 부인했으나, 프랑스 페미니스트 작가 카롤리네 푸레스트Caroline Fourest는 『형제 타리크: 타리크 라마단의 위선Brother Tariq:The Doublespeak of Tariq Ramadan』에서 라마단의 발언은 청중에 따라 달라진다고 반박했다. 타리크 라마단의 사상을 개혁으로 보기는 어려울 듯싶다. 타리크 라마단의 『근본적인 개혁Radical Reform』을 참고하라.

23. 전통·고전적 샤리아는 다양성이 특징이다. 정치적 이슬람교가 재창출한 샤리아와는 여러모로 다르다. 이는 6장에서 논의했는데, 바삼 티비의 『문화와 정치의 기로에 선 이슬람교』도 참고하라.

24. 자세한 사항은 바삼 티비의 「신성한 종교가 정치로 귀환하다The Return of the Sacred to Politics as Constitutional Law」를 참고하라.

25. 존 켈세이,『이슬람의 정당한 전쟁을 논하라』(165-66). 아울러 내가 최근에 쓴 「이슬람교의 정당한 전쟁, 존 켈세이와 샤리아식 논리John Kelsay and Shari'a Reasoning in Just War in Islam」도 참고하라.

26. 앨버트 버제센이 편저한 『쿠틉 선집The Qutb Reader』을 참고하라. 영향력 면에서는 사이드 쿠틉의 아랍어 원서인 『진리를 향한 이정표Ma'alim fi al-tariq』(5~10, 201-2)가 가장 탁월하다. 쿠틉에 대하여는 록산느 오이벤Roxanne Euben의 『거울 속의 적 Enemy in the Mirror』(54-55)을 참고하고, 하산 알반나에 대해서는 이 책 5장과, 그가 쓴 『순교자 알반나 이맘의 문집』을 참조하면 좋을 것이다. 사상가이자 이슬람주의의 철학적 기반에서 지성을 갖춘 저자로서 숱한 작품을 남긴 쿠틉과는 달리, 알반나는 단순히 지하드운동을 실천하는 운동가였다. 그의 손자인 타리크 라마단이 주장한 바와 같이, 무슬림 개혁Renouveau Musulman의 기둥은 아니었다. 알반나는 첫 이슬람주의 조직의 선전가였다. 그의 저서에서 지하드를 다룬 내용은 pp. 271-92에 있는데, 이는 지하드를 새롭게 해석함으로써 지하드운동 이데올로기의 이정표가 되고 있다. 역사가 제프리 허프Jeffrey Herf는 문헌에 근거한 담화에서 알반나와, 반유대주의자인 예루살렘의 무프티 아민 알후세이니Mufti of Jerusalem Amin al-Husseini(히틀러를 만나 그와 공조한 적이 있다)의 관계를 밝혔다. 허프의 『아랍세계를 향한 나치 선전Nazi Propaganda for the Arab World』을 참고하라.

27. 폴 클리테르Paul Cliteur,『세속적인 관점The Secular Outlook』.

28. 전통적인 샤리아의 비무슬림 영역(예컨대, 유럽)은 전쟁의 거처dar al-harb로 분류된다. 혹자는 "온건파 이슬람주의자"로 규정한 반면, 어떤 이는 "위선자double-speak"로 몰아세우고 있는 타리크 라마단은 유럽을 더는 "전쟁의 거처"로 간주하지 않고 "이슬람의 영토권dar al-shahadah"으로 규정한다. 이렇게 시각이 달라진 것을 가리켜 지식이 어설픈 유럽인들은(라마단 사상의 의미를 이해하지 못한 듯싶은) 진보주의화의 일면이라고 하는 데다, 라마단이 유럽을 "이슬람교의 집house of Islam"이라고 불렀다는 이유로 유럽에 사는 무슬림들이 현 대륙을 이슬람 영토로 만든다고 한다. 이 문제에 대해서는 바삼 티비의 「두려움이라는 민족성?Ethnicity of Fear?」을 참고하라.

29. 이렇게 적용한 것은 유럽의 온라인 잡지 Signandsight.com에 영문으로 게재된 논쟁에서 비판을 받고 있다. 유럽화된 이슬람교로 알려진 유럽계 이슬람교는 라마단 접근

방식의 대안이다. 내 기고문을 비롯하여, 논의를 담은 기고문 중 일부는 티에리 헤르벨Thierry Chervel이 편집한 『유럽의 이슬람교Islam in Europa』에 게재되어 있다.

30. 이 결정적인 시기에 대하여는 바삼 티비의 『중동의 갈등과 분쟁Conflict and War in the Middle East』(3, 4장, 개정판에는 추가된 12장)을 참고하라. 정당성 위기를 다룬 주요 서적으로는 푸아드 아자미Fouad Ajami가 쓴 『궁지에 몰린 아랍The Arab Predicament』 (50~75, 원리주의)을 꼽을 수 있다(십수 쇄 발행). 허드슨의 고전문헌인 『아랍 정치Arab Politics』(1~30, 서론)도 읽으면 유익하다.

31. 자세한 정보는 캐리 로제프스키 위컴Carry Rosefsky Wickham의 『이슬람교 동원하기 Mobilizing Islam』를 참고하라. 이집트 개관은 필자의 「개발의 본보기인 이집트Egypt as a Model of Development」 참조.

32. 바삼 티비, 「이슬람교의 세속화와 세속화의 탈피Secularization and De-Secularization in Islam」(6장)를 참고하라. 세속화는 『이슬람교, 근대성에 몸살을 앓다』에서 다루었다.

33. 헤들리 불의 「서방세계에 맞선 반란(222)」을 참고.

34. 제이노 바란Zeyno Baran의 「이념의 전쟁을 벌이다Fighting the War of Ideas」와 왈리드 파레스Walid Phares의 『이념의 전쟁The War of Ideas』을 비롯하여, 에릭 패터슨Eric Patterson과 존 갤러거John Gallagher가 편저한 『이념의 전쟁을 논하다Debating the War of Ideas』에 최근 기고한 글도 읽어볼 만하다.

35. 이슬람주의와 정치질서에 대하여는 이집트의 유력한 "온건파" 이슬람주의자들이 집필한 문헌을 참고하라. 이를테면, 무스타파 A. 파미Mustafa A. Fahmi의 『이슬람국가 통치기술Fan al-hukm fi al-Islam』과 무함마드 살림 알아와Mohammed Salim al-Awwa가 쓴 『이슬람국가의 정치 체제Fi al-Nizam al-Siyasi lil dawla al-Islamiyya』가 있다.

36. 록산느 오이벤, 『거울 속의 적Enemy in the Mirror』(55)을 참고할 것. 쿠틉의 영향력을 입증한 책으로는 데이비드 쿡의 『지하드의 이해Understanding Jihad』(102~6)가 있다.

37. AKP에 대하여는 제이노 바란의 『찢긴 국가』(2, 3, 5장)를 참고하라. 1995년 필자가 빌켄트Bilkent 대학의 객원교수로 재직할 당시, 유능한 터키 학생 중 하나는 논문 「쿠틉, 그가 터키계 이슬람 지성인에게 미친 영향Qutb and His Influence on Turkish-Islamic Intellectuals」을 완성하기도 했다(미발행). 터키계 이슬람주의에 대해서는 바

삼 티비의 「위험한 터키 이슬람주의자들」을 참고하라.

38. 대니얼 필포트가 쓴 「9·11 테러의 도전」을 참고하고, 힐렐 프리슈와 에프라임 인바르가 공동집필한 『급진주의 이슬람교와 국제안보Radical Islam and International Security』에 내가 기고한 「종교적 극단주의인가, 정치의 종교화인가?」도 아울러 살펴보라.

39. 나는 로만 헤어초크Roman Herzog 등이 새뮤얼 헌팅턴을 겨냥하여 쓴 『문명의 충돌 예방하기Preventing the Clash of Civilization』에 「국제적 도덕성과 문화교류International Morality and Cross-Cultural Bridging」라는 제목으로 한 챕터를 기고했다. 책이 발행될 무렵, 헤어초크는 독일 연방공화국Federal Republic of Germany의 대통령이 되었다. 제이노 바란의 『이방 무슬림The Other Muslims』에 내가 기고한 「유럽계 이슬람교 Euro-Islam」도 아울러 참고하라.

40. 4장을 비롯하여, 역사에 대한 분석은 포괄적으로 접근한 나의 논문 『십자군 전쟁과 지하드』(역사·사회학적으로 역사를 8개의 시기로 하위분류했다)를 참고하라. 선입견을 아주 벗어나진 않았으나 그나마 정통한 연구서로는 에프라임 카르시Efraim Karsh가 쓴 『이슬람 제국주의Islamic Imperialism』를 권한다.

41. 제프리 파커Geoffrey Parker의 『군사혁명과 서방세계의 부상The Military Revolution and the Rise of the West』과 필립 커틴Philip Curtin의 『세계와 서방세계The World and the West』를 참고하라.

42. 나의 스승인 위르겐 하버마스가 쓴 『현대성의 철학적 담론』은 연구의 주요 참고자료가 되었다. 근대성은 여느 종교적 원리주의와 마찬가지로, 이슬람주의를 이해하는 데도 중요하다. 근대성의 영향은 이런 현상의 전반적인 맥락으로, 이슬람주의 향수의 특징 역시 이를 전제로 벌어지는 전통의 근대식 변조를 반영한다. 이슬람주의 향수에 대하여는 존 켈세이의 『이슬람교와 전쟁Islam and War』(114-18)을 참고하라.

43. 이슬람교와 문화적 다원주의에 대하여는 앤서니 리드Anthony Reid와 마이클 길세넌Michael Gilsenan의 『다원 아시아의 이슬람교 정통성Islamic Legitimacy in Plural Asia』을 비롯하여, 내가 기고한 「이슬람교와 문화적 근대성」 및 『이슬람교, 근대성에 몸살을 앓다』 7장을 참고하라.

44. 바트 예오르Bat Ye'or의『이슬람교와 딤미튜드Islam and Dhimmitude』.
45. 새뮤얼 P. 헌팅턴의『제3의 물결The Third Wave』(13).
46. 찰스 틸리,『강요, 자본 및 유럽 국가Coercion,Capital and European States』(191).
47. 독자는 민족국가가 탈식민화 과정 중 비서방세계에서 신규 독립국가로 부상했다는 사실을 떠올릴 것이나, 사실 신흥국가는 체력이 약하다. 좀 더 자세한 정보는 로버트 잭슨Robert Jackson의『준국가Quasi-States』를 참고하라. 아랍세계에서 이 같은 과정을 가리켜, 실은 부족이 실권을 쥔 "유명무실한 국가nominal states"가 출현한 것이라고 해도 과언은 아닐 것이다. 좀 더 구체적인 정보는 바삼 티비의「비동시성의 동시성The Simultaneity of the Unsimultaneous」을 참고하라.
48. 마이클 바넷Michael Barnett의『아랍 정치의 대화Dialogue in Arab Politics』와 비벌리 밀턴-에드워즈Beverly Milton-Edwards의『중동의 현대 정치Contemporary Politics in the Middle East』, 필자가 쓴『아랍의 국가제도Das arabische Staatensystem』를 참조하라.
49. 바삼 티비의『아랍 민족주의Arab Nationalism』.
50. 옥스퍼드의 제임스 피스카토리James Piscatori 같은 기성학자들의 작품도 이슬람주의의 국제주의와 범이슬람주의를 혼동한다. 샤람 아크바르자데Shahram Akbarzadeh와 페티 만수리Fethi Mansouri의『이슬람교와 정치적 폭력Islam and Political Violence』에 그가 기고한 장을 보면 이 둘과 관련된 개념을 혼동하고 있다. 때문에 같은 책에 수록된 필자의「지하드운동과 문명의 충돌Jihadism and Intercivilizational Conflict」과는 서로 대립된다. 현대 문명의 충돌이 벌어진 점에 대한 역사를 개괄적으로 살펴보려면 페르낭 브로델Fernand Braudel의『문명의 역사A History of Civilization』(41~114)를 참고하라.
51. 오늘날, 유수프 알카라다위Yusuf al-Qaradawi는 사이드 쿠틉과 그의 전통을 잇는 후계자로 활약하고 있다. 삼부작으로 된 알카라다위의『이슬람교식 해결책의 필연성Hatmiyyat al-hall al-Islami』은 부지기수로 발행되었다. 첫 권의 제목은『외부에서 도입된 해결책hulul mustawrada』이다.
52. 찰스 커즈먼Charles Kurzman의『진보주의 이슬람Liberal Islam』.
53. 프랑크 J. 레흐너Frank J. Lechner와 존 볼리John Boli의『세계화와 독자The Globalization Reader』(8부, 358~63).

54. 바삼 티비의 『십자군 전쟁과 지하드Kreuzzug und Djihad』(1, 4장) 및 프레드 도너Fred Donner의 『초기 이슬람 정복The Early Islamic Conquests』을 참고하라. 이 책은 도너가 수십 년 전에 쓴 것으로 미국의 이슬람연구에 적용된 최근 문헌(『무함마드와 신도들Muhammad and the Believers』)보다 귀감이 된다. 두 책보다 더 권하고 싶은 서적은 야히야 블란킨십Yahya Blankinship의 『지하드 국가의 종말The End of the Jihad State』이다. 근거가 확실했다면 좀 더 가치가 빛났을 법한, 에프라임 카르시의 『이슬람 제국주의Islamic Imperialism』는 매우 도발적이나 일리가 있는 데다 도너가 쓴 신간보다는 역사적 사실에 더 가까우니 참고하기 바란다.

55. "이슬람 지지사상Islamicate (Islamdom)"과 "국제문명international civilization" 및 "국제의 질서international order"는 마셜 호지슨이 『이슬람교의 모험The VenVenture of Islam』 2권에서 지어낸 말이다.

56. 산업화된 전쟁에 대해서는 앤서니 기든스Anthony Giddens의 『역사적 물질주의 비판A Contemporary Critique of Historical Materialism』(2권)과 『민족국가와 폭력Nation-State and Violence』을 참고하라.

57. 이슬람주의식 반유대주의의 주요 원전이 된, 쿠툽의 「유대인과의 투쟁Our Struggle against the Jews」에 대하여는 이 책 3장과 여기에 소개된 참고자료를 살펴보라.

58. 결국, 이슬람주의는 세계의 질서에 대한 사상이나, 두 비전이 라이벌 구도를 이루고 있다. 이슬람주의식 국제주의와 수니·시아파의 경쟁에 대하여는 바삼 티비의 『정치적 이슬람교와 세계의 정치 및 유럽Political Islam, World Politics, and Europe』(2부)을 참고하라.

59. 에릭 R. 울프의 『유럽, 그리고 역사가 없는 민족Europe and the People without History』을 참고하라.

60. 프랜시스 후쿠야마의 「정체성, 이민, 그리고 진보적 민주정치Identity, Immigration and Liberal Democracy」와 이전 작품인 『역사의 종말End of History』을 참고하라.

61. 어네스트 겔너의 『종교와 포스트모더니즘Religion and Postmodernism』(84).

62. 슐로모 아비네리와 나의 기고문, 어네스트 겔너와 클리포드 기어츠의 논쟁 등을 담은 에라스무스재단the Erasmus Foundation의 『다원주의의 한계The Limits of Pluralism』를 참고하라.

63. 1994년 5월, 나는 현장에서 겔너Gellner와 기어츠Geertz의 열띤 논쟁을 직접 겪었다. 인용문은 논의 당시 적었던 내용에 근거한다.
64. 따라서 튀란 카야오글루Turan Kayaoglu의 「국제관계이론이 본 베스트팔렌식 유럽 중심주의Westphalian Eurocentrism in International Relations Theory」는 틀린 셈이다. 1, 4장의 논쟁도 참고하라.
65. 펠드먼Feldman의 『이슬람국가의 흥망성쇠Fall and Rise of the Islamic State』를 참고하라. 이슬람주의의 샤리아국가를 다르게 해석한 것은 내가 쓴 『원리주의의 과제』(6~8장)를 참고하라.

3장 이슬람주의와 반유대주의

1. 이 문제에 대해서는 귀감을 주는 책은 로버트 위스트리치Robert Wistrich의 『치명적인 집착Lethal Obsession』과 앤서니 줄리어스Anthony Julius의 『디아스포라의 시련Trials of the Diaspora』을 참고하라. 이 문제를 홀로코스트에 연관시킨 문헌은 아래 주석에 소개했다. 이 장은 연구차 중동에 방문했을 당시 수집했던 아랍·이슬람주의 문헌을 분석한 바에 기초하며, 2008년에서 2010년 사이 워싱턴 DC 소재 미국 홀로코스트 추모박물관의 홀로코스트 고등연구센터the Center for Advanced Holocaust Studies에서 완성되었다. 2008년 봄과 2010년 여름, 나는 본 기관의 반유대주의 연구를 위해 주디스 B. 및 버튼 P. 레스닉 객원 학자로 지명되었다.
2. 에드워드 로트스타인Edward Rothstein은 2010년 7월 5일자 『뉴욕 타임스』지에 기고한 「엑소시즘도 통하지 않는 증오A Hatred That Resists Exorcism」(C1, C5)에서 주석 1에 인용한 문헌을 논의했다. 3장은 이 주제를 두고 일찍이 내가 연구한 바를 계속 다룰 것이다. 「현대 이슬람주의의 이데올로기의 대중 정책과, 반미주의 및 반유대주의의 결합Public Policy and the Combination of Anti-Americanism and Antisemitism in Contemporary Islamist Ideology」과 『사이드 쿠틉에서 하마스까지From Sayyid Qutb to Hamas』를 참고하라.
3. 에드워드 로트스타인의 「엑소시즘도 통하지 않는 증오」(C5).

4. 버나드 루이스Bernard Lewis의 「또 다른 반유대주의The New Antisemitism」(25~26). 루이스가 집필한 『이슬람교의 유대인The Jews of Islam』은 권위를 인정받은 데다 주제연구의 참고자료로 손색이 없다. 버나드 루이스의 『유대주의자와 반유대주의자 Semites and Antisemites』도 참고하라.
5. 앤드류 보스텀이 편저한 『이슬람교식 반유대주의의 유산』은 정보는 매우 풍부하나, 한편으로는 미묘한 차이를 바로잡아주지 못한 채 성급하게 일반화한 면이 있다.
6. 2005년 8월 20~21일자 『쥐드도이체 자이퉁Süddeutsche Zeitung』지에 보도된 기사를 참고하라.
7. 세속적 아랍 민족주의에 대하여는 바삼 티비의 『아랍 민족주의』를 참고하라.
8. 로버트 위스트리치의 『치명적인 집착』과 앤서니 줄리어스의 『디아스포라의 시련 Trials of the Diaspora』 및 안드레이 마코비츠Andrei Markovits의 『미국이 미운 이유 Uncouth Nation: Why Europe Dislikes America』를 참고하라. 이슬람주의의 반미주의를 다룬 어느 문헌은 유대인 로비lobby가 미국을 지배한다는 편견을 버리지 못했다. 믿기진 않겠지만, 미국의 저명한 교수 중 최소 두 명은 이 같은 선입견을 인정한다. 존 미어샤이머John Mearshheimer와 스티븐 왈트Stephen Walt의 『이스라엘 로비와 미국의 대외정책The Israel Lobby and US.Foreign Policy』을 참고하라. 이슬람주의자들이 반미주의를 정당화하는 데 이를 주로 인용한다.
9. 전 주석에서 이용한, 안드레이 마코비츠의 반미주의 관련서적과 더불어, 피터 카첸슈타인Peter Katzenstein과 로버트 코헤인Robert Keohane이 편저한 『세계정치의 반미주의Anti-Americanism in World Politics』도 언급할 가치가 있다. 비록 미크 린치가 이슬람교와 중동을 다룬 장은 매우 부실하지만 말이다. 한마디로 옥의 티라는 이야기다.
10. 막심 로댕송Maxime Rodinson(1915~2004)의 『유대인인가, 유대인의 문제인가?Peuple Juif ou probleme juif?』(135~52).
11. 바삼 티비의 『음모Die Verschworung』(서론과 1장).
12. 버나드 루이스의 『이슬람교의 유대인The Jews of Islam』은 "유대·이슬람교의 전통(2장, 67~106)"과 그 "끝(4장, 154~92)"을 살펴보는 데 탁월한 문헌이다.

13. 마틴 크레이머Martin Kramer의 『유대인을 발견한 이슬람교The Jewish Discovery of Islam』.

14. 2010년 5월, AKP와 연계된 이슬람주의 자선단체인 인사니 야르딤 바크피Insani Yardim Vakfi(IHH)는 군함으로 가자지구를 봉쇄한 이스라엘에 도전하기 위해 구호물품을 실은 소함정 부대를 보냈다. 이스라엘 특전사가 한 함정에 오르자 9명의 터키 운동가들(미국 여권을 소지)은 사망하고, 십수 명과 7명의 이스라엘 군은 부상했다. 이스라엘은 함정에는 구호물자가 없었으며 무장공격에 대응해야 했다고 밝혔다. 소함정 사건은 국제적인 소요사태를 불러일으켰고 이스라엘의 이미지는 대폭 추락하고 말았다. 2010년 7월 16일자 『뉴욕 타임스』(A4)지에 보도된 「이슬람의 자선Islamic Charity」과 2010년 7월 10일자 『워싱턴 포스트』(A8), 스티븐 로젠Steven Rosen이 2010년 6월 10일자 『월스트리트 저널』지에 보도한 「에르도안과 이스라엘 카드Erdogan and the Israel Card」(A21)를 보라. 로젠의 기사는 "터키인의 73%는 유대인에 대하여 부정적인 편견을 갖고 있다"는 「2009년 PEW 설문조사」를 인용했다. AKP 출신 총리인 T. 에르도안T. Erdogan은 선거에서 이 카드를 내놓는다. 즉 그는 이스라엘의 잘못을 들춰내어 유대국가와의 관계를 동결시키고 터키와 하마스의 유대감을 돈독히 하기 위해 여론을 이용한 것이다. 2010년 7월 5일자 『워싱턴 포스트』(A7)지의 보도에 따르면, "언론인을 마구 체포하는 총리는 독재 성향을 보이며… 일부 터키 칼럼니스트에게는 "이스라엘의 꼭두각시"라는 누명을 씌어 투옥시키기도 했다"고 하나 대개 재판은 실시되지 않은 것으로 나타났다.

15. 아랍의 독일애호사상에 관한 자세한 정보는 『아랍 민족주의』 3판을 참고하고, 나치와 아랍 민족주의자의 커넥션에 대하여는 제프리 허프Jeffrey Herf의 『아랍세계를 향한 나치 선전』을 참고하라. 루카스 히르조비츠Lukas Hirszowicz의 고전인 『제3제국과 동부 아랍The Third Reich and the Arab East』은 지금도 읽을 가치가 있다.

16. 츠비 엘펠레그Zvi Elpeleg의 『위대한 무프티, 알후사이니The Grand Mufti al-Husaini』와 클라우스 겐시케Klaus Gensicke의 박사학위 논문 『예루살렘 무프티와 나치Der Mufti von Jerusalem und die Nationalsozialisten』 및 제프리 허프의 『아랍세계를 향한 나치 선전』을 참고하라. 폴 버먼은 『지성인들의 비상』(2-4장)에서 이슬람주의식 반유대주의를 상세히 다루었다. 그는 「베일에 싸인 진실」을 쓴 마크 린치에게는 신랄한

비판을 받았으나 2010년 5월 14일자 『뉴욕 타임스』지에 「사기꾼The Pretender」을 기고한 앤서니 줄리어스에게는 찬사를 받았다. 외부에서 도입된 반유대주의는 메이어 리트박Meir Litvak과 에스터 웨브먼Ester Webman이 『공감에서 부정까지From Empathy to Denial』에서 다룬 변화를 해명한다.

17. 버나드 루이스의 「또 다른 반유대주의The New Anti-Semitism」.
18. 무함마드 Y. 무슬리Muhammed Y. Muslih가 집필한 『팔레스타인 민족주의의 기원The Origins of Palestinian Nationalism』과 즈비 엘펠레그Zvi Elpeleg의 『위대한 무프티, 알후사이니The Grand Mufti』를 참고하라.
19. 바삼 티비의 『아랍 민족주의』.
20. 근거가 탄탄한 사례는 파루크 압둘살람Faruq Abdul-Salam의 『정당과 정교분리al-Ahzab al-Siyasiyya wa al-Fasl bayn al-din wa al-Dawla』(23)를 참고하라.
21. 이 주장에 대해서는 내가 「지하디스트 이슬람주의Der djihadistische islamismus」에서 상세히 논의했다.
22. 세속화와 세속화의 탈피는 6장과 바삼 티비의 『이슬람교, 근대성에 몸살을 앓다』를 참고하라.
23. 사례는 월터 라커Walter Laqueur의 『달라지는 얼굴The Changing Face』(125~50, 191~206) 및 버나드 해리슨Bernard Harrison의 『반유대주의의 부활The Resurgence of Antisemitism』(1~26)을 참고하라. 필리스 체슬러Phyllis Chesler의 『새로운 반유대주의The New Antisemitism』도 이 같은 오류가 있긴 하지만 읽을 가치가 있다.
24. 로버트 위스트리치의 『무슬림의 반유대주의Muslim Antisemitism』(44)를 참고하라. 월터 라커와 마티아스 쿤첼Mattias Küntzel도 각각 『달라지는 얼굴The Changing Face』(141, 197)과 『지하드와 유대인혐오증Jihad and Jew-Hatred』에서 비슷한 오류를 범했다. 비판의 여지는 있지만, 권위를 인정받은 위스트리치의 『치명적인 집착』이 향후 반유대주의 연구에 지대한 영향을 미치리라는 점에는 공감한다. 워싱턴 DC 소재 미국 홀로코스트 추모박물관 부속 홀로코스트 고등연구센터도 대문자나 하이픈이 없는 "반유대주의antisemitism"를 채택했는데, 실은 라커가 원조다. 필자는 앤드류 보스텀의 『이슬람교식 반유대주의의 유산』을 비롯하여, 그가 반유대주의를 유대인 혐오증과 동일시한 점을 반증하는 데 한나 아렌트의 견해를 인용한다. 반면, 아렌

트는 『전체주의의 기원』의 서문에서 "반유대주의는 단순히 유대인혐오증이 아니다"라고 못 박았다. 보스텀의 문헌에는 우익성향을 띤 독일의 한스 페테르 라다츠Hans Peter Raddatz가 「이슬람교의 반유대주의Antisemitism in Islam」(643~49)에서 노골적으로 서술한 이슬람혐오증도 담겨 있다.

25. 사이드 쿠틉, 『유대인과의 투쟁Ma'rakatuna ma'a al-Yahud』(15, "물질적인 소득을 위해서가 아니다"; 36, "이는 지속적인 전쟁이다").

26. 같은 책, 21.

27. 왈리드 파레스Walid Phares의 『이념의 전쟁War of Ideas』을 참고하라. 그 대안은 바삼 티비의 「가치 체계와 질서 개념의 문명적 갈등Inter-Civilizational Conflict between Value Systems and Concepts of Order」을 참고하라.

28. 사이드 쿠틉의 『유대인과의 투쟁』(31).

29. 같은 책, 33.

30. 같은 책, 32.

31. 같은 책, 27.

32. 같은 책(33, "십자군·시온주의자 전쟁crusader-Zionist war"; 23, "유대인은 선동자였다").

33. 살라 A. 알할리디Salah A. al-Khalidi의 『사이드 쿠틉의 시각으로 본 미국Amerika min al-dakhil bi minzar Sayyid Qutb』과 필자의 「현대 이슬람주의의 이데올로기의 대중 정책과, 반미주의 및 반유대주의의 결합」도 참고하라.

34. 2008년 11월 25일자 『USA 투데이』지에 실린 「알카에다의 또 다른 거짓말House-Negro Job Is Just Another of al-Qaeda Lies」에서 발췌.

35. 2009년 4월 7일자 『뉴욕 타임스』지에 실린 「오바마 대통령, 미국은 이슬람과의 결속을 원한다America Seeks Bonds to Islam, Obama Insists」(A1). 이 메시지는 오바마 대통령이 같은 해 6월 4일 카이로에서 이슬람교 세계인을 대상으로 했던 연설에서 반복되었다. 2009년 6월 5일자 『인터내셔널 헤럴드 트리뷴』지(A1, A4)에 게재된 기사를 참고하라.

36. 월터 라커의 『달라지는 얼굴The Changing Face』(10). 라커가 주장한 현상은 유럽의 이슬람 소수집단의 종족화를 둘러싼 일면으로, 좀 더 구체적인 정보는 유럽의 이슬람 소수집단을 다룬 장과 롤런드 수Roland Hsu의 『소수민족의 유럽Ethnic Europe』에서

유럽에 사는 유대인 공동체를 참고하라.

37. 월터 라커의 『달라지는 얼굴』(200). 음모론적 사고방식의 기원을 살펴보려면 바삼 티비의 『음모』를 참조할 것.

38. 패터슨과 갤리거가 『이념의 전쟁을 논하다Debating the War of Ideas』에 실은 기고문을 참고하라.

39. 이 의식에 관하여는 그레이엄 풀러Graham Fuller의 『포위의식A Sense of Seige』을 참고하라.

40. 알리 M. 자리샤Ali M. Jarisha와 무함마드 Sh. 자이바크Mohammed Sh. Zaibaq의 『이슬람세계에 대한 지적 침략법Asalib al-Ghazu al-Fikri lil alam al-Islami』(3~4)을 참고하라.

41. 사이드 쿠틉의 『유대인과의 투쟁』(21)을 보라.

42. 알리 M. 자리샤와 무함마드 Sh. 자이바크의 『이슬람세계에 대한 지적 침략법』(150)을 참고하라.

43. 이 차이에 관해서는 레슬리 립슨Leslie Lipson의 『문명의 윤리적 위기The Ethical Crisis of Civilizations』(62~66)와 바삼 티비의 『십자군 전쟁과 지하드』(5장)를 참조하라.

44. 알리 M. 자리샤와 무함마드 Sh. 자이바크의 『이슬람세계에 대한 지적 침략법』(9)을 참고하라.

45. 유대교와 이슬람교의 연합에 대한 증거는 스티븐 런시맨Steven Runciman의 『십자군 전쟁의 역사History of the Crusades』를 참고하라.

46. 알리 M. 자리샤와 무함마드 Sh. 자이바크의 『이슬람세계에 대한 지적 침략법』(20)을 참고하라.

47. 버나드 루이스의 논문집과 마틴 크레이머가 편저한 『유대인을 발견한 이슬람교The Jewish Discovery of Islam』를 참고하라.

48. 무함마드 알바히Mohammed al-Bahi, 『현대 이슬람 사상과 서구 식민주의의 관계』는 동양주의에 대한 색인을 담아(528-53) 유럽계 동양주의자(일부는 "유대인"으로 규정된)의 명단을 밝혔다. 아즈하르 쉐이크 알바히Azhar-Sheykh al-Bahi는 나치 집권 당시 독일 함부르크 대학에서 박사학위를 취득했다. 이 논문에서는 이름이 알바히al-Bahy로 음역되었다.

49. 알리 M. 자리샤와 무함마드 Sh. 자이바크의 『이슬람세계에 대한 지적 침략법』(37~39)을 참고하라.
50. 같은 책, 110~11, 150.
51. 같은 책, 202. 이슬람교가 다원주의로 골머리를 앓고 있다는 증거가 된다. 이 문제는 바삼 티비의 『이슬람교, 근대성에 몸살을 앓다』(7장)를 참고하라.
52. 알리 M. 자리샤와 무함마드 Sh. 자이바크의 『이슬람세계에 대한 지적 침략법』(179)을 참고하라.
53. 같은 책, 203, 대니얼 파이프스Daniel Pipes의 『숨은 손The Hidden Hand』과 바삼 티비의 『음모』를 참고하라.
54. 종교화에 대하여는 바삼 티비의 「종교적·문화적 관행과 정체성 정치를 둘러싼 이슬람교」를 참고하라.
55. 중동 분쟁에서 이슬람교가 차지하는 입지는 리파아트 S. 아메드Rifaat S. Ahmed의 『이슬람과 충돌: 이슬람과 아랍-이스라엘 충돌에 대한 연구al-Islam wa qadaya al-Sira' al-Arabi al-Israeli』와, 밀턴·에드워즈의 『팔레스타인의 이슬람 정치Islamic Politics in Palestine』와 제이컵 라스너Jacob Lassner 및 일란 트론Ilan Troen의 『아랍세계의 유대인과 무슬림Jews and Muslims in the Arab World』을 참고하라.
56. 무신 알안타와비Muhsin al-Antawabi의 『우리가 유대인과의 평화를 거부하는 이유 Limatha narfud al-Salam ma'a al-Yahud』.
57. 마티아스 쿤첼의 『지하드와 유대인혐오증Jihad and Jew-Hatred』(109). 테러리스트 조직 하마스에 관하여는 매튜 레빗의 『하마스Hamas』와, 2010년 6월 29일자 『워싱턴 포스트』(A9)지에 게재된 리처드 코헨Richard Cohen의 「하마스, 동포를 위협하다Hamas, a Threat to Its Own People」(A19)도 참고하라. 캠브리지에 본거지를 둔, 팔레스타인인 할리드 후룹Khalid Hurub은 「미국의 눈으로 본 하마스Hamas Viewed in American Eyes」에서 레빗의 책을 왜곡하고 맹비난했다. 이 평론은 아랍·사우디의 지원을 받는 신문 『알하야트al-Hayat』지에 게재되었다. 하마스 헌장은 아랍어 원문에서 인용했으며 필자가 직접 번역했다. 헌장 전문(아랍어)은 아메드 이줄딘Ahmed Izzuldin의 『이슬람 저항운동 하마스Harakat al-Muqawamha al-Islamiyya Hamas』(43~82)에 수록되어 있다.

58. 매튜 레빗Muhsin al-Antawabi의 『하마스』(30)를 참고하라.
59. 하마스 헌장.
60. 같은 책.
61. 폴 맥거프, 2009년 4월 13일자 『인터내셔널 헤럴드 트리뷴』지에 게재된 「하마스의 달라진 얼굴The Changing Face of Hamas」.
62. 삼부작으로 된 알카라다위의 『이슬람교식 해결책의 필연성』은 전 장에 인용되었다.
63. 월터 라커의 『달라지는 얼굴』(199)에서 인용.
64. 제삼세계주의에 대하여는 바삼 티비의 「막스 호르크하이머와 이슬람주의식 전체주의의 유산The Legacy of Max Horkheimer and Islamist Totalitarianism」과 바삼 티비의 「이방인, 현대의 제2의 유대인?Foreigners: Today's New Jews?」도 참고하라.
65. 바삼 티비의 「현대 이슬람주의의 이데올로기의 대중 정책과, 반미주의 및 반유대주의의 결합」과 주석 9를 참고하라.
66. 안드레이 마코비츠의 『미국이 미운 이유Uncouth Nation』(180).
67. 바삼 티비, 「두려움이라는 민족성?」과 롤런드 수Roland Hsu의 『소수민족의 유럽 Ethnic Europe』을 참고하라.
68. 안드레이 마코비츠의 『미국이 미운 이유』(195)와 바삼 티비의 「이방인, 현대의 제2의 유대인?」을 참고하라.
69. 안드레이 마코비츠의 『미국이 미운 이유』(180, "이 이민자들이 각성할 때"; 194, "목소리를 높였다").
70. 제프리 허프, 『역사적 관점에서 본 반유대주의와 반시온주의Antisemitism and Anti-Zionism in Historical Perspective』, 특히 서문의 x~xix와 마코비츠가 쓴 장을 참고하라.
71. 하니프 쿠레이시Hanif Kureishi(1954~)가 2005년 8월 11일자 『노이에 취르허 차이퉁Neue Zurcher Zeitung』지에 기고한 「문화의 사육제. 진리의 근본 개념에 대한 항변Der Karneval der Kulturen. Ein Pladoyer gegen fundamentalstische Wahrheitsbegriffe」.
72. 영국의 이슬람 소수집단에 대하여는 멜라니 필립스Melanie Phillips의 『런더니스탄Londonistan』을 참고하라.
73. 조나단 로렌스Jonathan Lawrence와 저스틴 베이스Justin Vaisse의 『이슬람교의 통합

Integrating Islam(233)』을 보면 두 저자는 이 점을 이해하지 못했다. 이와 대조를 이루는 내용은 바삼 티비의 「이민 이야기A Migration Story」를 참고하라. 나의 글은 이슬람 소수집단의 반유대주의를 다뤘다. "이슬람을 통합"한다는 주장은 유럽의 무슬림이 제대로 통합되지 않은 현실을 감안해볼 때 모순임이 입증되었다. 증거와 관련 문제는 바삼 티비의 『정치적 이슬람교』(5,6장)와 「두려움이라는 민족성?」을 참고하라.

74. 로렌스와 베이스의 말을 풀어쓴 글이다.
75. 세이란 아테스Seyran Ateş, 『다문화 실수*Der Multikulti-Irrtum*』(253)를 참고하라.
76. 제프리 허프가 마티아스 쿤첼의 『지하드와 유대인혐오증』(vii-xvii)에 기고한 서문.
77. 바삼 티비가 2001년 1월 15일자 『디 벨트*Die Welt*』(2)지에 기고한 「이슬람주의는 급진주의 권리만큼이나 위험하다Der Islamismus ist genauso gefährlich wie der Rechtsradikalismus」. 유럽의 이슬람 소수집단에서 과격화된 이슬람주의에 대하여는 마크 세이지먼Marc Sageman의 『리더 없는 지하드*Leaderless Jihad*』(71~88)를 참고하되, 그가 관련 이데올로기와 조직을 이해하지 못했다는 점을 염두에 두라.
78. 바삼 티비의 「이슬람교를 유럽화할 것인가, 유럽을 이슬람화할 것인가Europeanizing Islam or the Islamization of Europe」를 참고하라.
79. 카롤리네 푸레스트는 『형제 타리크*Brother Tariq*』와 폴 버먼의 『지성인들의 비상』을 참고하라.
80. 예컨대, 마크 린치의 「베일에 싸인 진실Veiled Truth」과 폴 버먼이 쓴 『지성인들의 비상*The Flight of the Intellectuals*』은 이슬람주의를 이해하는 데 도움이 된다. 또한 제이노 바란의 『이방 무슬림*The Other Muslims*』(157-74)에 필자가 라마단을 비판한 내용을 보라. 제프리 허프와 폴 버먼은, 「베일에 싸인 진실」이 게재된 이후에 『포린어페어스』지(2010년 9월)에 장황한 답변을 실었다.
81. 이는 제이노 바란이 편저한 『이방 무슬림』에 기록되었다.
82. 유럽의 이슬람주의 네트워크는 로렌조 비디노의 『유럽의 알카에다*Al-Qaeda in Europe*』와 최근에 나온 『서방세계의 신무슬림 형제단*The New Brotherhood in the West*』을 보라. 분명 요즘 유럽에서는 무슬림을 대상으로 한 홀로코스트는 없다. 에스터 웨브먼Ester Webman은 『공감에서 부정까지*From Empathy to Denial*』의 저자 겸 이스

라엘 출신의 역사가로 이슬람주의자들이 홀로코스트를 부인한 점을 기술하기 위해, 2010년 11월 18~19일에 더블린에서 열린 "반유대주의 및 홀로코스트 부정에 관한 국제회의the International Conference on Antisemitism and Holocaust Denial"에 「유대인에게서 홀로코스트 훔치기Stealing the Holocaust from the Jews」라는 제목의 논문을 제출했다.

83. 바삼 티비, 「문명의 이종혼교성 되돌리기Bringing Back the Heterogeneity of Civilizations」.
84. 클라우스·미샤엘 말만과 퀴페르스의 『나치 팔레스타인Nazi Palestine』. 츠비 엘펠레그의 『위대한 무프티, 알후사이니The Grand Mufti al-Husaini』와 클라우스 겐시케의 논문인 「예루살렘 무프티와 나치Der Mufti von Jerusalem und die Nationalsozialisten」 및 제프리 허프의 『아랍세계를 향한 나치 선전Nazi Propaganda for the Arab World』을 참고하라.
85. 제프리 허프의 『아랍세계를 향한 나치 선전』(225), 198~200도 참고하라.
86. 같은 책, 243~44, 253.
87. 같은 책, 265.
88. 같은 책, 244에서 인용.
89. 같은 책.
90. 클라우스·미샤엘 말만과 퀴페르스의 『나치 팔레스타인』(124, "나치 학살부대the Einsatzgruppen의 사례에 따르면"; 125, "수많은 아랍인들"; 124, "마찰"; 166, "1941년, 아랍세계를 둘러싼, 영국의 입장에 맞서 히틀러가 세운 계획은").
91. 같은 책(111, "그런 테러리스트"; 15, "보편적인 가치관을 수용해야"). 주요 인용구는 구드룬 크라머의 문헌에 포함된다.
92. 같은 책, 217~18.
93. 바트 예오르의 『이슬람교와 딤미튜드』와 앤드류 보스팀이 편저한 『이슬람교식 반유대주의의 유산』을 참고하라.
94. 이슬람교의 관용에 대하여는 요하난 프리드먼Yohanan Friedman의 『이슬람교의 관용과 억압Tolerance and Coercion in Islam』을 참고하라.
95. 유대인을 유일신을 믿는 소수집단dhimmi(딤미)으로 구분한 점에 대하여는 바트 예

오르의 『이슬람교와 딤미튜드』를 참고하라.

96. 알리 M. 자리샤와 무함마드 Sh. 자이바크의 『이슬람세계에 대한 지적 침략법』과 바삼 티비의 『이슬람교, 근대성에 몸살을 앓다』를 보라. 전통적 이슬람교의 관용은 이 같은 오류를 해결하지 못한다.

97. 이 같은 추세를 반영한 안타까운 사례는 질베르 아슈카르Gilbert Achcar의 문제작 『아랍과 홀로코스트The Arabs and the Holocaust: The Arab-Israeli War of Narratives』(사학자 제프리 허프가 『신공화국New Republic』[www.tnr.com]에서 비판한 내용도 아울러 살펴보라)에서 볼 수 있다. 아슈카르는 아랍 반유대주의의 존재를 부정하지는 않았으나(편견과 이슬람혐오증과 투쟁한다는 미명하에) 이 문제를 단도직입적으로 제기한 학자를 비난하며 반유대주의를 가볍게 여겼다. 물론 그 학자들은 더 나은 분석 결과를 제시했다. 이 같은 긍정적인 측면에 대해서는 메이어 리트박Meir Litvak과 에스터 웨브먼의 『공감에서 부정까지』와 쿤첼의 『지하드와 유대인혐오증Jihad and Jew-Hatred』에 제한한다.

98. 아슈카르는 이슬람주의를 이슬람혐오증으로 취급하는 것을 법으로 금한 사람 중 하나다. "이슬람혐오증은 이슬람주의로 승화시킬 수단을 찾아냈다."(268) 이 같은 입장에 근거하여 그는 다음과 같이 덧붙였다. "몇 년이 지난 오늘날까지 바삼 티비는 이슬람혐오증의 보증warrant이 되는 작가들을 섬기는 저자 중 하나였다."(296) 독실한 무슬림이자, 다마스쿠스의 이슬람 카디/무프티Kadi/Mufti(귀족정치) 후손인 필자는 이 비방에 답변하지는 않을 것이다. 다만 이를 인용함으로써 이 책이 지뢰밭the mine field에 진입한다는 사실을 보여줄까 한다.

99. 미샤엘 보그스테데Michael Borg, 2011년 9월 11일, 『디 벨트』지에 실린 「평화를 공격하다Angriff auf den Frieden」.

4장 이슬람주의와 민주주의

1. 2008년 7월 간행된 『민주주의 저널Journal of Democracy』은 여덟 가지 기고문에서 이 같은 문제로 불거진 논쟁을 다루었다.

2. 3장에서 언급한 논쟁과 관련 문헌 및 한나 아렌트Hannah Arendt의 『전체주의의 기원The Origins of Totalitarianism』(xi~xvi, 120)을 참고하라. 이 책 8장에서 필자는 아렌트의 접근법을 거론하며 이슬람주의가 최근의 전체주의라는 개념을 정리했다.
3. 바삼 티비의 『이슬람주의 당Islamist Parties』과 2008년 7월호 『민주주의 저널』지에 게재된 일곱 가지 기고문을 참고하라.
4. 마크 린치의 「베일에 싸인 진실」, 앤드류 F. 마치가 쓴 「『지성인들의 비상』과 타리크 라마단을 둘러싼 논쟁Arguments: The Flght of the Intellectuals and Tariq Ramadan」과 이를 겨냥한 폴 버먼의 「앤드류 F. 마치에 대한 답변Arguments: The Response to Andrew F. March」을 참고하라. 두 기고문은 2010년 『디센트Dissent』지에 실렸다.
5. 같은 책.
6. 필자가 참여한 서양 학자의 논쟁은 근본적으로 세 연구 프로젝트에 필자가 기고한 글과 관계가 깊다는 점에 감사드린다. 이 장도 다음 세 연구를 많이 참고했다. (a) 『민주주의 교육Educating for Democracy』을 편저한 앨런 올슨Alan Olson의 보스턴 대학 프로젝트와 (b) 마이클 에머슨이 『주변국의 민주화Democratization in the Neighborhood』를 편저해준, EU 싱크탱크 유럽 정책연구센터the Center for European Policy Studies 및 (c) 2004년 3월 11일 사태 후 1년이 지나 마드리드 클럽the Club of Madrid이 조직한 국제대회the international congress(여기서 레오나드 와인버그의 『테러리즘의 민주적 대응Democratic Responses to Terrorism』이 편저되었다). 이슬람교와 민주정치에 대한 일반적인 논의는 필자가 쓴 「이슬람교의 민주정치와 민주화Democracy and Democratization in Islam」를 보라.
7. 마크 린치의 주장과는 반대로, 진보주의 무슬림은 "별로 대수롭지 않은 집단insignificant slice"이 아니다. 민주정치를 둘러싼 논쟁에서 그들의 주요 역할은 아랍세계의 민주정치 위기에 관한 아랍집회the Arab Congress Azmat al-democratiyya fi al-watan al-Arabi에서 문건으로 기록되었고, 아랍통일연구센터the Center of Arab Unity Studies가 이를 아랍어로 편집·발행했다. 이 장은 1982년 아랍 사상가와 여론주동자(나를 포함)가 아랍세계의 민주정치 위기를 논의하기 위해 개최한 키프로스 리마솔에 모였을 때 나왔던 민주정치의 이슬람식 논리를 반영한다. 우리는 아랍국가의 개최지라면 어디서든 참가할 수 없었다. 이슬람주의자들도 초대 대상에서 제외

되었다. 내가 아랍어로 쓴 글은 그 책 73~87페이지에 수록되었다. 리마솔 회의가 있기 전에는, 내가 속한 아랍 민주정치 그룹이 1980년 10월 튀니스에 모여 "아랍의 미래"를 논의했다. 회의를 주재한 경제·사회연구센터는 『미래에 직면한 아랍Les Arabes face àleur destin』에서 편저자 역할을 했다.
8. 마크 린치의 「베일에 싸인 진실」.
9. 유수프 알카라다위의 『이슬람교식 해결책의 필연성』. 알카라다위는 민주정치를 "서방에서 도입된 것"으로 치부하여 이를 거부한다. 아나 B. 소에지Ana B. Soage가 기고한 「유수프 알카라다위Yusuf al-Qaradawi」를 참고하라.
10. 사이드 쿠틉의 『진리를 향한 이정표』(6-7).
11. 아부 알랄라 알마우두디Abu al-A'la al-Mawdudi의 『이슬람과 현대 문명al-Islam wa al-Madaniyya al-haditah』와 무함마드 다리프Mohammed Dharif의 『아랍세계에서의 정치적 이슬람교』(98-99).
12. 유수프 알카라다위의 『이슬람교식 해결책의 필연성』(1: 53~56, 61~73, 111~24)에서 발췌.
13. 예컨대, 존 에스포시토와 존 볼이 『이슬람교와 민주정치』에서 그랬다. 『종교저널』에서 필자가 기고한 평론도 아울러 참고하라.
14. 좀 더 구체적인 사항은 바삼 티비의 『이슬람교, 근대성에 몸살을 앓다』와 10장을 보고, "협의Shura(슈라)"에 대하여는 나의 『진정한 이맘Der wahre Imam』을 참고하라.
15. 구체적인 논의는 『정치적 이슬람교와 세계의 정치 및 유럽』 7장(이슬람문명의 민주정치와 민주화)을 참고할 것.
16. 1980년대 1차 아프가니스탄 전쟁에 대하여는 바넷 루빈Barnet Rubin의 『아프가니스탄의 분열The Fragmentation of Afghanistan』(3부)과 아메드 라시드Ahmed Rashid의 『탈레반The Taliban』을 참고하라.
17. 레이몬드 베이커가 무슬림 형제단에서 조직된 이집트 이슬람주의자에 대해 쓴 『두려움을 모르는 이슬람교Islam without Fear』를 참고하라. 이와 상반되는 내용은 로렌조 비디노Lorenzo Vidino의 『서방세계의 신무슬림 형제단New Muslim Brotherhood』과 배리 루빈Barry Rubin의 『무슬림 형제단Muslim Brotherhood』을 참고하라.
18. 스티븐 라라비Stephen Larrabee가 7월 26~27일자 『인터내셔널 헤럴드 트리뷴』지에

기고한「확산되고 있는, 터키의 위기」.

19. 제이노 바란의『찢긴 국가』(140-41). 2008년 당시 터키의 검찰총장은 기소장(p. 162)에 AKP를 이슬람주의 당으로 규정하여 이 같은 금지조치를 요청했는데, 그해 기소를 인정했으나 금지조치를 단행하지는 못한 헌법재판소도 그와 견해가 같았다. 세브넴 아르수Sebnem Arsu가 2008년 7월 31일자『인터내셔널 헤럴드 트리뷴』지에 기고한「터키의 AKP에 내린 금지조치에 대하여Against Ban on Turkey's Top Party: Judges Cut Financing with Strong Warning」를 보라. 필자는 AKP가 이슬람교의 보수당이 아니라 서방세계에서 성공적으로 위장한 이슬람주의 당이라고 역설했다. 아울러 제이노 바란이 예전에 작성한 논문「분열된 터키Turkey Divided」와 바삼 티비의「위험한 터키 이슬람주의자들」을 참고하라. AKP는 세속적 사법부와 대법원을 상대로 역공을 가한다. 터키 이슬람주의자들은 독립된 사법부를 약화시키고 대법원을 공략하기도 했다.

20. 세브넴 아르수가 2010년 9월 14일자『인터내셔널 헤럴드 트리뷴』(『뉴욕 타임스』지의 글로벌 에디션)지에 기고한「터키, 신헌법에 눈을 돌리다」.

21. 2010년 5월 7일자『뉴욕 타임스』,「터키 의회, 사법부 쇄신 법안 승인Turkish Parliament Approves Bill to Overhaul Judiciary」.

22. 마크 챔피언Marc Champion, 2010년 11월 8일자『월스트리트 저널』,「언론탄압으로 비난받는 터키Turkey Faces Rap on Media Curbs」.

23. 2010년 11월 29일자『슈피겔Der Spiegel』지에 게재된「나토 파트너, 터키Volkstribun aus Anatolien: Der NATO-Partner Turkei」. 인용구의 출처는 pp. 116~17.

24. 같은 책.

25. 미샤엘 마르텐스, 2011년 8월 26일자『프랑크푸르터 알게마이네 차이퉁Frankfurter Allgemeine Zeitung』,「전선의 무슬림Muslime an die Front」.

26. 소요 이전의 이집트 정치상황을 두고는 로렌스 해리슨의『개발도상 문화Developping Cultures』(2: 63~180)를 참고하라. 해리슨은『두려움을 모르는 이슬람교』를 쓴 레이몬드 베이커와는 입장이 대립된다. 아울러 리처드 P. 미첼Richard P. Mitchell의『무슬림 형제단 학회The Society of the Muslim Brothers』도 보라.

27. 리처드 R. 미첼의 고전『무슬림 형제단 학회』.

28. 제이노 바란의 「미국의 무슬림 형제단 네트워크The Brotherhood Network in the US」를 참고하라.
29. 유럽의 무슬림 형제단에 대하여는 로렌조 비디노의 『서방세계의 신무슬림 형제단』을 참고하라.
30. 배리 루빈의 『무슬림 형제단』.
31. 데이비드 리치의 「영국 무슬림 형제단의 본보기The Very Model of a British Muslim Brotherhood」. 타리크 라마단에 대하여는 카롤리네 푸레스트의 『형제 타리크: 타리크 라마단의 위선』을 보라.
32. 데이비드 리치의 「영국 무슬림 형제단의 본보기」(133).
33. 아나 B. 소에지의 「유수프 알카라다위」.
34. 폴 버먼의 『지성인들의 비상』(92, "라마단이 추앙한 영웅Ramadan's admired hero"; 150, "서방세계와 대립하는 무슬림 문화"). 대립문화는 종족화된 이슬람교를 일컫는다. 바삼 티비의 「두려움이라는 민족성?」을 참고하라.
35. 바삼 티비의 「이슬람교를 유럽화할 것인가, 유럽을 이슬람화할 것인가」.
36. 로렌조 비디노의 『서방세계의 신무슬림 형제단』(222, "사기조직"; 223, "충분한 증거"와 "비폭력 이슬람주의자들"). 이슬람주의자의 위선에 대하여는 카롤리네 푸레스트의 『형제 타리크: 타리크 라마단의 위선』을 보라.
37. 로버트 헤프너Robert Hefner의 『민간 이슬람Civil Islam』.
38. 이슬람교의 정치 윤리에 관하여는 소하일 하시미Sohail Hashmi의 『이슬람교의 정치 윤리Islamic Political Ethics』 9장을 참고하라.
39. 이 진술은 유럽판 9·11테러로 꼽히는 2005년 마드리드 테러공격의 희생자 추모식에서 이브라힘 교수가 이야기한 대목이다. 현장에서 마드리드 클럽은 대규모 집회를 조직했다(주석 6). 조직위원에는 집회에서 내놓은 세 권의 단행본을 편저한 런던의 피터 뉴만 교수도 포함된다. 필자도 대회에서 연단에 섰고, 레오나드 와인버그가 편저한 『테러리즘의 민주적 대응』에 논문을 기고했다.
40. 바삼 티비의 「종교적 극단주의인가, 정치의 종교화인가?」를 참고하라.
41. 바삼 티비의 『정치적 이슬람교와 세계의 정치 및 유럽』과 제이노 바란의 『이방 무슬림』에 필자가 기고한 논문을 참고하라.

42. 2005년 12월 28일자 『파이낸셜 타임스』지 사설.
43. 푸아드 아자미가 쓴 『이방인의 선물The Foreigner's Gift』. 이라크의 시아파에 대하여는 권위를 인정받은 이츠하크 나카시Yitzhak Nakash의 연구서 『이라크의 시아파The Shi'is of Iraq』를 참고하라. 팔레 A. 자바르가 쓴 『이라크의 시아파 이슬람주의 조직』도 보라. 좀 더 최근에 나오긴 했으나 편견의 정도가 비교적 높다.
44. 하마스에 관하여는 매튜 레빗의 『하마스』와 샤울 미샬Shaul Mishal 및 아브라함 셀라Avraham Sela가 집필한 『팔레스타인 하마스The Palestinian Hamas』를 참고하라. 정보가 탄탄하고 귀감을 주는 연구서로 손색이 없다. 그 문맥은 비벌리 밀턴·에드워즈의 『팔레스타인의 이슬람 정치』에서 다루었다.
45. 로렌 D. 라이바거Loren D. Lybarger의 『정체성과 종교Identity and Religion』 및 아말 자말Amal Jamal의 『팔레스타인 국민운동The Palestinian National Movement』을 보라.
46. 헤즈볼라에 대하여는 신빙성이 그리 높진 않지만 오거스터스 R. 노튼Augustus R. Norton이 쓴 『헤즈볼라Hezbollah』를 참고하라.
47. 이 불운한 전쟁은 아모스 하렐Amos Harel과 아비 아사하로프Avi Issacharoff의 『34일34Days』을 참고하라.
48. 중동의 민주정치는 주석 7을 참고하라. 인도네시아의 민주정치에 대하여는 신뢰도가 높은 로버트 헤프너의 『민간 이슬람교』를, 동남아시아와 아랍 중동의 1차원적인 소통에 관하여는 프레드 R. 폰 데르 메에텐Fred R. von der Mehden의 『이슬람교의 두 세계Two Worlds of Islam』(97)를 보라.
49. 조슬린 세서리Jocelyne Cesari의 『이슬람교와 민주정치가 만날 때When Islam and Democracy Meet』는 유럽에 자리 잡은 이슬람주의 네트워크를 둘러싼 배경을 모두 무시하고 심지어는 "서방세계에서 이슬람 사상의 개혁주의 추세…(159)"를 근거 없이 주장하기까지 했다. 지트 클라우센Jytt Klausen의 『이슬람교의 도전The Islamic Challenge』에서도 이 같은 "희망사항wishful thinking"을 찾을 수 있다.
50. 각성한 아랍·무슬림 사상의 사례를 두고는 사이드 에딘 이브라힘의 『이집트, 이슬람교 및 민주정치Egypt, Islam and Democracy』 중, 시민 사회와 아랍세계의 민주화 전망을 쓴 12장을 주목해서 보라. 아울러 비벌리 밀턴·에드워즈의 『중동의 현대 정치』(145-72)를 비롯하여, 이슬람주의 이전의 근대 무슬림이 민주정치를 수용하려

했던 방식에 대하여는 하미드 에나야트Hamid Enayat의 『근대 이슬람교의 정치사상 Modern Islamic Political Thought』(125ff)을 참고하라.

51. 레슬리 립슨의 『문명의 윤리적 위기』(62). 이슬람교 헬레니즘화의 두 명맥에 관하여는 와트Watt의 『이슬람교의 철학과 신학Islamic Philosophy and Theology』(2, 3부)을 참고하고, 이슬람교 유산은 프란츠 로젠탈Franz Rosenthal의 『이슬람교의 고전 유산 The Classical Heritage of Islam』을 보라.

52. 알베르트 후라니Albert Hourani의 『진보주의 시대의 아랍사상Arabic Thought in the Liberal Age』.

53. 리파아 라피 알타타위Rifa'a Rafi' al-Tahtawi(1801~73)의 『파리에서 쓴 일기Takhlis al-ibriz fi talkhis Paris』와 바삼 티비의 『진정한 이맘Der wahre Imam』(221~51)을 참고하라.

54. 필립 후리Philipp Khoury와 요셉 코스티네르Joseph Kostiner의 『중동의 부족과 국가형성Tribes and State-Formation in the Middle-East』을 참고하라.

55. 아랍세계의 군사정권에 관하여는 엘리에제르 베에리Eliezer Be'eri의 『아랍 정치·사회의 장교Army Officers in Arab Politics and Society』(4부)와 바삼 티비의 『제3세계의 군사와 사회주의Militär und Sozialismus in der Dritten Welt』를 참고하라.

56. "문화적 개발cultural development"에 대하여는 로렌스 해리슨의 『개발도상 문화』를 참고하라. 나도 여기에 기고한 바 있다. "정치적 발전"의 일면인 기관 청사에 대하여는 새뮤얼 P. 헌팅턴의 고전 『변모하는 사회의 정치질서Political Order in Changing Societies』를 참고하라.

57. 구체적인 정보는 푸아드 아자미의 『궁지에 몰린 아랍The Arab Predicament』(십수 차례 재발행) 중 정치적 이슬람교를 다룬 장(50~75)에 주목해 보라. 사디크 J. 알아즘Sadik J. al-Azm의 『패배 이후의 자아비판Al-naqd al-dhati ba'd al-hazima』은 푸아드 아자미 Fouad Ajami가 극찬한 아랍 사상가의 작품 중 하나다(『궁지에 몰린 아랍』, 30~37).

58. 이슬람주의의 핵심 사상은 이슬람교가 국가질서의 "약"을 처방한다는 것이다. 좀 더 구체적인 사항은 바삼 티비의 『원리주의의 과제』 중 7, 8장을 눈여겨보기 바란다. 아울러 내가 쓴 「이슬람법, 샤리아, 인권Islamic Law, Shari'a, and Human Rights」과 「신성한 종교가 정치로 귀환하다」를 참고하라.

59. 요키 드리즌Yochi Dreazen의 『월스트리트 저널』(A5), 2005년 9월 19일자, 「이라

크 헌장, 경각심을 불러일으키다Iraqi Charter Causes Alarm: Bush Allies Raise Concern over the Role of Islam」.
60. 제이노 바란의「분열된 터키(57)」.
61. 매튜 레빗의『하마스』를 참고하라. 무슬림 형제단에 기원을 둔 하마스의 기원에 대하여는 지아드 아부암르Ziad Abu-Amr의『요르단강 서안지구와 가자지구의 이슬람교 원리주의Islamic Fundamentalism in the West Bank and Gaza』를 참고하라.
62. 주석 7을 참고하라.
63. 유엔개발계획UNDP: United Nations Development Programme,『아랍 인력개발 보고서Arab Human Development Report』.
64. 히샴 샤라비Hisham Sharabi의『아랍의 신가부장제Arab Neo-Patriarchy』와 허드슨의『아랍 정치』중 pp. 1~30을 주목해보라.
65. 아랍계 무슬림이자 예일 대학에서 수학한 계몽철학자 알아즘은『금기의 심리 Dhihniyyat al-tahrim』(17~128)에서 "뒤집힌 동양주의Orientalism in reverse"를 기술하면서 그것이 음모가 얽힌 사상이라는 점을 풀어냈다.
66. 음모론을 둘러싼 아랍의 정치사상에 관하여는 바삼 티비의『음모』와 그의 스페인어판을 보라. 얼마 후 대니얼 파이프스Daniel Pipes는 출간 작품을 인정하지 않고 다른 사고방식으로『숨은 손The Hidden Hand』을 펴냈다.
67. 이 물음은 전통 무슬림의 출발점이자 이슬람교의 지적 역사를 결정한다. 무슬림 공동체에서 종파의 분열을 조장한 이슬람교 지도자(이맘)의 역할에 대하여는 바삼 티비의『진정한 이맘』과 푸아드 후리의『이맘과 에미르Imams and Emirs』를 참고할 것.
68. 알파라비,『이상도시al-Madina al-Fadila』, 리처드 왈츠Richard Walzer 번역·편저.
69. 배링턴 무어Barrington Moore의『독재와 민주주의의 사회적 기원The Social Origins of Dictatorship and Democracy』.
70. 하산 사브Hasan Sa'b의『가정생활의 도전과 이슬람교al-Islam tijah tahidiyat al-hayat al-'asriyya』(123).
71. 위르겐 하버마스의 "세속주의를 탈피한 사회"에 대한 비판론이다. 바삼 티비가「하버마스와 신성한 종교의 귀환Habermas and the Return of the Sacred」에서 밝힌 바와 같이, 그는 종교화된 정치의 현실을 이해하지 못했다.

72. 제이노 바란의 「분열된 터키」와 『찢긴 국가』.
73. 존 켈세이의 『이슬람의 정당한 전쟁을 논하라』(2장). 바삼 티비, 「존 켈세이와 샤리아식 논리」.
74. 존 켈세이의 『이슬람의 정당한 전쟁을 논하라』(72).
75. 같은 책, 165.
76. 제이노 바란, 「분열된 터키」.
77. 구체적인 사례에 대해서는 에드 후사인Ed Hussain의 자서전적인 작품 『이슬람주의자The Islamist』를 참고하라.
78. 이는 압둘라히 안나임Abdullahi An-Na'im이 처녀작에서 밝힌 견해이기도 하다. 몇몇 무슬림과 같이, 안나임 또한 논란이 되고 있는 이 문제를 두고 갈팡질팡하고 있다. 즉 저서 두 권의 내용이 대립된다는 이야기다. 1990년 작에서는 샤리아를 비판했으나 2009년에는 이를 변론하는 쪽으로 돌아섰다. 이처럼 황당한 "유턴"에 우리는 "같은 사람이 어찌 이토록 일관성이 없는가?"라며 혀를 내두르게 된다. 『이슬람 개혁과 이슬람교와 세속 국가를 향하여Towards an Islamic Reformation and Islam and the Secular State』를 보라. 안나임을 비판한 예에 대해서는 바삼 티비의 『이슬람교, 근대성에 몸살을 앓다』(95~129, 178~208)를 참고하라.
79. 바삼 티비의 「위험한 터키 이슬람주의자들」(47~54)을 보라.
80. 제이노 바란의 「찢긴 국가」.
81. 래리 다이아몬드Larry Diamond의 『민주주의 정신The Spirit of Democracy』. "제3의 민주화 물결third wave of democratization"은 새뮤얼 헌팅턴이 『제3의 물결』에서 지어낸 용어.
82. 샤리아국가의 질서가 인권과 대립한다는 견해에 관하여는 바삼 티비의 「이슬람법, 샤리아, 인권」과 「신성한 종교가 정치로 귀환하다」를 보라. 필자의 해석은 노아 펠드먼이 『이슬람국가의 흥망성쇠』에서 밝힌 견해를 비판한 내용이다.
83. 에릭 패터슨과 존 갤리거가 『이념의 전쟁을 논하다』에 기고한 내용을 참고하라.
84. 토머스 프리드먼, 「주목하라Pay Attention」, 2011년 5월 30일자 『인터내셔널 헤럴드 트리뷴』(『뉴욕 타임스』의 글로벌 에디션, 5).
85. 안토니 샤디드의 「아랍의 봄, 타는 듯한 여름으로 이어져Arab Spring Turns to Blazing

Summer」, 2011년 8월 26일자 『인터내셔널 헤럴드 트리뷴』(『뉴욕 타임스』지의 글로벌 에디션, 5).

86. 2011년 2월 5~6일자 『인터내셔널 헤럴드 트리뷴』(3).
87. 2011년 2월 4일자 『인터내셔널 헤럴드 트리뷴』(3).
88. 2011년 1월 31일자 『파이낸셜 타임스』(9).
89. 같은 책.
90. 토머스 프리드먼의 「주목하라」.
91. 텔로스 프레스 블로그(http://www.telospress.com/main/index.php?main_page=news_article&article_id=445)에 게재된 필자의 소논문 「아랍의 봄에 나타난 이슬람주의Islamism in the Arab Spring」를 보라.
92. 2011년 2월 2일자 『월스트리트 저널』(15). 좀 더 정확한 아랍어는 알바라디al-Barad'i.
93. 2011년 2월 4일자 『인터내셔널 헤럴드 트리뷴』(6).
94. 2011년 2월 13일자 『프랑크푸르터 알게마이네 차이퉁』(2).
95. 2011년 2월 3일자 『인터내셔널 헤럴드 트리뷴』(6).
96. 같은 책.
97. 2011년 9월 15일자 『인터내셔널 헤럴드 트리뷴』(『뉴욕 타임스』지의 글로벌 에디션, 4), 「이슬람주의자들의 역할, 논쟁을 불러일으키다Islamists' Role Fuels a Debate」.
98. AP 연합통신, 「에르도안, "터키는 아랍국가의 모델Erdoğan in Cairo Touts Turkey as Model for All Arab Nations"」, 『하아레츠Haaretz』(『인터내셔널 헤럴드 트리뷴』, 2011년 9월 15일자 부록).
99. 나빌 압델 파타Nabil Abdel Fattah의 「에르도안, "터키는 아랍국가의 모델"」에서 인용, 출처는 『예루살렘 포스트Jerusalem Post』.
100. 안토니 샤디드가 2011년 9월 30일자 『인터내셔널 헤럴드 트리뷴』(『뉴욕 타임스』지의 글로벌 에디션, 제1면에서 7면까지 계속)지에 기고한 「아랍세계, 폭동 이후 이슬람교를 규정하다Arab World Turns to Defining Islam after Revolt」에서 인용.
101. 존 스튜어트 밀의 「자유에 관하여On Liberty」(1859), 존 그레이John Gray가 편저한 『자유에 관하여On Liberty and Other Essays』(9)(옥스퍼드 대학 출판부, 1998). "정치적 이슬람교와 선거 절차로 전락한 민주정치Political Islam and Democracy's Decline to a

Voting Procedure"에 대하여는 필자의 『정치적 이슬람교와 세계의 정치 및 유럽』(7장)(뉴욕: 루틀레지, 2008)(216~34)을 참고하라.

5장 이슬람주의와 폭력: 신세계 무질서

1. 바삼 티비의 『정치적 이슬람교의 폭력과 종교적 원리주의Violence and Religious Fundamentalism in Political Islam』.
2. 무슬림의 신념이 그렇듯, 종교적 의무(지하드)에 대한 지식도 가정과 학교 및 사회에서 동등한 이슬람식 사회화 양상에 통합된다. 이러한 원리는 필자가 자란 다마스쿠스에서도 적용될 수 있다. 미국 에티콘 연구소the American Ethicon Institute가 예루살렘에서 실시한 프로젝트의 일환으로, 필자는 지하드와 지하드운동을 연구하겠다고 마음먹었다. 연구 결과는 테리 나딘Terry Nardin의 『전쟁과 평화의 윤리The Ethics of War and Peace』에 수록되었는데, 이 장도 그 문헌에 기록할 연구의 연속이다.
3. "개조reinvention"에 대하여는 하산 알반나의 「지하드 선집」을 보라.
4. 버나드 루이스의 『이슬람교Islam』에 실린 『정치와 전쟁Politics and War』(1권)을 참고하라. 아울러 바삼 티비의 『십자군 전쟁과 지하드』를 비롯하여, 테리 나딘의 『전쟁과 평화의 윤리』에 게재한 필자의 「이슬람교의 전쟁과 평화War and Peace in Islam」도 보라.
5. 직업적 식견이 결합된 책임윤리야말로 정책입안자의 "업profession"이라고 주장한 막스 베버의 『직업으로서의 정치Politik als Beruf』도 읽어볼 만하다. 존 브렌크먼John Brenkman의 『민주정치의 문화적 모순The Cultural Contradictions of Democracy』은 서방세계의 정치와 관련된 새로운 맥락을 개괄적으로 보여주나 정책입안자들은 대개 이를 무시하는 듯싶다. 헨리 키신저Henry Kissinger가 2010년 6월 24일자 『워싱턴 포스트』(A21)지에 기고한 「아프간 전략을 교정하는 법How to Repair Our Afghan Strategy」을 참고하라.
6. 버락 멘델슨Barak Mendelsohn의 『지하드운동과의 투쟁Combating Jihadism』. 이슬람주의와 안보가 서로 관계가 깊다는 점에 대하여는 힐렐 프리슈Hillel Frisch와

에프라임 인바르Efraim Inbar가 『급진주의 이슬람교와 국제안보Radical Islam and International Security』에 기고한 글을 참고하라.

7. 존 브레넌John Brennan의 2009년 8월 6일, 워싱턴 DC, CSIS에서 했던 강연 「미국인을 수호하기로 결정A New Approval to Safeguarding Americans」은 http://www.whitehouse.gov/the-press-office/remarks-assistant-president-homeland-security-and-counterterrorism-john-brennan-csi에서도 찾아볼 수 있다.

8. 존 켈세이의 『이슬람의 정당한 전쟁을 논하라』(2007).

9. 데이비드 쿡David Cook의 『지하드의 이해Understanding Jihad』, 로렌트 무라빅Laurent Murawiec의 『지하드 사고방식The Mind of Jihad』.

10. 역사적 개관은 앨런 자미에슨Alan Jamieson의 『믿음과 검Faith and Sword』과 바삼 티비의 『십자군 전쟁과 지하드』를 참고하라.

11. 교황의 강연과 관련 에피소드에 관하여는 크누트 벤첼Knut Wenzel의 『종교와 이성Die Religionen und die Vernunft』을 보라. 교황 베네딕트가 레겐스부르크Regensburg 대학에서 한 강연의 독일어 원문은 시위하는 무슬림에게는 극히 일부만 알려졌다. 따라서 극소수 무슬림만 이를 읽었으리라고 봐도 무방할 것이다. 원문은 기독교 주간지 『라이니셔 메르쿠어Rheinischer Merkur』(2006년 37호)지에 「신앙에 기초한 이성Vernunft baut auf Glauben」이라는 제목으로 게재되었다. 취리히 대학에서 종교와 폭력이라는 주제로 실시된 프로젝트에서도 이 주간지가 거론되었는데, 나는 여기서 교황의 강연을 구체적으로 살펴보았다. 그리고 결과는 크리스티아네 아브트Christiane Abbt와 도나타 슐러Donata Schoeller의 『종교의 이름으로Im Zeichen der Religion』에 수록되었다. 내가 기고한 글의 제목은 「폭력과 전쟁, 그리고 이슬람교의 확산Gewalt, krieg und die verbreitung der religion des islam」(215-21)이다.

12. 주석 11을 참고하라.

13. 야히야 블란킨십Yahya Blankinship의 『지하드 국가의 종말The End of the Jihad State』.

14. 버나드 루이스의 『이슬람교』 중 1권인 『정치와 전쟁』과 바삼 티비의 『십자군 전쟁과 지하드』, 「이슬람교의 전쟁과 평화」, 데이비드 쿡이 쓴 『지하드의 이해』, 앨런 자미에슨의 『믿음과 검』 및 에프라임 카르시의 『이슬람 제국주의』를 참고하라.

15. 바트 예오르의 『이슬람교와 딤미튜드』.

16. 지하드와 지하드운동의 차이에 기초하여, 고전 지하드의 규정과 허용된 타깃에 대하여는 바삼 티비의 「이슬람교의 전쟁과 평화」를 참고하라. 그런데 『머나먼 원수 The Far Enemy』를 집필한 파와즈 게르게스Fawaz Gerges가 지하드와 지하드운동의 차이를 몰랐다는 점은 못내 아쉽다. "글로벌화(지하드나 지하드운동 모두 지구촌을 무대로 한다)"가 아니라, 규정과 제한된 목표(정규전과 대조를 이루는 비정규전)를 준수하느냐가 그 둘을 결정하는 것이다.

17. 이슬람주의에 관한 필자의 첫 작품인 『원리주의의 과제』(86-88)에서 지어낸 "비정규전irregular war"은 포스트클라우제비츠 전쟁post-Clausewitzian war을 이해하는 과정에서 지하드운동과 문명의 갈등을 조명한 개념이다. 바삼 티비의 『정치적 이슬람교의 폭력과 종교적 원리주의』도 참고하라.

18. 이슬람교의 분열된 종파에 따라 지하드운동이 두 종류로 나뉘는데, 하나는 시아파 성향을 띤 국가지원(이란) 지하드운동이고, 또 다른 하나는 수니파이자 비국가 주동세력이 대표하는 지하드운동이다. 이 둘에 대한 구체적인 정보는 바삼 티비의 『정치적 이슬람교』(3, 4장)를 참고하라.

19. 헤들리 불Hedley Bull, 「서방세계에 맞선 반란The Revolt Against the West」(223).

20. 좀 더 흥미진진한 기사는 대니얼 필포트가 쓴 「9·11 테러의 도전The Challenge of September 11」을 보라.

21. 마크 위르겐스마이어Mark Juergensmeyer의 「알라 신이 마음에 둔 테러Terror in the Mind of God」와 그 전에 쓴 『신냉전?The New Cold War?』도 참고하라.

22. 2006년 8월 19일자 『이코노미스트』의 커버스토리 「나스랄라의 승전Nasrallah Wins the War」을 보라.

23. 전쟁의 성격이 국가 간 분쟁에서 비국가 주동세력이 벌이는 포스트클라우제비츠 전쟁으로 변천된 경위도 밝혔으나, 마르틴 반 크레벨드의 『전쟁의 변천The Transformation of War』과 칼레비 J. 홀스티가 쓴 『국가와 전쟁, 그리고 전쟁의 국가The State, War, and the State of War』 및 바삼 티비의 『중동의 갈등과 분쟁』(12장)과는 관점이 다르다. 일부 학자들은 9·11 테러 이후 "새로운 전쟁(이를테면, 독일의 헤어프리트 뮌클러Herfried Munkler 교수)"을 발견했다며 자랑스레 떠벌렸으나, 논지의 기원이 되는 (위에 인용된) 작품은 인정하지도 않았다.

24. 지하드와 지하드운동의 기본적인 차이점은 1, 2장에서 다루었는데, 이는 안보적인 관점과도 관계가 있다. 바삼 티비의 「이슬람주의와 이슬람교」를 참고할 것.
25. 하산 알반나의 「지하드 선집」 중 내가 1장에서 이야기한 인용문을 눈여겨보라 (289-91).
26. 마틴 마티와 스콧 애플비가 쓴 『원리주의와 국가』에서 관련된 글을 참고하라.
27. 관련된 역사에 대하여는 버나드 루이스의 『이슬람교』에 실린 「정치와 전쟁」(1권), 바삼 티비가 쓴 「이슬람교의 전쟁과 평화」, 데이비드 쿡의 『지하드의 이해』, 앨런 자미에슨의 『믿음과 검』, 에프라임 카르시의 『이슬람 제국주의』, 월터 캐기Walter Kaegi가 쓴 『비잔티움과 초기 이슬람 정복기Byzantium and the Early Islamic Conquests』를 보라. 레겐스부르크 대학 강연에서 교황 베네딕트는 마누엘 2세의 말을 인용하며 제국의 팽창을 뭉뚱그려 거론했다. 여기서는 1453년 콘스탄티노플을 무력 점령한 무슬림의 역사가 매우 중요하다. 이 지하드 전쟁이 비잔틴의 역사를 종식시켰기 때문이다. 좀 더 구체적인 내용은 스티븐 런시맨의 『콘스탄티노플의 몰락The Fall of Constantinople』을 보라. 아울러 바삼 티비가 쓴 『십자군 전쟁과 지하드』 중, 아랍 무슬림의 지하드 정복기와, 그 뒤를 이은 오스만 튀르크를 각각 다룬 1장과 4장을 눈여겨보라. 이 정의로운 전쟁futuhat은 이슬람화를 위한 전쟁이었다. 요컨대, 교화는 평화적인 것이 아니었다.
28. 피터 뉴만의 「유럽 지하드운동의 딜레마Europe's Jihadist Dilemma」. 유럽 정치에 중요한 초국가적 종교인 지하디스트 이슬람주의에 대하여는 필자가 쓴 『정치적 이슬람교와 세계의 정치 및 유럽』을 보라.
29. 사이드 쿠틉의 『세계 평화와 이슬람교』(171-73). "이념의 전쟁"은 이 문제의 핵심이다. 바삼 티비의 『이데올로기 전쟁의 일환으로 테러리즘에 대응하라Countering Terrorism als Krieg der Weltanschauungen』를 참고하라.
30. 에릭 호퍼Eric Hoffer의 『진정한 신앙인The True Believer』.
31. 데일 에이클만Dale Eickelmann과 제임스 피스카토리James Piscatori의 『무슬림 정치Muslim Politics』는 기본적인 쟁점을 모두 간과했다. 에이클만은 정치학을 인류학과 혼동했는데 그래서는 안 된다. 게다가 정치학자인 피스카토리는 범이데올로기(이를테면, 민족주의)를 국제주의와 혼동하여 범이슬람과 이슬람주의식 국제주의를 구

분하지 못했다. 그렇기 때문에 "이슬람교 정치"의 기반이 되는 해석이 신뢰가 가지 않는 것이다.

32. 『이슬람교 역사의 지하드Jihad in Islamic History』에서 마이클 배너Michael Banner가 실시한 조사결과에는 오류가 있다. 예컨대, p. 161에서 알반나를 언급한 것은 전혀 의미가 없다. 브루스 링컨Bruce Lincoln이 어설픈 지식으로 쓴 『거룩한 테러Holy Terrors』와 같은 작품이 더러 있다. 이와 비교해볼 만한 수작으로는 위르겐스마이어의 「알라 신이 마음에 둔 테러」와 데이비드 쿡의 『지하드의 이해Understanding Jihad』 및 로렌트 무라빅이 쓴 『지하드 사고방식』을 꼽을 수 있다.

33. 바삼 티비의 『정치적 이슬람교의 폭력과 종교적 원리주의』.

34. 마크 세이지먼의 『테러 네트워크의 이해Understanding Terror Networks』와 『리더 없는 지하드』. 세이지먼과는 달리, 단순한 "테러 네트워크"가 아닌, 이데올로기와 조직으로 지하드운동을 보는 전문가도 가끔 있다.

35. 이 주제에 관련하여 일찍이 기고한 작품(이를테면, 그랜트 워들로Grant Wordlaw의 『정치적 테러리즘Political Terrorism』)들을 보면 이슬람교나 지하드에 대한 언급이 전혀 없는 경우가 있다. 반면, 최근 브루스 호프만Bruce Hoffman이 쓴 『테러리즘 속으로Inside Terrorism』는 이에 대해서 다루었다. 주제에 근접한 기고문으로는 데이비드 J. 휘태커David J. Whittaker의 『테러리즘 리더The Terrorism Reader』와 폴 R. 필라Paul R. Pillar의 『테러리즘과 미국의 대외정책Terrorism and U.S.Foreign Policy』을 꼽을 수 있다. 미국의 기성 이슬람학회 중 일부는 지하디스트의 테러를 금기시하나, 그와 동시에 인기 있는 언론은 테러리즘을 이슬람교와 동일시하며 지하드와 지하드운동의 차이를 의식하지 못하고 있다. 그 방면의 전문가들은 입을 다물고 있어 진실을 가르치지 않거나 아예 외면해버리고 있는 실정이다.

36. 이슬람교의 향수에 대하여는 존 켈세이의 『이슬람교와 전쟁』(25-26)을 참고하라. 이슬람주의의 향수는 단순한 로맨티시즘이라기보다는, 상상 속의 이슬람주의식 세계의 질서를 가슴에 품고 이슬람의 영광을 회복하자는 주장과 관계가 깊다.

37. 로저 S. 파워스Roger S. Powers와 윌리엄 보겔William Vogele의 『시위, 권력, 변화Protest, Power and Change』에서 지하드에 대해 필자가 기고한 내용을 참고하라.

38. 세계의 질서를 둘러싼 주요 작품으로는 헤들리 불의 고전인 『무정부 사회The

Anarchical Society』를 빼놓을 수 없다.

39. 바삼 티비의『이슬람주의 지하드운동에서 민주적인 평화로?From Islamist Jihadism to Democratic Peace?』를 참조하고, 민주적인 평화에 대하여는 브루스 러셋Bruce Russet 의『민주적인 평화의 이해Grasping Democratic Peace』를 보라. 이 개념의 원류는 임마누엘 칸트의「영원한 평화Zum ewigen Frieden」다.

40. 무질서 개념은 나의『원리주의의 과제』(1998년에 출간되어 2002년에 개정)에 딸린 부제에서 이용했다. 스탠리 호프만Stanley Hoffmann의『세계의 무질서World Disorders』도 이를 활용했으나, 종교 및 원리주의나 이전에 실시한 연구를 두고는 아무런 언급이 없었다. 즉 주제에 관한 기초적인 쟁점을 간과했다는 이야기다. 내가 이 책에서 주장한 바와 같이, 정치화된 종교는 무질서의 주요 원천이자 안보를 위협하는 원흉이다.

41. 구체적인 정보는 로한 구나라트나Rohan Gunaratna의『알카에다 속으로Inside al-Qaeda』를 비롯하여, 마이클 챈들러Michael Chandler와 함께 쓴『카운터링 테러리즘Countering Terrorism』을 보라. 지하드운동의 맥락에서 탈레반을 고찰하려면 라시드 의『탈레반』을 참고하라.

42. "유대·기독교인의 모략une vaste conspiration juif-chretienne"은 알제리의 이슬람주의자 무함마드 Y. 카삽Mohammed Y. Kassab이『신세계의 질서에 맞닥뜨린 이슬람교 L'Islam face au nouvel ordre mondial』에서 주장한 것이다. 이슬람주의자들과 일부 독일인(좌·우파)도 베스트셀러 작품에서 9·11테러사태가 미국의 자작극이었다고 역설했으나, 독일 언론사인『슈피겔』은 2003년 37호에서「모략Verschworung」특집호에서 그 작품들이 반미주의와 반유대주의 성향을 띤다며 이를 비판했다.

43. 헤들리 불의「서방세계에 맞선 반란」(233).

44. 무함마드 살림 알아와의『이슬람국가의 정치 체제』를 참고하라.

45. 요하네스 J. G. 얀센의『이슬람교 원리주의의 이중적 본성』(1~25).

46. 배리 부잔Barry Buzan의『민족과 국가 그리고 공포People, States, and Fear』(1983)를 보라.

47. 로버트 파프Robert Pape, Jr의『승리를 위해 죽다Dying to Win』참고.

48. 이 개념의 전통적 기원과 오늘날의 관련성에 대하여는 존 켈세이의『이슬람교와

전쟁』(5장), 제임스 T. 요한슨James T. Johanson의 『서방과 이슬람교 전통의 성전 사상The Holy War Idea in Western and Islamic Tradition』을 참고하라. 이 문제는 하버드 대학에 이슬람학회를 설립한 해밀턴 깁 경Sir Hamilton Gibb의 『이슬람문명 연구 Studies on the Civilization of Islam』에서 다뤄야 한다.

49. 사담 후세인이 축출된 이후, 이라크 시아파 조직에 의한 수니·시아파의 갈등에 대하여는 팔레 A. 자바르가 쓴 『이라크의 시아파 이슬람주의 조직』을 보라. 그전에는 앤드류 콕번Andrew Cockburn과 패트릭 콕번Patrick Cockburn이 사담 집권 당시에 『잿더미Out of the Ashes』에서 이를 분석했다.

50. 바삼 티비, 『정치적 이슬람교와 세계의 정치 및 유럽』(4장).

51. 지역의 강대국으로 부상한 이란과, 2003년 이라크 전쟁에 이어 권력을 쥔 시아파에 대하여는 알리레자 자파르자데Alireza Jafarzadeh의 『이란의 위협The Iran Threat』을, 시아파의 부상은 이츠하크 나카시가 쓴 『권력에 손 내밀다Reaching for Power』를 참고하라.

52. 바삼 티비의 「지하드운동과 문명의 충돌」.

53. 존 켈세이의 『이슬람교와 전쟁』(117).

54. 리어노어 마틴Leonore Martin의 『중동 안보의 신개척지New Frontiers in Middle Eastern Security』 서문.

55. 바삼 티비의 「이슬람교를 유럽화할 것인가, 유럽을 이슬람화할 것인가」와 「유럽의 이슬람화」를 참고하라. J. 밀라드 버J. Millard Burr와 로버트 O 콜린스Robert O. Collins의 『지하드를 위한 자선Alms for Jihad』은 (후반부에서 테러조직의 자금조달 경로를 폭로했다) 사우디의 승소 이후 시판이 철회되었다.

56. 롤런드 수의 『소수민족의 유럽』에 기고한 필자의 글(「이슬람교의 이주로 소수민족성이 유럽에 귀환했는가?The Return of Ethnicity to Europe via Islamic Migration?」)과 다른 기고문을 참고하라.

57. 바삼 티비의 「두려움이라는 민족성?」.

58. 수아드 메헤네트Souad Mekhennet의 「젊은 무슬림, 독일에서 급진주의로 가다Young Muslims Travel Route from Germany to Radicalism」, 2010년 7월 31일자 『뉴욕 타임스』. "젊은 무슬림"은 이슬람주의의 사상 주입으로 지하드운동에는 빠지지 않았다.

유럽의 지하디스트 이슬람교에 대하여는 러셀 버먼의 『자유 아니면 테러를Freedom or Terror』과 바삼 티비가 쓴 『이슬람교의 도전Die islamische Herausforderung』, 그리고 아래에 인용한 로렌조 비디노의 두 문헌을 참고하라.

59. 로렌조 비디노의 『유럽의 알카에다』와 『서방세계의 신무슬림 형제단』을 보라.
60. 바삼 티비가 쓴 소논문 「신앙의 자유와 별개 사회 사이에 선 독일 사원The Mosques in Germany between Freedom of Faith and Parallel Societies」은 워싱턴 DC 윌슨센터에서 열린 "무슬림 소수집단의 세속주의 대회"에서 발표되었고, 센터에서 임시간행물(2009년 여름호)로 발행(4~10)되었다.

6장 이슬람주의와 율법: 전통을 꾸며낸 샤리아화

1. 요제프 샤흐트Joseph Schacht의 『이슬람법 입문An Introduction to Islamic Law』(1). 6장의 연구는 필자가 하버드 대학에서 몇 가지 직책을 지낸 후 싱가포르 국립대학 부속 아시아 연구협회the Asia Research Institute에서 연구를 한 시기에 나온 것으로, 코넬 법과 대학원과 튀니스의 카르타고 대학, 2006년 7월에 개최된 국제인문학대회 the International Humanities Convention 및 도쿄의 일본 비교헌법협회에서 강연한 내용을 정리한 것이다. 필자의 「신성한 종교가 정치로 귀환하다」도 아울러 참고하라. 이슬람교의 샤리아를 이해한 내용은 샤흐트의 작품에서 차용한 데 근거를 두고 있음을 밝힌다. 동양주의를 둘러싼 비판정신은 공감하나, 논지를 동양주의로 거스르는 것은 강력히 반대한다. 따라서 이슬람교의 정체성 정치가 이슬람교에 대해 비무슬림이 쓴 작품의 자격을 박탈하는 영역으로 불쑥 밀고 들어간 점에 대하여는 통탄할 따름이다. 무슬림인 나는 와엘 할라크Wael Hallaq의 작품보다는 샤흐트를 지지하는 입장이다. 논란의 여지가 있는 할라크의 문헌에는 『이슬람법의 기원과 발전 The Origins and Evolution of Islamic Law』과 『이슬람법 이론의 역사History of Islamic Legal Theories』가 있다.
2. 존 켈세이가 『이슬람의 정당한 전쟁을 논하라』에서 샤리아식 논리에 대해 쓴 장을 참고하라. 이슬람주의의 샤리아식 논리는 꾸며낸 전통에서 찾을 수 있다. 테렌스

레인저와 에릭 홉스봄의 『꾸며낸 전통』(1~14)을 참고하라.
3. 마무드 자크주크Mahmoud Zaqzuq는 독일에서 박사학위를 취득한 탓에 서론을 독일어로 썼으나 카이로에서 출간되었다. 『이슬람교 입문』에서 다양성과 영성을 다룬 3, 4장을 보라.
4. 카이로에서 필자와 나눈 사담. 타트비크 알샤리아 논쟁에 대하여는 살라 알사위Salah al-Sawi의 『대화al-Muhawara』를 참고하라.
5. 이에 대하여는 무함마드 사이드 알아슈마위의 『이슬람교의 샤리아와 이집트 율법al-Shari'a al-Islamiyya wa al-qanun al-misri』을 보라. 좀 더 자세한 정보는 바삼 티비의 『이슬람교와 사회 변화의 문화적 수용Islam and the Cultural Accommodation of Social Change』과 로렌스 해리슨 및 피터 버거의 『개발도상 문화』 9장을 참고하라.
6. 유수프 알카라다위의 『이슬람교식 해결책의 필연성』의 두 번째 책 『이슬람교식 해결책al-Hall al-Islami』(82~83)을 참고하라.
7. 알아즈하르 쉐이크(종교 지도자)인 마무드 샬투트Mahmud Schaltut의 『이슬람은 종교적 독트린이자 율법이다al-Islam,Aqida wa Shari'a』(9~13)를 참조. 또 다른 알아즈하르 쉐이크인 자둘하크 알리 자둘하크는 권위를 인정받은, 알아즈하르 대학의 교재 『인류에 고하는 선언』(1: 273~91)을 편저했다. 본문에서는 타슈리taschr'i(입법)와 와히wahi(계시)가 같다.
8. 벨의 『코란 입문Introduction to the Qur'an』은 윌리엄 W. 와트가 개정·증보해서 펴냈다(162). 이 책에 등장하는 코란의 구절은 루디 파레트Rudi Paret의 독일어판 『코란Der Koran』을 따른 것이다.
9. 마다힙 샤리아 학파에 대하여는 요제프 샤흐트의 『이슬람법 입문』(6, 9장)과, 클리퍼드 보즈워스Clifford Bosworth와 요제프 샤흐트가 공동집필한 『이슬람교의 유산The Legacy of Islam』(9장)을 참고하라.
10. 후두드 법에 대하여는 아마드 파티 보나시Ahmad Fathi Bohnasi의 『이슬람교 법학에서 형법al-Jara'im fi al-fiqh al-Islami』을 보라.
11. 하버드 대학에 이슬람학회를 창설한 해밀턴 깁에 따르면, 이슬람 칼리프의 종교적 근간은 항상 신의 계시에 따른 정당성에 기초를 두었다고 한다. 해밀턴 A. R. 깁의 『이슬람문명 연구』에서 특히 2부에 주목하라.

12. 요제프 샤흐트, 『이슬람법 입문』(54, "신성한 율법을 적용하고 완성하는"; 54-55, "이중 행정부가"). 권위를 인정받은 참고자료로는 N. J. 코울슨의 『이슬람법의 역사A History of Islamic Law』가 있다.
13. 하미드 에나야트의 『근대 이슬람교의 정치사상』(67, "~같은 것은 없다"; 99, "엄격한 법규의 모양을 띠지 않는다"; 131, "시행된 적은 없으며").
14. 무함마드 사이드 알아슈마위의 『샤리아의 기원Usul al-Shari'a』.
15. 같은 책과 무함마드 사이드 알아슈마위의 『정치적 이슬람교al-Islam al-Siyasi』(177-92)를 보라.
16. 2005년 일본 비교헌법협회가 공동으로 조직한 국제 비교헌법대회the International Conference on Comparative Constitutional Law에서 발표한 「이슬람교의 샤리아를 헌법으로?Islamic Shari'a as Constitutional Law?」를 참고하라. 이 논문의 연구를 바탕으로 필자는 이슬람주의의 샤리아식 논리를 액면 그대로 받아들인 노아 펠드먼의 오류를 지적했다. 노아 펠드먼이 쓴 『이슬람국가의 흥망성쇠』(3장)도 아울러 참고하라.
17. 하버드 대학의 사회학자 대니얼 벨은 막스 베버에 도전하며 "신성한 종교의 귀환"을 피력했다. 이는 1977년 런던 경제대학원에서 강의한 내용으로 그의 『굽은 길The Winding Passage』에 수록된 바 있다. 베버가 쓴 「세상의 각성disenchantment of the world」은 『정치·사회학-세계사 분석Soziologie-Weltgeschichtliche Analysen-Politik』(317)에 게재되었다. 아울러 브라이언 S. 터너Bryan S. Turner의 『베버와 이슬람교Weber and Islam』와 볼프강 슐르흐터Wolfgang Schluchter의 『막스 베버가 본 이슬람교Max Webers Sicht des Islam』를 참고하라.
18. 1980년에 필자가 쓴 「이슬람교와 세속화Islam and Secularization」와 그로부터 20년 후에 완성한 「이슬람교의 세속화와 세속화의 탈피」를 참고하라. 이 같은 추론의 결말은 『이슬람교, 근대성에 몸살을 앓다』 6장에 있다.
19. 샤리아의 시행tatbiq al-shari'a에 대한 주장은 살라 알사위의 『대화』와 바삼 티비가 집필한 『원리주의의 과제』(158-78)를 보라.
20. 압둘라히 안나임의 『이슬람교의 개혁을 향하여Towards an Islamic Reformation』(100, "코란은 ~을 언급하지 않았다"; 99, "샤리아의 지배 아래 성취할 수 있다").

21. 바삼 티비의 『문화와 정치의 기로에 선 이슬람교』(7, 11장).
22. 알리 압델라지크Ali Abdelraziq의 『이슬람교와 정부 형태al-Islam wa usul al-hukm』. 프랑스 역본은 『이슬람 연구논문집Revue des Etudes Islamiques』 7판(1933), 8판(1934)을 참고하라. 압델라지크에 대하여는 바삼 티비의 『아랍 민족주의』(170-77)를 보라. 아울러 무함마드 사이드 알아슈마위의 『이슬람교의 칼리프령al-Khilafah al-Islamiyya』도 참고하라.
23. 마크 위르겐스마이어의 『신냉전?The New Cold War?』.
24. 대니얼 벨의 「신성한 종교의 귀환」과 막스 베버의 『정치학·사회학·세계사 분석』(317), 브라이언 S. 터너의 『베버와 이슬람교』 및 볼프강 슐르흐터Wolfgang Schluchter의 『막스 베버가 본 이슬람교』를 참고하라.
25. 니키 케디의 『이슬람교의 제국주의 대응』.
26. 사이드 쿠틉의 『진리를 향한 이정표』(5-7).
27. 사이드 쿠틉의 『세계 평화와 이슬람교』(172-73).
28. 지식과 세속화는 바삼 티비가 쓴 『이슬람교, 근대성에 몸살을 앓다』의 2장과 6장을 참고하라.
29. 존 켈세이의 『이슬람교와 전쟁』(117) 및 『이슬람의 정당한 전쟁을 논하라』를 참고하라.
30. 이븐 타이미야Ibn Taymiyyah의 『동방의 정치al-Siyasa al-Shari'yya』는 개정판이 다수 출간되었고 이를 펴낸 출판사도 아주 많다. 이븐 타이미야에 대하여는 바삼 티비의 『진정한 이맘』(5장)을 보라. 일찍이 압둘라히 안나임은 『이슬람교의 개혁을 향하여』에서 이븐 타이미야와 당시 추종자들에게 대안을 제시하기도 했으나 결국에는 마음을 바꿨다. 에마누엘 시반Emmanuel Sivan은 『급진주의 이슬람교Radical Islam』에서, 중세의 이븐 타이미야가 근대 이슬람주의에 미친 영향력을 밝혔다.
31. 신조어는 에릭 홉스봄의 『꾸며낸 전통』을 참조해서 쓴 것이다.
32. 이슬람교의 합리주의에 대하여는 바삼 티비의 『진정한 이맘』을 참고하라.
33. 반면, 일찍이 테오도어 폰 라우에Theodore von Laue는 『서양화의 세계 혁명The World Revolution of Westernization』에서 서양화를 긍정적으로 평가했다. 그러나 요즘은 대학 출판부에서 간행한다는 가정하에 그런 책을 쓰고도 "무사할unscathed" 학자는 없을

것이다. 법률의 서양화 탈피에 대하여는 프랑크푸르트 법과 대학원에서 발행한 나의 논문「세상에서 일탈할 권리Die Entwestlichung des Rechts」를 참고하라.

34. 이란 출신 학자인 메르자드 보루제르디Mehrzad Boroujerdi가『이란의 지성인과 서방세계Iranian Intellectuals and the West』에서 주장한 내용이다.
35. 이 개념은 위르겐 하버마스가『신앙과 지식Glauben und Wissen』에서 지어낸 것이며, 비판론은 바삼 티비의「하버마스와 신성한 종교의 귀환」을 참고하라. 하버마스는 이 비판에 대응한 적이 없다.
36. Y. 라즈 이사르Y. Raj Isar와 헬무트 안하이어Helmut Anheier의『갈등과 긴장Conflicts and Tensions』에 기고한 내용을 참조하되, 특히 내가 쓴「종교·문화적 관행과 정체성 정치를 둘러싼 이슬람교」에 주목하라.
37.『알하야트』2005년 5월 7일자. 같은 해 9월 17~18일자『인터내셔널 헤럴드 트리뷴』지에 실린 바삼 티비의 논평「샤리아와 민주정치의 충돌The Clash of Sharia and Democracy」도 참고하라.
38. 바삼 티비의「이슬람법, 샤리아, 인권」과「인권의 유럽 전통과 이슬람 문화European Tradition of Human Rights and the Culture of Islam」.
39. 데일 에이클만과 제임스 피스카토리의『무슬림 정치』(2장)는 "무슬림 정치의 꾸며낸 전통"은 시인했으나 정치의 샤리아화를 비롯하여, 이슬람주의와 이슬람교 및 고전 샤리아와 꾸며낸 샤리아 전통의 차이는 파악하지 못했다.
40. 무함마드 알가잘리Mohammed al-Ghazali의『이슬람교의 인권과 보편적 인권Huquq al-insan bain al-Islam wa I'lan al-umam al-mutahhidah』과 무함마드 이마라Mohammed Imara가 쓴『이슬람교와 인권al-Islam wa huquq al-insan』.
41. 압둘라히 안나임의『이슬람교의 개혁을 향하여』를 참고하되, 같은 저자의『이슬람교와 세속 국가Islam and the Secular State』와 대조해보라.
42. 바트 예오르의『이슬람교와 딤미튜드』, 바삼 티비,「민주정치의 다원주의와 마찰을 빚고 있는 이슬람교의 타당성The Pertinence of Islam's Predicament with Democratic Pluralism」.
43. 압둘라짐 라마단의『이슬람주의자들과 이집트에서의 그 기원』을 보라.
44. 사미 주바이다Sami Zubaida가『이슬람세계의 법과 권력Law and Power in the Islamic

World』(3장)에서 인정한 내용이다. 그는 마르크스주의자였음에도 권력과 경제 너머에 있는 종교의 의미는 어려워했다.

45. 예컨대, 나집 알아르마나지Najib al-Armanazi의 『이슬람교에서의 국제법*al-Shari'a al-duwali fi al-Islam*』.
46. 같은 책, 무함마드 사이드 알아슈마위의 『샤리아의 기원』, 압둘라히 A. 안나임의 『이슬람교의 개혁을 향하여』 및 수비 알살리Subhi al-Salih의 『이슬람법의 본질적 특성들*Ma'alim al-shari'a al-Islamiyya*』을 보라. 알살리는 레바논의 부剛무프티였는데 베이루트에서 시아파 무장괴한에게 암살당했다.
47. 로버트 포트너Robert Fortner와 마크 패클러Mark Fackler의 『글로벌 커뮤니케이션 핸드북*Handbook of Global Communication*』에 내가 기고한 글을 보라.
48. 나는 헤들리 불의 『무정부 사회』(13)에서 세계정치의 국제사회를 이해했다. 그에 따르면, 국제사회는 "공통적인 이해관계와 가치관을 의식한 국가군群이 사회를 형성할 때" 존재한다고 한다. 샤리아의 가치관은 이 조건에 부합하지 않다.
49. 사우디가 지지하는 샤리아 보편주의에 대하여는 스티븐 슈워츠Stephen Schwartz가 집필한 『이슬람교의 두 얼굴*The Two Faces of Islam*』을 참고하되, 폴 클리테르Paul Cliteur의 『세속적 관점*The Secular Outlook*』과 대조해보라.
50. H. L. A. 하트의 『법의 개념*The Concept of Law*』(221). 마이클 애크허스트Michael Akehurst의 『현대 국제법 입문*A Modern Introduction to International Law*』(21ff)과 더불어 F. S. C. 노스롭Northrop의 『국가 길들이기*The Taming of the Nations*』와 테리 나딘의 『법과 도덕과 국가관계*Law,Morality,and the Relaitons of States*』도 참조하라.
51. 이슬람주의식 국제주의의 시아파와 수니파 버전에 대하여는 바삼 티비의 『정치적 이슬람교와 세계의 정치 및 유럽』(2부)을 보라.
52. 퇴레 린트홀름Tore Lindholm과 카를 포크트Karl Vogt가 『이슬람법 개혁과 인권 *Islamic Law Reform and Human Rights*』에 기고한 글을 참고하라.
53. 바삼 티비가 쓴 『이슬람교, 근대성에 몸살을 앓다』에서 법률에 대해 쓴 3장을 보라.
54. 압둘라히 안나임의 『이슬람교와 세속 국가*Islam and the Secular State*』(290-91).
55. 테오도어 피베크Theodor Viehweg의 『주제와 법학*Topik und Jurisprudenz*』(118). 이는 알살리의 『이슬람법의 본질적 특성들』(122ff)에서 인정되었으나 유수프 알카라다위

의 『이슬람교에서 허용되는 것과 금지된 것al-Halal wa al-haram fi al-Islam』에서는 그렇지 않았다.

56. 문화교류의 도덕성 개념과 연결의 의미에 대해서는 로만 헤어초크 등의 『문명의 충돌 예방하기』에 기고한 나의 글을 보라.

57. 고전적인 이원론에 대하여는 나집 알아르마나지의 『이슬람교에서의 국제법』, W. M. 와트의 『이슬람교의 정치사상Islamic Political Thought』(91)과 바삼 티비의 「이슬람교의 전쟁과 평화」를 참고하라.

58. 바삼 티비의 「문명의 이종혼교성 되돌리기」를 보라.

59. "이슬람법"에 대해 앤 E. 메이어Ann E. Mayer와 압둘라지즈 사헤디나Abdulaziz Sachedina 및 노르만 칼도르Norman Caldor가 존 에스포지토의 『옥스퍼드 중동세계 백과사전Oxford Encyclopedia of the Middle Eastern World』(2: 450~72)에 기고한 글을 참고하라.

60. 바삼 티비의 『이슬람교와 사회 변화의 문화적 수용』(76~101)과 앤 E. 메이어의 「무슬림 중동의 법과 종교Law and Religion in the Muslim Middle East」를 보라.

61. 도널드 E. 스미스Donald E. Smith의 『제3세계의 정치와 사회 변화Politics and Social Change in the Third World』를 참고하라.

62. 루디 파레트의 『무함마드와 코란Mohammed und der Koran』, 벨과 와트의 『코란 입문』, N. J. 다우드Dawood의 『코란』(320ff) 및 조한 보우만Johan Bouman의 『코란이 말하는 알라와 인간Gott und Mensch im Qur'an』.

63. W. M. 와트의 『근대 사회의 이슬람교 계시Islamic Revelation in the Modern World』를 참고하라.

64. N. J. 코울슨의 『이슬람법의 역사』(5~7), 3부인 「근대의 이슬람법Islamic Law in Modern Times」도 아울러 참고하라.

65. 이를테면, 사비르 투아이마Sabir Tu'aima의 『과학시대의 이슬람법al-Shari'a al-Islamiyya fi asr al-ilm』(208ff)을 참고하라.

66. 말콤 커Malcolm Kerr의 『이슬람교의 개혁Islamic Reform』. 그는 1984년 베이루트의 아메리카 대학 총장을 지낼 당시, 현지에서 시아파 이슬람주의자에게 암살당했으며, 『이슬람법의 철학과 동양주의자들Philosophy in Islamic Law and the Orientalists』(242,

247)을 쓴 무슬레후딘Muslehuddin에게 비난을 받았다.
67. 바삼 티비의 『이슬람교, 근대성에 몸살을 앓다』(95~129)와 로렌스 해리슨의 『개발도상 문화』(1, 245~60; 2, 163~80)에 내가 기고한 글을 보라.
68. 구체적인 내용은 바삼 티비의 『문화와 정치의 기로에 선 이슬람교』(159~66)에서 찾을 수 있다.

7장 이슬람주의, 순결, 진정성

1. 정체성 정치가 근거로 삼는 진정성의 일반적인 개념은 이슬람주의의 중심이 되는 현대의 동기다. 이 주제를 다룬 나의 연구는 국제관계 속에 얽힌 종교와 문화에 관한 사회과학 연구를 도입하는 것과 관계가 깊다. 내가 지적한 바와 같이, 이슬람학의 새로운 원리에 대한 관심은 9·11테러사태 이후에 급속도로 번졌다. 이 장을 완성하는 데 해당되는 쟁점에 대한 시범 프로젝트는 Y. 라즈 이사르Y. Raj Isar와 헬무트 안하이어Helmut Anheier가 의장인 문화·세계화 연구 프로젝트 및 로렌스 해리슨의 문화 연구 프로젝트다. 두 프로젝트의 연구 결과가 게재된 문헌을 집필하는 데는 나도 참여했다(이를테면, Y. 라즈 이사르와 헬무트 안하이어의 『갈등과 긴장Conflicts and Tensions』과 로렌스 해리슨의 『개발도상 문화Developing Cultures』). 프로젝트는 이 장과 8장의 연구 배경을 제시했다. 『이슬람교, 근대성에 몸살을 앓다』에서는 위 프로젝트의 쟁점도 다루었으나 이슬람주의와 순결에 좀 더 주안점을 두었다.
2. 이 주제를 다룬 고전은 데이비드 앱터David Apter가 쓴 『근대화의 정치The Politics of Modernization』이다. 서양화는 테오도어 폰 라우에의 『서양화의 세계 혁명』을 보라.
3. 유수프 알카라다위의 『이슬람교식 해결책의 특징과 서방 엘리트집단의 의혹Bayinat al-hall al-Islami wa shabahat al-ilmaniyyin wa al-Mustaghribin』.
4. 파루크 압둘살람, 『정당과 정교분리』(4).
5. 같은 책, 137. 좀 더 구체적인 정보는 바삼 티비가 쓴 「이슬람교의 세속화와 세속화의 탈피」 및 『이슬람교, 근대성에 몸살을 앓다』(6장)를 참고하라.
6. 비평보다는 흥미 위주로 쓴, 로버트 리Robert Lee의 『전통과 근대성을 넘어: 이슬람

교의 진정성 탐구Overcoming Tradition and Modernity: The Search for Islamic Authenticity』를 참고하라. 이 주제에 대하여는 찰스 테일러Charles Taylor가 쓴 『진정성의 윤리학 The Ethics of Authenticity』을 보라. 권위는 인정받았으나 역시 비평적인 요소는 거의 없다.

7. 안와르 알준디Anwar al-Jundi의 『의존성에서 진정성까지Min al-tabai'iyya ila al-asalah』(184).
8. 안와르 알준디의 『서양화의 목표Ahdaf al-taghrib』(음모에 대하여는 11~29).
9. 무함마드 샤리프 자이바크와 알리 무함마드 자리샤의 『이슬람세계에 대한 지적 침략법』.
10. 안와르 알준디의 『진정성의 틀에서 본 근대성al-Mu'asarah fi itar al-asalah』(35). 인용문의 출처는 이 책이며 번역은 필자가 했다.
11. 알베르트 후라니의 『진보주의 시대의 아랍사상』.
12. 사상의 역사상 이슬람의 내부 갈등에 대하여는 바삼 티비의 「철학(팔사파)과 종교 법률학(피크)의 중세 이슬람교의 정치사상Politisches Denken im mittelalterlichen Islam zwischen Philosophie und Religio-Jurisprudenz」을 보라.
13. 이 질문에 대해서는 무함마드 아베드 알자브리Mohammed Abed al-Jabri가 『아랍·이슬람교의 철학Arab-Islamic Philosophy』에서 명쾌히 답변했다.
14. 존 케니John Kenny의 『정체성 정치The Politics of Identity』와, Y. 라즈 이사르 및 헬무트 안하이어의 『갈등과 긴장』에 내가 기고한 「이슬람의 정체성 정치」를 참고하라.
15. 이 견해는 무함마드 아베드 알자브리도 『아랍·이슬람교의 철학』에서 공감했다. 문화적 근대성에 대해 자세히 기술한 문헌은 위르겐 하버마스의 『현대성의 철학적 담론』이다. 9·11 테러사태 이후, 하버마스는 한 발짝 물러나 "세속주의를 탈피한 사회postsecular society"를 역설했다. 필자가 「하버마스와 신성한 종교의 귀환」에서 주장한 바와 같이, 개탄스런 하버마스의 태도는 뒤로 후퇴하고 있다.
16. 바삼 티비의 「철학(팔사파)과 종교 법률학(피크)의 중세 이슬람교의 정치사상」을 참고하라. 포괄적인 이슬람교의 지적 역사서인 『진정한 이맘』에서 나는 피크와 팔사파 전통을 대조하여 이슬람 역사에 나타난 두 라이벌의 담론을 논증했다.
17. 프란츠 로젠탈이 쓴 『이슬람교의 고전 유산』을 보라. 이 유산은 계몽사상의 핵을

담은 헬레니즘화에 근거를 둔다. 현대 이슬람주의는 이슬람교의 부흥을 주장하나 이는 그 유산과는 관계가 없다.

18. 위르겐 하버마스의 『현대성의 철학적 담론』(18).
19. 로버트 리의 『전통과 근대성을 넘어: 이슬람교의 진정성 탐구』(191).
20. 조지 마크디시George Makdisi의 『학회의 융성The Rise of the Colleges』.
21. 이에 대하여는 앙케 폰 퀴겔겐Anke von Kugelgen의 『아베로에스와 근대 아랍Averroes und die arabische Moderne』을 참고하라.
22. 무함마드 아베드 알자브리의 『아랍·이슬람교의 철학』(124).
23. 허버트 A. 데이비드슨Herbert A. Davidson의 『아베로에스와 알파라비 및 아비센나의 지성Averroes, al-Farabi, and Avicenna on Intellect』. 이슬람교의 헬레니즘화에 대하여는 W. M. 와트의 『이슬람교의 철학과 신학』(2, 3부)을 참고하라.
24. 구체적인 정보는 바삼 티비의 「수니파 아랍 원리주의자의 세계관」을 보라.
25. 에마누엘 시반의 『강경한 이슬람교Militant Islam』. 물론 이슬람교에서 법률학fiqh(피크)은 신학kalam이 아니므로 시반이 틀렸다!
26. 로버트 리의 『전통과 근대성을 넘어: 이슬람교의 진정성 탐구』(191, 193).
27. 같은 책, 177.
28. 리파아 R. 알타타위의 『파리에서 쓴 일기』. 카를 스토바서Karl Stowasser가 독일어로 옮긴 『알타타위al-Tahtawi』는 번역이 탁월하다.
29. 바삼 티비의 『이슬람교, 근대성에 몸살을 앓다』(2장).
30. 알아프가니가 무슬림을 "자흘jahl(무지)"이라고 비난한 것은 무함마드 이마라가 편저한 『문집al-A'mal al-Kamila li al-Afghani』(448, 327~28)을 참고하라.
31. 하산 알반나의 문집에 담긴 『순교자 알반나 이맘의 문집Majmu'at Rasa'il al-Imam al-Shahid』을 보라.
32. 고전 이슬람교에서는 과학이 고도로 발달되었다. 좀 더 구체적인 정보는 에드워드 그랜트Edward Grant의 『중세 근대 과학의 근간The Foundations of Modern Science in the Middle Ages』(29ff, 176ff)과 토비 E. 허프Toby E. Huff가 집필한 『초기 근대 과학의 부상The Rise of Early Modern Science』(47ff)을 참고하고, 이슬람교의 과학적 전통에 대하여는 하워드 터너Howard Turner가 쓴 『중세 이슬람교의 과학Science in Medieval

Islam』을 보라.

33. 제럴드 홀튼Gerald Holton의 『과학과 반과학Science and Anti-Science』.
34. 막스 베버의 『정치학·사회학·세계사 분석』(317)을 보라.
35. 데이비드 린드버그David Lindberg의 『서양 과학의 시초The Beginning of Western Science』 중 특히 8~9장을 유심히 볼 것. 인용문은 p. 168에서 빌췌했다.
36. 바삼 티비가 쓴 『이슬람교, 근대성에 몸살을 앓다』의 2장 "지식Knowledge"과 유수프 알카라다위의 『이슬람교식 해결책의 특징과 서방 엘리트집단의 의혹』을 참고하라. 대조적인 면은 유수프 알카라다위의 『이슬람교식 해결책의 특징과 서방 엘리트집단의 의혹』을 보라.
37. 지아우딘 사르다르Ziauddin Sardar(1951~)가 쓴 『이슬람교의 미래Islamic Futures』(85~86)와 『이슬람교 과학의 탐구Exploration in Islamic Science』를 참고하라.
38. 데이비드 린드버그의 『서양 과학의 시초』(170~71).
39. 리처드 마틴과 마크 R. 우드워드Mark R. Woodward 및 드위 S. 아트마자Dwi S. Atmaja의 『이슬람교의 이성 수호자Defenders of Reason in Islam』를 참고하라.
40. "계시나 이성으로bi al-wahi aw bi al-aql"라는 개념은 아부 알하산 알마르와디al-Hassan al-Marwadi가 『술탄 정부의 규정록Kitab al-ahkam al-sultaniyya』에서 지어낸 것이다.
41. 데이비드 린드버그의 『서양 과학의 시초』(174, 180).
42. 같은 책, 에드워드 그랜트Edward Grant의 『중세 근대 과학의 근간Foundations of Modern Science in the Middle Ages』과 토비 E. 허프Toby E. Huff가 집필한 『초기 근대 과학의 부상Rise of Early Modern Science』 및 하워드 터너Howard Turner의 『중세 이슬람교의 과학Science in Medieval Islam』을 참고하라.
43. 로버트 우트나우Robert Wuthnow의 『합의와 도덕적 질서Meaning and Moral Order』(265~98).
44. 국제이슬람사상 학회의 『지식의 이슬람화Islamiyyat al-ma'rifah』.
45. 인적자원 개발에 관한 유엔개발계획의 두 번째 보고서인 『지식사회의 건설Building a Knowledge Society』(뉴욕, 유엔, 2003)을 보라. 카디르C. A. Qadir와 압둘라위크 나우팔Abdulrawiq Nawfal은 각각 『이슬람세계의 철학과 과학Philosophy and Science in the Islamic World』과 『무슬림과 현대과학al-Muslimun wa al-ilm』에서 지식 추구 대신 이슬

람의 집합적 자아를 극찬했다.

46. 업적 중에는 중세의 이슬람 철학자인 알파라비의 걸작으로 리처드 왈츠가 번역한 『완벽한 국가에 대하여』가 있으며, 알파라비의 원문은 랄프 러너Ralph Lerner와 무신 마디Muhsin Mahdi가 편저한 『중세의 정치철학Medieval Political Philosophy』에 담겨 있다. 데이비드 라이즈만David Reisman의 「알파라비와 철학 커리큘럼al-Farabi and the Philosophical Curriculum」과 바삼 티비가 『진정한 이맘』(133~50)에서 파라비를 조명한 내용을 비롯하여, 이안 리처드 네튼Ian Richard Netton의 『파라비와 그의 학파al-Farabi and His School』도 참고하라.
47. 자말 알아프가니의 『가득한 희망al-A'mal al-kamila』(448).
48. 니클라스 루만의 『종교의 기능Funktion der Religion』(87).
49. 이슬람의 허상이나 준근대성에 대하여는 바삼 티비의 『이슬람교, 근대성에 몸살을 앓다』 11장을 참고하라.
50. 사례는 이슬람교의 개혁가인 무함마드 압두Mohammed Abduh가 쓴 『과학과 문명 사이의 이슬람교와 기독교al-Islam wa al-Nasraniyya bain al-Ilm wa al-Madaniyya』를 보라.
51. 사디크 J. 알아즘Sadik J. al-Azm의 『종교사상 비평Naqd al-fikr al-dini』.
52. 무함마드 알자브리의 『아랍·이슬람교의 철학』(128).
53. 국제이슬람사상 학회의 『지식의 이슬람화Islamiyyat al-ma'rifah』.
54. 데이비드 C. 린드버그의 『서양 과학의 시초』(180).
55. 로버트 R. 라일리Robert R. Reilly의 『무슬림 사상의 종말The Closing of the Muslim Mind』. 라일리는 이슬람교의 과거와 현재를 정확히 나누었으나, 이슬람교의 정통성Asha'rism을 과장하고 이슬람주의와 이슬람교를 제대로 구분하지 못했다.
56. 존 워터베리John Waterbury의 「10년 후의 사회과학 및 아랍 연구Social Science Research and Arab Studies in the Coming Decade」.
57. 존 워터베리와 앨런 리처즈Alan Richards의 『중동의 정치 경제』(14장, 346~65, "이슬람교가 해결책인가?").

8장 이슬람주의와 전체주의

1. 나는 드레스덴 대학the University of Dresden의 한나 아렌트 전체주의 연구센터에서 실시한 프로젝트에 참여했을 때 귀감을 얻어 정치적 종교를 전체주의 이데올로기로 해석했다. 또한 2007년 이후 내가 『전체주의 조직과 정치적 종교Totalitarian Movements and Political Religions』(이하 TMPR) 저널의 편집 자문위원으로 활동할 때도 나의 사상이 영향을 주었다. 본지는 관련 연구에 주안점을 두는가 하면 내 연구 논문을 게재하기도 했다. 다른 편집위원 가운데 제프 베일Jeff Bale과 로저 그리핀 Roger Griffin이 큰 귀감을 주었다. 본지는 2007년 1호에 이슬람주의식 전체주의에 대한 연구논문인 「지하디스트 이슬람주의식 전체주의The Totalitarianism of Jihadist Islamism」를 실었다. 제프리 베일과 나는 TMPR의 이슬람주의 특별호를 담당하는가 하면(2009년 10호) 한나 아렌트 전체주의 연구센터에서는 게하르트 베지에르Gerhard Besier와 헤르만 뤼베Herman Lübbe가 편저한 『정치적 종교와 종교정치 Politische Religion und Religionspolitik』에 정치적 종교에 대한 글을 기고하기도 했다. 센터에서 두 언어로 발행한 『종교·국가·사회Religion-Staat-Gesellschaft』에는 2000년에 창립된 이후, 내가 이슬람주의를 정치적 종교로 해석한 소논문 몇 편도 영어와 독어로 게재되었다.
2. 레몽 아롱의 『국가 간의 전쟁과 평화Paix et guerre entre les nations』. 8장에는 동·서 블록의 양극화와 이원화가 정점에 달했을 때 나왔던 예측도 담겨 있다.
3. 프랜시스 후쿠야마의 『역사의 종말과 최후의 인류The End of History and the Last Man』. 이 가정은 섣부른 예측으로 보인다. 책이 발간될 당시는 동·서방 갈등이 막을 내린 직후인데, 서양의 국제관계 학자들은 이슬람주의가 역사 귀환의 일환으로 이슬람교의 우월성을 회복해야 한다며 도전해온 점을 간과했다. 좀 더 구체적인 내용은 필자가 쓴 『정치적 이슬람교와 세계의 정치 및 유럽』에서 서론과 5장을 참고하라. 래리 다이아몬드Larry Diamond의 『민주주의 정신The Spirit of Democracy』은 세계 민주화를 가정한다.
4. 새뮤얼 헌팅턴 덕분에 1982년 하버드 대학에 초빙된 것은 여태 잊을 수가 없지만, "문명의 충돌"에 이의를 표시한 나의 논문을 그가 고의로 외면한 것은 참으로 아쉽

다. 헌팅턴은 내가 쓴 『문명 전쟁Krieg der Zivilisationen』을 읽고 1995년 3월 30일에 친히 편지를 써서 긍정적인 피드백을 보냈다. "책을 유심히 읽어보니 문명과 종교뿐 아니라, 현대의 서방과 이슬람세계의 역할에 대하여 논리를 설득력 있게 전개했더군요. 귀하의 책이 큰 호응을 얻으리라 믿습니다." 하지만 헌팅턴은 그의 작품보다 먼저 탄생한 내 작품과 주장을 무시했다. 나는 1998년에 출간된 개정판에서 그와 나의 이론의 차이를 구체적으로 밝히면서, 새로운 장을 추가하여(305~33) 헌팅턴의 문명의 충돌과 문명에 대해 내가 생각하는 바를 분리했다. 물론 헌팅턴을 비난하지는 않았다. 이러한 사상은 로만 헤어초크가 쓴 『문명의 충돌 예방하기』에 내가 기고한 「국제적 도덕성과 문화교류Preventing the Clash of Civilizations」(107~26)에 반영되었다.

5. 이러한 관점에서 가장 권위 있고 유력한 이집트(이슬람주의를 연구하는 데 가장 중요한 중동 국가) 사례연구로는 앨런 리처즈와 존 워터베리가 공동으로 집필한 『나세르와 사다트의 이집트Egypt under Nasser and Sadat』를 꼽을 수 있다. 앨런 리처즈Alan Richards와 존 워터베리의 『중동의 정치 경제A Political Economy of the Middle East』 14장에서 다룬 정치적 이슬람교는 야권세력과 집권세력으로서의 활동상을 보여준다.

6. 존 브렌크먼John Brenkman은 『민주정치의 문화적 모순The Cultural Contradictions of Democracy』(165~70)에서 "이슬람교의 내전Islam's civil war"이라는 용어를 지어냈다가 어느새 이를 "범지구적 내전geo-civil war"으로 바꾸었다. 하지만 저자는 이를 구체적으로 설명하지는 않았다. 나도 『이슬람교, 근대성에 몸살을 앓다』에서 같은 쟁점을 다루었으나, 책 제목에서 드러난 몸살은 이슬람교 내부에 존재하는 갈등이라고 주장했다. 이러한 갈등이 정치화되면 이는 충돌의 원인으로 발전하며(5장 참조), 이 같은 과정은 각 지역과 세계에 일어날 것이다. 이것이 바로 "범지구적 내전"의 본체이다.

7. 로렌스 해리슨Lawrence Harrison과 제롬 케이건Jerome Kagan의 『개발도상 문화: 문화 교체에 관한 소론집』. 이는 플레처 스쿨의 문화연구 프로젝트에서 발행된 1권이며, 2권은 로렌스 해리슨과 피터 L. 버거의 『개발도상 문화: 사례연구』다.

8. 위기는 네 책에서 다루었는데 그 중 셋은 무슬림 학자가 집필한 것이다. 연대순으로 열거해보면 바삼 티비의 『근대 이슬람교의 위기』와 버나드 루이스의 『이슬람

교의 위기*The Crisis of Islam*』, 알리 A. 알라위Ali A. Allawi의 『이슬람문명의 위기*The Crisis of Islamic Civilization*』, 그리고 히헴이 쓴 『위기의 이슬람교 문화』가 있다.

9. 바삼 티비, 「종교·문화적 관행과 정체성 정치를 둘러싼 이슬람교」.
10. 윌프리드 C. 스미스Wilfried C. Smith의 『의미와 종교의 종말*The Meaning and the End of Religion*』을 보라.
11. "이슬람교식 해결책al-hall al-Islami"은 유수프 알카라다위가 엮은 삼부작(책 제목으로 쓰기도 했다)에서 비롯된 용어이다.
12. 이 같은 논쟁은 필자가 자주 인용한, 유수프 알카라다위의 『이슬람교식 해결책』에 있다.
13. 이란에 대하여는 알리레자 자파르자데Alireza Jafarzadeh의 『위험한 이란*The Iran Threat*』을 참고하고, 아프가니스탄과 수단에 대하여는 각각 아메드 라시드의 『탈레반』과 댄 패터슨Dan Petterson이 쓴 『수단 분석*Inside Sudan*』을 참고하라.
14. 구체적인 정보는 바삼 티비의 『정치적 이슬람교와 세계의 정치 및 유럽』(5, 6장)과 롤런드 수의 『소수민족의 유럽』(127~56)에 내가 기고한 내용을 참고하라.
15. 예컨대, 미심쩍은 연구 결과는 조나단 로렌스와 저스틴 베이스의 『이슬람교의 통합』과 위테 클라우센Jytte Klausen의 『이슬람교의 도전*The Islamic Challenge*』, 그리고 조슬린 세서리의 『이슬람교와 민주정치가 만날 때』를 보라.
16. 바삼 티비의 「두려움이라는 민족성?」과 『정치적 이슬람교와 세계의 정치 및 유럽』, 「이슬람교의 이주로 소수민족성이 유럽에 귀환했는가?」 및 로렌조 비디노가 쓴 『유럽의 알카에다』를 참고하라.
17. 노아 펠드먼의 『이슬람국가의 흥망성쇠』(124, "예부터 기다리던 재앙"; 119, "샤리아와 민주정치의 양립성"). "이슬람국가"의 대립된 견해와, 정치화된 샤리아를 둘러싼 이견에 대하여는 『원리주의의 과제』(7. 8장)를 참고하라. 이슬람주의식 정치의 샤리아화를 다룬 6장에서 나는 "샤리아국가"를 거론했다. 정치화된 샤리아를 비판적으로 분석한 결과에 대하여는 다음 열거하는 연구서에 내가 기고한 내용을 참고하라. 마슈드 A. 바데린Mashood A. Baderin이 엮은 『국제법과 이슬람법*International Law and Islamic Law*』(16장), 일본 비교헌법협회Japanese Association of Comparative Constitutional Law의 『정치와 교회*Church and State: Towards Protection for Freedom of Religion*』(126~70).

18. 이슬람주의와 민주정치에 대하여는 이 책 4장과, 필자의 『정치적 이슬람교와 세계의 정치 및 유럽』(7장)을 참고할 것.
19. 그렇다고 해서 이러한 분석이 당국의 위기와 견해의 대립을 축소했다는 이야기는 아니다. 참고로 존 브래들리John Bradley가 쓴 『노출된 사우디아라비아Saudi Arabia Exposed』와 마문 판디Mamoun Fandy의 『사우디아라비아와 대립 정치Saudi Arabia and the Politics of Dissent』를 보라.
20. 존 워터베리의 『나세르와 사다트의 이집트』.
21. 2010년 9월 14일자 『인터내셔널 헤럴드 트리뷴』지에 보도된 「터키, 신헌법에 눈을 돌리다」(3)와, 2010년 11월 8일자 『월스트리트 저널』지에 게재된 「언론탄압으로 비난받는 터키」 및 2010년 6월 4~6일자 『월스트리트 저널』, 「터키의 극단적인 드리프트」를 참고하라. AKP의 영향력에 대하여는 제이노 바란의 「분열된 터키」와 바삼 티비의 「위험한 터키 이슬람주의자들」을 보라. 아울러 제이노 바란의 『찢긴 국가』도 참고하라.
22. 캐리 로제프스키 위컴의 『이슬람교 동원하기』.
23. 존 쿨리John Cooley의 『거룩하지 않은 전쟁Unholy Wars』을 보라. 1999년에 출간된 이 책은 겉표지에 미국에는 아직 알려지지 않은 오사마 빈라덴을 담았다. 커트 레벡Kurt Lehbeck이 『거룩한 전쟁, 세속적인 승리Holy War, Unholy Victory』에서 공개한 내용도 참고하라.
24. 9·11 테러로 이어진 유럽·독일·아프간의 커넥션을 다룬 문건(독일 『슈피겔』지의 슈테판 아우스트Stefan Aust와 코르트 슈니벤Cordt Schnibben이 『9월 11일11.September』에 엮음)을 참고하고, 알카에다의 함부르크 조직에 대하여는 로한 구나라트나의 『알카에다 속으로』(129~31)를 보라.
25. 에마드 엘 딘 샤힌Emad El Din Shahin의 『유럽 주변국의 민주화Democratization in the European Neighborhood』(123), 「이집트가 개혁하는 순간Egypt's Moment of Reform」 (128, 129, "제도적 보장"). 마이클 에머슨이 엮은 이 책에는 필자가 이슬람주의를 다르게 분석한 「아랍세계의 이슬람교와 자유와 민주정치Islam, Freedom, and Democracy in the Arab World」도 담겨 있다.
26. 에마드 엘 딘 샤힌, 「이집트가 개혁하는 순간」(128, 129, "제도적 보장"). 샤힌의 『정치

적 동의Political Assent』도 참고하라.

27. 로버트 라이큰과 스티븐 브룩의 「온건파 무슬림 형제단」.

28. 레이몬드 베이커의 『두려움을 모르는 이슬람교』와 브루스 러더퍼드의 『무바라크 이후의 이집트Egypt after Mubarak』 및 마크 린치의 『베일에 싸인 진실』.

29. 하겐 슐체Hagen Schulze의 『바이마르 독일Weimar Deutschland』에서 바이마르 공화국의 역사를 보라.

30. 2008년 12월 30일자 『파이낸셜 타임스』지에 게재된 사설, 「듣기 싫은 예측은 외면하는 사람들People Ignore Predictions They Dislike」에서 기고자는 2009년 금융위기는 예측되었으나 심기가 불편한 탓에 사람들이 외면했다고 주장한다. 이 같은 이론은 이슬람주의를 둘러싼 서방세계의 여론주도자의 입장을 조명했는데 그에 따르면, 여론주도자들은 집권한 이슬람주의자(이를테면, 가자지구의 하마스)에 대한 예측을 무시했다고 한다. 그것이 마음에 들지 않아서 말이다.

31. 카를 비트포겔Karl Wittfogel의 『동양의 전제정치Oriental Despotism』.

32. 폴 버먼Paul Berman의 『지성인들의 비상』과 제프리 허프의 『아랍세계를 향한 나치 선전』.

33. 한나 아렌트의 『전체주의의 기원』(ix).

34. 홀로코스트 생존자이자, 프랑크푸르트 비평이론학회를 창설한 막스 호르크하이머 Max Horkheimer는 나의 스승으로, 그의 비평이론을 지지하는 사람이라면 누구나 전체주의와 투쟁해야 한다고 주장한다. 바삼 티비의 「막스 호르크하이머와 이슬람주의식 전체주의의 유산」을 참고하라. 이 전통을 비롯하여, 아렌트와 호르크하이머의 견해를 따라 나는 2004년에 『신전체주의Der neue Totalitarismus』라는 제목으로 이슬람주의를 다룬 책을 독일어로 집필했다.

35. 엘리자베스 영브륄Elisabeth Young-Bruehl의 『한나 아렌트가 중요한 이유Why Arendt Matters』는 아렌트가 전체주의를 이론화한 주제를 뒷받침하는 탁월한 연구서이다.

36. 정치적 종교에 토대를 둔 전체주의 이데올로기를 조명한 주석 1과 더불어, 한나 아렌트의 전체주의 연구소HAIT가 제시한 참고문헌(당시 HAIT 이사였던 게하르트 베지에Gerhard Besier가 편저한 기본 연구서)을 보라. 정치적 종교에 대한 주요 이론가로는 에밀리오 젠틸레Emilio Gentile를 꼽을 수 있다.

37. 엘리자베스 영브륄의 『한나 아렌트가 중요한 이유』(266, 281).
38. 같은 책(35~36, "전체주의의 일환"; 56, "이집트의 하산 알반나가 이끄는 무슬림 형제단", "가장 위협적인 방법으로").
39. 장 샤를 브리자르Jean Charles Brisard의 『자르카위Zarqawi』.
40. 대니얼 벤저민과 스티븐 시몬이 2006년 6월 10~11일자 『인터내셔널 헤럴드 트리뷴』지에 실은 「자르카위의 삶과 죽음Zarqawi's Life after Death」, 또한 이 주제를 다룬 2006년 6월 19일자 『뉴스위크』 특별호와 『타임』지에 게재된 「자르카위 이후After Zarqawi」도 참고하라.
41. 바삼 티비의 「지하디스트 이슬람주의식 전체주의」와 「막스 호르크하이머와 이슬람주의식 전체주의의 유산」 및 『신전체주의』를 보라.
42. 한나 아렌트의 『전체주의의 기원』(ix, "전체주의는 단순한 독재정권이 아니다": 281, "영원히 규제하는 것"; 326, "전체주의 조직").
43. 같은 책(308, "목표를 달성한다"; 359, "세계적인 음모론의 동기는").
44. 하마스의 테러는 매튜 레빗의 탁월한 연구를 접할 수 있는 『하마스』(2, 5장)를 참고하라.
45. 한나 아렌트의 『전체주의의 기원』(312).
46. 제이노 바란의 『찢긴 국가』.
47. 한나 아렌트의 『전체주의의 기원』(391~92).
48. 같은 책, 331, 13장 "이데올로기와 테러"를 보라.
49. 같은 책, 465.
50. 에릭 호퍼의 『진정한 신앙인』.
51. 에릭 패터슨과 갤리거가 편저한 『이념의 전쟁을 논하다』와 바삼 티비의 「이데올로기 전쟁의 일환으로 테러리즘에 대응하라」를 참고하라.
52. 오류가 특히 부각되는 사례에 대해서는 로버트 파프의 『승리를 위해 죽다』를 보라.
53. 바삼 티비의 「이슬람주의와 민주정치」.
54. 로렌조 비디노의 『서방세계의 신무슬림 형제단』.
55. 찰스 커즈먼의 『진보주의 이슬람』에서 오해를 불러일으킬 만한 대목을 참고하라. 사이드 쿠틉의 후계자인 유수프 알카라다위는 이 문헌에서 "진보주의 이슬람교"를

대변하는 인물로 비쳐졌다.

56. 프랜시스 후쿠야마의 「정체성, 이민, 그리고 진보적 민주정치」와 바삼 티비의 「두려움이라는 민족성?」과 『정치적 이슬람교와 세계의 정치 및 유럽』 및 「이슬람교의 이주로 소수민족성이 유럽에 귀환했는가?」를 보고, 로렌조 비디노의 『서방세계의 신무슬림 형제단』도 아울러 참고하라.

57. 위르겐 하버마스의 『신앙과 지식』과 바삼 티비의 「하버마스와 신성한 종교의 귀환」.

58. 헤들리 불의 주요 문헌인 『무정부 사회』에서 질서 연구는 국제관계의 중심을 차지한다. 1부를 참고하고, 불의 사상을 확인하고 싶다면 「불, 국제관계에 이바지하다 Bull and the Contribution to International Relations」와 스탠리 호프만의 『세계의 무질서』(13~34)를 보라.

59. 사이드 쿠틉의 『이슬람교와 문명의 문제*al-Islam wa Mushkilat al-Hadarah*』. 원수는 p. 186에 언급되어 있다. 쿠틉은 신학과 정치학을 결합하여, 정치적 종교인 이슬람주의를 근간으로 하는 종교화된 정치를 유도해냈다.

60. 한나 아렌트를 참고하지 않았다면, 에마누엘 시반의 『급진주의 이슬람교: 중세 신학과 근대 정치*Radical Islam: Medieval Theology and Modern Politics*』는 이 용어를 부제로 삼았을 것이다. 해당 세계관은 바삼 티비가 쓴 『문화와 정치의 기로에 선 이슬람교』(53~68)에서 분석했다.

61. 바삼 티비의 「두려움이라는 민족성?」과 『정치적 이슬람교와 세계의 정치 및 유럽』 및 「이슬람교의 이주로 소수민족성이 유럽에 귀환했는가?」, 로렌조 비디노의 『서방세계의 신무슬림 형제단』을 참고하라. 피터 카첸슈타인과 티모시 번스Timothy Byrnes는 『확대되어 가는 유럽의 종교*Religion in an Expanding Europe*』에서 "다국적 종교" 개념을 코넬 대학(2003~6)에서 실시된 모 프로젝트(내가 「이슬람교를 유럽화할 것인가, 유럽을 이슬람화할 것인가」를 기고했다)의 국제관계 원리에 적용했다.

62. 이 개념의 기원은 아랍어로 수백만 부가 발행된, 사이드 쿠틉의 『진리를 향한 이정표』에 담겨 있다. 나는 13판을 활용했다.

63. 사이드 쿠틉, 『세계 평화와 이슬람교』(171~73), 5장과 내가 쓴 「지하드」도 참고하라.

64. 진 베트케 엘슈테인Jean Bethke Elshtain의 『테러와의 정당한 전쟁*Just War against*

Terror』.

65. 헤들리 불의「서방세계에 맞선 반란」. 불의 해석은 무슬림 형제단의 무함마드 이마라가『이슬람교의 각성과 문명의 도전al-sahwa al-Islamiyya wa al-Tahadhi al-Hadari』(카이로, 다르 알슈룩, 1991)에서 지지했다. 그는 "서방세계에 맞선 반란"을 다음과 같이 뒷받침했다. 반란은 서방세계의 패권뿐 아니라 그 같은 문명과 가치관에 맞선 것이다(30~40, 무슬림 형제단에 대하여는 41~83을 참고할 것).
66. 대니얼 필포트의 탁월한 논문「9·11 테러의 도전과 국제관계의 세속주의The Challenge of September 11 to Secularism in International Relations」를 참고하라.
67. 이 발상은 독일의 탈양극성 정책에 관한 대외정책위원회the German for Froeign Affairs의 프로젝트에서 처음 제기된 것이다. 카를 카이저Karl Kaiser와 여러 동료들이 3권으로 편저한『독일의 신규 대외정책Deutschlands neue Außenpolitik』과 나의 논문「새로운 국제환경에서 불거진 서방세계에 대한 반란Die Revolte gegen den Westen in der neuen internationalen Umwelt」을 아울러 참고하라.
68. 베네딕트 앤더슨의『상상 속의 공동체』는 이를 개념화하는 데 더할 나위 없이 좋은 토대가 된다.
69. 아디드 다위샤Adeed Dawisha가『대외정책의 이슬람교Islam in Foreign Policy』에 기고한 소논문을 비롯하여, 최근에 발간된 그레이엄 풀러와 이안 레서Ian Lesser의『포위의식』과 바삼 티비의『정치적 이슬람교와 세계의 정치 및 유럽』(130-52)을 참고하라.
70. 존 켈세이의『이슬람교와 전쟁』(117).
71. 스탠리 호프만의『세계의 무질서』. "무질서"와, 종교 및 원리주의의 참고문헌, 그리고 안보를 위협하는 "무질서"에 대하여는 바삼 티비의『원리주의의 과제』를 보라.
72. 폴 버먼의『지성인들의 비상』(285).
73. 살림 알아와Salim al-Awwa의『이슬람국가의 정치 체제』를 참고하라.
74. 바삼 티비의「문명의 이종혼교성 잇기Bridging the Heterogeneity of Civilizations」. 이슬람교의 인본주의 기원에 대하여는 조엘 크라에메르Joel Kraemer의『이슬람 르네상스의 인본주의Humanism in the Renaissance of Islam』를 참고하라.

75. 에릭 패터슨과 존 갤리거가 편저한 『이념의 전쟁을 논하다』에는 내가 기고한 「가치 체계와 질서 개념의 문명적 갈등」이 수록되어 있다.
76. 존 켈세이의 『이슬람교와 전쟁』(117).
77. 나이카 포루탄Naika Foroutan의 『서양과 이슬람세계의 문화적 대화Kultrudialoge zwischen dem Westen und der islamischen Welt』와 존 브렌크먼의 『민주정치의 문화적 모순』.
78. 제이노 바란의 『이방 무슬림』.
79. 감사의 글 서두에서 언급했던(미간행) 연구 논문집의 주제가 이 문제를 집중적으로 다루고 있다. 『세계정치의 이슬람교: 분쟁과 문명의 가교Islam in Global Politics: Conflict and Cross-Civilizational Bridging』(뉴욕: 루틀리지, 2012).

9장 이슬람주의의 대안 민간 이슬람교

1. 앤드류 매카시의 『위대한 지하드』(40, "나는 무슬림은 아니지만"; 39, "과연 잘못이겠는가?"). 앤드류 보스팀이 2009년 11월 14일자 『아메리칸 싱커The American Thinker』지에 기고한 「이슬람주의인가 이슬람교인가Islamism or Islam」를 보라.
2. 로버트 리, 『전통과 근대성을 넘어』(21).
3. 바삼 티비의 「이슬람교의 이주로 소수민족성이 유럽에 귀환했는가?」과 「두려움이라는 민족성?」을 보라. 유럽의 이슬람교에 대하여는 『정치적 이슬람교와 세계의 정치 및 유럽』의 5, 6장과 로렌조 비디노의 『유럽의 알카에다』와 최근작인 『서방세계의 신무슬림 형제단』을 참고하라. 그리고 미국의 이슬람교는 주디 야세르Zuhdi Jasser의 「미국중심주의 대 이슬람주의Americanism vs. islamism」를 보라.
4. 정치적 이슬람교의 팔레스타인 하마스 버전 또한 미국의 이슬람 소수집단에서 지지를 얻고 있다. 좀 더 구체적인 정보는 매튜 레빗Matthew Levitt의 『하마스Hamas』(145~55)를 참고하고, 일반적인 개관에 대하여는 제인 스미스Jane Smith의 『미국의 이슬람교Islam in America』를 보라. 대안은 미국의 진보주의 무슬림인 M. 주디 야세르의 「미국중심주의 대 이슬람주의」를 참고하라.

5. 연방 검찰 출신인 앤드류 매카시가 쓴 저서의 제목과 부제(『위대한 지하드: 이슬람교와 좌익은 어떻게 미국을 파괴했는가The Grand Jihad:How Islam and the Left Sabotage America』)는 좀 과장된 면이 있다. 매카시는 이슬람주의와 이슬람교의 차이를 놓친 탓에 오류를 범하고 말았다.
6. 이처럼 미흡한 노력은 아프가니스탄과 파키스탄에서 투쟁을 벌이고 있는 독일계 무슬림 지하디스트가 『뉴욕 타임스』지에 기고한 기사에 구체적으로 언급되었다. 수아드 메헤네트가 2010년 7월 31일자(A4, A6)에 「젊은 무슬림, 독일에서 급진주의로 가다」를 참고하라.
7. 대니얼 필포트의 「9·11 테러의 도전과 국제관계의 세속주의」.
8. 이 개념의 기원은 1992년 파리에서 발표한 「유럽계 이슬람교의 조건Les Conditions d'Euro-Islam」이다. 파리 대사원 이맘으로 유럽계 이슬람교를 지지한 유럽 달릴 부바키르Dalil Boubakir에 대하여는 카트린 벤홀드Katrin Bennhold가 2006년 3월 16일자 『인터내셔널 헤럴드 트리뷴』지에 보도한 「무슬림이자 프랑스인이여 자부심을 가지라Muslim and French and Proud to Be Both」를 보라. 이는 2001년 12월 24일자 『타임』(49)지에서도 찾을 수 있다("바삼 티비는… 유럽계 이슬람교를 지어낸 학자로, 유럽의 무슬림 통합을 주장했다(49)"). 유럽의 이슬람교를 둘러싼 논쟁에 대하여는 바삼 티비의 「공동체 사상과 유럽계 이슬람교Between Communitarism and Euro-Islam」와 「유럽계 이슬람교」를 참고하라.
9. 칼 포퍼의 고전인 『열린 사회와 그 적들The Open Society and Its Enemies』은 전체주의식 이슬람주의에 반기를 든 진보적 대응과 관계가 깊으며, 나의 유럽계 이슬람교 개념에 반영된 "열린 이슬람교"의 지적인 근간이 되기도 한다.
10. 바삼 티비의 『이슬람교, 근대성에 몸살을 앓다』.
11. 민주정치와 이슬람주의 및 이슬람교는 『정치적 이슬람교와 세계의 정치 및 유럽』 7장을, 평생 연구의 전체적 맥락은 『이슬람교, 근대성에 몸살을 앓다』 중 서론의 「네 가지 세계에서Between Four Worlds」 섹션을 참고하라.
12. 제임스 슬랙James Slack이 2008년 1월 18일자 『데일리 메일Daily Mail』지에 기고한 「테러리즘이라고? 우리는 이를 반이슬람운동이라 부를 것이다Terrorism? We'll Call It Anti-Islamic Activity」에서 당시 영국의 국내 안보부 장관을 지낸 재키 스미스의

"새로운 언어new language"를 조롱했다. 이 영국 정치인을 오바마의 대테러 보좌관인 존 브레넌(5장에서 다루었다)에 비유해도 무방할 듯싶다.

13. 이러한 이슬람주의 선전은 이념의 전쟁에서 도입된 것이다. 에릭 패터슨과 존 갤리거가 편저한 『이념의 전쟁을 논하다』에 내가 기고한 내용을 참고하라.
14. 요하네스 J. G. 얀센Johannes J. G. Jansen, 『이슬람교 원리주의의 이중적 본성』(2).
15. 프랑수아 레벨Francois Revel의 『자신과 대립한 민주정치Democracy against Itself』에서 이슬람주의를 다룬 12장.
16. "보편적인 선universal good"은 민간 이슬람교의 일부로 인도네시아에서 확립된 것이다. 이슬람주의는 동남아시아에서 세계적인 성공을 거두었으나 인도네시아는 예외가 될 듯싶다. 로버트 헤프너Robert Hefner의 『민간 이슬람교Civil Islam』를 참고하라. 인도네시아는 세계에서 무슬림이 가장 많은(2억 3,500만 명) 이슬람국가이다. 현지에서는 나도 강의를 하고 언론에 글을 기고할 수 있는 데다, 자카르타에서는 종교가 같은 권위자와 몇 차례 현안을 논의한 적도 있었다. 예컨대, 2009년 7월 자카르타에서 열린 진보주의 이슬람교에 관한 국제회의는 진보주의 무슬림이 이슬람문명에 다원주의가 확립되어야 한다는 당위성을 역설하는 포럼이었다. 주최측은 히다야툴라Hidayatullah 이슬람 국립대학원으로, 2003년 내가 이슬람 개혁에 관한 이론을 가르칠 수 있도록 임기를 보장해주었다. 나는 인도네시아 바하사Bahasa에서도 현지어로 책을 몇 권 출간하기도 했다. 다원주의와 대화에 대해서는 카를리나 헬마니타Karlina Helmanita 등이 편저한 『무질서의 세계에서 나누는 대화 Dialogue in the World of Disorder』를 참고하라. 여기에는 나의 논문 「이슬람문명과 민주적 다원주의Islamic Civilization and the Quest for Democratic Pluralism」도 수록되어 있다. 인도네시아는 버락 오바마 대통령이 아동기를 보낸 곳이기도 하다. 그러면 2009년 4월 25~26일자 『인터내셔널 헤럴드 트리뷴』지가 인도네시아의 동년 동월 선거에 대하여 보도한 내용에 주목해보자. "파키스탄에서 가자지구 및 레바논에 이르기까지, 강경 이슬람주의 조직은 급진주의 무슬림 정부의 통합을 둘러싼 우려를 부채질하면서 최근 몇 년간 급속도로 입지를 얻어왔다. 그러나 세계 최대의 무슬림 인구를 자랑하는 이곳에서는 그와는 상반된 현상이 벌어지고 있다. … 의회 선거에서… 유권자들이 이슬람교 당을 징벌한 것이다. … 규모가 가장 큰

번영정의당the Prosperous Justice Party은 2004년 선거에서 1%도 건져내지 못했다. … 인도네시아 국민들은 개인적으로는 점차 이슬람교에 귀의하고 있으나 종교와는 무관한 정당에 압승을 선사했다." 이슬람주의에 맞선 민간 이슬람교 입장에는 고무적인 기사가 아닐 수 없다. 2005년, 나는 싱가포르 국립대학 프로젝트의 일환으로 동남아시아에서 연구를 계속했는데, 이는 앤서니 리드Anthony Reid와 마이클 길세넌Michael Gilsenan이 편저한 『다원 아시아의 이슬람교 정통성Islamic Legitimacy in Plural Asia』 논문집으로 탄생했다(나는 「이슬람교와 문화적 다양성」을 기고했다). 일찍이 자카르타에서 인도네시아 주재 이란 대사인 샤반 S. 모아답Shaban S. Moaddab과 입장 차이를 보인 적이 있었다. 인도네시아가 이란을 본보기로 삼아야 한다니 그럴 수밖에 없었다. 그의 연설도 『무질서의 세계에서 나누는 대화』(149~58)에(나의 글, 159~201 앞에) 수록되었다. 나는 대사의 연설에 점철된 이란식 선전보다는 분명한 논증과 증거를 내세워 그에 대한 반론을 제기했다.

17. 칼 포퍼의 고전인 『열린 사회와 그 적들』. 레오나드 바인베르크Leonard Weinberg의 『민주정치의 대테러 대응Democratic Response to Terrorism』에 내가 기고한 「이슬람주의와 이슬람교와 민주정치Islam, Islamism, and Democracy」를 참고하라.

18. 알리 알라위의 『이슬람문명의 위기』를 보라. 이 위기는 『근대 이슬람교의 위기』에서도 다루었다. 히헴이 쓴 『위기의 이슬람교 문화』에 언급된 무슬림의 주장도 아울러 참고하라.

19. 바삼 티비의 「문명의 이종혼교성 잇기Bridging the Heterogeneity of Civilizations」.

20. EU의 지원으로 마이클 에머슨과 크리스티나 카우슈Kristina Kausch가 편저한 『유럽·지중해 관계의 과제The Challenge for Euro-Mediterranean Relations』는 이슬람주의의 과격화를 다루면서 이 같은 오류를 범하고 말았다.

21. 제이노 바란의 『찢긴 국가』.

22. 제닌 자카리아Janine Zacharia가 이스탄불에서 2010년 7월 5일자 『워싱턴 포스트』지에 기고한 「언론의 자유Press Freedom」(A7)와 AKP가 언론을 탄압한 사실을 두고 EU가 대응한 내용은 마크 챔피언Marc Champion이 2010년 11월 8일자 『월스트리트 저널』(A10)지에 기고한 「언론탄압으로 비난받는 터키」를 참고하라. 스티브 로젠Steve Rosen도 2010년 6월 10일자 『월스트리트 저널』(A21)지에 게재된 「에르

도안과 이스라엘 코드Erdogan and the Israel Cord」에서 이 문제를 거론했다. 돈 빌레프스키Don Bilefsky와 세브넴 아르수가 2010년 7월 16일자 『뉴욕 타임스』(A4)지에 기고한 「터키 엘리트에 묶인 소함대 스폰서Sponsor of Flotilla Tied to the Elite of Turkey」도 보라. 2010년 5월, 하마스를 지원하기 위해 소함대를 가자지구로 보낸 인도주의 구호재단IHH이 실은 이슬람주의 자선단체인 데다, AKP 정부가 뒤를 봐준 것으로 밝혀졌다.

23. 마빈 하우Marvine Howe의 『오늘날의 터키Turkey Today』(191).
24. 제이노 바란의 「분열된 터키」(55, 57, 69).
25. 2010년 9월 14일자 『인터내셔널 헤럴드 트리뷴』. 알리 카코글루Ali Carkoglu와 에르신 칼라이치오글루Ersin Kalaycioglu의 『터키 보수주의의 부상The Rising Tide of Conservatism in Turkey』과, 윌리엄 헤일 및 에르군 오즈부둔의 『터키의 이슬람주의, 민주주의, 진보주의』, 아르다 깐 쿰바라치바시Arda Can Kumbaracibasi가 쓴 『터키의 정치와 AKP의 부상』을 보라.
26. 위르겐 하버마스의 『현대성의 철학적 담론』(18).
27. 허버트 데이비드슨Herbert Davidson의 『아베로에스와 알파라비 및 아비센나의 지성』.
28. 이슬람교의 인본주의적 합리주의는 무함마드 아베드 알자브리의 『아랍·이슬람교의 철학』을, 이에 대립하는 전체주의식 이슬람주의는 바삼 티비의 『신전체주의』를 참고하라. 이 같은 해석은 무슬림 학자인 메디 모자파리Mehdi Mozaffari가 「유럽 전체주의에 비친 이슬람주의의 부상The Rise of Islamism in the Light of European Totalitarianism」과 『세계화와 문명Globalization and Civilizations』을 비롯하여 베프리 베일의 「이슬람주의와 전체주의」에서 공감대를 형성했다.
29. 이슬람교식 계몽사상은 바삼 티비의 『진정한 이맘』(2부)을 보라.
30. 무함마드 알자브리의 『아랍·이슬람교의 철학』(124).
31. 지브 스터넬의 『반계몽전통』.
32. 존 브렌크먼의 『민주정치의 문화적 모순』(165).
33. 애플비의 『종교의 모호성The Ambivalence of the Sacred』(7, "종교는…"; 305-6, "희생하지 않고").

34. 지브 스터넬의 『반계몽전통』.
35. 아쥬마르디 아즈라의 『인도네시아, 이슬람교, 민주정치 Indonesia, Islam, and Democracy』(213~15).
36. 이는 마크 린치가 「베일에 싸인 진실」에서 다룬 견해이다. 폴 버먼의 『지성인들의 비상』을 검토하던 린치는 (버먼이 쓴 논문 첫 페이지에 대하여) "집착이… 걷잡을 수 없게 돼가고 있다"고 서술했다.
37. 제이노 바란의 『이방 무슬림』에 내가 기고한 논문을 참고하라.
38. 마셜 G. S. 호지슨은 『세계사를 재고하다 Rethinking World History』에서 "17세기에 이르기까지 이슬람교를 지지하는 사회는… 아프리카·아시아 반구에서 영역이 가장 넓은 데다 영향력도 대단했다"(97)고 밝혔다. 제이노 바란이 편저한 『이방 무슬림 The Other Muslims』과 프란츠 로젠탈의 『이슬람교의 고전 유산』을 참고하라.
39. 프란츠 로젠탈Franz Rosenthal이 쓴 『이슬람교의 고전 유산 The Classical Heritage of Islam』.
40. 제이노 바란의 『이방 무슬림』에 내가 기고한 논문을 참고하라.
41. 마셜 G. S. 호지슨의 『세계사를 재고하다』(97). 호지슨은 세 권으로 구성된 『이슬람교의 모험 The Venture of Islam』에서 이슬람문명사를 훌륭히 조명해낸 저자이다(어디까지나 내 생각이다).
42. 이슬람문명의 문화적 변이에 대한 내 생각은 로렌스 해리슨과 제롬 케이건의 『개발도상 문화』 14장에 잘 나타나 있다. 종교의 다원주의에 딸린 다양성을 내가 어떻게 밝혔는지 확인하려면 『이슬람교, 근대성에 몸살을 앓다』(209~36)를 보면 된다. 장황한 주석 16의 참고문헌도 살펴보기 바란다. 이슬람주의와 이슬람교를 둘러싼 나의 논평은 "문명의 충돌"과는 관계가 없음을 재차 알린다. 「국제적 도덕성과 문화교류」에서 나는 헌팅턴과 다른 발상을 제안했다.
43. 다류시 샤예간 Daryush Shayegan의 『문화적 분열증 Cultural Schizophrenia』(75).
44. 이 용어를 쓴 튀니지계 프랑스 무슬림 작가 압델와합 메뎁 Abdelwahab Meddeb의 『저주를 벗어나 Sortir de la Malediction』를 참고하라. 메뎁의 사상은 폴 버먼의 『지성인들의 비상』(45~50)에서 장황하게 다뤘다.
45. 바삼 티비의 『이슬람교, 근대성에 몸살을 앓다』(209~36).

46. 따라서 필자는 이마누엘 칸트의 「영구평화론Zum ewigen Frieden」에 대한 소신을 밝히기 위해 『정치적 이슬람교와 세계의 정치 및 유럽』의 부제를 "민주적 평화와, 유럽계 이슬람교 대 글로벌 지하드Democratic Peace and Euro Islam versus Global Jihad"라고 붙였다.

에필로그

1. 알리 움릴Ali Oumlil의 『이견과 불화의 정당성에 관하여Fi shar'iyat al-Ikhtilaf』.

참고문헌

Abbt, Christiane, and Donata Schoeller, eds. *Im Zeichen der Religion: Gewalt und Friedfertigkeit in Christentum und Islam*. New York: Campus, 2008.

Abdelraziq, Ali. *al-Islam wa usul al-hukm* [Islam and patterns of government]. 1925; rpt. Beirut: Maktabat al-Hayat, 1966.

Abdelwahab, Meddeb. *Sortir de la malédiction: L'Islam entre civilization et barbarie*. Paris: Seuil, 2008.

Abduh, Mohammed. *al-Islam wa al-Nasraniyya bain al-Ilm wa al-Madaniyya* [Islam and Christianity between science and civilization]. Beirut: Dar al-Hadatha, rpt. 1983.

Abdul-Salam, Faruq. *al-Ahzab al-Siyasiyya wa al-Fasl bayn al-din wa al-dawla* [Political parties and the separation between religion and politics]. Cairo: Qalyub, 1979.

Abu-Amr, Ziad. *Islamic Fundamentalism in the West Bank and Gaza: Muslim Brotherhood and Islamic Jihad*. Bloomington: Indiana University Press, 1994.

Abu Zaid, Naser Hamed. *al-Tafkir fi asr al-takfir* [Thinking in the age of the accusation of heresy]. Cairo: Madbuli, 1995.

Achcar, Gilbert. *The Arabs and the Holocaust: The Arab-Israeli War of Narratives*. London: Saqi, 2010.

Adams, Charles. *Islam and Modernism in Egypt: A Study of the Modern Reform Movement*. 1933; rpt. London, 1968.

Adamson, Peter, and Richard Taylor, eds. *The Cambridge Companion to Arab Philosophy*. Cambridge: Cambridge University Press, 2006.

Afghani, Jamal al-. *al-A'mal al-kamila*. Cairo: al-Mu'assasa al-Misriyya, 1968.

Ahmed, Rifaat S. *al-Islam wa qadaya al-sira' al-Arabi al-Israeli* [Islam and conflict: Studies on Islam and the Arab-Israel conflict]. Cairo: Dar al-Sharqiyya, 1989.

Ajami, Fouad. *The Arab Predicament: Arab Political Thought and Practice since 1967.* Cambridge: Cambridge University Press, 1981.

———. *The Foreigner's Gift: The Americans, the Arabs, and the Iraqis in Iraq.* New York: Free Press, 2006.

Akbarzadeh, Shahram, and Fethi Mansouri, eds. *Islam and Political Violence: Muslim Diaspora and the Radicalization in the West.* London: Tauris, 2007.

Akehurst, Michael. *A Modern Introduction to International Law.* 6th ed. London: Unwin Hyman, 1987.

Allawi, Ali. *The Crisis of Islamic Civilization.* New Haven: Yale University Press, 2009.

AlSayyad, Nezar, and Manuel Castells, eds. *Muslim Europe or Euro-Islam.* New York: Lexington, 2002.

Anderson, Benedict. *Imagined Communities.* New ed. London: Verso, 1991.

Anderson, Norman. *Law Reform in the Muslim World.* London, 1976.

An-Na'im, Abdullahi A. *Towards an Islamic Reformation.* Syracuse, N.Y.: Syracuse University Press, 1990.

———. *Islam and the Secular State: Negotiating the Future of Shari'a.* Cambridge: Harvard University Press, 2008.

Antawabi, Mushin al-. *Limatha narfud al-Salam ma'a al-Yahud* [Why we reject peace with Jews]. Cairo: Kitab al-Mukhtar, n.d.

Appleby, Scott. *The Ambivalence of the Sacred: Religion, Violence, and Reconciliation.* Lanham, Md.: Rowman and Littlefield, 2000.

Apter, David. *The Politics of Modernization.* Chicago: University of Chicago Press, 1965.

Arendt, Hannah. *Vita Activa.* Stuttgart: Piper, 1960.

———. *The Origins of Totalitarianism.* New York: Harcourt, rpt., 1979.

Arkoun, Mohammed. *Rethinking Islam.* Boulder, Colo.: Westview, 1994.

Armanazi, Najib al-. *al-Shar' al-duwali fi al-Islam* [International law in Islam]. London: Riad El-Rayyes, 1990.

Aron, Raymond. *Paix et guerre entre les nations.* Paris: Calmann-Lévy, 1962.

Ashmawi, Mohammed Said al-. *Usul al-shari'a* [The origins of shari'a].

Cairo: Madbuli, 1983.

———. *al-Shari'a al-Islamiyya wa al-qanun al-misri* [Islamic shari'a and Egyptian law]. Cairo: Sina, 1988.

———. *al-Islam al-Siyasi* [Political Islam]. Cairo: Sina, 1989.

———. *al-Khilafah al-Islamiyya* [Islamic Caliphate]. Cairo: Sina, 1990.

Ate{, Seyran. *Der Multkulti-Irrtum*. Berlin: Ullstein, 2007.

Aust, Stefan, and Cordt Schnibben, eds. *11. September: Geschichte eines Terrorangriffs*. Stuttgart: DVA, 2002.

Awwa, Mohammed S. al-. *Fi al-Nizam al-Siyasi lil dawla al-Islamiyya* [On the political system of the Islamic state]. 6th ed. Cairo: al-Maktab al-Masri, 1983.

Ayubi, Nazih. *Political Islam*. London: Routledge, 1991.

Azm, Sadiq Jalal al-. *al-naqd al-dhati ba'd al-hazima* [Self-critique after the defeat]. Beirut: al-Tali'a, 1968.

———. *Naqd al-fikr al-dini* [Critique of religious thought]. Beirut: Dar al-Talia, 1969.

———. *Dhihniyyat al-tahrim* [The mentality of taboos]. London: El Rayyes, 1992.

Azra, Azymardi. *Indonesia, Islam, and Democracy*. Jakarta: Solstice/Asia Foundation, 2006.

Bahi, Mohammed al-. *al-Fikr al-Islami al hadith wa silatuhu bi al-isti'mar al-gharbi* [Modern Islamic thought and its relationship to Western colonialism]. 4th ed. Cairo: Maktabat Wahba, n.d.

Baker, Raymond. *Islam without Fear: Egypt and the New Islamists*. Cambridge: Harvard University Press, 2003.

Bale, Jeffrey. "Islamism and Totalitarianism." *Totalitarian Movements and Political Religions* 10, no. 2 (2009): 73~96.

Banna, Hasan al-. *Majmu'at Rasa'il al-Imam al-Shahid Hasan al-Banna* [Collected essays of the Martyr Imam al-Banna]. New legal ed. Cairo: Dar al-Da'wa, 1990.

Banner, Michael. *Jihad in Islamic History*. Princeton: Princeton University Press, 2006.

Baran, Zeyno. "Fighting the War of Ideas." *Foreign Affairs* 84, no. 6 (2005): 68~79.

———. "The Brotherhood Network in the US." *Current Trends in Islamist*

  Ideology 6 (2008): 95–122.

———. "Turkey Divided." *Journal of Democracy* 19, no. 1 (2008): 55–69.

———. *Torn Country: Turkey between Secularism and Islamism.* Stanford: Hoover Institution Press, 2010.

———, ed. *The Other Muslims: Moderate and Secular.* New York: Palgrave Macmillan, 2010.

Barnett, Michael. *Dialogue in Arab Politics.* New York: Columbia University Press, 1998.

Bawer, Bruce. *Surrender: Appeasing Islamism, Sacrificing Freedom.* New York: Doubleday, 2009.

Be'eri, Eliezer. *Army Officers in Arab Politics and Society.* New York: Praeger, 1969.

Bell, Daniel. "The Return of the Sacred." In *The Winding Passage: Sociological Essays and Journeys,* 324–54. New York: Basic, 1980.

Bell, R., and W. M. Watt. *Introduction to the Qur'an.* Edinburgh: Edinburgh University Press, 1977.

Bellah, Robert, ed. *Religion and Progress in Modern Asia.* New York: New York University Press, 1965.

Benz, Wolfgang, and Juliane Wetzel, eds. *Antisemitismus und radikaler Islamismus.* Essen: Klartext Verlag, 2007.

Bergesen, Albert, ed. *The Qutb Reader: Selected Writings on Politics, Religion, and Society.* New York: Routledge, 2008.

Berman, Paul. *The Flight of the Intellectuals.* Brooklyn: Melvillehouse, 2010.

Berman, Russell A. *Freedom or Terror: Europe Faces Jihad.* Stanford: Hoover Institution Press, 2010.

Bernard, Cheryl, and Zalmay Khalilzad. *The Government of God: Iran's Islamic Republic.* New York: Columbia University Press, 1984.

Besier, Gerhard, and Hermann Lübbe, eds. *Politische Religion und Religionspolitik: Zwischen Totalitarismus und Bürgerfreiheit.* Göttingen: Vandenhoek and Ruprecht, 2005.

Bevir, Marc, ed. *Encyclopedia of Political Theory.* 3 vols. Thousand Oaks, Calif.: Sage, 2010.

Bistolfi, Robert, and François Zabbal, eds. *Islams d'Europe: Intégration ou insertion communitaire.* Paris: Editions de l'Aube, 1995.

Blankinship, Yahya. *The End of the Jihad State.* Albany: SUNY Press, 1994.

Bohnasi, Ahmad Fathi. *al-Jara'im fi al-fiqh al-Islami* [Criminal law in Islamic fiqh]. 6th ed. Cairo: Dar al-Shuhruq, 1988.

Boroujerdi, Mehrzad. *Iranian Intellectuals and the West: The Tormented Triumph of Nativism.* Syracuse, N.Y.: Syracuse University Press, 1996.

Bostom, Andrew, ed. *The Legacy of Jihad.* Amherst, N.Y.: Prometheus, 2005.

———, ed. *The Legacy of Islamic Antisemitism.* Amherst, N.Y.: Prometheus, 2008.

Bouman, Johan. *Gott und Mensch im Qur'an: Eine Strukturform religiöser Anthropologie anhand des Beispiels Allah und Muhammad.* Darmstadt: Wissenschaftliche Buchgesellschaft, 1977.

Bradley, John. *Saudi Arabia Exposed.* New York: Palgrave, 2005.

Braudel, Fernand. *A History of Civilizations.* New York: Allen Lane, 1994.

Brenkman, John. *The Cultural Contradictions of Democracy: Political Thought since September 11.* Princeton: Princeton University Press, 2007.

Brisard, Jean-Charles. *Zarqawi: The New Face of al-Qaeda.* New York: Other, 2005.

Bull, Hedley. *The Anarchical Society: A Study of Order in World Politics.* New York: Columbia University Press, 1977.

———. "The Revolt against the West." In Bull and Watson, *Expansion of International Society,* 217–28.

Burckhardt, Jakob. *Die Kultur der Renaissance in Italien.* 11th ed. Stuttgart: Kröner, 1988.

Burgat, François, and William Dowell. *The Islamic Movement in North Africa.* Austin: University of Texas Press, 1993.

Burr, J. Millard, and Robert O. Collins, eds. *Alms for Jihad.* Cambridge: Cambridge University Press, 2006.

Buzan, Barry. *People, States, and Fear: An Agenda for International Security Studies in the Post–Cold War Era.* Boulder, Colo.: Lynne Rienner, 1991.

Carkoglu, Ali, and Ersin Kalaycioglu. *The Rising Tide of Conservatism in Turkey.* New York: Palgrave Macmillan 2009.

Center for Arab Unity Studies, ed. *Azmat al-democratiyya fi al-Watan al-Arabi* [Crisis of democracy in the Arab world]. Beirut: Markaz Dirasat al-Wihda al-Arabiyya, 1983.

Centre d'Études et de Récherches Economiques et Sociales, ed. *Les Arabes*

face à leur destin. Série Études Sociologiques no. 6. Tunis: CERES, 1980.
Cesari, Jocelyne. *When Islam and Democracy Meet: Muslims in Europe and the United States.* New York: Palgrave, 2004.
Chervel, Thierry, ed. *Islam in Europa.* Frankfurt am Main: Suhrkamp, 2007.
Chesler, Phyllis. *The New Antisemitism.* San Francisco: Jossey-Bass, 2003.
Chubin, Shahram. *Iran's Nuclear Ambitions.* Washington, D.C.: Carnegie Endowment for International Peace, 2006.
Cliteur, Paul. *The Secular Outlook: In Defense of Moral and Political Secularism.* Oxford: Wiley-Blackwell, 2010.
Cockburn, Andrew, and Patrick Cockburn. *Out of the Ashes: The Resurgence of Saddam Hussein.* New York: HarperCollins, 1999.
Cook, David. *Understanding Jihad.* Berkeley: University of California Press, 2005.
Coulson, N. J. "The Concept of Progress and Islamic Law." In Bellah, *Religion and Progress in Modern Asia,* 74–92.
———. *Conflicts and Tensions in Islamic Jurisprudence.* Chicago: University of Chicago Press, 1969.
———. *A History of Islamic Law.* 3rd ed. Edinburgh: Edinburgh University Press, 1978.
Coulson, N. J., and Norman Anderson. "Modernization: Islamic Law." In *Northern Africa: Islam and Modernization,* ed. Michael Brett, 73–83. London: Cass, 1973.
Creveld, Martin van. *The Transformation of War.* New York: Free Press, 1991.
Creveld, Martin van, and Katharina von Knop, eds. *Countering Modern Terrorism: History, Current Issues, and Future Threats.* Bielefeld: Bertelsmann, 2005.
Curtin, Philip. *The World and the West: The European Challenge.* Cambridge: Cambridge University Press, 2000.
Davidson, Herbert. *Averroës, al-Farabi, and Avicenna on Intellect.* New York: Oxford University Press, 1992.
Dawisha, Adeed, ed. *Islam in Foreign Policy.* Cambridge: Cambridge University Press, 1983.
Dawood, N. J. *The Koran.* Harmondsworth: Penguin, 1974.
Deng, Francis, and Abdullahi An-Na'im. eds. *Human Rights: Cross-Cultural*

Perspectives. Washington, D.C.: Brookings Institution, 1990.

Dharif, Mohammed, ed. *al-Islam al-Siyasi fi al-Watan al-Arabi* [Political Islam in the Arab world]. Casablanca: Maktabat al-Umma, 1992.

Diamond, Larry. *The Spirit of Democracy: The Struggle to Build Free Societies throughout the World.* New York: Times Books, 2008.

Djaït, Hichem. *Islamic Culture in Crisis: A Reflection on Civilizations in History.* Trans. Janet Fouli. New Brunswick, N.J.: Transaction, 2010.

Docker, John, and Gerhard Fischer, ed. *Adventures of Identity: European Multicultural Experiences and Perspectives.* Tübingen: Stauffenberg, 2001.

Donner, Fred M. *The Early Islamic Conquests.* Princeton: Princeton University Press, 1981.

———. *Muhammad and the Believers: The Origins of Islam.* Cambridge: Harvard University Press, 2010.

Eickelmann, Dale, and James Piscatori. *Muslim Politics.* Princeton: Princeton University Press, 1996.

Elpeleg, Zvi. *The Grand Mufti al-Husaini: Founder of the Palestinian National Movement.* London: Cass, 1993.

Elshtain, Jean Bethke. *Just War against Terror.* New York: Basic, 2003.

Emerson, Michael, ed. *Democratization in the Neighborhood.* Brussels: CEPS, 2005.

Emerson, Michael, and Kristina Kausch, eds. *The Challenge for Euro-Mediterranean Relations.* Brussels: CEPS, 2009.

Emmerson, Donald. "Inclusive Islamism: The Utility of Diversity." In Martin in association with Barzegar, *Islamism,* 17~32.

Enayat, Hamid. *Modern Islamic Political Thought.* Austin: University of Texas Press, 1982.

Erasmus Foundation, ed. *The Limits of Pluralism: Relativism and Neoabsolutism.* Amsterdam: Praemium Erasmianum Foundation, 1994.

Esposito, John. *The Islamic Threat: Myth or Reality?* New York: Oxford University Press, 1992.

———, ed. *The Oxford Encyclopedia of the Middle Eastern World.* 4 vols. New York: Oxford University Press, 1995.

Esposito, John, and John Voll. *Islam and Democracy.* New York: Oxford University Press, 1996.

Ess, Josef van. *Theologie und Gesellschaft im 2. und 3. Jahrhundert Hidschra: Eine Geschichte des religiösen Denkens im frühen Islam.* Vol. 1. Berlin: De Gruyter, 1991.

Esser, Josef. *Vorverständnis und Methodenwahl in der Rechtsfindung.* Frankfurt: Athenäum Verlag, 1970.

Euben, Roxanne. *Enemy in the Mirror: Islamic Fundamentalism and the Limits of Modern Rationalism.* Princeton: Princeton University Press, 1999.

Faber, Klaus, Julius Schoeps, and Sacha Stawski, eds. *Neu-alter Judenhass: Antisemitismus.* 2nd ed. Berlin: Verlag Brandenburg, 2007.

Fahmi, Mustafa, ed. *Fan al-hukm fi al-Islam* [The art to govern in Islam]. Cairo: al-Maktab al-Masri [c. 1981].

Fandy, Mamoun. *Saudi Arabia and the Politics of Dissent.* New York: Palgrave, 1999.

Feldman, Noah. *The Fall and Rise of the Islamic State.* Princeton: Princeton University Press, 2008.

Foroutan, Naika. *Kulturdialoge zwischen dem Westen und der islamischen Welt: Eine Strategie zur Regulierung von Zivilisationskonflikten.* Wiesbaden: Deutscher Universitäts-Verlag, 2004.

Fortner, Robert, and Mark Fackler, eds. *Handbook of Global Communication.* 2 vols. Oxford: Blackwell, 2011.

Fourest, Caroline. *Frère Tariq: Discours, stratégie, et méthode de Tariq Ramadan.* Paris: Grasset, 2004.

———. *Brother Tariq: The Doublespeak of Tariq Ramadan.* Trans. Ioana Wieder and John Atherton. London: Encounter, 2008.

Fradkin, Hillel. "Academic Word Games." In Martin in association with Barzegar, *Islamism,* 74–80.

Friedman, Yohanan. *Tolerance and Coercion in Islam: Interfaith Relations in the Muslim Tradition.* New York: Cambridge University Press, 2003.

Frisch, Hillel, and Efraim Inbar, eds. *Radical Islam and International Security.* New York: Routledge, 2008.

Fukuyama, Francis. *The End of History and the Last Man.* New York: Avon, 1992.

———. "Identity, Immigration, and Liberal Demcracy." *Journal of Democracy* 17, no. 2 (2006): 5–20.

Fuller, Graham. *The Center of the Universe Iran: The Geopolitics of Iran.* Boulder,

Colo.: Westview, 1991.

———. *A Sense of Siege: The Geopolitics of Islam and the West*. Boulder, Colo.: Westview, 1995.

———. *The Future of Political Islam*. Boulder, Colo.: Westview, 2003.

Gellner, Ernest. *Religion and Postmodernism*. London: Routledge, 1992.

Gensicke, Klaus. *Der Mufti von Jerusalem und die Nationalsozialisten*. Darmstadt: WBG, 2007.

Gentile, Emilio. *Politics as Religion*. Trans. George Staunton. Princeton: Princeton University Press, 2006.

Gerges, Fawaz A. *The Far Enemy: Why Jihad Went Global*. New York: Cambridge University Press, 2005.

Ghadban, Ralph. *Tariq Ramadan und die Islamisierung Europas*. Berlin: Schiler, 2006.

Ghazali, Mohammed al-. *Huquq al-insan bain al-Islam wa I'lan al-umam al-mutahhidah*. [Human rights between Islam and the universal declaration of human rights]. Cairo: Dar al-Kutub al-Islamiyya, 1984.

Gibb, Hamilton A. R. *Studies on the Civilization of Islam*. 1962; rpt. Princeton: Princeton University Press, 1982.

Giddens, Anthony. *A Contemporary Critique of Historical Materialism*. Vol. 2, *The Nation-State and Violence*. London: Macmillan, 1985.

Grant, Edward. *The Foundations of Modern Science in the Middle Ages: Their Religious, Institutional, and Intellectual Contexts*. Cambridge: Cambridge University Press, 1996.

Gress, David. *From Plato to NATO: The Idea of the West and Its Opponents*. New York: Free Press, 1998.

Gunaratna, Rohan. *Inside al-Qaeda: Global Network of Terror*. New York: Columbia University Press, 2002.

Gunaratna, Rohan, and Michael Chandler. *Countering Terrorism*. London: Reaction, 2007.

Habermas, Jürgen. *The Philosophical Discourse of Modernity: Twelve Lectures*. Trans. Frederick G. Lawrence. Cambridge: MIT Press, 1986.

———. *Glauben und Wissen*. Frankfurt: Suhrkamp, 2001.

Hale, William, and Ergun Özbudun. *Islamism, Democracy, and Liberalism in Turkey*. London: Routledge, 2010.

Hallaq, Wael. *History of Islamic Legal Theories*. New York: Cambridge University Press, 1997.

———. *The Origins and Evolution of Islamic Law.* New York: Cambridge University Press, 2005.

Hanafi, Hasan al-. *al-Usuliyya al-islamiyya* [Islamic fundamentalism]. Cairo: Madbuli, 1989.

———. "Islamism. Whose Debate Is It?" In Martin in association with Barzegar, *Islamism,* 63–66.

Harel, Amos, and Avi Issacharoff. *34 Days: Israel, Hezbollah, and the War in Lebanon.* New York: Palgrave, 2008.

Harris, Lee. *The Suicide of Reason: Radical Islam's Threat to the Enlightenment.* New York: Basic, 2007.

Harrison, Bernard. *The Resurgence of Antisemitism.* New York: Rowman and Littlefield, 2006.

Harrison, Lawrence, and Peter L. Berger, eds. *Developing Cultures: Case Studies.* New York: Routledge, 2006.

Harrison, Lawrence, and Jerome Kagan, eds. *Developing Cultures: Essays on Cultural Change.* New York: Routledge, 2006.

Hart, H. L. A. *The Concept of Law.* Oxford: Clarendon, 1970.

Hashmi, Sohail. *Islamic Political Ethics: Civil Society, Pluralism, and Conflict.* Princeton: Princeton University Press, 2002.

Hasseini, Ziba Mir, and Richard Tapper. "Islamism — Ism or Wasm?" In Martin in association with Barzegar, *Islamism,* 81–92.

Hawkesworth, Mary, and Maurice Kogan, eds. *Routledge Encyclopedia of Government and Politics.* 2 vols. 2nd ed. London: Routledge, 2004.

Hefner, Robert. *Civil Islam: Muslims and Democratization in Indonesia.* Princeton: Princeton University Press, 2000.

Helmanita, Karlina, ed. *Dialogue in the World Disorder.* Jakarta: Hidayatullah Islamic State University, 2004.

Herf, Jeffrey, ed. *Antisemitism and Anti-Zionism in Historical Perspective.* New York: Routledge, 2007.

———. *Nazi Propaganda for the Arab World.* New Haven: Yale University Press, 2009.

Herzog, Roman. *Preventing the Clash of Civilizations: A Peace Strategy for the Twenty-First Century.* Ed. Henrik Schmiegelow. New York: St. Martin's, 1999.

Hirszowicz, Lukas. *The Third Reich and the Arab East*. London: Routledge, 1966.

Hobsbawm, Eric, and Terence Ranger, eds. *The Invention of Tradition*. New York: Cambridge University Press, rpt. 1983.

Hodgson, Marshall G. S. *The Venture of Islam: Conscience and History in a World Civilization*. 3 vols. Chicago: University of Chicago Press, 1974.

———. *Rethinking World History: Essays on Europe, Islam, and World History*. Cambridge: Cambridge University Press, 1995.

Hoffer, Eric. *The True Believer: Thoughts on the Nature of Mass Movements*. 1951; rpt. New York: Perennial, 2002.

Hoffman, Bruce. *Inside Terrorism*. New York: Columbia University Press, 1998.

Hoffmann, Stanley. *World Disorders: Troubled Peace in the Post–Cold War Era*. New York: Rowman and Littlefield, 1998.

Holsti, Kalevi J. *The State, War, and the State of War*. Cambridge: Cambridge University Press, 1996.

Holton, Gerald J. *Science and Anti-Science*. Cambridge: Harvard University Press, 1993.

Horkheimer, Max, and Theodor W. Adorno. *Dialektik der Aufklärung* (Amsterdam: Querido, 1947).

———. *Dialectic of Enlightenment*. Trans. Edmund Jephcott. Stanford: Stanford University Press, 2002.

Hourani, Albert. *Arabic Thought in the Liberal Age*. London: Oxford University Press, 1962.

Howe, Marvine. *Turkey Today: A Nation Divided over Islam's Revival*. Boulder, Colo.: Westview, 2000.

Hsu, Roland, ed. *Ethnic Europe: Mobility, Identity, and Conflict in a Globalized World*. Stanford: Stanford University Press, 2010.

Hudson, Michael. *Arab Politics: The Search for Legitimacy*. New Haven: Yale University Press, 1977.

Huff, Toby E. *The Rise of Early Modern Science: Islam, China, and the West*. Cambridge: Cambridge University Press, 1993.

Huntington, Samuel P. *Political Order in Changing Societies*. New Haven: Yale University Press, 1968.

———. *The Third Wave: Democratization in the Twentieth Century.* Norman: University of Oklahoma Press, 1991.

———. *The Clash of Civilizations and the Remaking of the World Order.* New York: Simon and Schuster, 1996.

Hussain, Ed. *The Islamist: Why I Joined Radical Islam.* London: Penguin, 2007.

Ibrahim, Saad Eddin. *Egypt, Islam and Democracy.* Cairo: AUC Press, 1996.

Imara, Mohammed. *al-A'mal al-Kamila li al-Afghani* [Collected writings]. Cairo: Dar al-Katib al-Arabi, 1968.

———. *al-Islam wa huquq al-insan* [Islam and human rights]. Cairo: Dar al-Shuruq, 1989.

———. *Ma'rakat al-Islam wa Usul al-Hikm* [The battle of Islam on governance]. Cairo: Dar al-Shuruq, 1989.

———. *al-Sahwa al-Islamiyya al-tahddi al-hadari* [The Islamic awakening and the civilizational challenge]. Cairo: Dar al-Shuruq, 1991.

International Institute of Islamic Thought, ed. *Islamiyyat al-ma'rifah* [Islamization of knowledge]. Cairo: al-Ahram lil Tawzi', 1986.

Isar, Y. Raj, and Helmut Anheier, eds. *Conflicts and Tensions.* Los Angeles: Sage, 2007.

Izzuldin, Ahmed. *Harakat al-Muqawamha al-Islamiyya Hamas* [The Islamic resistance movement Hamas]. Cairo: Dar al-Tawzi' al-Islamiyya, 1998.

Jabar, Faleh A. *The Shi'ite Movement in Iraq.* London: Saqi, 2003.

Jabri, Mohammed A. al-. *al-Turath wa al-hadatha* (Heritage and modernity). Beirut: al-Markaz al-Thaqaf, 1991.

———. *Arab-Islamic Philosophy.* Trans. Aziz Abbassi. Austin: CMES, 1999.

Jabri, Mohammed A. al-, and Hasan Hanafi. *Hiwar al-Mashriq al-Maghrib* (Dialogue between the Arab East and the Arab West). Casablanca, Tobical 1990.

Jackson, Robert. *Quasi-States: Sovereignty, International Relations, and the Third World.* Cambridge: Cambridge University Press, 1990.

Jacoby, Tami A., and Brent Sasley, eds. *Redefining Security in the Middle East.* New York: Palgrave, 2002.

Jadul-Haq, Jadul-Haq Ali, ed. *Bayan li al-nas* [Declaration to humanity]. 2 vols. Cairo: al-Azhar, 1984, 1988.

Jafarzadeh, Alireza. *The Iran Threat: President Ahmadinejad and the Coming Nuclear Crisis*. New York: Palgrave, 2007.

Jamal, Amal. *The Palestinian National Movement*. Bloomington: Indiana University Press, 2005.

Jamieson, Alan. *Faith and Sword: A Short History of Christian-Muslim Conflict*. London: Reaktion, 2006.

Jansen, Johannes J. G. *The Dual Nature of Islamic Fundamentalism*. Ithaca, N.Y.: Cornell University Press, 1997.

Japanese Association of Comparative Constitutional Law, ed. *Church and State: Towards Protection for Freedom of Religion*. Tokyo: Nihon University Press, 2006.

Jarisha, Ali Mohammed, and Mohammed Sharif Zaibaq. *Asalib al-ghazu al-fikri lil alam al-Islami* [The methods of intellectual invasion of the world of Islam]. Cairo: Dar al-I'tisam, 1978.

Jasser, M. Zuhdi. "Americanism vs. Islamism." In Baran, *The Other Muslims*, 175–91.

———. "Political Islam, Liberalism, and the Diagnosis of a Problem." In Martin in association with Barzegar, *Islamism*, 104–9.

Jay, Martin. *The Dialectical Imagination: A History of the Frankfurt School and the Institute of Social Research*. Berkeley: University of California Press, 1996.

Johanson, James T. *The Holy War Idea in Western and Islamic Tradition*. University Park: Pennsylvania State University Press, 1997.

Juergensmeyer, Mark. *The New Cold War? Religious Nationalism Confronts the Secular State*. Berkeley: University of California Press, 1993.

———. *Terror in the Mind of God: The Global Rise of Religious Violence*. Berkeley: University of California Press, 2000.

Julius, Anthony. *Trials of the Diaspora: A History of Antisemitism in England*. New York: Oxford University Press, 2010.

Jundi, Anwar al-. *Ahdaf al-taghrib* [The goal of Westernization]. Cairo: al-Azhar Press, 1987.

———. *al-Mu'asarah fi itar al-asalah* [Modernity in the framework of authenticity]. Cairo: Dar al-Sahwa, 1987.

———. *Min al-tabai'iyya ila al-asalah* [From dependency to authenticity]. Cairo: Dar al-I'tisam, n.d.

Kaegi, Walter. *Byzantium and the Early Islamic Conquests.* Cambridge: Cambridge University Press, 1992.

Kagan, Robert. *The Return of History and the Ends of Dreams.* New York: Knopf, 2008.

Kaiser, Karl, Steffen Angenendt, Hanns W. Maull, and Gabricle Brenke, eds. *Deutschlands neue Außenpolitik: Herausforderungen.* 3 vols. Munich: Oldenburg Verlag, 1995.

Kant, Immanuel. "Zum ewigen Frieden." In *Friedensutopien,* ed. Zwi Batscha and Richard Saage, 37–82. Frankfurt: Suhrkamp, 1979.

Karsh, Efraim. *Islamic Imperialism.* New Haven: Yale University Press, 2006.

Kassab, Mohammed Y. *L' Islam face au nouvel ordre mondial.* Algiers: Editions Salama, 1991.

Katzenstein, Peter, and Timothy Byrnes, eds. *Religion in an Expanding Europe.* Cambridge: Cambridge University Press, 2006.

Katzenstein, Peter, and Robert Keohane. *Anti-Americanism in World Politics.* Ithaca, N.Y.: Cornell University Press, 2006.

Kayaoglu, Turan. "Westphalian Eurocentrism in International Relations Theory." *International Studies Review* 12, no. 2 (2010): 193–217.

Keddie, Nikkie, ed. *An Islamic Response to Imperialism.* Berkeley: University of California Press, 1983.

Kelsay, John. *Islam and War.* Louisville, Ky.: John Knox, 1993.

———. *Arguing the Just War in Islam.* Cambridge: Harvard University Press, 2007.

Kenny, John. *The Politics of Identity.* Cambridge: Polity, 2004.

Kepel, Gilles. *Jihad: Expansion et déclin de l'islamisme.* Paris: Gallimard, 2000.

———. *Jihad: The Trail of Political Islam.* Trans. Anthony F. Roberts. Cambridge: Harvard University Press, 2002.

Kerr, Malcolm. *Islamic Reform: The Political and Legal Theories of Muhammad Abduh and Rashid Rida.* Berkeley: University of California Press, 1966.

Khalid, Osama. *al-Mustaqbal al-Arabi fi al-asr al-Ameriki* [The future of Arabs in the age of American dominance]. Cairo: Markaz al-Qada, 1992.

Khalidi, Salah A. al-. *Amerika min al-dakhil bi minzar Sayyid Qutb* [America viewed from inside through the lenses of Sayyid Qutb]. al-Mansura,

Egypt: Dar al-Manara, 1987.

Khalil, Samir al-. *Republic of Fear: The Politics of Iraq.* Berkeley: University of California Press, 1989.

Khoury, Philip, and Joseph Kostiner, eds. *Tribes and State-Formation in the Middle-East.* Berkeley: University of California Press, 1990.

Khuri, Fuad. *Imams and Emirs: State, Religion and Sects in Islam.* London: Saqi, 1990.

Klausen, Jytte. *The Islamic Challenge: Politics and Religion in Western Europe.* New York: Oxford University Press, 2005.

Kraemer, Joel. *Humanism in the Renaissance of Islam.* Leiden: Brill, 1986.

Kramer, Martin. *Arab Awakening and Muslim Revival.* New Brunswick, N.J.: Transaction, 1996.

———, ed. *The Jewish Discovery of Islam: Studies in Honor of Bernard Lewis.* Tel Aviv: Tel Aviv University Press, 1999.

Kugelgen, Anke von. *Averroës und die arabische Moderne: Ansätze zu einer Neubegründung des Rationalismus im Islam.* Leiden: Brill, 1994.

Kumbaracibasi, Arda Can. *Turkish Politics and the Rise of the AKP.* London: Routledge, 2009.

Küntzel, Matthias. *Jihad and Jew-Hatred: Nazism and the Roots of 9/11.* New York: Telos, 2007.

Kurzman, Charles. ed. *Liberal Islam: A Sourcebook.* New York: Oxford University Press, 1998.

Laqueur, Walter. *The Changing Face of Antisemitism.* New York: Oxford University Press, 2006.

Laskier, Michael. "Islamic Radicalism and Terrorism in the European Union: The Maghrabi Factor." In Frisch and Inbar, *Radical Islam and International Security,* 93–120.

Lassner, Jacob, and Ilan Troen. *Jews and Muslims in the Arab World: Haunted by Pasts Real and Imagined.* Lanham, Md.: Rowman and Littlefield, 2007.

Laue, Theodore von. *The World Revolution of Westernization.* New York: Oxford University Press, 1988.

Lawrence, Jonathan, and Justin Vaisse. *Integrating Islam.* Washington, D.C.: Brookings Institution, 2006.

Lechner, Frank J., and John Boli. *The Globalization Reader.* Malden, Mass.:

Blackwell, 2008.

Lee, Robert. *Overcoming Tradition and Modernity: The Search for Islamic Authenticity.* Boulder, Colo.: Westview, 1997.

Lehbeck, Kurt. *Holy War, Unholy Victory: The CIA's Secret War in Afghanistan.* Washington, D.C.: Regenery Gateway, 1993.

Leiken, Robert, and Steven Brooke. "The Moderate Muslim Brotherhood." *Foreign Affairs* 86, no. 2 (2007): 107–22.

Lerner, Ralph, and Muhsin Madi. *Medieval Political Philosophy.* Ithaca, N.Y.: Cornell University Press, 1972.

Levitt, Matthew. *Hamas: Politics, Charity, and Terrorism in the Service of Jihad.* New Haven: Yale University Press, 2006.

Lewis, Bernard. *The Jews of Islam.* Princeton: Princeton University Press, 1984.

———. *Semites and Antisemites.* 1986; rpt. New York: Norton, 1999.

———. *The Crisis of Islam: Holy War and Unholy Terror.* London: Weidenfeld and Nicholson, 2003.

———. "The New Anti-Semitism: First Religion, Then Race, Then What?" *American Scholar* 75, no. 1 (2006): 25–26.

———, ed. *Islam: From the Prophet Muhammad to the Capture of Constantinople.* New York: Harper and Row, 1974.

Lincoln, Bruce. *Holy Terrors: Thinking about Religion after September 11.* Chicago: University of Chicago Press, 2003.

Lindberg, David C. *The Beginnings of Western Science.* Chicago: University of Chicago Press, 1992.

Lindholm, Tore, and Kari Vogt. eds. *Islamic Law Reform and Human Rights: Challengers and Rejoinders.* Copenhagen: Nordic Human Rights, 1993.

Lipset, Seymour Martin, ed. *The Encyclopedia of Democracy.* 4 vols. London: Routledge, 1995.

Lipson, Leslie. *The Ethical Crisis of Civilizations.* London: Sage, 1993.

Litvak, Meir, and Ester Webman. *From Empathy to Denial: Arab Responses to the Holocaust.* New York: Columbia University Press, 2009.

Lüderssen, Klaus, ed. *Aufgeklärte Kriminalpolitik oder Kampf gegen das Böse.* Baden-Baden: Nomos, 1998.

Luhmann, Niklas. *Funktion der Religion.* Frankfurt am Main: Suhrkamp,

1977.

Lybarger, Loren D. *Identity and Religion: The Struggle between Islamism and Secularism in the Occupied Territories.* Princeton: Princeton University Press, 2007.

Lynch, Marc. "Veiled Truths." *Foreign Affairs* 89, no. 4 (2010).

Mahdi, Muhsin. *Al-Farabi and the Foundation of Islamic Political Philosophy.* Chicago: University of Chicago Press, 2001.

Makdisi, George. *The Rise of the Colleges: Institutions of Learning in Islam and the West.* Edinburgh: Edinburgh University Press, 1981.

Mallmann, Klaus-Michael, and Martin Cüppers. *Nazi-Palestine: The Plans for the Extermination of the Jews in Palestine.* New York: Enigma in association with U.S. Holocaust Memorial Museum, 2010.

Mandaville, Peter. *Transnational Muslim Politics: Reimagining the Umma.* New York: Routledge, 2004.

Markovits, Andrei. "An Inseparable Tandem of European Identity? Anti-Americanism and Anti-Semitism in the Short and Long Run." In Herf, *Antisemitism and Anti-Zionism in Historical Perspective,* 71~91.

———. *Uncouth Nation: Why Europe Dislikes America.* Princeton: Princeton University Press, 2007.

Martin, Leonore, ed. *New Frontiers in Middle Eastern Security.* New York: St. Martin's, 1999.

Martin, Richard C., in association with Abbas Barzegar, eds. *Islamism: Contested Perspectives on Political Islam.* Stanford: Stanford University Press, 2010.

Martin, Richard C., and Mark R. Woodward, with Dwi S. Atmaja. *Defenders of Reason in Islam: Mu'tazilism from Medieval School to Modern Symbol.* Oxford: Oneworld, 1997.

Marty, Martin, and Scott Appleby, eds. *The Fundamentalism Project.* Vol. 1, *Fundamentalisms Observed.* Chicago: University of Chicago Press, 1991.

———. *The Fundamentalism Project.* Vol. 2, *Fundamentalisms and Society.* Chicago: University of Chicago Press, 1993.

———. *The Fundamentalism Project.* Vol. 3, *Fundamentalisms and the State.* Chicago: University of Chicago Press, 1993.

———. *The Fundamentalism Project.* Vol. 4, *Accounting for Fundamentalisms.*

Chicago: University of Chicago Press, 1994.

———. *The Fundamentalism Project*. Vol. 5, *Comprehending Fundamentalisms*. Chicago: University of Chicago Press, 1995.

Marwadi, Abu al-Hassan al-. *Kitab al-ahkam al-sultaniyya* [Book of rules on the sultanic government]. Cairo: several editions, n.d.

Mawdudi, Abu al-A'la al . *al-Islam wa al-Madaniyya al-haditah* [Islam and modern civilization]. Rpt., Cairo.

Mayer, Ann. "Law and Religion in the Muslim Middle East," *American Journal of Comparative Law* 35, no. 1 (1987): 127–84.

McCarthy, Andrew C. *The Grand Jihad: How Islam and the Left Sabotage America*. New York: Encounter, 2010.

McNeill, William. *The Rise of the West: A History of Human Community*. Chicago: University of Chicago Press, 1965.

Mearshheimer, John, and Stephen Walt. *The Israel Lobby and U.S. Foreign Policy*. New York: Farrar, Straus and Giroux, 2008.

Mehden, Fred von der. *Two Worlds of Islam: Interaction between Southeast Asia and the Middle East*. Tampa: University of Florida Press, 1993.

Mendelsohn, Barak. *Combating Jihadism: American Hegemony and Interstate Cooperation in the War on Terrorism*. Chicago: University of Chicago Press, 2009.

Milton-Edwards, Beverley. *Islamic Politics in Palestine*. London: Tauris, 1999.

———. *Contemporary Politics in the Middle East*. Cambridge: Polity, 2000.

———. *Islam and Politics in the Contemporary World*. Cambridge: Polity, 2004.

Mishal, Shaul, and Avraham Sela. *The Palestinian Hamas*. New York: Columbia University Press, 2000.

Mitchell, Richard P. *The Society of the Muslim Brothers*. London: Oxford University Press, 1969.

Momen, Moojan. *An Introduction into Shi'a Islam*. New Haven: Yale University Press, 1985.

Moore, Barrington. *Social Origins of Dictatorship and Democracy*. Boston: Beacon, 1966.

Mozaffari, Medhi, ed. *Globalization and Civilizations*. Routledge, 2002.

———. "The Rise of Islamism in the Light of European Totalitarianism." *Totalitarian Movements and Political Religions* 10, no. 1 (2009): 1–13.

Murawiec, Laurent. *The Mind of Jihad*. New York: Cambridge University Press, 2008.

Muslehuddin, Muhammad. *Philosophy in Islamic Law and the Orientalists: A Comparative Study of Islamic Legal Systems*. Lahore, n.d.

Muslih, Mohammed Y. *The Origins of Palestinian Nationalism*. New York: Columbia University Press, 1988.

Mustafa, Halah. *al-Islam al Siyasa fi Misr* [Political Islam in Egypt]. Cairo: al-Ahram, 1992.

Najjar, Husain F. al-. *al-Islam wa al-Syasa* [Islam and politics]. Cairo: Dar al-Sha'b, 1977.

Nakash, Yitzhak. *The Shi'is of Iraq*. Princeton: Princeton University Press, 1994.

———. *Reaching for Power: The Shi'a in the Modern Arab World*. Princeton: Princeton University Press, 2006.

Nardin, Terry. *Law, Morality, and the Relations of States*. Princeton: Princeton University Press, 1983.

———, ed. *The Ethics of War and Peace: Religious and Secular Perspectives*. Princeton: Princeton University Press, 1993.

Nawaz, Maajid. "Dangerous Concepts and the Struggle Within: Reclaiming State and Politics from Islamists." In Patterson and Gallager, *Debating the War of Ideas*, 35–53.

Nawfal, Abdulraziq. *al-Muslimun wa al-ilm al-hadith* [Muslims and modern science]. Cairo: Dar al-shuruq, 1988.

Netton, Ian Richard. *al-Farabi and His School*. London: Routledge, 1992.

Neumann, Peter. "Europe's Jihadist Dilemma." *Survival* 48, no. 2 (2006): 71–84.

Northrop, F. S. C. *The Taming of the Nations: A Study of the Cultural Basis of International Policy*. Woodbridge, Conn.: Ox Bow, 1987.

Norton, Augustus R. *Hezbollah: A Short Story*. Princeton: Princeton University Press, 2007.

Olson, Alan, ed. *Educating for Democracy*. Lanham, Md.: Rowman and Littlefield, 2005.

Oumlil, Ali. *Fi shar'iyat al-Ikhtilaf*. Rabat: Majlis al-Qaumi, 1991.

Pape, Robert. *Dying to Win: The Strategic Logic of Suicide Terrorism*. New York: Random House, 2005.

Paret, Rudi. *Mohammed und der Koran*. Stuttgart: Kohlhammer, 1976.

———. *Der Koran*. Stuttgart: Kohlhammer, 1979.

Paris, Jonathan. "Explaining the Causes of Radical Islam in Europe." In Frisch and Inbar, *Radical Islam and International Security,* 121~33.

Parker, Geoffrey. *The Military Revolution and the Rise of the West, 1500–1800*. Cambridge: Cambridge University Press, 1988.

Patterson, Eric, and John Gallager, eds. *Debating the War of Ideas*. New York: Palgrave, 2010.

Petterson, Dan. *Inside Sudan: Political Islam, Conflict, and Catastrophe*. Boulder, Colo.: Westview, 2003.

Phares, Walid. *The War of Ideas: Jihadism against Democracy*. New York: Palgrave, 2007.

Phillips, Melanie. *Londonistan*. New York: Encounter, 2006.

Philpott, Daniel. "The Challenge of September 11 to Secularism in International Relations." *World Politics* 55, no. 1 (2002): 66~95.

Pillar, Paul R. *Terrorism and U.S. Foreign Policy*. Washington, D.C.: Brookings Institute, 2001.

Pipes, Daniel. *The Hidden Hand: Middle East Fears of Conspiracy*. Basingstoke: Macmillan, 1996.

Piscatori, James. "Imaging Pan-Islamism." In Akbarzadeh and Mansouri, *Islam and Political Violence,* 27~38.

Popper, Karl. *The Open Society and Its Enemies*. 2 vols. London: Routledge, 1945.

Powers, Roger, and William B. Vogele, eds. *Protest, Power, and Change: An Encyclopedia of Nonviolent Action*. New York: Garland, 1997.

Qadir, C. A. *Philosophy and Science in the Islamic World*. London: Routledge, 1988.

Qaradawi, Yusuf al-. *Hatmiyyat al-hall al-islami* [The Islamic solution]. Vol. 1, *al-Hall al-Islami wa al-Hulul al-mustawradah* [The imported solutions]. Beirut: al-Risala, rpt. 1980.

———. *Hatmiyyat al-hall al-islami*. Vol. 2, *al-hall al-Islami: Farida wa darura* [The Islamic solution: A religious duty and necessity]. Cairo: Matba'at Wahba, 1987.

———. *Hatmiyyat al-hall al-islami*. Vol. 3, *Bayinat al-hall al-Islami wa shabahat al-ilmaniyyin wa al-Mustaghribin* [The characteristics of the

Weltverschwörung gegen den Islam." In Faber, Schoeps, and Stawski, *Neu-alter Judenhass*, 179–202.
— . "The Pertinence of Islam's Predicament with Democratic Pluralism," *Religion–Staat–Gesellschaft: Journal for the Study of Beliefs and Worldviews* 7, no. 1 (2006): 83–117.
— . "Der djihadistische Islamismus, nicht der Islam ist die Quelle des neuen Antisemitismus." In Benz and Wetzel, *Antisemitismus und radikaler Islamismus*, 43–69.
— . *Die islamische Herausforderung: Religion und Politik im Europa des 21. Jahrhunderts*. Darmstadt: Primus, 2007.
— . "Islam and Cultural Modernity: In Pursuit of Democratic Pluralism." In Reid and Gilsenan, *Islamic Legitimacy in Plural Asia*, 28–52.
— . "Islam between Religious-Cultural Practice and Identity Politics." In Isar and Anheier, *Conflicts and Tensions*, 221–31.
— . "Jihadism and Intercivilizational Conflict: Conflicting Images of the Self and the Other." In Akbarzadeh and Mansouri, *Islam and Political Violence*, 39–64.
— . "A Migration Story: From Immigrants to Citizens of the Heart." *Fletcher Forum of World Affairs* 31, no. 1 (2007): 147–68.
— . "Gewalt, Krieg und die Verbreitung der Religion des Islam." In Abbt and Schoeller, *Im Zeichen der Religion*, 206–23.
— . "Islam, Islamism, and Democracy: The Case of the Arab World." In Weinberg, *Democratic Responses to Terrorism*, 41–62.
— . "Islamist Parties: Why They Can't Be Democratic." *Journal of Democracy* 19, no. 3 (2008): 43–48.
— . *Political Islam, World Politics, and Europe: Democratic Peace and Euro-Islam vs. Global Jihad*. New York: Routledge, 2008.
— . "Public Policy and the Combination of Anti-Americanism and Anti-semitism in Islamist Ideology." *Current* 12 (2008): 123–46.
— . "Religious Extremism or Religionization of Politics?" In Frisch and Inbar, *Radical Islam and International Security*, 11–37.
— . "The Return of the Sacred to Politics as Constitutional Law: The Case of Shari'atization of Politics in Islamic Civilization." *Theoria: A Journal of Social and Political Theory* 55, no. 115 (2008): 91–119.
— . *Violence and Religious Fundamentalism in Political Islam: The New Ir-*

Security in the Middle East, 62–82.

———. "Habermas and the Return of the Sacred: Is It a Religious Renaissance or the Emergence of Political Religion as a New Totalitarianism?" *Religion-Staat-Gesellschaft: Journal for the Study of Beliefs and Worldviews* 3, no. 2 (2002): 205–96.

———. "War and Peace in Islam." In Hashmi, *Islamic Political Ethics*, 175–93.

———. "Fundamentalism." In Hawkesworth and Kogan, *Routledge Encyclopedia of Government and Politics*, 1: 184–204.

———. "Islamic Civilization and the Quest for Democratic Pluralism." In Helmanita, *Dialogue in the World Disorder*, 159–201.

———. *Der neue Totalitarismus: "Heiliger Krieg" und westliche Sicherheit*. Darmstadt: Primus, 2004.

———. "Countering Terrorism als Krieg der Weltanschauungen." In Creveld and Knop, *Countering Modern Terrorism*, 131–72.

———. "Education and Democratization in an Age of Islamism." In Olson, *Educating for Democracy*, 203–19.

———. *From Islamist Jihadism to Democratic Peace? Islam at the Crossroads in Post-Bipolar International Politics*. Ankara paper 16. London: Taylor and Francis, 2005.

———. "Islam, Freedom, and Democracy." In Emerson, *Democratization in the Neighborhood*, 93–116.

———. "Politischer Konservatismus der AKP als Tarnung für den politischen Islam? Die Türkei zwischen Europa und dem Islamismus." In Besier and Lübbe, *Politische Religion und Religionspolitik*, 229–60.

———. "Egypt as a Model of Development for the World of Islam." In Harrison and Berger, *Developing Cultures*, 163–80.

———. "Europeanizing Islam or the Islamization of Europe: Political Democracy versus Cultural Difference." In Katzenstein and Byrnes, *Religion in an Expanding Europe*, 204–24.

———. "Islamic Shari'a as Constitutional Law? The Reinvention of the Shari'a and the Need for Islamic Law Reform." In *Japanese Association of Comparative Constitutional Law*, *Church and State*, 126–70.

———. "Die Mär des Islamismus von der jüdischen und kreuzzüglerischen

———. *La Conspiración: El Trauma de la Política Árabe*. Barcelona: Herder, 1996.

———. "Foreigners, Today's New Jews?" In Wank, *Resurgence of Right-Wing Radicalism*, 85–102.

———. *Der wahre Imam*. Munich: Piper, 1996.

———. "War and Peace in Islam." In Nardin, *Ethics of War and Peace*, 128–45.

———. "Democracy and Democratization in Islam." In Schmiegelow, *Democracy in Asia*, 127–46.

———. "Jihad." In Powers and Vogele, *Protest, Power, and Change*, 277–81.

———. *The Challenge of Fundamentalism: Political Islam and the New World Disorder*. Updated ed. 1998; Berkeley: University of California Press, 2002.

———. "Die Entwestlichung des Rechts: Das Hudud-Strafrecht der islamischen Schari'a." In Lüderssen, *Aufgeklärte Kriminalpolitik oder Kampf gegen das Böse*, 21–30.

———. Review of *Islam and Democracy*, by John Esposito and John Voll. *Journal of Religion* 78, no. 4 (1998): 667–69.

———. "International Morality and Cross-Cultural Bridging." In Herzog, *Preventing the Clash of Civilizations*, 107–26.

———. *Kreuzzug und Djihad: Der Islam und die christliche Welt*. Munich: Bertelsmann, 1999.

———. *Fundamentalismus im Islam: Eine Gefahr für den Weltfrieden?* 3rd ed. 2000; Darmstadt: Primus Verlag, 2002.

———. "Secularization and De-Secularization in Modern Islam." *Religion-Staat-Gesellschaft: Journal for the Study of Beliefs and Worldviews* 1, no. 1 (2000): 95–117.

———. "Between Communitarism and Euro-Islam: Europe, Multicultural Identities, and the Challenge of Migration." In Docker and Fischer, *Adventures of Identity*, 45–60.

———. *Einladung in die islamische Geschichte*. Darmstadt: Primus, 2001.

———. *Islam between Culture and Politics*. 2nd enlarged ed. 2001; New York: Palgrave, 2005.

———. "Between Islam and Islamism: A Dialogue with Islam and a Security Approach vis-à-vis Islamism." In Jacoby and Sasley, *Redefining*

———. *The Crisis of Modern Islam.* Salt Lake City: University of Utah Press, 1988.
———. *Arab Nationalism: Between Islam and the Nation State.* 3rd ed. 1990. New York: St. Martin's, 1997.
———. "The European Tradition of Human Rights and the Culture of Islam." In Deng and An-Na'im, *Human Rights*, 104–32.
———. "The Simultaneity of the Unsimultaneous: Old Tribes and Imposed Nation-States in the Modern Middle East." In Khoury and Kostiner, *Tribes and State Formation in the Middle East*, 127–52.
———. *Islam and the Cultural Accommodation of Social Change.* Boulder, Colo.: Westview, 1990.
———. *Conflict and War in the Middle East: From Interstate War to New Security.* 2nd ed. 1993. New York: St. Martin's, 1998.
———. "The Worldview of Sunni-Arab Fundamentalists: Attitudes toward Modern Science and Technology." In Marty and Appleby, *Fundamentalism Project*, 2: 73–102.
———. *Die Verschwörung. Das Trauma arabischer Politik.* 2nd ed. 1993. Hamburg: Hoffmann and Campe, 1994.
———. "Islamic Law, Shari'a, and Human Rights: Universal Morality and International Relations." *Human Rights Quarterly* 16, no. 2 (1994): 277–99.
———. "Les conditions d'Euro-Islam." In Bistolfi and Zabbal, *Islams d'Europe*, 230–34.
———. "Culture and Knowledge: The Politics of Islamization of Knowledge as a Claim to De-Westernization." *Theory, Culture, and Society* 12, no. 1 (1995): 1–24.
———. "Fundamentalism." In *The Encyclopedia of Democracy*, ed. Seymour Martin Lipset, 2: 507–10. London: Routledge, 1995.
———. *Der Krieg der Zivilisationen: Politik und Religion zwischen Vernunft und Fundamentalismus.* Hamburg: Hoffmann and Campe, 1995.
———. "Die Revolte gegen den Westen in der neuen internationalen Umwelt." In Kaiser, Angenendt, Maull, and Brenke, *Deutschlands neue Außenpolitik*, 2: 61–80.
———. *Das arabische Staatensystem.* Mannheim: Bibliographisches Institut, 1996.

sity Press, rpt. 1979.

Smith, Donald E. *Religion, Politics, and Social Change in the Third World*. New York: Free Press, 1971.

Smith, Jane. *Islam in America*. New York: Columbia University Press, 1999.

Smith, Wilfred C. *The Meaning and End of Religion*. New York: Harper and Row, 1963.

Soage, Ana B. "Yusuf al-Qaradawi: The Muslim Brothers' Favorite Ideological Guide." In Rubin, *Muslim Brotherhood*, 19–38.

Spencer, Robert. *Onward Muslim Soldiers: How Jihad Still Threatens America and the West*. New York: Regnery, 2003.

Sternhell, Zeev. *The Anti-Enlightenment Tradition*. New Haven: Yale University Press, 2009.

Stowasser, Karl, ed. *al-Tahtawi: Ein Muslim entdeckt Europa*. Munich: C. H. Beck, 1989.

Tahtawi, Rifa'a Rafi' al-. *Takhlis al-ibriz fi talkhis Paris* [Tahtawi's Paris diary]. Beirut: Dar Ibn Zaidun, rpt., n.d.

Taylor, Charles. *The Ethics of Authenticity*. Cambridge: Harvard University Press, 1991.

Tibi, Bassam. *Militär und Sozialismus in der Dritten Welt*. Frankfurt am Main: Suhrkamp, 1973.

——. "al-kuttab al-arab wa azmat al-mujtam'at al Arabiyya" [Arab writers and the crisis of Arab societies]. In Centre d'Études et de Récherches Économiques et Sociales, *Les Arabes face à leur destin*, 177–215.

——. "Islam and Secularization: Religion and the Functional Differentiation of the Social System." *Archives for Philosophy of Law and Social Philosophy* 66 (1980): 207–22.

——. "Islam and Social Change in the Modern Middle East." *Law and State* 22 (1980): 91–106.

——. "al-bina' al-iqtisadi al-ijtima'i lil demoqratiyya [The socioeconomic underpinning of democracy]. In Center for Arab Unity Studies, *Azmat al-demoqratiyya fi al-Watan al-Arabi*, 73–87.

——. "Politisches Denken im mittelalterlichen Islam zwischen Philosophie (Falsafa) und Religio-Jurisprudenz (Fiqh)." In *Pipers Handbuch der politischen Ideen*, ed. I. Fetscher, 2: 87–140. Munich: Piper Verlag, 1987.

Sawi, Salah al-. *al-Muhawara: Musajalah fikriyya haul qadiyyat tatbiq al-shari'a al-Islamiyya* [Dialogue: A conversation about the problematic of the implementation of the Shari'a]. Cairo: Dar al-A'lam, 1992.

Schacht, Joseph. *An Introduction to Islamic Law.* Oxford: Clarendon, rpt. 1979.

Schacht, Joseph, and Clifford Bosworth, eds. *The Legacy of Islam.* Oxford: Clarendon, 1974.

Schaltut, Mahmud. *al-Islam, Aqida wa Shari'a* [Islam is a religious doctrine and law]. 10th ed. Cairo: al-Shuruq, 1980.

Schluchter, Wolfgang, ed. *Max Webers Sicht des Islam.* Frankfurt am Main: Suhrkamp, 1987.

Schmiegelow, Michèle, ed. *Democracy in Asia.* New York: Campus, 1997.

Schulz, Richard, and Andreas Dew. *Insurgents, Terrorists, and Militias.* New York: Columbia University Press, 2006.

Schulze, Hagen. *Weimar Deutschland, 1917–1933.* Berlin: Siedler, 1982.

Schwartz, Stephen. *The Two Faces of Islam: The House of Sa'ud from Tradition to Terror.* New York: Palgrave, 2002.

Scruton, Roger. *The West and the Rest: Globalization and the Terrorist Threat.* Wilmington, Del.: ISI, 2002.

Shadhli, Saad Eddin al-. *al-Harb al-Salibiyya al-Thamina* [The eighth crusade]. Casablanca: al-Jadida, 1991.

Shahin, Emad E. *Political Ascent: Contemporary Islamic Movements in North Africa.* Boulder, Colo.: Westview, 1997.

———. "Egypt's Moment of Reform." In Emerson, *Democratization in the European Neighborhood,* 117–30.

Sharabi, Hisham, ed. *The Next Arab Decade.* Boulder, Colo.: Westview, 1988.

———. *Neo-Patriarchy: A Theory of Distorted Change in Arab Society.* New York: Oxford University Press, 1992.

Shayegan, Daryush. *Cultural Schizophrenia: Islamic Societies Confronting the West.* London: Saqi, 1992.

Silverstein, Paul A. *Algeria in France.* Bloomington: Indiana University Press, 2004.

Sivan, Emmanuel. *Radical Islam: Modern Politics and Medieval Theology.* New Haven: Yale University Press, 1985.

Skocpol, Theda. *States and Social Revolution.* New York: Cambridge University

Revel, François. *Democracy against Itself: The Future of the Democratic Impulse*. New York: Free Press, 1993.

Rich, David. "The Very Model of a British Muslim Brotherhood." In Rubin, *Muslim Brotherhood*, 117–36.

Richards, Alan, and John Waterbury. *A Political Economy of the Middle East*. 2nd ed. Boulder, Colo.: Westview, 1996.

Rodinson, Maxime. *Mohammed*. Frankfurt: Bucher, 1975.

——. *Peuple juif ou problème juif?* Paris: Maspero, 1981.

Rosenthal, Franz. *The Classical Heritage of Islam*. London: Routledge, 1992.

Roy, Olivier. *The Failure of Political Islam*. Cambridge: Harvard University Press, 1994.

Rubin, Barnett. *The Fragmentation of Afghanistan*. New Haven: Yale University Press, 1995.

Rubin, Barry, ed. *Revolutionaries and Reforms: Contemporary Islamist Movements in the Middle East*. Albany: SUNY Press, 2003.

——, ed. *The Muslim Brotherhood: The Organization and Policies of a Global Islamist Movement*. New York: Palgrave, 2010.

Runciman, Steven. *History of the Crusades*. Cambridge: Cambridge University Press, 1954.

——. *The Fall of Constantinople*. New York: Cambridge University Press, 1990.

Russet, Bruce. *Grasping Democratic Peace*. Princeton: Princeton University Press, 1993.

Rutherford, Bruce. *Egypt after Mubarak*. Princeton: Princeton University Press, 2008.

Sageman, Marc. *Understanding Terror Networks*. Philadelphia: University of Pennsylvania Press, 2004.

——. *Leaderless Jihad: Terror Networks in the Twenty-First Century*. Philadelphia: University of Pennsylvania Press, 2008.

Said, Edward. *Orientalism*. New York: Vintage, 1979.

Salih, Subhi al-. *Ma'alim al-shari'a al-Islamiyya* [Essential characteristics of Islamic law]. Beirut: Dar al-Ilm Lilmalayin, 1975.

Sardar, Ziauddin. *Islamic Futures: The Shape of Ideas to Come*. London: Mansell, 1985.

——. *Exploration in Islamic Science*. London: Mansell, 1989.

Islamic solution and the suspicions of the Westernized elites]. Cairo: Matba'at Wahba, 1988.

———. *al-Halal wa al-haram fi al-Islam* [The permitted and the forbidden in Islam]. Cairo: Wahba, 1991.

Qutb, Sayyid. *al-Islam wa Mushkilat al-Hadarah* [Islam and the problems of civilization]. 9th legal ed. Cairo: Dar al-Shuruq, 1988.

———. *Ma'alim fi al-tariq* [Signposts along the road]. 13th legal ed. Cairo: Dar al-Shuruq, 1989.

———. *Ma'rakatuna ma'a al-Yahud* [Our struggle against the Jews]. 10th legal ed. Cairo: Dar al-Shuruq, 1989.

———. *al-Jihad for Sabil Allah* [Jihad on the path of Allah]. Cairo: Dar al-Asma', rpt. 1992.

———. *al-Salam al-'alami wa al-Islam* [World peace and Islam]. Cairo: Dar al-Shuruq, rpt. 1992.

Raddatz, Hans Peter. "Antisemitism in Islam: Europe in the Conflict between Tolerance and Ideology." In Bostom, *Legacy of Islamic Antisemitism*, 643–49.

Ramadan, Abdulazim. *Jama'at al-Takfir fi misr: al-Usul al-Tarikhiyya* [The Islamist groups and their origin in Egypt: The historical origins]. Cairo: al-Hay'a al-Misriyya, 1995.

Ramadan, Tariq. *Aux sources du renouveau musulman: D'al Afghani à Hasan al-Banna; Un siècle de réformisme islamique*. Paris: Bayard, 1998.

———. *Radical Reform: Islamic Ethics and Liberation*. Oxford: Oxford University Press, 2009.

Rashid, Ahmed. *Taliban: Militant Islam, Oil, and Fundamentalism in Central Asia*. New Haven: Yale University Press, 2000.

Rayyes, Mohammed D. al-. *al-Nazariyyat al-siyasiyya al-Islamiyya* [Islamic political theories]. Cairo, 1953.

Reid, Anthony, and Michael Gilsenan, eds. *Islamic Legitimacy in Plural Asia*. New York: Routledge, 2007.

Reilly, Robert R. *The Closing of the Muslim Mind: How Intellectual Suicide Created the Modern Islamist Crisis*. Wilmington, Del.: Intercollegiate Studies Institute, 2010.

Reisman, David. "al-Farabi and the Philosophical Curriculum." In Adamson and Taylor, *Cambridge Companion to Arab Philosophy*, 52–71.

regular War. EKEM paper 11. Athens: Hellenic Center for European Studies, 2008.

———. "Bridging the Heterogeneity of Civilizations: Reviving the Grammar of Islamic Humanism." *Theoria: A Journal of Social and Political Theory* 56, no. 120 (2009): 65~80.

———. "Euro-Islam." In Baran, *Other Muslims,* 157~74.

———. "Islamism and Democracy: On the Compatibility of Institutional Islamism and the Political Culture of Democracy." *Totalitarian Movements and Political Religions* 10, no. 2 (2009): 135~64.

———. *Islam's Predicament with Modernity: Cultural Change and Religious Reform.* New York: Routledge, 2009.

———. "Political Islam as a Forum of Religious Fundamentalism and the Religionization of Politics: Islamism and the Quest for a Remaking of the World." *Totalitarian Movements and Political Religions* 10, no. 2 (2009): 97~120.

———. "The Political Legacy of Max Horkheimer and Islamist Totalitarianism." *Telos* 148 (2009): 7~15.

———. "Turkey's Islamist Danger: Islamists Approach Europe." *Middle East Quarterly* 16, no. 1 (2009): 47~54.

———. "Ethnicity of Fear? Islamic Migration and the Ethnicization of Islam in Europe." *Studies in Ethnicity and Nationalism* 10, no. 1 (2010): 126~57.

———. *From Sayyid Qutb to Hamas: The Middle East Conflict and the Islamization of Antisemitism.* YIISA working paper. New Haven: Yale University Press, 2010.

———. "Fundamentalism." In Bevir, *Encyclopedia of Political Theory,* 2: 536~40.

———. "Global Communication and Cultural Particularisms: The Place of Values in the Simultaneity of Structural Globalization and Cultural Fragmentation." In Fortner and Fackler, *Handbook of Global Communication.*

———. "Inter-Civilizational Conflict between Value Systems and Concepts of Order: Explaining the Islamic Humanist Potential for a Peace of Ideas." In Patterson and Gallager, *Debating the War of Ideas,* 157~74.

———. "The Politicization of Islam into Islamism in the Context of Global

Religious Fundamentalism." *Journal of the Middle East and Africa* 1, no. 2 (2010): 153~70.

———. "The Return of Ethnicity to Europe via Islamic Migration? The Ethnicization of the Islamic Diaspora." In Hsu, *Ethnic Europe,* 127~56.

———. "John Kelsay and Shari'a Reasoning in Just War in Islam: An Appreciation and a Few Propositions." *Journal of State and Church* 53, no. 1 (2011): 4~26.

Tilly, Charles, ed. *The Formation of National States in Western Europe.* Princeton: Princeton University Press, 1975.

———, ed. *Coercion, Capital, and European States.* Cambridge, Mass.: Blackwell, 1990.

Tu'aima, Sabir. *al-Shari'a al-Islamiyya fi asr al-ilm* [Islamic law in the age of science]. Beirut: Dar al-jil, 1979.

Turner, Bryan. *Weber and Islam.* London: Routledge, 1974.

Turner, Howard R. *Science in Medieval Islam.* Austin: University of Texas Press, 1995.

United Nations Development Program. *Arab Human Development Report: Creating Opportunities for Future Generations.* New York: United Nations, 2002.

———. *Arab Human Development Report: Building a Knowledge Society.* New York: United Nations, 2003.

Varisco, Daniel. "Inventing Islamism: The Violence of Rhetoric." In Martin in association with Barzegar, *Islamism,* 33~50.

Vidino, Lorenzo. *Al-Qaeda in Europe: The New Battleground of International Jihad.* Amherst, N.Y.: Prometheus, 2006.

———. *The New Muslim Brotherhood in the West.* New York: Columbia University Press, 2010.

Viehweg, Theodor. *Topik und Jurisprudenz: Ein Beitrag zur rechtswissenschaftlichen Grundlagenforschung.* Munich: C. H. Beck, 1974.

Walzer, Richard, trans. *Al-Farabi on the Perfect State.* Oxford: Oxford University Press, 1985.

Wank, Ulrich, ed. *The Resurgence of Right-Wing Radicalism in Germany.* New Jersey: Humanities, 1996.

Waterbury, John. *Egypt under Nasser and Sadat: The Political Economy of*

Two Regimes. Princeton: Princeton University Press, 1983.

———. "Social Science Research and Arab Studies in the Coming Decade." In Sharabi, *The Next Arab Decade,* 293~302.

Waterbury, John, and Alan Richards. *A Political Economy of the Middle East.* Boulder, Colo.: Westview, 1990, rpt. 1996.

Watson, Adam, *The Evolution of International Society: A Comparative Historical Analysis.* London: Routledge 1992.

Watt, W. M. *Islamic Philosophy and Theology.* 1962; rpt. Edinburgh: Edinburgh University Press, 1979.

———. *Islamic Political Thought: The Basic Concepts.* Edinburgh: Edinburgh University Press, 1969.

———. *Islamic Revelation in the Modern World.* Edinburgh: Edinburgh University Press, 1969.

———. *Muhammad at Medina.* Oxford: Oxford University Press, 1977.

Watt, W. M., and R. Bell. *Introduction to the Qur'an.* Edinburgh: Edinburgh University Press, 1970.

Weber, Max. *Soziologie, weltgeschichtliche Analysen, Politik.* Stuttgart: Kröner, 1964.

———. *Politik als Beruf.* 9th ed. Berlin: Dunker und Humblot, 1991.

Weinberg, Leonard, ed. *Democratic Reponses to Terrorism.* New York: Routledge, 2008.

Wenzel, Knut, ed. *Die Religionen und die Vernunft: Die Debatte um die Regensburger Vorlesung des Papstes.* Freiburg: Herder, 2007.

Whittacker, David J., ed. *The Terrorism Reader.* London: Routledge, 2001.

Wickham, Carrie Rosefsky. *Mobilizing Islam: Religion, Activism, and Political Change in Egypt.* New York: Columbia University Press, 2002.

Wistrich, Robert. *Muslim Antisemitism.* New York: American Jewish Committee, 2002.

———. *A Lethal Obsession: Antisemitism from Antiquity to Global Jihad.* New York: Random House, 2010.

Wittfogel, Karl. *Oriental Despotism: A Comparative Study of Total Power.* New Haven: Yale University Press, 1957.

Wolf, Eric R. *Europe and the People without History.* New ed. Berkeley: University of California Press, 1997.

Wordlaw, Grant. *Political Terrorism.* 2nd ed. 1982; Cambridge: Cambridge

University Press, 1989.

Wuthnow, Robert. *Meaning and Moral Order.* Berkeley: University of California Press, 1987.

Ye'or, Bat. *Islam and Dhimmitude: When Civilizations Collide.* Cranbury, N.J.: Associated Universities Press, 2002.

Young-Bruehl, Elisabeth. *Why Arendt Matters.* New Haven: Yale University Press, 2006.

Zakzouk, Mahmoud. *Einführung in den Islam.* Cairo: Public Ministry of Awqaf/Religious Affairs (Egypt), 2000.

Zubaida, Sami. *Law and Power in the Islamic World.* London: Tauris, 2003.

이슬람 용어 정리

ahl-al-kitab	아흘알키타브	경전의 사람, 즉 유대인과 기독교인
al-arkan al-khamsah	알아르칸 알함사	이슬람교의 다섯 기둥
al-asalah	알아살라	진정성
al-hall al-Islami	알할 알이슬라미	이슬람교식 해결책
al-hall huwa al-Islam	알할 후와 알이슬람	이슬람교가 해결책
al-hikma	알히크마	지혜의 집
al-hulul al-mustawradah	알훌룰 알무스타우라다	서방세계에서 도입된 것
al-Islamiyya	알이슬라미야	이슬람주의
al-istishraq	알이스티슈라크	동양주의
al-kuffar al-yahud	알쿠파르 알야후드	유대인 불신자
al-nusus al-qat'iyya	알누수스 알카티야	절대적인 신의 텍스트
al-sahwa al-Islamiyya	알사화 알이슬라미야	이슬람교의 각성
al-sahyuniyya al-alamiyya	알사휴니야 알알라미야	세계 시온주의
al-yahudiyya al-'alamiyya	알야후디야 알알라미야	세계의 유대인
al-yahud wa al-salibiyun	알야후드 와 알살리뷴	유대인과 십자군
anzimat al-hazima	안지마트 알하지마	패배한 정권
aql	아클	이성
ashraf	아슈라프	무슬림 귀족
awqaf	아우카프	종교사
azmat al-democratiyya	아즈마트 알데모크라티야	민주정치의 위기

bid'a	비다	해로운 혁신
butlan	부틀란	무가치
dar al-harb	다르 알하릅	전쟁의 집
dar al-Islam	다르 알이슬람	평화의 집
dar al-shahadah	다르 알샤하다	이슬람 영토권
da'wa	다와	교화
dawla	다울라	국가
dawla Islamiyya	다울라 이슬라미야	이슬람의 샤리아에 기초한 국가
dhimmi	딤미	유일신을 믿는 소수집단
din	딘	종교
din-wa-dawla	딘와다울라	정교일치
dönme	돈메	숨은 유대인
dustur	두스투르	헌법
falsafa	팔사파	합리주의
faqihs, fuqaha'	파키, 푸카하	율법사
farida	파리다	의무
farida ghaibah	파리다 가이바	의무태만
fatwa	파트와	판결
fiqh	피크	법률학
fitna	피트나	혼돈 상태
futuhat	푸투하트	정의로운 전쟁
gharb salibi	가릅 살리비	서양 십자군
gharqad	가르카드	나무
ghazu	가주	침략
ghazu fikri	가주 피크리	지적 침략
hadith	하디트	무함마드의 언행을 기록한 정경
hadj	하즈	순례

hafat al-hawiya	하파트 알하위야	벼랑 끝
hajji(m), hajja(f)	하지(남), 하자(여)	순례자
hakimiyyat Allah	하키미야트 알라	알라 신의 통치
halal	할랄	허용된 (것)
haram	하람	금지된 (것)
harb, hurub(pl)	하릅, 후룹(복수)	전쟁
harb al-afkar	하릅 알아프카르	이념의 전쟁
hegira, hijra	헤지라	무함마드가 메카로 이주함
hisab	히삽	아젠다
hudna	후드나	일시적인 평화
hudud	후두드	형사법
hukuma Islamiyya	후쿠마 이슬라미야	이슬람 정부
hulul mustawrada	훌룰 무스타우라다	외부에서 도입된 해결책
hutuhat	후투하트	개방
ibadat	이바다트	제의적 율례
'idwan	이드완	부정한 전쟁
iham	이함	기만
ijma'	이즈마	교리의 합의
ijtihad	이즈티하드	자유추론
Imam	이맘	이슬람교 지도자
iman	이만	신앙
Islamiyyat	이슬라미야트	이슬람 지지사상
jahiliyya	자힐리야	이슬람교 이전의 무지로 불신앙과 동일함
jahl	자흘	무지
jihad	지하드	성전聖戰
jihad al-nafs	지하드 알나프	자기수련
jihadiyya	지하디야	지하드운동

이슬람 용어 정리 | 463

jizya	지즈야	세금
Kadi	카디	법관
kalam	칼람	신학
khair umma	카이르 움마	선택된 민족
khiyana uzma	키아나 우즈마	대역죄
kuffar	쿠파르	불신자
kufr	쿠프르	불신앙
la'ama	라아마	사악함
madhahib	마다힙	수니파 샤리아 학파
ma'rakatuna ma'a al-yahud	마라카투나 마아 알야후드	유대인과의 투쟁
mu'amalat	무아말라트	민사법
mu'amarah	무아마라	음모
mu'amarat al-istishraq	무아마라트 알이스티슈라크	동양주의의 음모
mufti	무프티	이슬람교 법전 전문가
mukhabarat	무하바라트	비밀경찰
mukhtat yahudi	무흐타트 야후디	유대인의 마스터플랜
mustaghribun	무스타그리분	서양주의자들
mutakalimun	무타칼리문	신학자
nizam	니잠	질서
nizam Islami	니잠 이슬라미	신이슬람 질서
nizam salih	니잠 살리	공정한 질서
nizam siyasi	니잠 시야시	지배체제
qital	키탈	투쟁
qiyama	키야마	부활
qiyas	키야스	유추를 통한 결론
rabbaniyya	라바니야	알라 신 중심주의
ra's hurbah	라스 후르바	창끝

riddah	리다	배교
sahwa	사화	부흥
sahwa Islamiyya	사화 이슬라미야	이슬람교의 부흥
sahyuniyyun	샤휴니윤	시온주의자
Salafists	살라피스트들	이슬람 급진주의자들
salat	살라트	일일기도
salibiyyun	살리비윤	십자군
shahadah	샤하다	알라 신께 순복하고 예언자 무함마드에게 충성하겠다는 서약
shahdid	샤디드	순교자
shar'ia	샤리아	이슬람법
sheykh	쉐이크	종교 혹은 부족 지도자
shura	슈라	협의
shurk	슈르크	이단
simat al-yahud	시마트 알야후드	유대인의 기본 특성
siyadat al-Islam	시야다트 알이슬람	이슬람교의 지배
siyasa	시야사	정치
sunna	수나	무함마드의 전통
tadhiya	타디야	희생
taghrib	타그립	서양화 아젠다
takfir	타크피르	무슬림 공동체에서의 파문, 불신자로 규정된 자
takfiri	타크피리	무슬림 공동체에서의 파문
takhtit al-yahudi al-alami	타흐티트 알야후디 알알라미	유대인의 세계 마스터플랜
taqiyya	타키야	위장
taschr'I	타슈리	입법
tatbiq al-shari'a	타트비크 알샤리아	샤리아의 시행
thawrah	타우라	혁명

이슬람 용어 정리 | 465

thawrah alamiyyah	타우라 알라미야	세계 혁명
ulema	울레마	지식인
umma	움마	무슬림 공동체
usul	우술	토대, 기반
usuliyya	우술리야	원리주의
wahi	와히	계시
waqf Islami	와크프 이슬라미	타협할 수 없는 신성
yahud	야후드	유대인
zakat	자카트	구호물자

인명 설명

겔너, 어네스트Gellner, Ernest(1925~95): 영국계 체코슬로바키아 철학자이자 인류학자.

괴벨스, 파울Goebbels, Paul(1897~1945): 독일 나치스 정권의 선전장관, 국회의원, 당 선전부장을 역임하고 교묘한 선동정치로 1930년대 당세 확장에 크게 기여했다.

그린우드, 다비드Greenwood, Davydd(1942~): 미국 코넬 대학 교수.

기어츠, 클립포드Geertz, Clifford(1926~2006): 미국의 인류학자이며 문화를 이해하는 새로운 이론적 방법을 도입했다.

나세르, 가말 압델Nasser, Gamal Abdel(1918~70): 이집트의 군인 겸 정치가로 1954년에 수상, 1956년에는 대통령을 역임했다. 그는 사회를 서구화시키면서도 이슬람교를 국교로 삼았다.

나와즈, 마지드Nawaz, Maajid(1978~): 이슬람 극단주의자를 연구해온 '퀼리암' 공동 창립자.

뉴만, 피터Neumann, Peter: 『과거와 현재의 테러리즘Old and New Terrorism』의 저자.

다부토글루, 아흐메드Davutoglu, Ahmed(1959~): 터키의 정치인으로 2009~현재 외무장관 역임.

뒤르켐, 에밀Durkheim, Émile(1858~1917): 프랑스의 사회학자, 교육학자. 콩트의 후계자로서 실증주의사회학의 대표자이다. 대표 저서로 『사회분업론De la Division du Travail Social』(1893)이 있다.

라마단, 타리크Ramadan, Tariq(1962~): 스위스 학자로 『내가 믿는 것What I Believe』(2009)의 저자.

라커, 월터Laqueur, Walter: 미국의 역사가.

로댕송, 막심Rodinson, Maxime(1915~2004): 프랑스 사학자.

로이, 올리비에Roy, Olivier(1949~): 프랑스의 이슬람학자.

루만, 니클라스Luhmann, Niklas(1927~98): 위르겐 하버마스와 함께 독일 사회학의 양대 거두로 꼽힌다.

루슈드, 이븐Rushd, Ibn(혹은 아베로에스Averroës, 1126~98): 에스파냐 태생의 아라비아 철학자이자 의학자로 아리스토텔레스의 주석가로 유명했으며, 종교에 종속되었던 철학을 독립적 지위에 올려놓는 데 공헌했다. 그의 주석은 새로운 철학적 기반을 부여했으며, 13세기 이후 라틴 세계에 아베로에스파라는 학파를 탄생시켰다.

루시디, 살만Rushdie, Salman(1947~): 인도 출신의 영국소설가로, 부커상과 휘트브레드 최우수 소설상 등을 받으며 세계적인 인정을 받았다. 루시디는 환상소설 『악마의 시The Satanic Verses』(1988)에서 무함마드를 부정적으로 묘사하고, 무함마드의 열두 아내를 창녀에 비유하면서, 코란의 일부를 "악마의 시"로 언급했다. 이 소설은 유럽에서 문학적 평가를 받았으나 무함마드를 모독하는 행위라 하여 이슬람계의 격분을 촉발하여, 파키스탄을 선두로 한 이슬람 여러 나라에서 즉각 발간중지를 촉구했고, 많은 나라들도 이 소설의 판매 및 번역금지 등을 표면화했다.

루이스, 버나드Lewis, Bernard(1916~): 영국계 미국 역사학자로 20세기 최고의 중동·이슬람학 학자들 가운데 하나다.

마누엘 2세Manuel II(1350~1425): 비잔틴의 황제(1391~1425 재위). 오스만 투르크의 도움을 받아 형 안드로니쿠스가 1376년에 장악한 콘스탄티노폴리스와 왕위를 다시 찾았다.

마디, 무신Mahdi, Muhsin(1926~2007): 이라크계 미국인으로 이슬람과 아랍 문화 연구가.

마이모니데스, 모세스Maimonides, Moses(1135~1204): 에스파냐 코르도바 출생으로 이븐 루슈드와 함께 칭송되는 유럽 중세의 철학자이자 의사.

마코비츠, 안드레이Markovits, Andrei(1948~): 루마니아에서 태어나 미국으로 이민 갔다가 오스트리아 빈에 정착한 비교정치학자.

마크디시, 조지Makdisi, George(1920-2002): 펜실베이니아 대학 이슬람학 명예교수. 『11세기 바그다드의 역사와 정치History and Politics in Eleventh-Century Baghdad』(1991), 『학회의 융성The Rise of the Colleges』의 저자.

마티, 마틴Marty, Martin(1928~): 미국의 주교로 "미국 신학의 흐름을 논하면서 원리주의를 언급하지 않는 것은 미국의 자연경관을 살피면서 로키 산맥을 빼뜨리는 것과 같다"고 말한 원리주의자.

마푸즈, 나집Mafuz, Najib(1911~2006): 이집트 소설가로 1988년 『우리 동네 아이들Children of Gebelawi』(1959)로 노벨문학상을 수상했다. 1952년 나세르가 쿠데타로 집권하자 이에 대한 반감의 표시로 7년 동안 침묵을 지키다가, 1959년 예수와 무함마드 등 위대한 일신교 창시자 밑에서 인류가 겪는 역사적 운명을 우화화한 『우리 동네 아이들』을 발표했으나 판

금조치를 당했다. 독재자의 허점을 과감하게 상징화해서 비판한 『도적과 개들The Thief and Dogs』(1961, 현대 아랍문학의 효시로 평가받고 있다)을 발표했다.

만수리, 페티 Mansouri, Fethi: 호주 디킨대학 중동학 교수. 『이슬람교와 정치적 폭력Islam and Political Violence』의 저자.

말만, 클라우스 Mallmann, Klaus(1948~): 독일 슈투트가르트 대학의 교수.

메르니시, 파트마 Mernissi, Fatma: 『서쪽으로 간 세헤라자데Scheherazade Goes West: Different Cultures, Different Harems』(2002)의 저자.

모타헤데, 로이 Mottahedeh, Roy(1940~): 하버드 대학의 역사학 교수.

무바라크, 호스니 Mubarak, Hosni(1928~): 1981~2011 이집트 대통령.

무어, 배링턴 Moore, Barrington(1913~2005): 미국의 정치학자. 대표 저서로 1966년 출간한 『독재와 민주주의의 사회적 기원Social Origins of Dictatorship and Democracy』이 있다.

바란, 제이노 Baran, Zeyno(1972~): 『이방 무슬림: 온건파와 세속파The Other Muslims: Moderate and Secular』(2010)의 저자.

바인더, 레오나드 Binder, Leonard(1927~): 미국의 정치학자로 2002년에 미국 예술과학협회 American Academy of Arts and Sciences 회원으로 선출되었다.

버먼, 러셀 Berman, Russell(1950~): 스탠포드 대학 교수.

벌린, 이사야 Berlin, Isaiah(1909~97): 영국의 철학자이자 정치사상가.

베냐민 네타냐후 Benjamin Netanyahu(1949~): 이스라엘 총리.

벨, 대니얼 Bell, Daniel(1919~2011): 미국의 사회학자. 정치적 · 경제적 제도 및 이러한 제도들이 개인의 형성에 작용하는 방식을 연구했으며, 주요 저서로 『이데올로기의 종말The End of Ideology』이 있다.

보스텀, 앤드류 Bostom, Andrew: 미국 작가, 브라운 대학 의대 교수. 『이슬람교식 반유대주의의 유산Legacy of Islamic Antisemitism』(2007)과 『지하드의 유산The Legacy of Jihad』(1008)의 저자.

부르크하르트, 야코프 Burckhardt, Jacob(1818~97): 19세기 스위스의 역사가로 바젤대학 사학 · 미술사 교수였다. 대표작 『이탈리아 르네상스의 문화Die Kultur der Renaissance in Italien』(1860)는 르네상스 연구에 결정적인 명저이다.

부잔, 배리 Buzan, Barry(1946~): 런던 정치경제대학LSE의 국제관계학과 교수이며, 역사와 국제 시스템 분야의 전문가이다.

불, 헤들리 Bull, Hedley(1932~85): 국제사회 접근법의 창시자들 중 한 명.

브라운플레밍, 수잔 Brown-Fleming, Suzanne: 『홀로코스트와 가톨릭의 가책The Holocaust And

인명 설명 | 469

Catholic Conscience』의 저자.

비디노, 로렌조Vidino, Lorenzo: 이탈리아의 이슬람학 학자.『서방세계의 신무슬림 형제단 New Muslim Brotherhood in the West』(2010)의 저자.

비트포겔, 카를Wittfogel, Karl(1896~1988): 독일 출생의 미국 사회학자, 경제학자. 중국 사회에 대하여 마르크스주의의 입장에서 연구했다.

사다트, 무함마드 안와르Sadat, Muhammad Anwar(1918~81): 이집트의 군인, 정치가. 1970~81년 이집트 대통령 역임.

사이그, 아니스Sayigh, Anis(1931~2009): 팔레스타인 아랍 역사학자.

사이드, 에드워드Said, Edward(1935~2003): 하버드 대학 영문학 교수이며 문학평론가.

살라마 무사Salamah Musah(1887~1958): 이집트의 사상가, 평론가, 저널리스트이자 번역가.

샤라비, 히샴Sharabi, Hisham(1927~2005): 팔레스타인 무슬림이자 역사가.

샤예간, 다류시Shayegan, Daryush: 이란의 문화이론가, 테헤란 대학 산스크리트어와 인도종교학 교수.『문화적 분열증Cultural Schizophrenia: Islamic Societies Confronting the West』(1997)의 저자.

샤흐트, 요제프Joseph Schacht(1902~69): 아랍과 이슬람교에 정통한 영국계 독일인으로 뉴욕 컬럼비아 대학 교수. 샤리아는 이슬람교 사상의 요점이고 이슬람교도들의 생활방식의 전형적인 표현이며 이슬람교 자체의 핵심과 근간이 된다고 주장했다.

세이지먼, 마크Sageman, Marc: 펜실베이니아 대학 정신과 교수이자 법의학 정신과 의사.『리더 없는 지하드Leaderless Jihad』(2007)의 저자.

소렐, 조르주Sorel, Georges(1847~1922): 19세기 말부터 20세기 초에 걸쳐서 일어난 노동조합주의 운동인 생디칼리즘Syndicalisme 이론을 구축한 프랑스의 사회사상가. 의회 부패를 맹렬하게 비난하면서 폭력의 윤리성을 강조했다.

수, 롤런드Hsu, Roland: 스탠포드 대학 내 독립연구소 FSI 유럽센터의 책임자.『소수민족의 유럽Ethnic Europe: Mobility, Identity, and Conflict in a Globalized World』의 저자.

술래이만, 오마르Suleiman, Omar(1936~2012): 이집트 정치인. 정보국장과 부통령 역임.

슈뢰더, 게르하르트Schröder, Gerhard(1944~): 독일의 정치인.

스미스, 재키Smith, Jacqui(1962~): 2007~09 영국 내무부장관.

스코치폴, 테다Skocpol, Theda(1947~): 하버드 대학 교수로 혁명이론가.「국가를 되찾으면서 Bringing the State Back In」에서 국가 자체가 사회로부터 자율적인 행위자라는 견해의 중요성을 강조했다.

스탈린, 이오시프Stalin, Joseph(1879~1953): 소련의 정치가.

스터넬, 지브Sternhell, Zeev(1935~): 히브리 대학 정치학 교수.

시몬, 스티븐Simon, Steven: 미국 정치인. 카터 정권하에서 대테러 업무를 담당했다.

아도르노, 테오도어Adorno, Theodor(1903~69): 동일성이라는 집단폭력으로부터 개인의 다양성을 지키는 데 한평생을 바친 독일의 사회철학자이자 예술철학자.

아렌트, 한나Arendt, Hannah(1906~75): 현대 독일의 대표적인 여성 정치철학자로 공공성의 문제를 탐구했다.『전체주의의 기원The Origins of Totalitarianism』의 저자.

아롱, 레몽Aron, Raymond(1905~83): 프랑스의 정치 사회학자로 전후 J. P. 사르트르 등과 함께 잡지『현대』를 창간하고,『콩바』,『피가로』지 등 잡지의 논설 기자로 활약했다. 주요 저서로『국가 간의 전쟁과 평화Paix et guerre entre les nations』,『지식인들의 아편L'Opium des intellectuels』 등이 있다.

아마디네자드, 마무드Ahmadinejad, Mahmoud(1956~): 이란의 정치가. 2005년 제9대 이란 대통령, 2009년 제10대 대통령에 선출되었다.

아비네리, 슐로모Avineri, Shlomo(1933~): 이스라엘 국립대학인 히브리 대학 교수.

아비센나Avicenna(혹은 시나, 이븐Sina, Ibn, 980~1037): 페르시아의 철학자, 의사. 히포크라테스, 갈레누스 등의 학설을 바탕으로 자신의 경험을 가미하고, 그리스, 로마의 의학과 동방 의학을 융합시켰다. 저서로『의학규범Canon medicine』 등이 있다.

아자미, 푸아드Ajami, Fouad(1945~): 레바논 출신의 학자로 존스홉킨스 대학 중동학과 교수.

아즈라, 아즈유마르디Azra, Azyumardi(1955~): 히다야툴라 대학의 총장 출신으로 무슬림 학자.

아크바르자데, 샤람Akbarzadeh, Shahram: 호주 멜버른 대학 국제관계학 교수.『이슬람교와 정치적 폭력Islam and Political Violence: Muslim Diaspora and Radicalism in the West』의 저자.

아타튀르크, 케말Ataturk, Kemal(1881~1938): 실제 이름은 무스타파 케말Mustafa Kemal로 터키의 개혁가이자 초대 대통령. 세브르조약에 대한 민족독립전쟁을 일으켜 그리스군을 격퇴했으며 정치개혁으로 술탄제도를 폐지하고 연합국과 로잔조약을 체결하였다.

아테스, 세이란Ates, Seyran(1963~): 터키 출신의 변호사.

안나임, 압둘라히an-Na'im, Abdullahi(1946~): 수단 태생으로 프리토리아 대학 법학과 교수.『이슬람교와 세속 국가Islam and the Secular State』, 안나임의『이슬람교의 개혁을 향하여 Towards an Islamic Reformation』의 저자.

안타바위, 무센Antabawi, Muhsen: 팔레스타인계 이슬람주의자.

알가누히, 라쉬드al-Ghannouchi, Rashid(1941~): 망명 중인 튀니지 르네상스당의 지도자로 스스로를 민주적인 이슬람 원리주의자로 칭한다.

알라시드, 하룬al-Rashid, Harun(혹은 Haróun-al-Raschíd, 764?~809) : 아바스 왕조의 제5대 칼리프로 『아라비안나이트Arabian Nights』에서 위대한 지배자로 등장한다.

알리, 벤Ali, Ben(1936~) : 2011년 튀니지 혁명으로 축출된 전 튀니지 대통령.

알마문al-Ma'mun(786~833) : 아바스 왕조의 7대 칼리프로 최초의 아랍 도서관을 설립했다.

알바시르, 오마르al-Bashir, Omar(1944~) : 1989년에 수단 대통령에 취임.

알반나, 하산al-Banna, Hasan(1906~49) : 이집트 무슬림 형제단의 초대단장. 22살에 무슬림 형제단이란 종교단을 창설하고 이슬람교 부흥운동의 주역으로 등장했다.

알사드르, 무크타다al-Sadr, Muqtada(1974~) : 이라크의 이슬람 성직자.

알아즘, 사디크al-Azm, Sadik(1934~) : 시리아 다마스쿠스 대학의 교수.

알아프가니, 자말 알딘al-Afghani, Jamal al-Din(1838~97) : 이란 출생으로 19세기 후반 활동한 이슬람 사상가. 여러 이슬람국가들에서 후학을 양성하고 독재와 서구의 식민지배에 항거하며 범이슬람주의를 제창했다.

알와하브, 무함마드 아브드'Abdal-Wahhāb, Muhammad(1703~91) : 아라비아 반도 나쥬드 지방의 종교사상가.

알자르카위, 아부 무사브al-Zarqawi, Abu Mussab(1966~2006) : 요르단 출신의 국제 테러리스트이자 이라크 무장단체인 일신교와 성전의 지도자. 2004년 인터넷을 통해 미국인 닉 버그 참수 살해 장면을 공개했고, 한국인 김선일 피살사건 등도 그가 지휘한 것으로 추정된다. 2006년 6월 7일 측근들과 회의를 하고 있던 알자르카위를 포착한 미군 특수부대와 요르단군의 합동 공습으로 사망했다.

알카라다위, 유수프al-Qaradawi, Yusuf(1926~) : 중동에서 영향력 있는 이집트인 이슬람교 신학자이자 성직자.

알타타위, 리파아al-Tahtawi, Rifa'a(1801~73) : 아랍 무슬림 진보주의자.

알파라비Al-Farabi(878~950) : 카자흐스탄 출생으로 보에티우스 이후 가장 뛰어난 아랍 출신의 철학자이자 음악이론가.

알후세이니, 아민al-Husseini, Amin : 이스라엘의 무프티.

알후스리, 사티al-Husri, Sati(1882~1968) : 영국과 프랑스의 위임통치 기간 중 아랍 민족의 독립과 국가건설을 주창한 아랍 민족주의자.

앤더슨, 베네딕트Anderon, Benedict(1936~) : 코넬 대학교 국제학과 명예교수. 대표 저서로 『상상 속의 공동체Imagined Communities』가 있다.

에르도안, 레제프Erdogan, Recep(1954~): 터키 전 총리.

에스포시토, 존Esposito, John(1940~): 조지타운 대학 이슬람학 교수. 『이슬람교의 위협The Islamic Threat』, 『옥스퍼드 중동세계 백과사전Oxford Encyclopedia of the Middle Eastern World』의 저자.

엘슈테인, 진 베트케Elshtain, Jean Bethke(1941~): 시카고 신학교 윤리학자.

영브륄, 엘리자베스Young-Bruehl, Elisabeth(1946~2011): 미국의 심리학자이자 정신분석학자.

와바, 무라드Wahba, Mourad(1879~1972): 이집트 고등법원 판사와 장관 역임.

와트, 몽고메리Watt, Montgomery: 영국 동양학자. 『메디나의 무함마드Muhammed at Medina』, 『이슬람교의 정치사상Islamic Political Thought』의 저자.

요하네스 얀센Johannes Jansen: 네덜란드 학자.

워터베리, 존Waterbury, John: 1998~2008 베이루트에 소재한 미국 대학의 14대 학장.

위르겐스마이어, 마크Juergensmeyer, Mark(1940~): 미국의 사회학자. 『신냉전?The New Cold War?』의 저자.

위스트리치, 로버트Wistrich, Robert: 이스라엘 헤브루 대학에서 근대 유럽 및 유대인 역사를 담당하는 석좌 교수. 『치명적인 집착Lethal Obsession』, 『무슬림의 반유대주의Muslim Antisemitism』의 저자.

이브라힘, 에딘Ibrahim, Eddin(1938~): 카이로에 소재한 미국 대학의 교수이자 이집트의 인권운동가.

인바르, 에프라임Inbar, Efraim: 이스라엘의 바르 일란 대학Universitat Bar-Ilan 정치학 교수.

카첸슈타인, 피터Katzenstein, Peter(1945~): 코넬 대학의 국제문제 교수.

케펠, 질Kepel, Gilles(1955~): 프랑스 정치대학(시앙스 포) 교수이며, 국제적으로 인정받는 아랍문제 전문가로 『이슬람주의의 종말fin de l'Islamisme』의 저자.

켈세이, 존Kelsay, John: 미국 플로리다 주립대학의 종교학 교수로 『이슬람의 정당한 전쟁을 논하라Arguing the Just War in Islam』(2007)의 저자.

코울슨, N. J. Coulson, N. J.: 영국 런던 대학 소속 아시아, 중동, 아프리카 지역 전문단과대 교수. 『이슬람법의 역사A History of Islamic Law』의 저자.

하니프 쿠레이시Hanif Kureishi(1954~): 영국의 무슬림 민주당원.

커즈먼, 찰스Kurzman, Charles: 미국 노스캐롤라이나 대학의 사회학 교수.

쿠틉, 사이드Qutb, Sayyid(1906~66): 이슬람교 원리주의 이론과 행동철학을 다듬고 체계화하여 이슬람교 원리주의 운동의 새로운 이정표를 제시한 "이슬람 이데올로기화"와 "이슬람

혁명"이론의 주창자.

퀴페르스, 마틴Cüppers, Martin: 독일 루드비히스부르크 대학의 교수.

크라머, 구드룬 Krämer, Gudrun: 베를린 자유대학의 이슬람학 교수.

크레벨트, 마르틴 반 Creveld, Martin van(1946~): 이스라엘 헤브류 대학의 전쟁사 전문가.

클라우제비츠, 카를 폰 Clausewitz, Carl von(1780~1831): 프로이센의 군인으로 예나 전쟁과 나폴레옹 전쟁에 참가했다. 그의 사후에 간행된 저서 『전쟁론Vom Kriege』은 그의 전쟁경험에 기초를 둔 고전적인 전쟁철학으로 불후의 가치를 지니고 있다.

타이미야, 이븐 Taymiyyah, Ibn(1263~1328): 18세기 와하브파를 탄생시키고 근·현대 이슬람 원리주의의 출발점이 된 시리아의 법학자 겸 신학자.

틸리, 찰스 Tilly, Charles(1929~2008): 미국 사학자로 1929년 미국 일리노이에서 태어나 1958년 하버드 대학에서 사회학 박사학위를 받았으며 사망 직전에 미국 사회과학연구협회로부터 앨버트 허쉬먼 상을 받았다.

파프, 로버트 Pape Jr., Robert(1960~): 미국 정치학자이자 시카고 대학 교수. 『승리를 위해 죽다Dying to Win』의 저자.

포퍼, 칼 Popper, Karl(1902~94): 영국의 철학자. "열린 사회"야말로 인류가 살아남을 수 있는 유일한 사회라고 주장했다.

프렌치, 패트릭 French, Patrick(1966~): 영국의 역사가이자 작가.

프리드먼, 토머스 Friedman, Thomas(1953~): 『뉴욕 타임스』지의 칼럼니스트.

피베크, 테오도어 Viehweg, Theodor: 독일 법철학자로 『주제와 법학Topik und Jurisprudenz』의 저자.

핀키엘크라우트, 알랭 Finkielkraut, Alain(1949~): 유대계 폴란드인의 아들로 프랑스 에세이스트.

필포트, 대니얼 Philpott, Daniel: 하버드 대학 정치학 교수. 『자주권을 위한 혁명Revolutions in Sovereignty: How Ideas Shaped Modern International Relations』(2001)의 저자이자 『신의 세기God's Century』(2011)의 공동저자.

하두리, 마지드 Khadduri, Majid(1909~2007): 이집트의 동양학자. 『이슬람의 정의 개념The Islamic Conception of Justice』(2002)의 저자.

하버마스, 위르겐 Habermas, Jürgen(1929~): 독일 철학자. 프랑크푸르트 대학 철학과 교수였던 테오도르 아도르노의 뒤를 이어 2기 프랑크푸르트학파를 이끌며 사회학의 비판적 합리주의와 정신과학의 해석학을 도입해 마르크스주의를 새롭게 해석했다.

하트, 허버트Hart, Herbert(1907~92): 분석철학의 수법을 분석법리학에 도입하여, 법현실에 충실한 법이론의 구축을 시도한 영국의 분석법리학자·형법학자. 법정변호사와 옥스퍼드 대학 교수 역임.

할둔, 이븐Khaldun, Ibn(1332~1406): 튀니스 출생의 이슬람 역사가.

허드슨, 마이클Hudson, Michael(1939~): 미국의 경제학자.

허프, 제프리Herf, Jeffrey(1947~): 미국 매릴랜드 대학의 역사학 교수.

헌팅턴, 새뮤얼Huntington, Samuel(1927~2008): 문명충돌론으로 널리 알려진 미국의 정치학자. 『문명의 충돌The Clash of Civilizations』의 저자.

호르크하이머, 막스Horkheimer, Max(1895~1973): 유대계의 독일 철학자이자 사회학자. E. 프롬, H. 마르쿠제 등과 프랑크푸르트 학파를 이루었다. T. W. 아도르노와의 공동저서로『계몽의 변증법Dialektik der Aufklärung』(1947)이 있다.

호메이니, 아야톨라Khomeini, Ayatollah(1902~89): 이란의 종교가이자 정치가, 이란혁명의 최고지도자. 왕정을 부정하고 이란의 서구화·세속화 정책에 반대했다.

호지슨, 마셜Hodgson, Marshall(1922~68): 이슬람문명을 그 자체로 편견 없이 이해하고자 한 동양학자로 시카고 대학의 교수. 『이슬람교의 모험The Venture of Islam』, 『세계사를 재고하다Rethinking World History』의 저자.

호프만, 스탠리Hoffmann, Stanley(1928~): 하버드 대학 정치학 교수. 저서로『세계의 무질서World Disorders』가 있다.

홀스티, 칼레비Holsti, Kalevi: 캐나다 브리티시 컬럼비아 대학의 정치학 교수.

홉스봄, 에릭Hobsbawm, Eric(1917~): 진보사관에 충실한 영국의 마르크스주의 역사학자. 대표 저서로『꾸며낸 전통The Invention of Tradition』이 있다.

후세인, 사담Hussein, Saddam(1937~2006): 이라크 대통령. 걸프전을 일으켰으나 패배하였고, 이라크 전쟁이 발발하여 전범재판에 회부되어 사형당함.

후쿠야마, 프랜시스Fukuyama, Francis(1952~): 미국으로 이민 간 일본인 3세로 미국의 정치학자. 미국국무부 정책기획실 차장, 조지메이슨 대학 공공정책학과 교수 등을 역임. 동유럽의 사회주의 붕괴를 지적한『역사의 종말The End of History』로 주목받았으며 마르크스적 역사의 종말을 주장했다.

히틀러, 아돌프Hitler, Adolf(1889~1945): 독일의 정치가, 독재자.

찾아보기

겔너, 어네스트Gellner, Ernest 98, 374, 375, 467
경전의 사람ahl-al-kitab 116, 151, 461
계몽사상enlightenment 59, 96~99, 251, 277~282, 313, 330, 343, 346, 349~352, 358, 362, 364, 410, 426
계시wahi 291~294, 350, 403, 408, 412, 466
공산주의communism 32, 38, 39, 73, 77, 79, 127, 131, 199, 249, 302, 313, 315, 340, 350
공정한 질서nizam salih 226, 464
괴벨스, 파울Goebbels, Paul 344, 467
교리의 합의ijma' 264, 463
교화da'wa 175, 218, 220, 262, 311, 318, 321, 323, 462
국가 사회당National Socialist Party 312
국제이슬람사상 학회International Institute of Islamic Thought 294, 297, 412, 413
국제주의internationalism 39, 73, 83, 86, 89~95, 113, 131, 169, 174, 226, 227, 230, 241, 250, 260, 324, 327~329, 373, 374, 398, 407
그린우드, 다비드Greenwood, Davydd 27, 467

극단주의 연구센터Center for the Study of Radicalization 343
급진주의radicalism 31, 35, 143, 173, 213, 223, 361, 372, 389, 467
급진파 이슬람교radical Islam 19, 31, 45~47, 72, 77, 164, 313, 315
기독교 민주연합Christian-Democratic Union 347
기어츠, 클리포드Geertz, Clifford 98, 99, 374, 375, 467
나디, 무함마드Nadi, Mohammed 209
나세르, 가말 압델Nasser, Gamal Abdel 54, 115, 309, 417, 467, 468
나와즈, 마지드Nawaz, Maajid 73, 367, 467
나치 특수임무부대Einsatzkommando 149
네스토리우스파Nestorian 290
네타냐후, 베냐민Netanyahu, Benjamin 207, 469
뉴만, 피터Neumann, Peter 27, 225, 389, 398
닉슨센터the Nixon Center 311
다문화주의multiculturalism 138~141, 143, 146, 154
다부토글루 접근법Davutoglu approach 168, 169

476

다부토글루, 아흐메드Davutoglu, Ahmed 168, 467
다울라 이슬라미야dawla Islamiyya 49, 182, 462
다원주의pluralism 12, 51, 56, 74, 80, 85, 95, 97, 99, 154, 173, 174, 181, 183, 187, 190, 193~196, 203, 206, 209, 254, 255, 258, 263, 264, 306, 311, 320, 342, 345, 353~356, 369, 372, 374, 381, 406, 424, 427
대역죄khiyana uzma 131, 154, 464
동양주의al-istishraq 14, 39, 90, 93, 94, 98, 125~127, 185, 186, 277, 286, 289, 293, 321, 328, 359, 380, 392, 402, 408, 461, 464
뒤르켐, 에밀Durkheim, Émile 81, 467
드레퓌스 사건the Dreyfus affair 110
디아스포라diaspora 241, 375, 376
딤미dhimmi 92, 120, 151, 220, 254, 256, 384, 462
라라비, 스티븐Larrabee, Stephen 165, 478
라마단, 타리크Ramadan, Tariq 82, 85, 144, 145, 171, 274, 287, 361, 365, 369, 370, 383, 386, 389, 406, 467
라바니야rabbaniyya 174, 325, 464
라커, 월터Laqueur, Walter 121, 122, 378~382, 467
로댕송, 막심Rodinson, Maxime 107, 376, 467
루만, 니클라스Luhmann, Niklas 295, 467, 413
루슈드, 이븐Rushd, Ibn (아베로에스Averroës) 153, 154, 282, 334, 411, 426, 468

루시디, 살만Rushdie, Salman 48, 468
루이스, 버나드Lewis, Bernard 26, 102, 108, 112, 125, 376, 378, 380, 395~398, 415, 468
리드, 앤서니Reid, Anthony 27, 372, 425
마누엘 2세Manuel II 217, 218, 398, 468
마다힙madhahib 246, 250, 256, 279, 403, 464
마드라사Madrasa 65, 292
마디, 무신Mahdi, Muhsin 26, 413, 468
마르크스주의Marxism 17, 38, 73, 114, 127, 277, 324, 407, 470, 475
마무드, 후세인Mahmoud, Hussein 206
마이모니데스, 모세Maimonides, Moses 153, 154, 468
마치, 앤드류March, Andrew 158, 386
마코비츠, 안드레이Markovits, Andrei 136, 137, 376, 382, 468
마크디시, 조지Makdisi, George 282, 292, 411, 468
마티, 마틴Marty, Martin 18, 24, 27, 366, 368, 398, 468
마푸즈, 나집Mafuz, Najib 278, 468
마흐디운동Mahdi movement 56
만수리, 페티Mansouri, Fethi 27, 373, 469
말만, 클라우스Mallmann, Klaus 53, 147, 363, 384, 469
맥거프, 폴McGough, Paul 135, 382
메르니시, 파트마Mernissi, Fatma 37, 469
모타헤데, 로이Mottahedeh, Roy 26, 469
무바라크, 호스니Mubarak, Hosni 155, 165, 170, 172, 198~203, 205, 207, 308, 310~312, 346, 418, 469

무사, 살라마Musah, Salamah 114, 470
무슬림 공동체에서의 파문takfir, takfiri 31, 139, 254, 296, 465
무슬림 공동체umma 12, 13, 31, 37, 38, 50, 73, 83, 84, 86, 91, 111~113, 117, 118, 122, 123, 160, 201, 224, 227, 233~236, 246, 250, 254, 272, 286, 290, 296, 312, 317, 321, 327, 330, 339, 341, 355, 465, 466
무슬림 형제단Muslim Brothers 41, 49~53, 131, 133, 135, 147, 148, 153, 164, 165, 169~172, 182, 189, 192, 195, 198~208, 225, 226, 232, 236, 254, 271, 304, 307, 309~312, 315, 322~324, 327, 346, 356, 360, 366, 383, 387~389, 392, 418~422, 470, 472
무어, 배링턴Moore, Barrington 188, 261, 392, 469
무자히딘mujahidin 163, 309
문명의 충돌Clash of Civilization 17, 62, 75, 90, 92, 230, 234, 236, 302, 324, 328, 330, 342, 372, 373, 401, 408, 414, 415, 427, 475
문화연구 프로젝트the Culture Matters Research Project 24, 76, 79, 368, 415
미국 예술과학협회the American Academy of Arts and Sciences 18, 76, 339, 351, 357, 368, 469
미샬, 할리드Mishal, Khalid 135
민간 이슬람교Civil Islam 41, 65, 67, 99, 172, 178, 192, 267, 303, 325, 342, 345, 352, 353, 389, 390, 424, 425

민사법mu'amalat 61, 246, 279, 306, 464
민주적 이슬람주의democratic Islamism 41, 313
민주주의democracy 26, 39, 43, 51, 52, 55~57, 63, 64, 93, 116, 122, 135, 145, 155, 158~163, 165, 167, 173~176, 180~184, 188, 189, 193, 197, 201, 202, 205, 233, 261, 319, 323, 329, 330, 343, 353, 355, 385, 386, 392, 393, 414, 426, 469
민중 독트린volk doctrine 146
바란, 제이노Baran, Zeyno 27, 165, 183, 190, 308, 347, 363, 364, 371, 372, 383, 388, 389, 392, 393, 417, 419, 422, 425~427, 469
바스당Ba'th Party 87, 165, 181
바인더, 레오나드Binder, Leonard 18, 469
바하이교Baha'i 266
반계몽사상counterenlightenment 59, 330, 346, 350, 364, 369
반동적 모더니즘reactionary modernism 79
반미주의anti-Americanism 12, 62, 96, 107, 119, 136, 137, 152, 375, 376, 379, 382, 400
반시온주의anti-Zionism 107, 120, 123, 124, 129, 130, 136, 137, 141, 142, 150, 152, 382
반유대주의anti-Semitism 48, 52, 54, 62, 96, 102~119, 121~126, 129~147, 150~152, 359, 362, 370, 374~379, 382~385, 400, 469, 473
반이민주의anti-immigration 143
반이슬람주의anti-Islamism 144, 145, 344

배교riddah 139, 254, 465
밸푸어 선언the Balfour Declaration 109, 132
버먼, 러셀Berman, Russell 27, 402, 469
범아랍주의pan-Arabism 111
법률학fiqh 127, 180, 221, 264, 266, 279, 280, 284~286, 291, 294, 297, 410, 411, 462
베스트팔렌 평화조약Peace of Westphalia 49, 74, 93, 335
베스트팔렌식 논리Westphalian synthesis 49, 74, 93, 335
벤저민, 대니얼Benjamin, Daniel 316, 419
벨, 대니얼Bell, Daniel 31, 78, 469
벨하지, 압둘 하킴Belhaj, Abdul Hakim 208
보그스테데, 미샤엘Borgstede, Michael 155, 385
부르크하르트, 야코프Burckhardt, Jacob 47, 362, 469
부바커, 달릴Boubakir, Dalil 171, 480
부잔, 배리Buzan, Barry 234, 400, 469
부정한 전쟁'idwan 221, 463
부하리al-Buchari 133
부흥주의revivalism 19, 81, 82, 287, 295, 296, 361, 369
불, 헤들리Bull, Hedley 75, 222, 230~232, 259, 288, 323, 364, 367, 371, 397~400, 407, 420, 421, 469
불신앙kufr 31, 39, 40, 88, 89, 254, 296, 463, 464
불신자kuffar 58, 67, 80, 116, 143, 218, 220, 221, 254, 255, 263, 296, 317, 361, 461, 464, 465

브라운플레밍, 수잔Brown-Fleming, Suzanne 25, 469
브레넌, 존Brennan, John 214, 344, 396, 424
브렌크먼, 존Brenkman, John 350, 367, 395, 415, 422, 426, 480
브루킹스 연구소the Brookings Institution 138
비달사순 반유대주의 연구센터the Vidal Sassoon Center for the Study of Antisemitism 139
비디노, 로렌조Vidino, Lorenzo 171, 360, 383, 387, 389, 402, 416, 419, 420, 422, 470
비밀경찰mukhabarat 197, 203, 278, 464
비시 정권the Vichy regime 112
비트포겔, 카를Wittfogel, Karl 312, 470
비폭력 이슬람주의nonviolent Islamism 63, 77, 159, 160, 172, 183, 314, 339, 342
빈라덴, 오사마Bin Laden, Osama 88, 120, 228, 231, 232, 314, 316, 417
사다트, 무함마드 안와르Sadat, Muhammad Anwar 245, 308, 415, 417, 470
사이그, 아니스Sayigh, Anis 22, 470
사이드, 에드워드Said, Edward 39, 42, 86, 94, 125, 126, 185, 359, 470
살라비, 알리Salabi, Ali 208
살라피 이슬람교Salafi Islam 178
살라피스트Salafists 84, 122, 125, 192, 290, 465
살라피즘Salafism 283, 307
샤디드, 안토니Shadid, Anthony 208, 393, 394
샤라비, 히샴Sharabi, Hisham 299, 392, 470

샤리아shari'a 31, 33, 36, 45, 49, 51, 55, 59~64, 72~74, 77, 80, 82, 85, 86, 97, 99, 117, 120, 131, 133, 151, 162, 174, 178~197, 205~208, 213, 216, 244~267, 279, 292, 297, 298, 304~306, 308, 311, 319~324, 329, 335, 337, 338, 353~357, 366~370, 375, 391, 393, 402~407, 416, 462~465, 470

샤리아국가shari'a state 33, 51, 63, 64, 72, 74, 77, 97, 99, 357, 366, 375, 393, 416

샤리아의 시행tatbiq al-shari'a 82, 244, 267, 404, 465

샤예간, 다류시Shayegan, Daryush 354, 427, 470

샤하다shahadah 33, 50, 72, 85, 462, 465

샤흐트, 요제프Joseph Schacht 61, 244, 247, 261, 365, 402~404, 470

서방세계에서 도입된 것al-hulul al-mustawradah 182, 461

서양 십자군gharb salibi 135, 462

서양주의자들mustaghribun 271, 464

서양화 아젠다taghrib 62, 272, 276, 465

선진홀로코스트 연구센터the Center for Advanced Holocaust Studies 25, 26, 464

선택된 민족khair umma 133, 464

세계 시온주의al-sahyuniyya al-alamiyya 131, 276, 277, 461

세계 혁명thawrah alamiyyah 77, 85, 89, 212, 226, 228~230, 235, 249, 325, 405, 409, 466

세계의 유대인al-yahudiyya al-'alamiyya 52, 54, 118, 123~125, 129, 161, 317, 318, 381, 461

세속 민족주의secular nationalism 87, 109, 127, 152, 181

세속주의secularism 57, 85~88, 115, 123, 125~127, 166, 179, 191, 196, 203, 222, 229, 239, 250, 251, 271~274, 323, 328, 343, 347, 348, 352, 354, 363, 392, 402, 410, 421, 423

세이지먼, 마크Sageman, Marc 228, 383, 399, 470

소렐, 조르주Sorel, Georges 50, 239, 470

수, 롤런드Hsu, Roland 27, 379, 382, 401, 416, 470

수니파Sunni 23, 33, 41, 44, 49, 59, 88, 131, 165, 175, 176, 184, 185, 201~204, 222~236, 244, 246, 252, 256, 361, 368, 397, 407, 411, 464

순교자shahdid 150, 321, 362, 366, 370, 411, 465

순례자hajja, hajji 33, 463

순례hadj 33, 246, 462

술레이만, 오마르Suleiman, Omar 170

숨은 유대인donme 133, 196, 462

쉐이크sheykh 34, 59, 309, 359, 380, 403, 465

슈뢰더, 게르하르트Schröder, Gerhard 141, 470

스레브레니차의 대학살Srebrenica massacre 169

스미스, 재키Smith, Jacqui 87, 343, 344, 423, 470

스코치폴, 테다Skocpol, Theda 327, 470
스탈린, 이오시프Stalin, Joseph 313~315, 317, 470
스탈린주의Stalinism 313, 314, 317
스터넬, 지브Sternhell, Zeev 349~352, 364, 426, 471
시몬, 스티븐Simon, Steven 316, 419, 471
시아파Shi'a 44, 49~52, 59, 164, 175, 176, 184, 200~202, 222, 233~238, 252, 266, 280, 306, 307, 320, 327, 330, 361, 363, 374, 390, 397, 401, 407, 408
시온주의semitism 104, 107, 110, 112, 116, 118~120, 122~137, 141, 142, 148, 150, 152, 379, 382, 461, 465
『시온주의 의정서Protocols of the Elders of Zion』 52, 110, 116, 122, 123, 127, 128, 132, 148, 274~277, 318
신나치당Nationaldemokratische Partei Deutschlands 13, 141, 142
신냉전New Cold War 14, 239, 249, 326, 397, 405, 473
신오스만주의neo-Ottomanism 168, 169
신이슬람 질서nizam Islami 33, 36, 41, 44, 51, 62, 73, 112, 173~175, 193~195, 233, 307, 312, 313, 323, 329, 330, 356, 464
신이슬람주의자들new Islamists 307
신전체주의neo-totalitarianism 32, 350, 418, 419, 426
십자군salibiyyun 11, 65, 67, 108, 113, 118~120, 124~128, 134, 135, 140, 152, 161, 217, 237, 239, 245, 272, 292, 293, 310, 318, 324, 327, 330, 340, 362~374, 379, 380, 395~398, 461, 462, 465
아도르노, 테오도어Adorno, Theodor 14, 32, 313, 358, 471, 474, 475
아랍연합공화국the United Arab Republic 93
아렌트, 한나Arendt, Hannah 13, 16, 19, 37, 38, 54, 63, 102, 105, 155, 158, 255, 262, 312~324, 327, 349, 350, 378, 386, 414, 418~420, 471
아롱, 레몽Aron, Raymond 231, 233, 302, 414, 471
아마디교Ahmadiyya 266
아마디네자드, 마무드Ahmadinejad, Mahmoud 306, 471
아베로에스주의자Averroist 283, 297
아베로이즘Averroism 251
아비네리, 슐로모Avineri, Shlomo 27, 125, 374, 471
아비센나Avicenna(시나, 이븐Sina, Ibn) 280~283, 349, 411, 426, 471
아유비, 나지Ayubi, Nazih 26, 357
아자미, 푸아드Ajami, Fouad 18, 22, 26, 371, 390, 391, 471
아주리, 나집Azoury, Najib 114
아즈라, 아즈유마르디Azra, Azyumardi 24, 353, 427, 471
아크바르자데, 샤람Akbarzadeh, Shahram 27, 373, 471
아타튀르크, 케말Ataturk, Kemal 57, 117, 127, 166, 312, 471
아테스, 세이란Ates, Seyran 139, 383, 471
안나임, 압둘라히an-Na'im, Abdullahi 248,

254, 262, 393, 404~407, 471
안와르, M. 샤피Anwar, M. Syaf'i 353
안타바위, 무센Antabawi, Muhsen 129, 471
알가누히, 라쉬드al-Ghannouchi, Rashid 204, 322, 471
알나다al-Nahda 204, 356
알나하다al-Nahada 189
알라 신의 통치hakimiyyat Allah 30, 49, 99, 175, 183, 226, 249, 324, 350, 463
알라시드, 하룬al-Rashid, Harun(Haróun-al-Raschíd) 291, 472
알라위족Allawis 196
알리, 벤Ali, Ben 198, 199, 472
알마문al-Ma'mun 291, 292, 472
알바시르, 오마르al-Bashir, Omar 304, 472
알반나, 하산al-Banna, Hasan 50, 59, 82, 84, 88, 133, 147~149, 192, 212, 225, 287, 315, 335, 337, 395, 398, 399, 411, 419, 472
알사다위, 나왈al-Sa'dawi, Nawal 37, 472
알사드르, 무크타다al-Sadr, Muqtada 176
알살리, 수비al-Salih, Subhi 255, 407, 461
알아즈하르 59, 309, 359, 403
알아즘, 사디크al-Azm, Sadik 22, 186, 296, 359, 391, 392, 413, 472
알아프가니, 자말 알딘al-Afghani, Jamal al-Din 81, 82, 111, 287, 369, 411, 413, 472
알와하브, 무함마드 아브드'Abdal-Wahhāb, Muhammad 23, 472
알자르카위, 아부 무사브al-Zarqawi, Abu Mussab 316, 472
알자와히리, 아이만al-Zawahiri, Ayman 84, 120, 121
알카라다위, 유수프al-Qaradawi, Yusuf 37, 75, 88, 90, 94, 135, 136, 160~162, 171, 179, 181, 196, 245, 246, 271, 322, 326, 335, 373, 382, 387, 389, 403, 407, 409, 412, 416, 419, 472
알카삼, 이즈 알딘al-Qassam, Izz al-Din 150
알카에다Al-Qaeda 88, 89, 120, 214~216, 230, 231, 242, 310, 316, 324, 344, 360, 379, 383, 400, 402, 416, 417, 422
알타타위, 리파아 라피al-Tahtawi, Rifa'a Rafi' 127, 180, 286, 287, 391, 411, 472
알파라비Al-Farabi 47, 188, 282, 283, 392, 411, 413, 426
알할 후와 알이슬람al-hall huwa al-Islam 64, 79, 183, 207, 295, 299, 461
알후세이니, 아민al-Husseini, Amin 147~150, 370, 472
알후스리, 사티al-Husri, Sati 115, 472
압두, 무함마드Abduh, Mohammed 127, 413
압둘살람, 파루크Abdul-Salam, Faruq 274, 378, 409
앤더슨, 베네딕트Anderon, Benedict 34, 86, 359, 421, 472
얀센, 요하네스Jansen, Johannes 344, 357, 400, 424, 473
에르게네콘Ergenekon 348
에르도안, 레제프Erdogan, Recep 109, 168, 169, 200, 208, 337, 377, 394, 473
에스포시토, 존Esposito, John 45, 46, 190, 192, 322, 357, 361, 387, 408, 473
엔나지, 모하Ennaji, Moha 353

엘바라데이, 무함마드El Baradei, Mohammed
　　203~205
엘슈테인, 진 베트케Elshtain, Jean Bethke
　　325, 420, 473
열린 사회open society 296, 325, 342, 345,
　　423, 425, 474
영브륄, 엘리자베스Young-Bruehl, Elisabeth
　　314, 315, 418, 419, 473
오이벤, 록산느Euben, Roxanne 89, 370, 371
온건파 이슬람교moderate Islam 31, 41, 45,
　　68, 77, 165, 170, 310
와바, 무라드Wahba, Mourad 22, 473
와트, 몽고메리Watt, Montgomery 34, 473
와하비주의Wahhabism 65, 66, 307
우익 급진주의right-wing radicalism 143
워터베리, 존Waterbury, John 18, 299, 308,
　　413, 415, 417, 473
원리주의fundamentalism 18~21, 23~26,
　　28, 30, 47, 66, 75~77, 80~90, 95,
　　97~99, 139, 193, 232, 233, 240, 248,
　　270, 272, 285, 324, 338~341, 345,
　　347, 351, 352, 357, 366~372, 375,
　　391, 392, 395, 397~400, 404, 411,
　　416, 421, 424, 466, 468, 472~474
위르겐스마이어, 마크Juergensmeyer, Mark
　　14, 27, 28, 223, 240, 249, 326, 397,
　　399, 405, 473
위스트리치, 로버트Wistrich, Robert 113,
　　375~378, 473
유대인 불신자al-kuffar al-yahud 116, 461
유대인과 십자군al-yahud wa al-salibiyun 11,
　　108, 120, 140, 239, 292, 293, 318,
　　461

유대인과의 투쟁ma'rakatuna ma'a al-yahud
　　96, 114~117, 121, 136, 374, 379,
　　380, 464
유대인의 기본 특성simat al-yahud 117, 465
유대인의 마스터플랜mukhtat yahudi 107,
　　113, 123, 275, 278, 281, 464
유대인의 모략Jewish conspiracy 52, 53,
　　62, 96, 103, 112, 121, 123, 127, 276,
　　277, 278, 330
유대인혐오증Jew-Hatred 132, 139, 141,
　　147, 151~155, 215, 378~381, 383,
　　385
유럽연합EU 35, 121, 166~170, 176, 308,
　　310, 346
유럽중심주의Eurocentrism 59, 359, 365
유엔개발계획UNDP: United Nations
　　Development Programme 185, 392,
　　412
이념의 전쟁harb al-afkar 39~42, 44, 66, 88,
　　90, 95, 116, 122~126, 135, 222, 225,
　　238, 239, 249, 267, 331, 345, 354,
　　359, 371, 379, 380, 393, 398, 419,
　　421, 424, 463
이라크 이슬람 최고평의회SIIC: Supreme
　　Islamic Iraqi Council 56
이브라힘, 에딘Ibrahim, Eddin 22, 23, 173,
　　389, 390, 473
이슬람 영토권dar al-shahadah 85, 462
이슬람 통일전선the United Islamic Front
　　314
이슬람교 보수당Islamic Conservative 347,
　　388
이슬람교식 해결책al-hall al-Islami 72, 88,

94, 97, 135, 160, 161, 181, 187, 197, 245, 271, 285, 304, 342, 416
이슬람교의 각성al-sahwa al-Islamiyya 81, 361, 368, 421, 461
이슬람교의 다섯 기둥al-arkan al-khamsah 33, 85, 246, 461
이슬람교의 부흥sahwa Islamiyya 30, 45, 50, 66, 82, 117, 189, 277, 294, 349, 354, 411, 465
이슬람교의 지배siyadat al-Islam 59, 92, 174, 232, 254, 290, 338, 465
이슬람파시즘Islamofascism 313
이슬람혐오증Islamophobia 12~14, 40, 44, 46, 66~68, 81, 98, 141~146, 154, 217, 224, 225, 229, 249, 322, 328, 331, 334, 344, 351, 379, 385
인도네시아 종교부UIN: the Indonesian Ministry of Religious Affairs 353
인바르, 에프라임Inbar, Efraim 27, 360, 396, 473
일일기도salat 33, 465
입법taschr'I 187, 188, 245, 260, 264, 403, 465
자기수련jihad al-nafs 587, 213, 218, 463
자아-동양화self-Orientalization 289
자아지하드self-Jihad 50
자유추론ijtihad 264, 463
자힐리야jahiliyya 89, 287, 463
전략·국제연구센터the Center for Strategic and International Studies 214
전쟁의 집dar al-harb 220, 221, 263, 462
전제정치Despotism 312, 418
전체주의Totalitarismus 32, 35~38, 41, 63, 64, 67, 79, 80, 96, 98, 102, 110, 126, 141, 155, 158, 170, 174, 179, 192, 195, 223, 233, 245, 256, 257, 262, 265, 267, 278, 281, 302, 303, 308, 313~331, 335~345, 349, 350, 354, 369, 379, 386, 414, 418, 419, 423, 426, 471, 482, 484
절대적인 신의 텍스트al-nusus al-qat'iyya 245, 461
정교일치din-wa-dawla 33, 72, 80, 82, 85, 190, 197, 366, 462
정의개발당AKP: Adalet ve Kalkınma Partisi 35, 37, 51, 52, 57, 58, 63, 89, 109, 136, 155, 164~170, 177, 183, 190, 194~197, 200, 302, 308, 319, 345, 347, 348, 364, 371, 377, 388, 417, 425, 426
정의로운 전쟁futuhat 213, 221, 223, 462
정치적 이슬람al-Islam al-Siyasi 15, 18~22, 26, 41, 68, 69, 72, 76~94, 97, 106, 107, 111~114, 122, 126, 129, 162, 163, 175, 181~186, 190, 191, 195, 197, 212, 213, 219, 224, 228, 229, 232, 233, 235, 247, 265, 271, 278, 283, 289, 303, 326, 339, 342, 357, 365~369, 374, 383, 387, 389, 391, 395, 397, 399, 401, 404, 407, 414~417, 420~423, 428
제2의 유대인new Jews 44, 136, 167, 145, 382
제2의 홀로코스트new Holocaust 44, 136, 144, 145, 149, 153
제도적 이슬람주의institutional Islamism 36,

42~45, 50, 51, 55~57, 77, 78, 89,
159, 164, 169, 171~174, 190~194,
213, 225, 228, 315, 316, 324, 327,
328, 338, 345, 346
제로섬게임zero-sum game 119
제삼세계주의third-worldism 150, 382
제삼제국third reich 110
제의적 율례ibadat 61, 246, 279, 306, 463
종교화한 정치religionized politics 30
중동연구협회the Middle East Studies Association 15
지하드운동Jihadism 16, 31, 39, 48, 78, 84, 86, 88, 96, 122, 163, 173, 174, 194, 208, 212~219, 222~230, 234~242, 310, 325, 330, 362, 370, 373, 395, 397~401, 463
지하드jihad(聖戰) 31, 36, 38, 40, 50, 58~60, 64, 65, 78, 86, 95, 128, 134, 192, 218~222, 229, 320, 357, 360~363, 370, 371, 374, 378~381, 383, 385, 395~401, 420, 422, 428, 463, 469, 470
지하디스트Jihadist 42~45, 50, 55, 56, 77, 84, 87, 138, 150, 159, 164, 173, 176, 192, 194, 197, 214~216, 219, 223~234, 237~242, 309, 310, 314~316, 321, 324, 327, 338~340, 344, 378, 398, 399, 402, 414, 419, 423
직접행동단action directe 239
진보주의 이슬람교liberal Islam 12, 48, 67, 94, 189, 322, 326, 331, 362, 373, 419, 424

진보주의progressivism 12, 24, 44, 48, 67, 79, 80, 94, 109, 114, 127, 135, 136, 146, 153, 171, 173, 180, 181, 189, 198, 209, 264, 271, 278, 279, 283, 284, 297, 313, 322, 326, 331, 334, 347, 353, 354, 362, 364, 369, 370, 373, 386, 391, 410, 419, 422, 424, 426, 472
체제유지주의integrisme 77
최고 이슬람 이라크 위원회SIIC: the Supreme Islamic Iraqi Council 189, 195
친민주 이슬람교pro-democracy Islam 189
카다피, 무아마르Qadhafi, Muammar 23, 198, 216, 356
카메룬 국제관계협회L'Institut des Relations Internationales de Cameroun 24
카일라니, 라시드 알리Kailani, Rashid Ali 110
카첸슈타인, 피터Katzenstein, Peter 27, 420, 471
칼리프 제도caliphate 79, 109, 127, 131, 312
커즈먼, 찰스Kurzman, Charles 135, 362, 373, 419, 473
케말리즘Kemalism 57, 308
케펠, 질Kepel, Gilles 46, 52, 98, 234, 357, 473
켈세이, 존Kelsay, John 27, 84, 95, 191~193, 216, 239, 244, 328, 331, 363, 364, 370, 372, 393, 396, 399~402, 405, 421, 422, 473
코울슨, N. J. Coulson, N. J. 265, 404, 408, 473

쿠르드족Kurd 196
쿠틉, 사이드Qutb, Sayyid 16, 37, 40, 52, 53, 59, 60, 75, 77, 84, 87~90, 96, 97, 114~119, 121~123, 129~131, 134, 136, 148, 152, 153, 160, 161, 212, 226~229, 232, 239, 245, 249, 271, 283, 323~326, 335, 359, 360, 370~375, 379, 380, 387, 388, 401, 419, 420, 471
쿤첼, 마티아스Kuntzel, Mattias 130, 131, 141, 378, 381, 383, 385
퀴페르스, 마틴Cüppers, Martin 53, 147, 149, 150, 363, 474, 484
퀼리엄재단the Quilliam Foundation 73
크라머, 구드룬Krämer, Gudrun 150, 384, 474
크레벨트, 마르틴 반Creveld, Martin van 222, 474
클라우제비츠, 카를 폰Clausewitz, Carl von 150, 213, 216, 397, 474
타이미야, 이븐Taymiyyah,Ibn 250, 405, 474
타협할 수 없는 신성waqf Islami 133, 466
탈서양화deWesternization 94, 166, 230, 231, 250, 261, 265, 288
탈양극체제postbipolar 229
틸리, 찰스Tilly, Charles 74, 75, 93, 364, 367, 373, 474
파시즘fascism 32, 38, 47, 77, 313, 350, 358
파타당Fatah Party 176
파프, 로버트Pape Jr., Robert 235, 400, 419, 474
팍스 이슬라미카pax Islamica 228, 324, 338
판·검사 최고위원회the Supreme Board of Judges and Prosecutors 166
팔레스타인 분쟁Palestinian conflict 53, 130, 131, 315
팔레스타인 해방기구PLO: the Palestinian Liberation Organization 129, 132, 319
펠드먼, 노아Feldman, Noah 99, 305~308, 329, 375, 404, 416
평화의 집dar al-Islam 85, 89, 91, 213, 221, 263, 462
포스트 에벤툼post eventum 246
포스트모던 문화postmodern culture 98, 231
포스트이슬람주의post-Islamism 27, 36, 46, 72, 98, 139, 194, 197, 305, 313, 316, 474
포퍼, 칼Popper, Karl 296, 345, 423, 425, 474
프렌치, 패트릭French, Patrick 68, 365, 474
프리드먼, 토머스Friedman, Thomas 198, 203, 207, 393, 394, 474
프리메이슨Freemason 128, 152
피베크, 테오도어Viehweg, Theodor 262, 407, 474
핀키엘크라우트, 알랭Finkielkraut, Alain 144, 474
필포트, 대니얼Philpott, Daniel 237, 367, 372, 397, 407, 421, 423, 474
하두리, 마지드Khadduri, Majid 187, 474
하디트hadith 82, 133, 227, 256, 264, 292, 335, 462
하릅, 오사마 가잘리Harb, Osama Ghazali 203
하마스Hamas 207, 238, 363, 375, 377, 381, 382, 390, 392, 418, 419, 422, 426

하버마스, 위르겐Habermas, Jürgen 91, 272,
　　280, 281, 323, 349, 362, 364, 372,
　　392, 406, 410, 411, 420, 426, 467,
　　474
하트, 허버트Hart, Herbert 259, 475
할둔, 이븐Khaldun, Ibn 282, 289, 475
할레비, 요시Halevi, Yossi 206
합리주의rationalism, falsafa 47, 79, 127,
　　180, 186, 188, 230, 250, 251, 274,
　　279~293, 297, 298, 334, 349~353,
　　405, 426, 462
해로운 혁신bid'a 275, 462
해리스, 리Harries, Lee 46~48, 362
허드슨, 마이클Hudson, Michael 18, 371,
　　392, 475
허무적 상대주의nihilistic relativism 18
허프, 제프리Herf, Jeffrey 27, 79, 102, 112,
　　139, 141, 147, 148, 313, 315, 370,
　　377, 382~385, 411, 412, 418, 475
헌팅턴, 새뮤얼Huntington, Samuel 26, 75,
　　92, 230, 236, 302, 324, 328, 329,
　　367, 372, 373, 391, 393, 414, 415,
　　427, 475
헤즈볼라Hezbollah 52, 56, 58, 78, 103,
　　166, 175, 177, 180, 189, 195, 223,
　　238, 308, 319, 347, 352, 363, 390
헤지라hegira 219, 327, 358, 359, 463
현대 지하드contemporary jihadist 58, 214,
　　217, 219
호르크하이머, 막스Horkheimer, Max 14,
　　32, 313, 358, 382, 418, 419, 475
호메이니, 아야톨라 루홀라Khomeini,
　　Ayatollah Ruhollah 48, 49, 475

호지슨, 마셜Hodgson, Marshall 49, 58, 354,
　　364, 374, 427, 475
호프만, 스탠리Hoffmann, Stanley 230, 400,
　　420, 421, 475
홀로코스트Holocaust 14, 25, 26, 44, 53,
　　98, 102~105, 118, 134, 136~145,
　　149, 150, 153, 358, 375, 378,
　　383~385, 418, 469
홀스티, 칼레비Holsti, Kalevi 222, 397, 476
홉스봄, 에릭Hobsbawm, Eric 30, 33, 60,
　　358, 367, 403, 405, 475
후세인, 사담Hussein, Saddam 23, 52, 55,
　　109, 165, 176, 237, 252, 401, 475
후쿠야마, 프랜시스Fukuyama, Francis 75,
　　98, 302, 367, 374, 414, 420, 475
훌룰 무스타우라다hulul mustawrada 94,
　　135, 161, 183, 196, 304, 326, 352,
　　463
히즙 우트타리르HT: Hizb ut-Tahrir 33, 51,
　　73
히틀러, 아돌프Hitler, Adolf 79, 99, 111,
　　147~150, 312, 315, 317, 370, 384,
　　475
CIA 정치적 이슬람세계 전략분석프로그
　　램CIA Political Islam Strategic Analysis
　　Program 201
9·11테러September 11 attacks 42, 46, 47,
　　86, 150, 163, 228, 234, 238, 315,
　　323, 336

피터 카첸슈타인, 월터 S. 카펜터(코넬 대학교 국제학 교수)
바삼 티비는 탁월한 논증으로 이슬람교의 본질을 둘러싼 쟁점을 탐구했다. 찬반양론을 떠나 독자의 참여를 유도한 저자의 기량에 박수를 보낸다.

찰스 스몰, 예일 대학의 반유대주의 학제연구계획 원장
『이슬람주의와 이슬람교』는 학자는 물론이거니와, 배움의 길에 있는 사람이라면 누구나 섭렵해야 할 책이다. 바삼 티비는 수년간의 연구를 토대로 학자와 정치인이 많이 오해하고 축소했던 분야를 구체적으로 밝혀냈다. 시의적절하고도 과감한 이 책은 중차대한 주제를 정확히 통합·분석한 결과를 제시할 것이다.

에릭 패터슨, 조지타운 대학 부속 종교, 평화 및 국제정세 연구센터 부대표
이슬람 세계의 동향에 관심이 있다면 바삼 티비의 저서는 반드시 읽어야 한다. 그는 서방세계의 연구에 작용해온 비종교적 편견에 도전장을 내밀며 이슬람주의의 '종교화된 정치'가 서양식 민주주의 가치관뿐 아니라, 전 세계 무슬림의 신념에도 걸림돌이 된다는 점을 정확히 짚어냈다. 문명의 충돌을 피할 대안(동·서방의 존중과 공감 및 이해)을 그려냈다는 점도 높이 평가하고 싶다.

슐로모 아비네리, 예루살렘 히브리 대학
저자는 예리한 통찰력으로 정치적 이슬람교(이슬람주의)의 위험성을 제기했으나, 문화와 종교를 아우르는 이슬람교를 두고 관용적인 데다, 타 종교와도 공존할 가능성이 있다는 점을 밝혔다. 아직도 헷갈린다면 『이슬람주의와 이슬람교』를 보라.

폴 클리테르, 『비종교적인 관점 The Secular Outlook』의 저자
『이슬람주의와 이슬람교』는 저명한 학자가 이슬람주의와 근대 민주주의의 갈등을 논리적으로 풀어낸 걸작이다.